北京文化史

顾　军　朱耀廷　主编

文苑英华

—— 古都北京的学术与教育

朱筱新　著

中华书局

图书在版编目(CIP)数据

　文苑英华:古都北京的学术与教育/朱筱新著. —北京:中华
书局,2016.1
　(北京文化史)
　ISBN 978-7-101-10639-8

　Ⅰ.文…　Ⅱ.朱…　Ⅲ.①学术思想–思想史–北京市②教育
史–北京市　Ⅳ.①B2②G529

　中国版本图书馆CIP数据核字(2014)第293092号

书　　名　文苑英华——古都北京的学术与教育
著　　者　朱筱新
丛 书 名　北京文化史
丛书主编　顾　军　朱耀廷
责任编辑　杨春玲　林玉萍
出版发行　中华书局
　　　　　(北京市丰台区太平桥西里38号　100073)
　　　　　http://www.zhbc.com.cn
　　　　　E-mail:zhbc@zhbc.com.cn
印　　刷　三河市航远印刷有限公司
版　　次　2016年1月北京第1版
　　　　　2016年1月北京第1次印刷
规　　格　开本/700×1000毫米　1/16
　　　　　印张18½　插页2　字数250千字
印　　数　1-3000册
国际书号　ISBN 978-7-101-10639-8
定　　价　42.00元

谨以此书献给尊敬的朱耀廷教授(代序)

　　朱耀廷教授于 2006 年就开始策划北京文化史分类研究丛书的启动和项目申报工作,作为此丛书的第一任主编,在组织写作队伍、编订写作大纲、校订书稿等事务上耗费了大量心血。可惜天不假年,大厦倾颓,朱耀廷教授于2009 年 5 月罹患癌症,2010 年 5 月去世,在其生前此丛书只出版了两部,成为其终生遗憾。我辈作为朱耀廷教授事业上的后继者,继承其遗志,克服困难,坚持将此丛书全部编撰完成,并付梓面世,以此慰藉先生在天之灵。

朱耀廷教授生平

　　朱耀廷(1944-2010):北京联合大学应用文理学院历史系教授。1969 年毕业于北京大学历史系中国史专业,国务院享受政府特殊津贴专家。主要研究方向为元史、北京文化史。主要社会兼职有北京市哲学社科规划办历史专家组成员,中国人才研究会常务理事等。主要作品有《成吉思汗传》、《元世祖忽必烈》等。

《北京文化史》丛书编委会

2013 年 7 月

目　录

第一章　绪论

　　北京地区学术与教育的发展,经历了一个漫长曲折的历程。今天,作为中华人民共和国的首都,北京不仅是著名的历史文化名城,更是全国的学术和教育中心。事实上,这一地位在中国封建社会后期就已经确立。不过,北京地区成为全国学术与教育中心地位的形成,既有其深远的历史根源,也有其特定的社会背景与条件。

第一节　北京地区学术教育发展的条件和原因

　　位于华北平原北部的北京地区,由于地处平原与燕山山脉的相交地带,其西、北二面凭倚燕山,东、南两面毗邻华北平原。而历史上,横亘华北平原北部的燕山山脉以北地区,长期生活着游牧民族,以南则生活着农耕民族。北京所处的独特的地理位置,使其正处于中国古代的农耕文明与畜牧文明的交汇之处。南北两种不同特征的文化通过北京地区这条通道传向对方,因此北京地区很早便成为北方草原文化与中原内地文化交流的必经之地,并直接受到中原文化的影响。正是这种不同文化间的相互交流,也为北京地区学术文化的发展,提供了十分有利的外部条件。使历史上的北京地区学术教育打破封闭的状态,形成了开放的、兼容并蓄的特点。

　　这一地理上的特殊位置,也使北京地区很早就成为中原北边的重镇。在中国古代历史上,中原地区的政权常将这里作为防御北方民族南下的重要屏障,而入主中原地区的少数民族政权,则将这里作为他们统治中原及内地的中心据点。因此,这里聚居着大量的人口,其中不乏为数众多的文人学者。特别是辽将燕京作为南京,金朝海陵王又将燕京升为中都,从而开始了北京作为都城的历史。燕京城地位的改变,更使燕京地区成为北方各地文人才子向往的地方。通过各种途径和渠道,大批来自各地的人才云集于此,极大地提高了北京地区的学术文化水平,也进一步促进了地区学校教育的发展。此后,元、明、清三朝都相继定都在这里,不仅确立和巩固了北京地区作为国都的地位,还因元朝以后都是统一全国的政权,云集于北京地区的文人学者更是各地出类拔萃的人才,从而更极大地提升了北京地区的学术文化地位和水平,巩固了北京地区学术文化在全国的领先地位。

除地理、地位等原因外,北京地区学术文化和教育的发展,还与各朝代的选官制度及方式,特别是与隋朝建立的科举制度有直接的关系。虽然,据文献资料记载,北京地区最早的学校出现于先秦时期,但严格地讲,其真正发展,则是在科举制度产生以后。科举制度作为封建社会选拔人才的重要途径,为生活在社会各个阶层的文人学者提供了入仕为官的机会。这种通过考试的选官方式,使社会认识到只有读书才能够具备入仕的基本条件,因此以学校为主要形式的教育得到迅速的发展。尤其是在金朝以后,作为国都的北京,不仅建立了中央、地方三级学校体系,还开办了各种科目的学校,学校的规模亦迅速扩大。学校的管理、相关的制度等方面,也随之更加完善。

在这些外部条件和原因的作用下,历史上的北京地区很早就形成了重视文化和教育的社会传统。正是有了这种社会传统,北京地区的学术和教育才能持久地发展和兴盛。

第二节　北京地区学术研究的特点

历史上北京地区的学术研究由于受社会背景、条件等因素的制约和影响,形成了一些鲜明的特点。

首先,北京地区的学术成就与地理位置、环境、社会的发展和形势的变化,有必然的联系。这不仅反映出地区学术研究与社会的内在联系,更表明学术的研究具有针对性、现实性和实用性的特点。

如战国时期，在七雄纷争的局势影响下，特别是当秦国强盛、对关东六国构成严重威胁之时，燕地便产生了以纵横学说为代表的学术派别，成为诸子百家之一，在百家争鸣的局面中，占有重要的一席。

其次，由于北京地区特殊的地理位置，也使其在继承中原地区传统文化的同时，较多地吸收了北方民族的文化，故而打破封闭的格局，形成开放的、兼容并蓄的特点。这一特点也极大地促进了地区学术的活跃和发展。在各个历史时期，北京地区的学术研究及其成就，都表现出传承、开拓、创新的特点。

如自汉代以来，经学、哲学一直是燕地学术的主要流派。魏晋南北朝时期，幽州地区的经学、哲学研究不但依旧活跃，继续取得较多的成就，而且成果所涉及的范围及深度均超过前代。同时，史学与佛学等领域的研究也异军突起，并取得显著的成就。在以后的朝代中，由于北京地位的改变，燕地的学术更加活跃和兴盛。特别是在契丹、女真、蒙古等民族统治时期推行的"汉法"政策影响下，燕地在儒学、史学等方面的学术研究取得极重要的成就，不但沿袭了内地传统的学术成果，而且在"广纳百川"的开放、兼容传统作用下，不断拓展学术研究的广度和深度。

再则，北京地区的学术研究还善于借鉴和吸收外来的先进学术思想、方法和成果，并与中国传统的学术思想及研究成果相结合，由此而产生新的学术思想，同时也推进了学术研究的不断创新和深化。

自16世纪开始，欧洲的一些传教士陆续来华，进入北京，带来了西方的文化和科学知识。因此这一时期北京地区的学术文化十分活跃，不仅在传统的儒学（理学）、史学、文学等方面取得了重要的学术研究成果，还进一步推进学术研究向纵深发展，极大地提高了学术水平。其中最具代表性的是反传统儒学思想和学说的出现，从而将中国古代传统的辩证、唯物论学说，推向一个新的高度，更为古代哲学的继续发展，特别是早期启蒙思想的产生，奠定了重要的基础。进入近代以后，又兴起经世实学的学术思潮，产生了黄宗羲、顾炎武、王夫之三大思想家。

即使在封建专制统治的极盛期，受专制和禁锢的影响，北京地区的学术气氛虽然一度陷入沉闷，但在学术研究上依然成果斐然。以考据学为代表的学术活动,在北京地区仍十分活跃,在史学理论、史籍整理与编纂等方面,都取得了重要的成就。

正是基于学术研究的活跃和不断发展、开拓和创新,历史上的北京地区,在学术研究中不断产生新的学术思想和研究成果,学术水平亦随之提高,从而奠定了地区学术研究的基础,并逐步提升了其在全国学术研究中的地位。而当北京开始都城的历史后,又最终确立了全国学术研究的领先地位。

第三节　北京地区教育的特点

自古代至近代,北京地区的学校教育经历了一个漫长的发展历程。在这个发展历程中,北京地区的教育出现了一些特点,这些特点也是北京地区教育持续发展的基础。

首先,古代北京地区的教育格局比较完整,具备了较为完善的教育体系。

自西周开始,燕地便出现了最早的学校——官学。春秋以后,随着政局的变化,私学亦出现在燕地。西汉武帝至平帝时期,在中央政权的统一部署下,燕地始建郡、县、乡三级学校,开始形成基本覆盖全地区的教育网络。此后尽管时局多变,学校时建时废,但这种格局基本得以维持。

自金朝定都燕京后,北京地区的教育格局更加完善。从中央的国子监、太学到府、州、县学,官学形成四级建制。不仅如此,自开始都城的历史后,北京地区还先后建立了武学、医学、算学、钦天监、四夷馆,以及宗学、回回学、八旗官学等学校,负责培养各种专门人才和贵族子弟。

更为重要的是,清朝前期北京地区还在最基层的乡镇设立社学,以及城里设置的专招市民子弟的义学等,这也使得清朝前期的学校更加普及,为更多的普通民众子弟提供了上学和受教育的机会,进一步促进了北京地区社会文化水平的提高,为此后北京地区学术文化的持续发展,奠定了坚实的基础。

其二,在学校教育体系中,家学占有重要的地位,并发挥着积极的作用。

北京地区的家学有着悠久的历史传统。据文献资料分析,北京地区在历史上的家学应出现于汉代。如东汉时期在学术上取得极其显赫成就的崔骃、崔瑗、崔寔祖孙三人，就反映了这一时期燕地家学的存在。这一事实还说明，在这一时期燕地的家学不仅兴盛，而且具有极高的学术水平。又有时称"海内大儒"的东汉著名学者卢植，在师从名儒马融、博通古文经学和今文经学后，曾辞归乡里，闭门传授弟子。他教育和培养了不少后来的名士，如刘备、公孙瓒、高诱等。

魏晋南北朝时期，幽州地区的家学十分盛行，尤以世家大族最为兴盛。卢氏家学便是其中的代表之一。从魏晋开始，卢氏门第渐崇，"世以儒业显"的家风渐立。在以"经学传世"为宗旨的家学教育下，卢氏子孙世代相习相承，传承着卢氏家族的文化和学术。

除范阳卢氏家学外，在幽州地区的其他世家大族亦多通过家学的方式，向子弟传授知识。北平无终阳氏家族、范阳祖氏家族等，也多有家学。所以其后代子孙的学术成就多具有家族传承的特点。

其三，私学也是北京古代历史时期教育的重要组成部分。

北京历史上的私学最早出现于春秋战国时期。到三国两晋时期，幽州地区的私学开始盛行。许多文人学者在成名或辞官还乡后，聚众讲授，开设私学。北魏以后，幽州地区更是学者云集，私学也更加兴盛。由于这一时期幽州地区的学术文化及水平已为世人所称颂，故常有外地文士到此求学。此后，私学也成为北京地区教育的一种传统形式，一直延续下来。

作为中国古代学校教育重要组成部分的书院，也在元朝时期出现于大都地区。虽然在历史上，北京地区的书院数量有限，规模也有限，但它的出现，不仅扩大了教育的范围，培养了一批专门的学术人才，也是对学校教育的补充，为更多的人提供了受教育的机会。

其四，学校教育与社会发展联系紧密。

清朝后期，科举制度的痼疾日渐加剧，导致其最终走向衰亡。与此相适应的传统学校，也因此步入衰微的境地。在变法维新派"兴学、育才、强国"思潮的推动下，以学习西方语言文字为主的新式学堂最早出现在北京地区。此后，仿照西方建立的近代新式学堂，也陆续在北京城内建立。这些学校无论是管理制度、课程设置、教学内容等，都与传统学校截然不同。这对于推进北京地区社会文化和学术的持续发展，无疑也注入了新的活力。

由此可见,北京地区在不同历史时期的学术活动和取得的成果,既基于本土文化的发展,又吸收和借鉴了来自全国各地及西方的文化;同时又因这一地区在中国社会历史上地位的改变,形成了人才荟萃的优势;加之北京地区各种形式的教育,发挥了培养人才的积极作用,也形成了重视教育、重视人才的社会风尚。这对北京地区在中国封建社会后期及近代历史上能够较早成为并一直保持着全国文化和学术研究中心的地位,是至关重要的原因和条件。

第二章　燕地学术与教育的产生

北京地区的文化源远流长。自从在这片土地上诞生出原始人类,便随之产生了原始的文化。其后,随着人类的不断进化,特别是人类社会逐步走向文明,逐渐形成了具有地域性特征的文化。同时,由于北京地区所处地理位置的特殊性,既毗邻中原地区,又处在历史上的农耕文明区和游牧文明区的交汇处,在与各地区和各种文化的交流中,其地域性文化得到进一步的发展,并形成了多元化的特征,极大地丰富了本地区文化的内容和内涵,亦为燕地文化的兴起,及以文化为基础的学术的形成,奠定了重要的基础。

第一节　燕地学术与教育的始创

一、燕地学术的初现

燕地的学术,最早出现于春秋战国时期。它的出现,与这一时期的时局变化有直接的关系。

自周平王东迁后,东周开始出现王室衰微、诸侯强大的局面。此后,中原地区的诸侯凭借着强大的实力,开始称霸。中原地区逐渐陷入战乱之中。不过,由于燕国距中原较远,且实力不及"五霸"强盛,因此极少卷入战乱之中,其社会相对比较稳定。

春秋时期,随着以铁器、牛耕技术为代表的农业生产力的进步,土地私有产生,形成了新兴的地主阶级。各诸侯国相继推行的赋税制度的改革,逐渐确立了封建的生产关系。处于这个社会大变革时期的社会思想文化领域十分活跃,出现了百家争鸣的局面。但此时,北方戎狄势力强盛,不断侵扰燕国,掠夺财物和人口,给燕国造成极大的威胁,也给燕国的社会经济造成严重的破坏。加之燕地地处与北方民族杂居之地,社会经济发展相对滞后,新兴的地主阶级实力亦相对较弱,故而在很大程度上影响和制约着燕地文化的发展和学术思想的活跃。因此在这一时期,燕地尚未形成诸如中原那样浓郁的文化氛围,学术领域内亦不十分活跃。

进入战国以后,这种局面逐步得到改变。战国初年,经过长期的兼并战争,七国并雄的局面逐渐形成。地处最北的燕国在争战中,亦扩大了它的势力范围:"燕东有朝鲜、辽东,北有林胡、楼烦,西有云中、九原,南有呼沱、易水。"[①]受中原地区已建立的封建生产关系的影响,燕国也开始了向封建社会的转化。不过,在群雄纷争、相互兼并的局势下,燕国虽作为战国七雄之一,实际仍是一个实力相对较弱的诸侯国。为了能在群雄并立的局面中保存自己的实力,确立自己的地位,避免战火的侵扰,以求进一步壮大,燕国君主最早接受了纵横家的学说。而将纵横家学说传入燕地的是苏秦,以及苏代、苏厉等人。

纵横家是春秋、战国时期诸子百家之一。据宋人晁公武在《郡斋读书志》卷十一"纵横家类"中考证,其创始人不详,因其"战国时隐居颍川阳城之鬼谷,因以自号。长于养性治身,苏秦、张仪师之。叙谓此书即授之二子者,言捭阖之术,凡十三章。《本经》、《持枢》、《中经》三篇"。这一学派虽不及儒家、道家、法家、墨家等对后世影响之大,但在战国时期学习纵横家学说的,多为从事政治外交活动的谋士,为了推行合纵或连横的策略,他们游说于诸国,用纵横家的学说,诠释外交策略,对当时的政局产生了重大的影响。这一学派能在燕地备受重视,并以燕地为"基地",得以传播到关东六国,不仅在于苏秦等纵横家们的辩才,也在于这一学派适应了当时的社会形势。

苏秦(?—前284),东周洛阳(今河南洛阳东)人。早年曾就学于纵横家

---

① 何建章《战国策注释》卷二十九《燕策一·苏秦将为从北说燕文侯章》,中华书局,1990 年版,第1081 页。

鬼谷先生,"释本而事口舌"①。燕文侯时,苏秦入游燕国,并向燕王讲述纵横家学说。但他并非简单地介绍纵横之术,而是将纵横家的学说运用于治国之术。在分析七雄并霸的局势及燕国的应对措施时,苏秦指出:"夫燕之所以不犯寇被甲兵者,以赵之为蔽其南也。秦赵五战,秦再胜而赵三胜。秦赵相毙,而王以全燕制其后,此燕之所以不犯寇也。且夫秦之攻燕也,逾云中、九原,过代、上谷,弥地数千里,虽得燕城,秦计固不能守也。秦之不能害燕亦明矣。今赵之攻燕也,发号出令,不至十日而数十万之军军于东垣矣。渡嘑沱,涉易水,不至四五日而距国都矣。故曰秦之攻燕也,战于千里之外;赵之攻燕也,战于百里之内。夫不忧百里之患而重千里之外,计无过于此者。是故愿大王与赵从亲,天下为一,则燕国必无患矣。"②

苏秦的分析,切中燕国的利益所在。在燕国周围,除相邻最近的赵国外,齐国亦相距不远,因此燕文侯采纳苏秦的纵横家学说,将其运用于与邻国的交往和关系上:"子言则可,然吾国小,西迫强赵,南近齐,齐、赵强国也。子必欲合从(纵)以安燕,寡人请以国从。"③并"资苏秦车马金帛以至赵"④。燕文侯的这一做法,实际确立了纵横学说在战国时期的社会政治和学术地位。这一学说被应用于处理与燕国邻近各诸侯国的关系上,由此产生了"合纵"的策略及学说。这一策略随着苏秦奉燕文侯之命,游说于赵、齐、楚等国,亦被这些诸侯国的国君们所采纳和接受,其学说在战国百家争鸣的局面中,因此占有重要的一席之地。

当时,东方的齐国和西方的秦国在七雄中最为强大。齐国距燕国较近,因此燕国采取的合纵策略,首先是对付齐国。苏秦奉命赴齐国,意在挑拨、离间齐国与其邻国宋、赵两国的关系,设法制造摩擦,然后利用这些诸侯国与齐国的矛盾,钳制和削弱齐国的实力,以便燕国趁机出兵攻齐。苏秦在游说赵、齐、楚等国国君时,充分利用纵横家极擅诡辩的口才,将纵横家创始人鬼谷子的以黄老"心术"论世御事、讲求内外损益之理,进而崇尚"反应"、"揣摩"、"捭阖"之

①《史记》卷六十九《苏秦传》,中华书局,1959 年版,第 2241 页。
②《史记》卷六十九《苏秦传》,第 2244 页。
③《史记》卷六十九《苏秦传》,第 2244 页。
④《史记》卷六十九《苏秦传》,第 2245 页。

术,发挥得淋漓尽致。

正是因为在战国七雄中,燕国所处的地理位置及其国势均不占优势,燕国的国君们要在列强并立的形势下存在和发展下去,一方面需要通过发展生产和经济,使国力强盛;另一方面则需要尽可能协调与其他诸侯国的关系,避免构成对自身统治的威胁,又要寻找可能借助的力量,实现其称雄的目标。而纵横家的学说,能较好地解决这对矛盾。通过"合纵",在结好近邻的基础上,为自己创造一个相对稳定的社会环境。

苏秦死后,"苏秦之弟曰代,代弟苏厉,见兄遂,亦皆学"①,也成为纵横家。后他们亦入燕求见燕王,提出合纵楚、魏两国为援,共制齐、秦的主张。燕王遂又命其游说相关诸侯国,以达制齐、秦两国的目的。经过苏秦、苏代、苏厉三位游士的传播,纵横家学说在燕地颇具影响,这也为燕地学术的产生奠定了重要的基础。在传播过程中,因其观点和主张适应诸侯国割据的需要,又很快便被各国诸侯所采纳,最终成为春秋战国舞台上一个重要的学术派别。

为了在列强激烈的争战中得以生存和发展,燕国的国君继中原各国及秦国变法之后,亦开始推行变法。但因为燕国不利的地理位置,人才匮乏,所以招贤纳士便成为燕国变法的核心和关键所在。

还在燕王哙在位时,就曾发生过"禅让"的事件。"苦身以忧民"、"勤身而忧世"②的燕王哙,为了强盛燕国、改革政治而求贤心切,竟将君位禅让给相国子之,并将俸禄三百石以上官吏之印全部收回,交由子之重新任命。尽管这出闹剧一度导致燕国内乱,其他诸侯国则趁机出兵干涉,险些使燕国灭亡,但亦可看出,进入战国以后,燕国国君已开始认识到人才的重要性,想方设法地招揽和使用利于"图治求强"的各方面的人才。

在内乱中即位的燕昭王,更清楚人才的重要性,不惜卑身厚币以招贤纳士。他曾令大臣郭隗广为物色人才,并告之:"齐因孤国之乱,而袭破燕。孤极知燕小力少,不足以报。然得贤士与共国,以雪先王之耻,孤之愿也。敢

---

① 《史记》卷六十九《苏秦列传》,中华书局,1959 年版,第 2266 页。
② 《韩非子·说疑》,黑龙江人民出版社,2003 年版,第 725 页。

问以国报仇者奈何?"郭隗则提出:"今王诚欲致士,先从隗始。隗且见事,况贤于隗者乎? 岂远千里哉?"从燕国君臣的这段交谈中可以看出,"招贤若渴"的燕昭王是将人才与强国、雪仇联系在一起,所以他才能"卑身厚币以招贤者",并能"与百姓同其甘苦"。燕昭王的招贤确实收到了明显的效果。许多著名的贤士纷纷应召入燕,"乐毅自魏往,邹衍自齐往,剧辛自赵往,士争凑燕"[①]。

众多的贤士云集燕国,一方面为燕国的强盛出谋划策;另一方面也有利于燕国文化的发展,促进燕地学术的产生。这些来自中原其他诸侯国的贤士们,有的就是当时内地流传的学术思想的代表人物。就是他们将这些学术思想和成就带到燕地。所以,燕地学术的兴起,也是"招贤"的必然结果。

继纵横家学说之后,传入燕地的学术思想主要是阴阳家。

在应召入燕的贤士中,邹衍是战国时期的思想家,战国中晚期阴阳家的代表人物。邹衍(前306—前240),齐国人。他"睹有国者益淫侈,不能尚德,若《大雅》整之于身,施及黎庶矣。乃深观阴阳消息而作怪迂之变,《终始》、《大圣》之篇十余万言"。他采用"必先验小物,推而大之,至于无垠"的方法,创立了"闳大不经"学说。他认为,"先序今以上至黄帝,学者所共术,大并世盛衰,因载其 祥度制,推而远之,至天地未生,窈冥不可考而原也。先列中国名山大川,通谷禽兽,水土所殖,物类所珍,因而推之,及海外人之所不能睹。称引天地剖判以来,五德转移,治各有宜,而符应若兹。"

在治国的问题上,他指出,"以为儒者所谓中国者,于天下乃八十一分居其一分耳。中国名曰赤县神州。赤县神州内自有九州,禹之序九州是也,不得为州数。中国外如赤县神州者九,乃所谓九州也。于是有裨海环之,人民禽兽莫能相通者,如一区中者,乃为一州。如此者九,乃有大瀛海环其外,天地之际焉。其术皆此类也。然要其归,必止乎仁义节俭,君臣上下六亲之施,始也滥耳"[②]。

邹衍认为历史是按照五行的原理循环发展的,每一个时代受五行中的某

①《战国策注释》卷二十九《燕策一·燕昭王收破燕后即位章》,中华书局,1990年版,第1110页。
②《史记》卷七十四《孟子荀卿列传》,中华书局,1959年版,第2344页。

一行支配。一个时代的帝王将要兴起时,天必先显示祥瑞征兆,而这种祥兆又必定符合支配该时代的某一行的"德"。"凡帝王者之将兴也,天必先见祥乎下民。黄帝之时,天先见大螾大蝼。黄帝曰:'土气胜。'土气胜,故其色尚黄,其事则土。及禹之时,天先见草木秋冬不杀。禹曰:'木气胜。'木气胜,故其色尚青,其事则木。及汤之时,天先见金刃生于水。汤曰:'金气胜。'金气胜,故其色尚白,其事则金。及文王之时,天先见火赤乌衔丹书集于周社。文王曰:'火气胜。'火气胜,故其色尚赤,其事则火。代火者必将水,天且先见水气胜。水气胜,故其色尚黑,其事则水"[①]。这种所谓的"五德始终"学说,是源于天人合一、天人感应的天命论。并其预言只有合于"水德"的帝王才能统一天下的观点,实际迎合了正在相互兼并中的诸侯们的需要,并为他们所接受。因此,当他来到燕国时,备受燕昭王的礼遇。"如燕,昭王拥彗先驱,请列弟子之座而受业,筑碣石宫,身亲往师之"[②]。燕昭王不仅接受邹衍的学说,还拜其为师,这为阴阳家的学说在燕地的传播提供了有力的条件。

燕昭王"卑身厚币以招贤者"的招贤纳士措施,确实吸引了一批卓有学识的贤士投奔燕国。他们的到来,也带来一些新的观念、意识和学术思想。而其学术研究的成果,又为社会的发展起到了积极的推进作用。这对于燕地的文人学者更多地从事学术研究,自然有激励和促进的作用。所以,春秋战国时期燕地学术的产生,意义十分重大。它既提高了燕地的社会文化水平,又为后世燕地学术的繁荣奠定了基础。

二、燕地教育的产生

燕地教育究竟产生于何时,史料虽尚无明确记载,但通过对文献及考古资料的分析,还是可以做出客观推断的。

西周建立后,为巩固对全国各地的统治,周王通过分封制,对王室成员、亲戚、功臣以及先王圣贤的后裔,以"分土封侯"、"授土"、"授民"[③]的方式,将他们分封到各地,代天子统治和管理地方,并拱卫周王室。在西周初年的大分封

---

① 张双棣等《吕氏春秋译注》下《有始觉第一·应同》,吉林文史出版社,1987年版,第349—350页。
② 《史记》卷七十四《孟子荀卿列传》,中华书局,1959年版,第2345页。
③ 参见《春秋左传正义》,北京大学出版社,2000年版,第1779—1783页。

中,曾封召公奭于燕地。"召公奭与周同姓,姓姬氏。周武王之灭纣,封召公于北燕"①。在今北京房山琉璃河商周遗址出土的"堇鼎"铭文上,也证实了这一史事:"匽(燕)侯令堇饎太保于宗周,庚申,太保赏堇贝,用作太子癸宝尊彝。"经周初的分封,今北京地区正式成为周王室的一个封国。周天子将王室成员、召公奭分封为燕国诸侯,是因燕地所具的特殊且重要的地理位置。而将周王室的成员分封在燕地,客观上也有助于内地文化传入当时尚处于北部边鄙地区的燕地。所以燕国建立后,燕地与中原地区的交往和联系更为密切,地区文化也因此得到较快的发展。

西周时期,是我国奴隶制社会发展的兴盛时期。在奴隶主贵族统治的等级制度下,接受教育也是一种特权待遇。所谓"学在官府",即奴隶主贵族掌握着教育的权力,受教育者亦为奴隶主及其子弟,以及有自由身份或有一定社会地位的平民。西周时期的"官学",有国学和地方学校之分。"设为庠、序、学、校以教之。庠者,养也;校者,教也;序者,射也。夏曰校,殷曰序,周曰庠,学则三代共之,皆所以明人伦也"②。西周时,"学"为国学,当是设于王城的学校。"天子命之教,然后为学。小学在公宫南之左,大学在郊。天子曰辟雍,诸侯曰泮宫"③。西周时,王城的国学,称为"五学",即辟雍、成均、上庠、东胶、西雍,是培养奴隶主统治所需的高级人才的场所,故备受周天子的重视。"帝入东学,上亲而贵仁";"入西学,上贤而贵德";"入南学,上齿而贵信";"入北学,上贵而尊爵";"入太学,承师而问道"④。"古之教者,家有塾,党有庠,术有序,国有学"⑤。周制,王城以外百里之内的地区称"乡",百里以外的地区称"遂"(据西汉郑玄考证,"术"即为"遂")。"庠"、"序"、"校"则为"乡学",即地方学校。"乡学"作为地方一级的学校,多是为地方上一般奴隶主及平民子弟所设。"乡学"规制比较简单,一般只有小学级别。其教育的内容为"乡三物",即德、行、艺三事。

---

① 《史记》卷三十四《燕召公世家》,中华书局,1959 年版,第 1549 页。
② 《孟子·滕文公上》《四书五经》(上),中国书店,1985 年 11 月版,第 36 页。
③ 《礼记·王制》《四书五经》(中),中国书店,1985 年 11 月版,第 70 页。
④ 《大戴礼记·解诂卷三·保傅第四十八》,中华书局,1983 年 3 月版,第 51—52 页。
⑤ 《礼记·学记》《四书五经》(中),中国书店,1985 年 11 月版,第 199 页。

虽然在文献资料中,涉及到了西周时期地方学校的设置,但燕地是否设置过学校,并没有具体介绍。不过,燕地作为西周的一个封国,必定要恪守周礼的规定,在所辖区域内设置地方乡学。自从殷商时期甲骨文的问世,这种记录语言的符号和语言交流的工具,即后世的汉字,便逐渐在社会上流行和使用。琉璃河遗址中出土的堇鼎、复尊、攸簋,以及在其他遗址中出土的青铜器上的铭文,即反映了至迟在西周时期,今北京地区已开始使用文字来表意和记事。作器者在铸造青铜器时刻铸的铭文,多由自己所居之地的匠人制成。这说明当时在北京地区生活的居民中,有一定数量的人已懂得和使用文字。其中除奴隶主贵族外,还应有一些平民身份的人。因为这些青铜器,绝不是奴隶主自己动手制作的。其中镌刻文字者,应是会认而且又会写文字的。这些从事具体事务及劳作的人,其身份无论是下层奴隶主,抑或平民,他们肯定是有一定文化的,而他们所掌握的文化也应是通过学校教育获得的。但就他们的低微身份而言,是不可能在王城的学校接受教育的,而应在当地的学校学习。这也从一个侧面证明,燕地在西周时期很有可能已建立了学校。

进入春秋战国时期,出现了百家争鸣的局面。诸子百家为了传播和宣扬自己的学术观点,以求扩大影响,引起政坛的重视,纷纷仿效孔子创办私学。私学也因此成为这一时期传播知识文化的重要途径。阴阳家邹衍"如燕,昭王拥彗先驱,请列弟子之座而受业,筑碣石宫,身亲往师之"[1]。邹衍入燕后,燕昭王亲自恭迎,并以弟子的身份向他学习阴阳之说,这种师徒相承的学习方式,正是私学的特点。燕昭王建碣石宫,以便"身亲往师之",显然应是私学的场所。燕昭王在宫室中建立学校,受业者也绝非只是自己一人,应有一定的规模。由此足以说明,当时的燕地已有私学的存在。

虽然缺乏燕地先秦时期有关教育的资料,尤其是没有能直接佐证的资料,但从历史文献资料中,也能见到涉及燕地学校和教育的点滴记载。这些点滴记载,尽管还难以揭示先秦时期燕地学校和教育的全貌,更不能展示学校和教育的具体内容,但至少可以间接地佐证至迟在西周时期,燕地已经有了学校;春秋战国时期,燕地又有了私学。正是因为燕地在先秦时期已经有了学校,地

①《史记》卷七十四《孟子荀卿列传》,中华书局,1959年版,第2345页。

方社会的文化才有可能得到一定程度的提高,这也为秦汉时期燕地教育和学术的发展,奠定了重要的基础。

第二节　秦汉时期的学术和教育

一、西汉时期燕地的学术

秦始皇统一六国后,"分天下以为三十六郡"①,燕地遂成为一级地方区划。为了建立封建专制主义中央集权统治的需要,秦始皇亦在思想和文化方面实行专制统治。秦始皇三十四年(前213),采纳丞相李斯的建议,禁设私学,收缴并烧毁收藏于民间的列国史籍等著述。这一措施对燕地学术和文化的摧残,必然是十分严重的。

西汉初年,汉高祖刘邦及其继任者一改秦始皇崇尚法家思想的做法,采用黄老思想,主张"顺其自然"、"无为而治",实行与民休养生息的政策。后经"文景之治",到汉武帝时,西汉的社会经济得到迅速的发展,国势逐渐强盛。汉武帝遂变"无为"为"有为","外事四夷,内兴功利"②,在政治、经济、思想等方面,改革或调整旧制。元光元年(前134),汉武帝召集各地贤良文学,亲自策问。广川(今河北枣强东)人董仲舒于对策中称:"《春秋》大一统者,天地之常经,古今之通谊也。今师异道,人异论,百家殊方,指意不同,是以上亡以持一统;法制数变,下不知所守。臣愚以为诸不在六艺之科孔子之术者,皆绝其道,勿使并进。邪辟之说灭息,然后统纪可一而法度可明,民知所从矣。"③董仲舒的对策,深得汉武帝赏识,于是"卓然罢黜百家,表章《六经》"④,即"独尊儒术"。

为了"独尊儒术"的需要,汉武帝在太学特设《诗》、《书》、《易》、《礼》、《春秋》五经博士,各经博士负责研习和传授本经,以此推进对儒家经典的研究。但在研究本经中,因个人的理解不同,诠释的观点亦有别,而形成一经中的不

---

①《史记》卷六《秦始皇本纪》,中华书局,1959年版,第239页。
②《汉书》卷二十四上《食货志》,中华书局,1962年版,第1137页。
③《汉书》卷五十六《董仲舒传》,第2523页。
④《汉书》卷六《武帝纪》,第212页。

同学派。其中,《诗经》学分为齐、鲁、燕三个学派。齐诗学派以齐人辕固为代表,鲁诗学派以鲁人申培为代表,燕诗学派则以燕人韩婴为代表。

韩婴为西汉著名学者,燕(今北京)人,专治《诗》。汉文帝时,即为《诗》博士。景帝时,任常山王太傅。汉武帝时,韩婴与董仲舒一同论"难"于武帝面前,"其人精悍,处事分明,仲舒不能难也"。韩婴治学刻苦,学识渊博,一生著述颇多。他对《诗经》的研究,重在"推诗人之意,而作《内、外传》数万言,其语颇与齐、鲁间殊,然归一也"①。据史载,他曾撰《韩故》三十六卷,《诗内传》四卷,《诗外传》六卷,《韩说》四十卷等,在当时曾广为流传。但后来逐渐散佚。其对《诗经》的研究成果,对当时的社会很有影响,故被后人称为汉前期传《诗》之一宗。

自汉武帝"罢黜百家,独尊儒术"后,儒学兴盛。作为儒家创始人孔子、孟子故里的鲁地、齐地的士人,因此也具有独特的优势,形成了鲁诗、齐诗两个学派。在这种形势下,韩婴独创以史事诠释《诗》的治学之法,由此产生"韩诗"之学,并在此基础上形成了"燕诗"学派,其学术地位也得以与齐诗、鲁诗齐名。汉武帝时,太学所设的五经博士中,即有"韩诗"博士。这是燕地的学术首次得到社会的普遍认可,它向世人展示了燕地士人的学术水平,也是燕地学术兴起的一个重要标志。所以司马迁对韩婴给予了很高的评价:"自是之后,而燕、赵间言《诗》者由韩生。"②

司马迁的评价并不为过。自韩婴创立燕诗学派后,其独特的学术风格和高超的学术水平,吸引了燕地之外的士人学者负笈燕地求学,其中亦有山东、河内(今河南武陟西南)等地的学者。这些学者入燕地向韩婴学《诗》后,又将所学传授他人,从而将燕诗学派的学术知识和思想传播至更大的范围,不断扩大燕地学术的影响。

河内人赵子师向韩婴学《诗》后,又传授给同郡温(时为王国,今河南温县西南)人蔡义。蔡义曾以明经给事大将军幕府,学习《韩诗》后,又应召入朝为汉武帝说《韩诗》。汉武帝"召见义,说《诗》,甚悦之",遂擢其"为光禄大夫给事

---

①《汉书》卷八十八《韩婴传》,中华书局,1962年版,第3613页。
②《史记》卷一二一《儒林列传》,中华书局,1959年版,第3124页。

中,进授昭帝"①。及汉昭帝即位后,委蔡义为丞相。蔡义还将《韩诗》传授给其他同郡士人,其中有王吉、食子公等人,他们也以学《韩诗》成名。王吉官至汉昌邑王中尉,食子公则成为博士。王吉和食子公还将《韩诗》再传授给他人,淄川(今山东淄博西南)人长孙顺、泰山(今山东泰安)人栗丰两位孔孟故里的士人,即分别师从王吉、食子公。学成后,长孙顺为博士,栗丰官至刺史。长孙顺、栗丰亦收徒,继续传授《韩诗》。其中山阳(今山东金乡西北)人张就、东海(今山东郯城北)人发福等也都因习《韩诗》成名,官至显位。此外,韩婴之孙韩商亦精通《韩诗》,后成为博士。

《韩诗》以其卓越的学术成就而闻名于天下,燕诗学派亦从燕地一隅走向全国诸多地区,其学术地位始为世人所看重,并受到统治者的重视。而且随着收徒传习,师承相袭,《韩诗》不仅影响越来越大,还在传播、相袭的过程中,因后学之士继续对《韩诗》阐发己见,不断丰富着《韩诗》的学术内容,进一步提高了它的学术地位。到西汉中后期,又形成了王(吉)、食(子公)、长孙(顺)三个学派。《韩诗》因此发展至极盛,为天下所宗。

作为燕诗学派创始人的韩婴不仅精通《诗》,对儒家的其他经典也颇有研究。其中对《易》的见解很有独到之处,在当时的《易》学之中,亦成一家之说。韩婴"亦以《易》授人,推《易》意而为之传。燕、赵间好《诗》,故其《易》微,唯韩氏自传之"②。韩婴裔孙涿郡(今河北涿州)人韩生最初曾习《韩诗》,后又改习《易》。在谈到由习《诗》改习《易》的原因时,韩生曾说:"所受《易》即先太傅(韩婴)所传也。尝受《韩诗》,不如韩氏《易》深,太傅故专传之。"③可见,韩婴对《易》的研究也颇有造诣,并有很高的学术水平。韩生于汉宣帝时,即以《易》应征,待诏殿中。韩婴的《易》学也因此引起时人的重视,亦有学习者。司隶校尉盖宽饶原随著名《易》学家孟喜研习《易经》,听韩生说《易》,认为更为精辟独到,遂弃孟氏《易》学,改奉韩生为师。

正是因为韩婴在研究《诗经》、《周易》时,独创了"推意"和用史实诠释的学术研究方法,使研究更为深入,从而形成独特的见解,取得卓著的成果,并在汉

---

① 《汉书》卷六十八《蔡义传》,中华书局,1962 年版,第 2898 页。
② 《汉书》卷八十八《韩婴传》,中华书局,1962 年版,第 3613 页。
③ 《汉书》卷八十八《韩婴传》,第 3614 页。

代经学研究领域中占有一席之地。

随着燕地学术的兴起,文化亦日渐繁荣,士人学者纷纷著书立说。据《汉书·艺文志》所载,西汉时期,燕地有不少学术著作问世。除韩婴的《韩故》、《韩诗内、外传》、《韩说》等著述外,还有《韩氏易》二篇、《燕传说》三卷,法家《燕十事》十篇。还有燕将庞暖论纵横二篇,论兵法三篇等。十分可惜的是,这些著述多已散佚。

西汉时期燕地的学术成果,已不再是由外地的学者传入的,而是由生活在本地的学者经过潜心钻研取得的。这也是西汉时期燕地学术研究的一大特点。在西汉经学研究十分兴盛的背景下,燕地学者能取得这些成果,并在当时得到社会的普遍赞颂和学习,足见这些学者们治学的严谨,学识的渊博,特别是在学术研究中善于创新,形成自己的特色和风格。

二、东汉时期燕地的学术

自西汉末年至东汉初年,儒家经学内部兴起的古文经学与今文经学之争,亦对燕地的学术产生很大的影响。东汉时期,燕地以今文经学为主旨的官学和由古文经学家们开办的私学均有设置。官、私学校的出现,使得更多的士庶子弟得以就学入读,培养了许多在学术和文化上成就斐然的著名文人、学者。而在燕地的学术研究中,最具影响的是古文经学派。其中的一些著名人物不顾统治者的诋毁和反对,师从古文经学家学习经学,并在学术上取得了很突出的成就。

东汉时,幽州著名的学者崔骃、崔瑗、崔寔祖孙三人,以及卢植等人,都曾与东汉著名古文经学家贾逵、班固、马融等人有过密切的交往,有的还师从其门下。

崔骃,字亭伯,涿郡安平(今属河北)人,出身高门。其家学渊博,高祖父、曾祖父、祖父都曾入朝为官。祖父崔篆还著有《周易林》六十四篇。崔骃十三岁时,即能解《诗》、《易》、《春秋》,"博学有伟才,尽通古今训诂百家之言",尤善著文章。"少游太学,与班固、傅毅同时齐名"。他一生以钻研经典名籍为业,不图为官,不慕虚名,以至于"时人或讥其太玄静,将以后名失实"①。但他则

---

① 《后汉书》卷五十二《崔骃传》,中华书局,1965年版,第1708页。

仿效扬雄的《解嘲》，作《达旨》以明己志。"《易》称'备物致用'，'可观而有所合'，故能扶阳以出，顺阴而入。春发其华，秋收其实，有始有极，爰登其质。今子韫椟《六经》，服膺道术，历世而游，高谈有日，俯钩深于重渊，仰探远乎九乾，穷至赜于幽微，测潜隐之无源"①他主张治学不能只停留在章句的解读上，而应探究其源，穷其原理。

崔骃在治学中还以史治经，形成自己的治学特色。他不仅治学严谨，还注重将学术研究成果用于治世。汉和帝即位后，窦太后临朝，外戚窦宪擅权骄恣，崔骃数次上书，微言讽谏。"传曰：'生而富者骄，生而贵者傲。'生富贵而能不骄傲者，未之有也。今宠禄初隆，百僚观行，当尧、舜之盛世，处光华之显时，岂可不庶几夙夜，以永众誉，弘申伯之美，致周、邵之事乎？语曰：'不患无位，患所以立。'昔冯野王以外戚居位，称为贤臣；近阴卫尉克己复礼，终受多福。郯氏之宗，非不尊也；阳平之族，非不盛也。重侯累将，建天枢，执斗柄。其所以获讥于时，垂愆于后者，何也？盖在满而不挹，位有余而仁不足也。汉兴以后，迄于哀、平，外家二十，保族全身，四人而已。《书》曰：'鉴于有殷。'可不慎哉！"②在上书中，崔骃将史学与经学相结合，提出自己中肯的劝谏。但窦宪对此不能容忍，遂命其出任长岑长。崔骃不愿屈服权贵，毅然归家不仕，于永元四年(92)，卒于家中。然其著述多已散佚，惟明人辑有《崔亭伯集》。

崔瑗，字子玉，崔骃之子。早年即丧父，但其"质正大义"，锐志好学，决心继承父业。十八岁时，至京师洛阳(今属河南)，师从古文经学家贾逵。他十分博学，精通天文、历数、《京房易传》等，"诸儒宗之"。他与古文经学家马融、大科学家张衡友好，常有交往。崔瑗治学谦逊、严谨，不耻下问。四十余岁时，出任郡吏，曾"以事系东郡发干狱。狱掾善为《礼》，瑗间考讯时，辄问以《礼》说。其专心好学，虽颠沛必于是"③。正是因为崔瑗学识渊博，精通儒学经典，得到世人的赞赏，所以"汉安初，大司农胡广、少府窦章共荐瑗宿德大儒，从政有迹，不宜久在下位，由此迁济北相"。然不久即病故。顺帝下令将其留葬洛阳。崔瑗还极富文才，善文辞，尤其擅长书、记、箴、铭，"所著赋、碑、铭、箴、颂、《七

①《后汉书》卷五十二《崔骃传》，中华书局，1965年版，第1709页。
②《后汉书》卷五十二《崔骃传》，第1719—1720页。
③《后汉书》卷五十二《崔骃传》附《崔瑗传》，第1722页。

苏》、《南阳文学官志》、《叹辞》、《移社文》、《悔祈》、《草书势》、七言,凡五十七篇"①。《南阳文学官志》尤著称后世,诸多文学之士皆自以为不如。

崔寔,字子真;一名台,字元始,崔瑗之子,崔骃之孙。是汉桓帝时的著名政论家。他少年时即十分沉静,喜好典籍。桓帝时任议郎,不久又改任大将军梁冀司马。曾与著名学者边韶、名士延笃等人著作于东观。后出任五原(治今内蒙古包头市西北)太守,但因病又征召回京,复任议郎。其间,他与诸儒博士杂定《五经》。延熹二年(159),外戚梁氏势力被灭后,崔寔因曾任梁冀故吏亦被免官,还遭禁锢数年。直至北方鲜卑族不断侵犯东汉边境地区,桓帝诏三公举荐威武谋略之士,他经司空黄琼推荐,任辽东太守。后又召任为尚书。然因当时四方阻乱,崔寔知政令难行,遂称病不视事,数月后即免官归乡,建宁年间病故。

崔寔一生曲折坎坷的经历,使他更多地深入了解和认识了朝野各方面的情况,并对朝廷的弊政给予大胆的抨击,而使其成为东汉时期的著名政论家。他所著《政论》,不仅尖锐地抨击时弊,更秉承家学,将自己对经学研究的成果,运用到对时政的评论中。"量力度德,《春秋》之义。今既不能纯法八代,故宜参以霸政,则宜重赏深罚以御之,明著法术以检之。自非上德,严之则理,宽之则乱。何以明其然也?近孝宣皇帝明于君人之道,审于为政之理,故严刑峻法,破奸轨之胆,海内清肃,天下密如。荐勋祖庙,享号中宗。算计见效,优于孝文。及元帝即位,多行宽政,卒以堕损,威权始夺,遂为汉室基祸之主。政道得失,于斯可监。昔孔子作《春秋》,褒齐桓,懿晋文,叹管仲之功。夫岂不美文、武之道哉?诚达权救敝之理也。故圣人能与世推移,而俗士苦不知变,以为结绳之约,可复理乱秦之绪,《干戚》之舞,足以解平城之围"②。所以他的政论著述,深得世人称颂,称之为:"指切时要,言辩而确。"东汉末年的著名政论家仲长统更对崔寔的政论著述给予极高的评价:"凡为人主,宜写一通,置之坐侧。"③

在东汉时期燕地文人、学者所取得的学术成就中,当以崔氏家族及其弟子

①《后汉书》卷五十二《崔骃传》附《崔瑗传》,中华书局,1965年版,第1724页。
②《后汉书》卷五十二《崔骃传》附《崔寔传》,第1727—1728页。
③《后汉书》卷五十二《崔骃传》附《崔寔传》,第1725页。

的学术成果最为突出,而卢植及其弟子的学术成果也颇具代表性。

　　曾被时人称为海内大儒,后人赞誉为东汉时期学术著名代表人物的卢植,字子幹,涿郡涿县(今河北涿州)人。少时曾与后来亦为东汉著名学者的郑玄一同师从古文经学大师马融。他博通古文经学和今文经学,"好研精而不守章句"。一心随师研读,深得马融的赞赏。其学成之后,回故里闭门教授。且因其"性刚毅有大节,常怀济世志"①,故远近闻名,许多文人名士皆前来拜师。涿县人刘备、令支(今河北迁安西)人公孙瓒等,都出其门下。汉灵帝建宁年间,他应征召授博士。熹平四年(175),卢植因才兼文武,又被汉灵帝改任为九江太守,不久又转任庐江太守。其间著有《尚书章句》、《三礼解诂》。时值灵帝诏立太学石经,以正《五经》文字,卢植遂极力主张恢复古文经学的地位,乃上书称:"臣少从通儒故南郡太守马融受古学,颇识今之《礼记》特多回冗。臣前以《周礼》诸经,发起粃谬,敢率愚浅,为之解诂,而家乏,无力供缮写上。愿得将能书生二人,共诣东观,就官财粮,专心研精,合《尚书》章句,考《礼记》失得,庶裁定圣典,刊正碑文。古文科斗,近于为实,而厌抑流俗,降在小学。中兴以来,通儒达士班固、贾逵、郑兴父子,并敦悦之。今《毛诗》、《左氏》、《周礼》各有传记,其与《春秋》共相表里,宜置博士,为立学官,以助后来,以广圣意。"②在当时以经学大师郑玄为代表的今文经学派几倾天下的背景下,卢植则认为今文经"特多回冗",而古文经"近于为实",《毛诗》、《左传》、《周礼》与《春秋》"共相表里",表明他对今古经文的研究不仅仅限于章句,而是更注重于还其实质。他的学术成果也因此得到汉灵帝的认可,一年后复征任议郎,并与谏议大夫马日　,议郎蔡邕、杨彪、韩说等人一同在东观,校中书《五经》传记,补续《汉记》。

　　卢植的学术成就不仅表现在他对古文经学的精通,还在于他能将经学运用于对时政的评论。汉光和元年(178)出现日食,卢植遂借用经学典故,向汉灵帝上封事劝谏:"臣闻《五行传》'日晦而月见谓之朓,王侯其舒'。此谓君政舒缓,故日食晦也。《春秋传》曰'天子避位移时',言其相掩不过移时。而间者日食自巳过午,既食之后,云雾晦暖。比年地震,彗孛互见。臣闻汉以火德,化

----

①《后汉书》卷六十四《卢植传》,中华书局,1965 年版,第 2113 页。
②《后汉书》卷六十四《卢植传》,第 2116 页。

当宽明。近色信谗,忌之甚者,如火畏水故也。案今年之变,皆阳失阴侵,消御灾凶,宜有其道。谨略陈八事:一曰用良,二曰原禁,三曰御疠,四曰备寇,五曰修礼,六曰遵尧,七曰御下,八曰散利。用良者,宜使州郡核举贤良,随方委用,责求选举。原禁者,凡诸党锢,多非其罪,可加赦恕,申宥回枉。御疠者,宋后家属,并以无辜委骸横尸,不得收葬,疫疠之来,皆由于此。宜敕收拾,以安游魂。备寇者,侯王之家,赋税减削,愁穷思乱,必致非常,宜使给足,以防未然。修礼者,应征有道之人,若郑玄之徒,陈明《洪范》,攘服灾咎。遵尧者,今郡守刺史一月数迁,宜依黜陟,以章能否,纵不九载,可满三岁。御下者,请谒希爵,一宜禁塞,迁举之事,责成主者。散利者,天子之体,理无私积,宜弘大务,蠲略细微。"①虽然卢植的劝谏并未被汉灵帝采纳,但他将经学研究灵活地运用于评论时政,足以表现了他对经学研究的精深。

中平六年(189),灵帝病故,少帝即位。外戚何进以大将军身份秉政,欲翦除宫中宦官,乃召并州牧董卓进京,以挟制何太后。卢植"知卓凶悍难制,必生后患,固止之"。董卓统兵入京后,"大会百官于朝堂,议欲废立。群僚无敢言,植独抗议不同"。董卓大怒罢会,欲杀卢植。一些名流学者以卢植名望甚高劝阻董卓,议郎彭伯认为:"卢尚书海内大儒,人之望也。今先害之,天下震怖。"董卓遂罢其官,卢植乃以老病请求回归故里。此后,他"隐于上谷,不交人事"②。汉初平三年(192),卒。作为一代名流,卢植深受时人的尊敬。建安中,曹操北征乌桓,"过涿郡,告守令曰:'故北中郎将卢植,名著海内,学为儒宗,士之楷模,国之桢干也。昔武王入殷,封商容之闾;郑丧子产,仲尼陨涕。孤到此州,嘉其余风。《春秋》之义,贤者之后,宜有殊礼。亟遣丞掾除其坟墓,存其子孙,并致薄酹,以彰厥德"③。曹操对卢植的评价,也正说明卢植对经学研究所做出的贡献是十分重大的。

卢植死后,卢家后代人才辈出。到北朝时,卢氏家族已成为北方名声颇大的高门显族。自卢植始建的卢氏家学,在北方地区学术界中的影响,亦越来越大。

---

①《后汉书》卷六十四《卢植传》,中华书局,1965年版,第2117页。
②《后汉书》卷六十四《卢植传》,第2119页。
③《后汉书》卷六十四《卢植传》,第2119页。

在卢植所传的弟子中,尤以高诱的学术成果最为著名。高诱亦为涿郡涿县人,少时受学于卢植。建安十年(205),任司空掾。不久又改任东郡濮阳(今河南濮阳南)县令,后迁监河东。他对儒家典籍及先秦文献多有研究,曾为《吕氏春秋》、《淮南子》、《战国策》、《孝经》、《孟子》等多部著作做注释。其中《吕氏春秋》、《淮南子》这两部著作,正是借高诱之注,才得以流传至今。而他所著其他典籍之注则大多已散佚。

产生于燕地的《韩诗》学派,在东汉时期又继续得到发展。入东汉以后,学习《韩诗》的文人学者,不仅数量更多,且分布的范围也更广,《韩诗》的流传也因此更为广泛。出身于世代习《韩诗》之家的淮阳(今属河南)人薛汉,少时即继承父业,后教授门徒多达数百人。东汉建武初年,他应征召为博士,且受诏校定图谶。"当世言《诗》者,推(薛)汉为长"①。

在薛汉所教授的弟子中,也有一些功成名就者。犍为武阳(今四川彭山东)人杜抚、会稽(今浙江绍兴)人澹台敬伯、巨鹿(治今河北宁晋西南)人韩伯高三人,即是其中的代表。杜抚少时即受业于薛汉,定《韩诗章句》。后回乡传学,教授弟子千余人。汉章帝建初年间,为公车令,后卒于官。著有《诗题约义通》,为学者所传习,号曰"杜君法"②。杜抚的弟子赵晔亦为东汉著名学者。他是会稽山阴(今浙江绍兴)人,早年曾为县吏,奉檄迎督邮。后辞官,至犍为资中,师从杜抚习《韩诗》,穷究其术。二十年未回家,以至于家人误以为他已身故,而为其发丧。后卒业乃归。撰有《吴越春秋》、《诗细历神渊》等著述。东汉著名学者蔡邕至会稽,读《诗细历神渊》后,大加赞赏,以为长于王充所撰《论衡》,一时"学者咸诵习焉"③。

九江寿春(今安徽寿县)人召驯,字伯春。为汉元帝时大臣,著名水利家召信臣的后代。他"少习《韩诗》,博通书传"。建初元年(76),任骑都尉,给章帝侍讲。不久即授左中郎将,"入授诸王"④,颇受章帝恩宠。后出任陈留太守,河南尹。章和二年(88),升任光禄勋,后卒于官。

---

①《后汉书》卷七十九下《薛汉传》,中华书局,1965年版,第2573页。
②《后汉书》卷七十九下《杜抚传》,第2573页。
③《后汉书》卷七十九下《赵晔传》,第2575页。
④《后汉书》卷七十九下《召驯传》,第2573页。

巴郡阆中(今属四川)人杨仁,字文义。东汉建武年间,"诣师学习《韩诗》,数年归,静居教授"。后任郡功曹,举孝廉,除郎。明帝时,诏补北宫卫士令。章帝即位后,授什邡令。他在任上,"宽惠为政,劝课掾史弟子,悉令就学。其有通明经术者,显之右署,或贡之朝,由是义学大兴"①。

梁国蒙县(今河南商丘东北)人夏恭,字敬公,"习《韩诗》、《孟氏易》,讲授门徒常千余人"。东汉初年,夏恭任郎中,再迁泰山都尉。他"善为文,著赋、颂、诗、《励学》凡二十篇。年四十九卒官,诸儒共谥曰宣明君"②。夏恭之子夏牙,亦"少习家业,著赋、颂、赞、诔凡四十篇"③。后举孝廉,不幸早卒。死后,被乡人称为"文德先生"。

山阳(治今山东金乡西北)人张匡"亦习《韩诗》,作章句"④。后察举有道,征辟博士,皆不就,而为一代名士。

不过,进入东汉以后,随着今文经学受到统治者的推崇,并被定为官学而日渐兴盛,对儒家经典的研究亦受到今文经学烦琐、牵强的研究方法的影响,陷入烦琐的注解,甚至是凭空穿凿附会之中,严重地制约了学术的发展。《韩诗》学派也由最初的侧重于阐述《诗经》大义,转向专注"章句",甚至将谶纬学说引入《韩诗》的学术研究中。如张匡取得的成果就是"作章句",而出身《韩学》世家的薛汉,不仅"以章句著名",更是"尤善说灾异谶纬"⑤。正因如此,《韩诗》的研究在东汉时期亦受到很大的消极影响,出现式微的趋势。

尽管如此,在东汉时期今古文经学之争中,以崔骃、崔瑗、崔寔祖孙三人和卢植为代表的燕地文士学者以其治学的严谨,通过深究其源、以史推论等方法,拓展了对经学的研究,将经学研究引向深入,在学术上取得突出的成就。这些学术成就越来越多地被社会所认同、接受,并受到统治者的重视和推崇。其传统的学术研究也在这一时期被广为传播,学术水平和地位得到进一步的提升。燕地也因此逐渐成为北方地区,乃至全国具有较大影响力的一个学术

---

① 《后汉书》卷七十九下《杨仁传》,中华书局,1965年版,第2574页。
② 《后汉书》卷八十上《夏恭传》,第2610页。
③ 《后汉书》卷八十上《夏恭传》,第2610页。
④ 《后汉书》卷七十九下《赵晔传》,第2575页。
⑤ 《后汉书》卷七十九下《薛汉传》,第2573页。

中心。

三、两汉时期燕地的教育

秦朝建立后,为建立封建专制主义中央集权的统治,秦始皇采取了极其严厉的文化专制措施。即"焚书坑儒",禁办私学,只许"以吏为师",学习法令,以此确立了法家学说的官学地位。秦朝统治者采取的极端专制的文化措施,不仅制约了学术的活跃,亦使教育陷入极度萎缩的境地。燕地的教育在这一时期也受到严格的限制,其发展的规模十分有限,是一个倒退的时期。

西汉初年,经过长期的战乱后,社会生产遭受严重的破坏,社会经济十分凋弊。统治者急欲恢复生产和经济,遂倡导"治道贵清静而民自定"[1]的"无为而治"思想,因此在文化方面重新调整政策,实行比较开放的文化政策。其具体表现在:首先废除了秦朝的文化禁令。"汉兴,改秦之败,大收篇籍,广开献书之路"[2]。汉惠帝四年(前191),又废除"敢有挟书者族"的《挟书律》[3]。吕后元年(前187),再废除"过误之语以为妖言"的《妖言令》[4]。对思想和文化禁锢相对松弛。其间,还逐渐重视儒家思想对巩固封建统治的特殊作用。这些调整后的文化政策,对文化和学术的复苏和再度兴盛,是十分有益的。

为了巩固和加强封建专制主义中央集权的统治,汉武帝又改革了选官制度。实行察举和征召等新的选官制度。所举荐或征召的秀才、贤良方正、文学及社会上的名流,均需具有较高的文化水平。为了培养更多的统治者所需的人才,汉武帝在长安城(今陕西西安西北郊)兴建太学。还令天下郡国皆立学校官,初步建立起地方的学校教育体系。到元帝时,还于"郡国置五经百石卒史"[5]。对凡能通一经者,皆蠲免其徭役。汉平帝于元始三年(3年),"立官稷及学官。郡国曰学,县、道、邑、侯国曰校。校、学置经师一人。乡曰庠,聚曰序。序、庠置《孝经》师一人"[6]。

---

① 《史记》卷五十四《曹相国世家》,中华书局,1959年版,第2029页。
② 《汉书》卷三十《艺文志》,中华书局,1962年版,第1701页。
③ 《汉书》卷二《惠帝纪》,第90页。
④ 《汉书》卷三《高后纪》,第96页。
⑤ 《汉书》卷八十八《儒林传》,第3596页。
⑥ 《汉书》卷十二《平帝纪》,第355页。

西汉时期的地方学校,经武帝至平帝时期的不断发展和完善,最终形成了郡、县、乡三级,乃至乡间聚落的学校建制。这些遍及全国各地的官学,为西汉政权培养和提供了大量的人才。

东汉建立后,光武帝更重视儒学对维护和巩固封建统治所起的作用,特别提倡讲经论理,尤其注意从儒生中发现和选择所需的人才。汉明帝还令地方重新建立学校。在统治者的倡导和命令下,各地方郡、县纷纷建学办校,一时间"四海之内,学校如林,庠序盈门,献酬交错"①。

在这种形势下,学校作为培养封建统治人才的重要场所,受到社会各界的普遍重视。今北京地区在两汉时期的行政建置中,分属于广阳国(原为燕国,其间亦改为燕郡。元凤元年〔前80〕,改置广阳郡。本始元年〔前73〕,再改为广阳国)、涿郡、上谷郡、渔阳郡和右北平郡等五个郡国及所辖的部分县。尽管文献资料没有明确记载当时这一地区郡、国及县、乡等官学设置的情况,但既然有汉帝的旨意和朝廷的规定,也应建立郡、县、乡三级官学,以及乡邑聚落的学校,并设置有经师、《孝经》师等学官,负责教授生徒。

虽然两汉时期燕地的官学设置缺乏史料的记载,但两汉时期的燕地私学则已见诸于史料记载。这一时期燕地私学主要有两种形式:一是聚徒讲学。西汉时期韩婴创立的《韩诗》学派闻名于世后,一些外地的文人,学者负笈燕地求学。《韩诗》能传播到燕地以外的地区,不断扩大它的影响,最终成为与《鲁诗》、《齐诗》齐名的一个《诗经》学派,这其中就与兴办私学,传授弟子有直接的关系。如河内(今河南武陟西南)人赵子师就是向韩婴学《诗》,后又回故里传授他人。

东汉时期的儒学大师卢植曾师从古文经学大师马融,学成之后,回故里收徒教授。许多文人名士皆前来拜师。涿县人刘备、令支(今河北迁安西)人公孙瓒等,就出其门下。而在卢植所传的弟子中,尤以高诱的学术成果最为著名。他曾为《吕氏春秋》、《淮南子》、《战国策》、《孝经》、《孟子》等多部著作做注释,成就亦十分斐然。

二是家学,即家庭或家族内部相传之学。如韩婴之孙韩商就是凭借家学,

---

①《后汉书》卷四十下《班彪传》附《班固传》,中华书局,1965年版,第1368页。

精通《韩诗》,后成为博士。

东汉时期幽州著名的学者崔骃、崔瑗、崔寔祖孙三代,都是古文经学家。其渊源则是崔骃的祖父崔篆。他在"王莽时为郡文学,以明经征诣公车"①。经由"明经"而入仕途,说明其有着很深的经学功底。而崔骃"年十三能通《诗》、《易》、《春秋》,博学有伟才,尽通古今训诂百家之言,善属文"②,即是从小接受教育的结果。其子崔瑗"锐志好学,尽能传其父业"③,亦说明他受家学影响之深,再加之自己勤奋钻研,终成一代大师。由此可见崔氏家学对子弟教育的作用之大,以至于成就三代人。

卢氏家学也是世代相传,惠及子孙。直至魏晋南北朝时期,屡有卢植后代才高名重,成为一代名士。

私学和家学,是中国古代教育的重要组成部分。与官学相比,私学、家学的教学内容相对比较狭窄,主要侧重于授业者所研究和擅长的学术专业。但传授的内容多为授业者的真知灼见,还具有较高的学术水平和造诣,对受业者而言,显然更利于获得真才实学。且在教学方式上,相对比较灵活、宽松,师徒之间还可以随时进行交流,相互探讨,很利于对学术问题的深入研究。还因这种教育方式,特别是家学更具师承关系的特点,所以在世代的相传中,也能不断推进学术研究的深入,逐渐成为一个独立的学派。汉代燕地的韩氏、崔氏、卢氏等家学和私学,就具有这些特点,并因此成为在当时颇具影响的学派。

两汉时期,燕地的教育进入一个重要的发展时期。这一时期燕地已存在的官学、私学和家学三种教育形式,由于缺乏文献资料的记载,难以揭示这三种教育形式的具体内容和教育方式等,但两汉时期燕地能涌现出闻名天下的学者、文人,这其中即有教育的作用。也正是这一时期燕地存在的多种形式的教育,进而促进燕地的学术继续得到发展,学术水平不断提高,其成就开始在全国居于领先的地位。

---

①《后汉书》卷五十二《崔骃传》,中华书局,1965 年版,第 1703 页。
②《后汉书》卷五十二《崔骃传》,第 1708 页。
③《后汉书》卷五十二《崔骃传》,第 1722 页。

第三章　燕地学术和教育的发展

在经历了先秦至秦汉时期的产生和发展后,今天的北京地区在魏晋南北朝时期,学术和教育又有了新的发展。这一时期的发展,是在中国北方地区经受战火的摧残和民族大融合,社会生产和经济由残破、凋弊转而复苏、发展的背景下出现的。由于北方以畜牧业经济为主的民族相继进入燕地,带来了与燕地完全不同的经济和文化,以及观念和意识,使燕地原有的文化和学术,亦在不断发展的基础上,又融入了一些新的内容,更鲜明地表现出兼容、博大和多样性的特点,这也更加促进了燕地学术的发展。

第一节　魏晋南北朝时期的学术与教育

一、魏晋时期燕地学术研究的兴衰

魏晋时期,幽州地区的学术文化在前代不断丰富和积淀的基础上,又有新的发展,并且取得了更多的成就。

兴起于东汉时期的卢氏家族,其后代在西晋时期又重振家业,门第渐崇。他们在学术上,不仅继承了卢植创立的严谨治学的学风,同时也在家学的基础上继续发展,依旧保持着学术上的重要地位。这一时期,在卢氏家族中,除卢毓因被曹魏政权重用,未及在学术上有更大的成就外,其子孙则名士辈出。

卢植孙卢钦继承家学传统,"世以儒业显","清澹有远识,笃志经史,举孝廉,不行,魏大将军曹爽辟为掾",从此进入仕途。西晋建立后,他先为都督沔北诸军事、平南将军。后因其"在镇宽猛得中,疆场无虞。入为尚书仆射,加侍中、奉车都尉,领吏部"。他虽身在官场,仍不失文士名流的风范,恪守儒家的道德规范。"钦举必以材,称为廉平"。晋咸宁四年(278),卢钦病逝后,晋武帝司马炎给予他很高的评价:"钦履道清正,执德贞素。文武之称,著于方夏。入跻机衡,惟允庶事。肆勤内外,有匪躬之节。不幸薨没,朕甚悼之。"尽管卢钦的后半生是在官场中度过的,但在学术上仍勤于著述,"所著诗赋论难数十篇,名曰《小道》"①。

卢钦的从孙卢谌,"清敏有理思,好《老(子)》、《庄(子)》,善属文"。他曾应"州举秀才,辟太尉掾"。后并州刺史刘琨任其为主簿,转从事中郎。晋建兴末年,卢谌又随刘琨赴幽州,被幽州刺史、鲜卑将领段匹 任以别驾。西晋灭亡后,北方陷入"五胡十六国"的政权分立、纷争的局势中,卢谌因此"流离世故且二十载"。其间,偏安江南的东晋政权亦因其出身名门,才华、名望出众,而"累征谌为散骑中书侍郎"。然因鲜卑将领段末波阻留,"遂不得南渡"。其后又为后赵石虎所得,委以中书侍郎、国子祭酒、侍中、中书监。东晋永和六年(350),后赵主石虎养孙冉闵趁朝廷内乱,诛杀石氏,夺取政权,建立魏(冉魏)政权,卢谌不幸遇害。作为出身卢氏家族的名士,卢谌"早有声誉,才高行洁,为一时所推"。他虽于后赵政权中官位显赫,但他"恒以为辱",依旧怀念故国。生前经常以满腔的爱国之情,告之诸子:"吾身没之后,但称晋司空从事中郎尔。"在卢谌颠沛流离的坎坷一生中,仍"撰《祭法》,注《庄子》,及文集,皆行于世"②。

魏晋时期的幽州地区,还出现了许多名士和知名学者。

霍原,字休明,燕国广阳人。他祖上"原为列侯,显佩金紫"。曾是汉魏时期的显贵之家。但后来家境衰败,到霍原时,曾"先为人间流通之事",即以经商为生计。所以他是"晚乃务学,少长异业,年踰始立,草野之誉未洽,德礼无闻"③,是一位出身"寒素"之家的无名之辈。但他于十八岁时,赴西晋都城洛

①《晋书》卷四十四《卢钦传》,中华书局,1974年11月版,第1255页。
②《晋书》卷四十四《卢钦传》,第1259页。
③《晋书》卷四十六《李重传》,第1311页。

阳(今属河南),"观太学行礼,因留习之"。从此,他抛弃经商,在太学潜心学习。因学业有成,"贵游子弟闻而重之,欲与相见"。但又"以其名微,不欲昼往,乃夜共造焉"。可见尽管霍原出身低微,在世家大族极重门第的时代,不被世族所重视,但他的学识名望已显见于世。在他学成后,其父之友刘岱欲荐举他,未果而刘岱身染重病。临终前,刘岱告诉其子刘沈:"霍原慕道清虚,方成奇器,汝后必荐之。"刘岱的遗嘱,实际也是对霍原学术成就所作的评价。后霍原回归乡里,"山居积年,门徒百数"①。他聚众授业后,名声尤重,以至于连燕王司马机都仰慕其名,而"月致羊酒"为礼。晋惠帝元康年间,刘沈在朝廷任燕国大中正,遂遵其父遗嘱,举荐霍原,列为二品。司徒不同意,惠帝乃下诏,令司徒参论,中书监张华令陈准奏为上品。特别重视选拔隐逸贤才的尚书吏部郎李重,亦评价霍原说:"隐居求志,笃古好学,学不为利,行不要名,绝迹穷山,韬　道艺,外无希世之容,内全遁逸之节,行成名立,搢绅慕之,委质受业者千里而应,有孙、孟之风,严、郑之操。……原定志穷山,修述儒道,义在可嘉。若遂抑替,将负幽邦之望,伤敦德之教。"②从这些西晋朝廷要员对霍原的荐举和评价中,可以看出,霍原在西晋前期已具有极高的名望,其学术成就和水平,也得到世人的称颂。后霍原不幸被"称制谋僭"的王浚杀害,且"悬其首"。"诸生悲哭,夜窃尸共埋殡之。远近骇愕,莫不冤痛之"③,足见霍原在文人、学者心目中的地位之高。

魏晋时期,生活在幽州地区的张华也是一位十分著名的学者。张华,字茂先。其父于曹魏时曾任渔阳郡守。但他年少时,父母双亡,成为孤儿,遂以牧羊为生。尽管生活很贫寒,但他仍不废学业。还在尚未成名时,张华曾"著《鹪鹩赋》以自寄"。其赋文辞华丽,寓意深远。以至于"竹林七贤"之一的阮籍"见之,叹曰:'王佐之才也!'由是声名始著"④。后来,张华终于"学业优博,辞藻温丽,朗赡多通,图纬方伎之书莫不详览"。而且他还"少自修谨,造次必以礼

---

①《晋书》卷九十四《霍原传》,中华书局,1974年11月版,第2435页。

②《晋书》卷四十六《李重传》,第1312页。

③《晋书》卷九十四《霍原传》,第2435—2436页。

④《晋书》卷三十六《张华传》,第1069页。

度。勇于赴义，笃于周急。器识弘旷，时人罕能测之"①。张华在学术上表现出的才华，也得到社会，尤其是官员和知名学者的赞许和欣赏。郡守鲜于嗣举荐他为太常博士。著名学者卢钦向朝廷建议，又任他为河南尹丞。未及上任，即改授其为佐著作郎。不久，再迁长史，兼中书郎。"朝议表奏，多见施用，遂即真"。西晋建立后，又拜黄门侍郎，封关内侯。他的学识十分渊博，"强记默识，四海之内，若指诸掌。武帝尝问汉宫室制度及建章千门万户，华应对如流，听者忘倦，画地成图，左右属目。帝甚异之，时人比之子产"。数年后，又拜中书令，后加散骑常侍。张华在任上，以自己的学识才华，辅佐西晋政权的统治。他因而"名重一世，众所推服，晋史及仪礼宪章并属于华，多所损益，当时诏诰皆所草定，声誉益盛，有台辅之望焉"②。作为一名才华横溢的著名学者，张华仍十分注意收藏书籍，且"雅爱书籍，身死之日，家无余财，惟有文史溢于机箧。尝徙居，载书三十乘。秘书监挚虞撰定官书，皆资华之本以取正焉。天下奇秘，世所希有者，悉在华所。由是博物洽闻，世无与比"③。张华在学术上的地位，曾令时人刮目相看。"陆机兄弟志气高爽，自以吴之名家，初入洛，不推中国人士，见华一面如旧，钦华德范，如师资之礼焉"④。张华在学术上以"博物"著称于世，其著作颇丰。据《晋书》本传记，其撰有《博物志》十篇及文章并行于世，另据《隋书·经籍志》记载，张华的著述，除《博物志》外，还有《张公杂记》《杂记》《张华集》等，还注有《神异经》。因张华的著述具有很高的文学及学术价值，因此他的一些诗赋作品，还被收录在《文选》、《艺文类聚》等书中。

魏晋时期，幽州地区出现了众多闻名于世的学者，他们的著述在当时广为流传。这一文化现象的出现，足以说明这一时期幽州地区的学术文化水平。同时也反映出当时幽州地区在崇尚文化、重视人才的社会风尚影响下，已具有较高的整体文化水平，有更多的文人、学者在孜孜不倦地求索。如曾举荐霍原的刘沈，"字道真，燕国蓟人也。世为北州名族。少仕州郡，博学好古。……敦儒道，爱贤能"。他在举荐霍原和为张华申理时，所撰的奏疏，"皆辞旨明峻，为

①《晋书》卷三十六《张华传》，中华书局，1974年11月版，第1068页。
②《晋书》卷三十六《张华传》，第1070页。
③《晋书》卷三十六《张华传》，第1074页。
④《晋书》卷三十六《张华传》，第1077页。

当时所称"①。幽州地区的文人、学者不仅注重对学术文化的追求,更尽己所能提携后起之秀或晚学之辈。刘岱、刘沈父子,见到家境衰败的霍原仍能"慕道清虚,方成奇器"②,遂相继向朝廷举荐。而张华"少孤贫,自牧羊",仍不废学业,深得有识之士的赏识。"同郡卢钦见而器之。乡人刘放亦奇其才,以女妻焉"③。

正是在这样一种重视文化和人才的社会风尚下,今天的北京地区才得以在当时呈现出人才辈出、学术成就斐然的景象,幽州地区的学术因此得以继续发展。

二、北朝时期的燕地学术

386 年,鲜卑拓跋部首领拓跋珪建立北魏。此后,北魏政权出兵逐一灭亡了北方各地的分立政权,最终统一了北方地区。北魏太延三年(437)二月,太武帝"行幸幽州,存恤孤老,问民疾苦,还幸上谷,遂至代。所过复田租之半"④。北魏统治者为缓和民族矛盾,还注意选用比较清廉的官员。北魏道武帝时,幽州刺史张衮"纯厚笃实,好学,有文才"。他在任上,"清俭寡欲,劝课农桑,百姓安之"⑤。北魏明元帝时的幽州刺史尉诺,存恤百姓,招抚流亡,进一步稳定了幽州地区的社会秩序。北魏太武帝时的上谷(治今北京延庆)太守王宪,"清身率下,风化大行"。其孙王仲智为幽州刺史,"有清平之称"⑥。魏郡邺人孔昭在北魏太武帝、文成帝时出任幽州刺史,"善察狱讼,明于政刑"⑦。这些北魏的官员在幽州地区任职期间,都比较注意安抚百姓,恢复和发展生产,从而使幽州地区的社会生产和经济从衰退中较快地复苏起来,社会秩序也恢复到安定的状态。

随着鲜卑贵族的汉化,他们在接受中原汉族文化的同时,内地已形成的世

---

①《晋书》卷八十九《刘沈传》,中华书局,1974 年 11 月版,第 2306 页。
②《晋书》卷九十四《霍原传》,第 2435 页。
③《晋书》卷三十六《张华传》,第 1068 页。
④《魏书》卷四上《世祖纪第四上》,中华书局,1974 年 6 月版,第 87 页。
⑤《魏书》卷二十四《张衮传》,第 612—613 页。
⑥《魏书》卷三十三《王宪传》,第 775 页。
⑦《魏书》卷五十一《孔伯恭传》,第 1140 页。

族门阀制度也被吸收和借鉴。在统治者的扶植下,北朝时期的世族门阀制度进一步得到强化,世家大族的势力不断壮大。在这些世代为官、世代显赫的大家族内部,其成员多受过较好的教育,具有较高的文化水平,而且还多有世代相承的家学。世族门阀制度形成于东汉末期,是在当时的统治者崇尚儒学、表彰名节的背景下产生的。靠精通儒家经学而步入仕途,后来为显族贵门的世族门阀所推崇,并将"治学"作为"家业"的组成部分。因而以经学传世,在当时遂成为一种社会普遍崇尚的风气。

幽州地区在北朝时期的学术文化和教育,正是在这样一种背景下存在和发展的。其间,因受战乱的影响而衰落、萧条,又在相对稳定的时期,得以恢复和复苏。同时,又因社会上层的世族门阀势力的影响,"家学"尤为兴盛,往往在学术上自成一派。即使是在动乱的年代,这些世家大族多凭借着与统治者的特殊关系如联姻等,依然成为地方上的一股强大的势力,其学术文化因此才得以继续发展。

北朝时期,幽州地区的著名学者及文人,有许多即出身于世族门阀的家族中。其中,首推范阳卢氏。闻名于东汉时期卢植的卢氏家族,其后代一直以经学传世而著名。西晋名士卢谌之子卢偃、孙卢邈,曾"并仕慕容氏。偃为营丘太守,邈为范阳太守,皆以儒雅称"。而传至其曾孙卢玄,范阳卢氏的学术地位已非同寻常。北魏神 四年(431),太武帝拓跋焘"辟召天下儒俊,以玄为首。"因此授其为中书博士,后迁侍郎,本州大中正。他的学术水平和成就,不仅得到社会的赞赏,就连同为世家大族的文人亦十分钦佩卢玄的学术水平。与卢玄同期的北魏司徒崔浩,是关东著名士族崔宏之子。他年少时即喜欢文学经史,通阴阳术数,曾注释《五经》,并主持制定《五寅元历》,是一位在学术上很有造诣的名士。但他对卢玄却十分敬佩,"每与言辄叹曰:'对子真(卢玄字),使我怀古之情更深'"[1]。

卢玄的子孙后代在卢氏家族"经学传世"家风的影响下,继承祖业,在学术上继续发展,一直为世人所重。北齐学者魏收在撰写《魏书》时,对卢玄及其子孙在学术文化上的地位,给予很高的评价:"卢玄绪业著闻,首应旌命,子孙继

---

①《北史》卷三十《卢玄传》,中华书局,1965 年版,第 1071 页。

迹,为世盛门。其文武功烈,殆无足纪,而见重于时,声高冠带,盖德业儒素有过人者。渊之兄弟亦有二方之风流。雅道家声,诸子不逮,余烈所被,弗及盈乎?"①唐代学者李延寿在撰写《北史》本传时,亦对卢玄的子孙有"卢玄绪业著闻,首应旌命,子孙继迹,为世盛门"②的评价,足见卢氏家族在北朝时期仍占据着很高的学术地位。

卢玄子卢度世,"幼而聪达,有计数",曾为中书学生,应举东宫(即太子宫)。他刚弱冠之年(二十岁)时,就与从兄卢遐"俱以学行为时流所重"。后拜中书侍郎,兼太常卿。北魏兴安年间,又进爵为侯,除散骑侍郎。且奉文成帝之命,出使南朝刘宋政权。但因他与刘宋侍中柳元景"应对失衷",回朝后,"被禁劾,经年乃释"。其后又出任齐州(治今山东济南)刺史。"州接边境,将士数相侵掠。度世乃禁勒所统,还其俘虏,二境以宁"③。

卢度世之子卢渊,"性温雅寡欲,有祖父之风,敦尚学业,闺门和睦"④。他从小就在家族内部受到很好的教育,并秉承卢氏家学,很早就表现出很高的文化修养,且有较高的名望。他十四岁时,曾赴长安城(今陕西西安西北郊)。在他返回时,"诸相饯送者五十余人,别于渭北。有相者扶风人王伯达曰:'诸君皆不如此卢郎,虽位不副实,然德声甚盛,望踰公辅。后二十余年,当制命关右'"⑤。卢渊初拜主客令,典属国,又迁秘书令、给事黄门侍郎,再迁兼散骑常侍、秘书监,本州大中正。太和年间,孝文帝欲亲征南朝萧齐政权,令臣僚议定。卢渊遂上表劝谏,以其渊博的历史知识,列举了前代的许多战例,以说明"胜不足为武,弗胜有亏威德"⑥的道理。这篇奏表文辞流畅,情深意切。对历史事实的分析,切中要害,表现出他极高的学术水平。孝文帝虽未采纳卢渊的劝谏,但还是认可了他的观点,并且给予很高的评价:"曹操胜袁,盖由德义内举;苻坚瓦解,当缘立政未至。定非弊卒之力强,十万之众寡也。今则驱驰先天之术,驾用仁义之师,审观成败,庶免斯咎。"孝文帝在诏令最后说道:"深录

---

① 《魏书》卷四十七《卢玄传》,中华书局,1974年版,第1064页。
② 《北史》卷三十《卢玄传》,中华书局,1965年版,第1109页。
③ 《魏书》卷四十七《卢玄传》附《卢度世传》,第1045—1046页。
④ 《魏书》卷四十七《卢玄传》附《卢渊传》,第1047页。
⑤ 《魏书》卷四十七《卢玄传》附《卢渊传》,第1049页。
⑥ 《魏书》卷四十七《卢玄传》附《卢渊传》,第1047页。

诚心,勿恨不相遂耳。"①

在卢度世的四个儿子中,除二子卢敏早卒外,卢昶、卢尚之亦以儒雅著称。卢昶"学涉经史,早有时誉"②;卢尚之"亦以儒素见重"③。他们的下一代,在学术上亦有成就。卢渊长子卢道将,"涉猎经史,风气謇谔,颇有文才,为一家后来之冠,诸父并敬惮之"④。后来他出任燕郡太守,"优礼儒生,励劝学业,敦课农桑,垦田岁倍。……所为文笔数十篇"。卢渊三子卢道虔,"粗闲经史,兼通算术"⑤;五子卢道侃,"沉雅有学问"⑥。卢昶六子卢元明,"涉历群书,兼有文义,风彩闲润,进退可观"。"永熙末,居洛东缑山,乃作《幽居赋》焉"⑦。卢尚之长子卢文甫,"少有器尚,涉历文史,有誉于时"⑧。

北魏时期,幽州地区学术文化不仅有卢氏家学闻名于世,还有许多著名的学者以其卓著的学术成就,推动着幽州地区学术文化的发展。北平无终人阳尼,"少好学,博通群籍。与上谷侯天护、顿丘李彪同志齐名"。幽州刺史胡泥以阳尼学艺文雅,而上表举荐。北魏朝廷遂征拜其为秘书著作郎。他上任后即上奏,认为"佛道宜在史录"。后北魏改中书学为国子学,中书监高闾、侍中李冲等又以阳尼"硕学博识",举荐他为国子祭酒。孝文帝曾亲临苑堂讲诸经典,亦"诏尼侍听"。阳尼学识十分渊博,他编纂的书籍多达数千卷。曾撰写《字释》数十篇,然未完成即去世。后由其从孙、太学博士阳承庆继续撰写,终成《字统》二十卷,并刊行于世。阳尼从子阳鸣鹄、阳季智兄弟,"俱有名于时,前后并为幽州司马"⑨。

这一时期幽州地区的学术文化,不仅以世家大族为代表,更有一些出身非高门显族的文人学者,以其杰出的学术成就而提升着幽州地区的学术文化水平。

---

①《魏书》卷四十七《卢玄传》附《卢渊传》,第 1048、1049 页。
②《魏书》卷四十七《卢玄传》附《卢昶传》,中华书局,1974 年版,第 1055 页。
③《魏书》卷四十七《卢玄传》附《卢尚之传》,第 1061 页。
④《魏书》卷四十七《卢玄传》附《卢道将传》,第 1050 页。
⑤《魏书》卷四十七《卢玄传》附《卢道虔传》,第 1051 页。
⑥《魏书》卷四十七《卢玄传》附《卢道侃传》,第 1052 页。
⑦《魏书》卷四十七《卢玄传》附《卢元明传》,第 1060 页。
⑧《魏书》卷四十七《卢玄传》附《卢文甫传》,第 1061 页。
⑨《魏书》卷七十二《阳尼传》,中华书局,1974 年版,第 1601—1602 页。

中国古代著名的地理学家,范阳人郦道元一生不仅著有地理学名著《水经注》四十卷,还撰写了"《本志》十三篇,又为《七聘》及诸文,皆行于世"①。

燕国蓟人平恒出身于官宦人家,从小"耽勤读诵,研综经籍,钩深致远,多所博闻"。他撰写的《略注》,总计百余篇,"自周以降,暨于魏世,帝王传代之由,贵臣升降之绪,皆撰录品第,商略是非"。这部史鉴类的名著,既记载了从西周到北魏的历史沿革,又对朝代的兴衰更替,权贵显臣的升迁、贬黜之由,进行分析和评述,以供后人借鉴。《略注》成书后,"好事者览之,咸以为善焉"。平恒历任中书博士、幽州别驾,后拜著作佐郎。"时高允为监,河间邢祐、北平阳嘏、河东裴定、广平程骏、金城赵元顺等为著作佐郎,虽才学互有短长,然俱为称职,并号长者。允每称博通经籍无过恒也"。平恒在五位著作佐郎中,以其"博通经籍"而名列前茅,足见其学识在北方学术中的地位和声誉之高。其晚年,因诸子不务正业,他遂"别构精庐,并置经籍于其中,一奴自给,妻子莫得而往"②,躲入庐舍中,仍研读经籍,直至去世。

平恒的好友,北地泥阳人梁祚,"笃志好学,历治诸经,尤善《公羊春秋》、郑氏《易》,常以教授。有儒者风,而无当世之才"。他原居住在赵郡,因与平恒曾有交往,其姐又嫁给范阳李氏,遂携家人迁居蓟城,并在此生活了十余年。其间,"虽羁旅贫窘而著述不倦"。侨居蓟城后,"(平)恒时相请屈,与论经史"。后梁祚被征辟为秘书中散,又迁秘书令。但其仕途坎坷,后摈退为中书博士,出为统万镇司马、散令。尽管梁祚一生艰辛困苦,然其仍著书立说,在学术上颇有成就。其"撰并陈寿《三国志》,名曰《国统》。又作《代都赋》,颇行于世"③。

进入东魏、北齐和北周以后,幽州地区的学术文化在前代已取得的成就上又有所发展。这一时期,世家大族的家学又陆续培养出不少著名的学者。

卢氏家族在东魏以后,其子弟仍继承家风、家学,其中又有不少闻名于世者。卢道亮之子卢思道,自幼"聪爽俊辩,通侻不羁"。十六岁时,曾见中山人刘松为人作碑铭,"思道读之,多所不解。乃感激读书,师事河间邢子才。后复

①《魏书》卷八十九《郦道元传》,中华书局,1974年版,第1926页。
②《魏书》卷八十四《平恒传》,第1845—1846页。
③《魏书》卷四十七《梁祚传》,第1844—1845页。

为文示松，松不能甚解。乃喟然叹曰：'学之有益，岂徒然哉！'"此后，他又向著名学者魏收借"异书"，勤奋阅读。"数年间，才学兼著"。入北齐后，卢思道经左仆射杨遵彦举荐入仕，官至直中书省。及北齐"文宣帝崩，当朝文士各作挽歌十首，择其善者而用之。魏收、阳休之、祖孝徵等不过得一二首，唯思道独有八篇。故时人称为'八米卢郎'。"他还"尝于蓟北，怅然感慨，为五言诗见意，世以为工"。周武帝灭北齐，统一北方后，授卢思道仪同三司，令其赴长安。他又"与同辈阳休之等数人作《听蝉鸣篇》。思道所为，词意清切，为时人所重。新野庾信遍览诸同作者，而深叹美之"。后因母病，卢思道还乡，却参与了同郡祖英伯等人的举兵作乱，被北周柱国宇文神举镇压。卢思道因而当斩，然宇文神举素闻其名，遂"引出，令作露布"。他"援笔立成，文不加点。神举嘉而宥之"①。及杨坚任丞相，迁为武阳太守。由于官位低下，不得志，又作《孤鸿赋》，以寄其情。隋朝建立后，卢思道以母亲年老，表请解职，隋文帝"优诏许之"。后又被起用，任散骑侍郎，参内史侍郎事。隋文帝设置新官制时，令"议置六卿，将除大理"。卢思道上奏，力主建六部，仍保留大理寺，且力陈废止殿庭杖罚臣僚的旧制。均为文帝所采纳。开皇初年，卢思道卒，"上甚惜之，遗使吊祭焉"。卢思道生前的著述，被后人整理为"集二十卷，行于世"②。

卢道亮弟卢道裕，"少以学尚知名，风仪兼美"。卢道裕弟卢道虔，"粗闲经史，兼通算术"。他还"好《礼》学，难齐尚书令王俭《丧服集记》七十余条"③。

在卢道虔夫人元氏所生的两个儿子中，以卢昌衡最为知名。卢昌衡"沉靖有才识，风神澹雅，容止可法。博涉经史，工草行书"。他与从弟卢思道在家族中，俱称"英妙"，而被推重。"故幽州语曰：'卢家千里，释奴（卢思道字）、龙子（卢昌衡字）'"④。

范阳卢氏家族在北朝时期的著名学者和文人还有：

卢元明"涉历群书，兼有文义，风彩闲润，进退可观"。他"善自标置，不妄

---

①《北史》卷三十《卢玄传》附《卢思道传》，中华书局，1974 年版，第 1075—1076 页。

②《北史》卷三十《卢玄传》附《卢思道传》，第 1077 页。

③《北史》卷三十《卢玄传》附《卢道虔传》，第 1077—1078 页。

④《北史》卷三十《卢玄传》附《卢道衡传》，第 1078 页。

交游,饮酒赋诗,遇兴忘返。性好玄理,作史子杂论数十篇,诸文别有集录"①。

卢文伟"少孤,有志尚,颇涉经史,笃于交游,少为乡闾所敬"②。

卢询祖"有术学,文章华靡,为后生之俊"。曾举秀才入京,"后朝廷大迁除,同日催拜。询祖立于东止车门外,为二十余人作表,文不加点,辞理可观"。其一生"有文集十卷,皆致遗逸"③。

卢柔"性聪敏好学,未冠解属文,但口吃,不能持论"。其后于北周闵帝时,官至开府仪同三司。"所作诗、颂、碑、铭、檄、表,启行于世者数十篇"④。

卢柔子卢恺"性孝友,神情颖悟,涉猎经史,有当世干能,颇解属文"⑤。

卢景裕"少聪敏,专经为学"。他"居无所业,惟在注解。其叔父(卢)同职居显要,而景裕止于园舍,情均郊野,谦恭守道,贞素自得。由是世号居士"。卢景裕曾为《周易》、《尚书》、《孝经》、《论语》、《礼记》、《老子》作注,《毛诗》和《春秋左氏》则未注释完。"齐文襄王入相,于第开讲,招延时俊,令景裕解所注《易》"。卢景裕在讲解《易》时,"理义精微,吐发闲雅。时有问难,或相诋诃,大声厉色,言至不逊,而景裕神彩俨然,风调如一,从容往复,无际可寻。由是士君子嗟美之"。卢景裕一生没有聚徒传授自己的学术,但其"所注《易》大行于世。又好释氏(佛教),通其大义"。因他的名声和文才出众,"天竺胡沙门(佛教出家人)道悕每论诸经论,辄托景裕为之序"⑥。

卢景裕弟卢辩亦"少好学,博通经籍"⑦。北魏孝明帝正光初年,举秀才,为太学博士。他见《大戴礼记》前人未作解诂,便为其作注。"其兄景裕为当时硕儒,谓辩曰:'昔侍中注《小戴(礼记)》,今汝注《大戴(礼记)》,庶纂前修矣。'"后入仕为太常卿、太子少傅。因其学识渊博,"魏太子及诸王等,皆行束脩之礼,受业于辩"。卢辩还参与当朝制度的编订。"自魏末离乱,孝武西迁,朝章礼度,湮坠咸尽。辩因时制宜,皆合轨度"。北齐世宗因其名望甚

①《北史》卷三十《卢玄传》附《卢元明传》,第 1083 页。

②《北齐书》卷二十二《卢文伟传》,中华书局,1974 年版,第 319 页。

③《北齐书》卷二十二《卢文伟传》附《卢询祖传》,第 320—321 页。

④《北史》卷三十《卢柔传》,中华书局,1974 年版,第 1088—1089 页。

⑤《北史》卷三十《卢柔传》附《卢恺传》,中华书局,1974 年版,第 1089 页。

⑥《魏书》卷八十四《卢景裕传》,中华书局,1974 年版,第 1859—1860 页。

⑦《周书》卷二十四《卢辩传》,中华书局,1971 年版,第 403 页。

高,曾与诸公赴其府第,儒者为此亦感到荣幸。北周太祖欲行周朝官制,令卢辩参订。他"于是依《周礼》建六官,置公、卿、大夫、士,并撰次朝仪,车服器用,多依古礼,革汉、魏之法"。正是因卢辩在当时的北方地区以其卓著的学识成为一代名儒,所以其死后,北周将其"配食(即配享、附祭)太祖庙庭"①。

见于《魏书》、《北齐书》、《周书》及《北史》等史书记载的范阳卢氏家族子弟,还有许多,其中也不乏在学术上有成就者。如卢怀仁"涉学有文辞","所著诗赋铭颂二万余言,又撰《中表实录》二十卷"②。卢叔武"两兄观、仲宣并以文章显于洛下"。卢叔武亦曾撰《平西策》一卷③。由此可见,在北朝时期,范阳卢氏家族不仅一直是北方的世家显族,其子弟的学术文化水平亦居于领先的地位。

幽州地区的其他世族在东魏、北齐和北周时期,亦在学术上取得较大的成就。北平无终(治今天津蓟县)阳氏的阳休之,为阳固之子。其"俊爽有风概,少勤学,爱文藻,弱冠擅声,为后来之秀"。北魏孝庄帝时,阳休之曾参与编撰起居注,后又"与魏收、李同轨等修国史"。他虽于北魏、东魏、北齐三朝,入仕为官,但其一生"好学不倦,博综经史,文章虽不华靡,亦为典正"④。所著文集三十卷(一说四十卷),又撰《幽州人物志》,并行于世。他还擅长诗赋,时人称:"能赋能诗阳休之。"⑤

东魏以后,幽州地区除世家大族外,亦有许多出身一般的地主,乃至庶民的著名文人学者。如平鉴,燕郡蓟人。其父平胜,曾任安州(治今河北隆化)刺史。平鉴"少聪敏,颇有志力"。后受学于名儒徐遵明,"不为章句,虽崇儒业,而有豪侠气"⑥。

祖珽,范阳遒人,其父曾为东魏护军将军。他"神情机警,词藻遒逸,少驰令誉,为世所推。起家秘书郎,对策高第,为尚书仪曹郎中,典仪注"。他曾为

---

① 《周书》卷二十四《卢辩传》,中华书局,1971 年版,第 404 页。

② 《北齐书》卷四十二《卢潜传》附《卢怀仁传》,中华书局,1972 年版,第 556 页。

③ 《北齐书》卷四十二《卢潜传》附《卢叔武传》,第 559—560 页。

④ 《北齐书》卷四十二《阳休之传》,中华书局,1972 年版,第 561—563 页。

⑤ 《北史》卷四十七《阳尼传》附《阳休之传》,中华书局,1974 年版,第 1724 页。

⑥ 《北齐书》卷二十六《平鉴传》,中华书局,1972 年版,第 371 页。

冀州刺史万俟受洛制《清德颂》,其文典丽,为东魏神武帝所知。后神武帝"口授斑三十六事,出而疏之,一无遗失,大为僚类所赏"。神武帝送兰陵公主出塞嫁予柔然首领,"魏收赋《出塞》及《公主远嫁诗》二首,斑皆和之,大为时人传咏"。祖斑不仅文才出众,且多才多艺。他"天性聪明,事无难学,凡诸伎艺,莫不措怀,文章之外,又善音律,解四夷语及阴阳占候,医药之术尤是所长"。他还"善为胡桃油以涂画"①。

祖斑的弟弟和儿子亦有所长。其子祖君信"涉猎书史,多诸杂艺"。其弟祖孝隐,"亦有文学,早知名。词章虽不逮兄,亦机警有辩,兼解音律"②。

范阳人李广,其祖由辽东迁至幽州。他"博涉群书,有才思文议之美,少与赵郡李謇齐名,为邢、魏之亚"。他死后,由别人"集其文笔十卷,托魏收为之叙"③。

幽州地区在北朝时期,尽管时局屡有动荡,然仍涌现出为数众多的文人、学者,并且在学术文化上取得了较突出的成就。这些文人的学术研究涉猎面广,除传统的儒家经学继续受到重视外,也在史学研究方面取得成就。如卢怀仁的《中表实录》、阳休之的《幽州人物志》等,都与史学有关。虽然史书对他们的著作记载缺详,但"实录"、"志"这两种编史题材出现在幽州文人的笔下,却是一个不争的事实。至于其他的文人学者,也或有自己的学术所长,或在诸多方面有所建树。正是这一时期文人学者们的传承与开拓,使得幽州地区的学术成就在北方地区始终处于较高的水平,学术地位也越来越重要。这也为后代历史中幽州地区学术文化能在全国占有领先地位,奠定了坚实的基础。

三、幽州地区的学校和教育

魏晋南北朝时期,幽州地区在学术文化上能取得显著的成就,也与这一地区文化教育的发展紧密相关。

东汉末年,地方豪强势力拥兵割据,独霸一方,相互展开长期的混战。地方官府陷入瘫痪,地方官学荒废。幽州地区虽与其他地区一样,经济衰退,时

---

①《北齐书》卷三十九《祖斑传》,中华书局,1972年版,第513—514、516页。
②《北齐书》卷三十九《祖斑传》,第521页。
③《北齐书》卷三十九《李广传》,第607页。

局动荡,但两汉时期已经形成的文化传统和重视文化和学术的社会风尚,仍继续推动着地区教育的发展。其教育的方式,则以家学和私学这两种方式为主。其间,在相对稳定的时期,幽州地区也曾建有官学。

魏晋南北朝时期,幽州地区的家学继续盛行,尤以世家大族最为兴盛。卢氏家学便是其中的代表之一。从魏晋开始,卢氏门第渐崇,"世以儒业显"的家风渐立。在以"经学传世"为宗旨的家学教育下,卢氏子孙世代相习相承,传袭着文化和学术。不过,进入曹魏时期以后,随着"唯才是举"和"九品中正制"的选官制度建立,社会上已不再"独尊儒术"。而且在这一时期,社会商品经济亦有发展,人们的社会生活日趋丰富,故而在学术文化上更注重实用性,因而学术范围也随之不断扩大。卢氏家学也因势利导发生了一些变化,如卢钦"清澹有远识,笃志经史"①。其从孙卢谌则"好《老》《庄》,善属文"②。卢渊之子卢道虔则"粗闲经史,兼通算术"③;卢道将亦"颇有文才"④。东魏、北齐时期的卢昌衡又"博涉经史,工草行书"⑤。卢询祖更是"有术学,文辞华美,为后生之俊"⑥。

这一时期,卢氏家族子弟们的学术成就不仅依旧斐然,且涉猎的领域更广,成果亦呈现多样性的特点。这表明卢氏家学在魏晋南北朝时期并没有完全恪守"经学传世"的祖训,一味沿袭"专经"的学风,而是随着时代的发展和社会的变化,也在不断地变革和调整传习、教育的内容,所以卢氏子弟的学术范围逐渐拓展。当然,自卢植开创的经学之风,仍然作为家学的基本内容和基础性课程。所以卢氏子弟均通晓儒学,而在此基础上,他们的学术范围也在不同程度地拓展着。这也正是中国古代社会家学发展的基本规律。

除范阳卢氏家学外,在幽州地区的其他世家大族亦多通过家学的方式,向子弟传授知识。北平无终阳氏家族、范阳祖氏家族等,也多有家学。所以其后代子孙的学术成就多具有家族传承的特点。

---

①《晋书》卷四十四《卢钦传》,中华书局,1974年版,第1255页。
②《晋书》卷四十四《卢钦传》,第1259页。
③《魏书》卷四十七《卢玄传》,中华书局,1974年版,第1051页。
④《魏书》卷四十七《卢玄传》,第1050页。
⑤《北史》卷三十《卢玄传》,中华书局,1974年版,第1078页。
⑥《北史》卷三十《卢玄传》,第1093页。

除家学外,幽州地区的私学也很盛行。出自燕地的许多文人学者在成名后,或辞官还乡,聚众讲授,开设私学。如西晋时,燕国广阳人霍原在十八岁时,赴洛阳(今属河南)太学学习。学成后即名望很高,"贵游子弟闻而重之"。后来他回到幽州,"山居积年,门徒百数"。据《水经注》载,霍原的隐居地在涿郡的大小黉山,曾聚徒数千人。霍原门徒数量之多,足见其私学规模之大,影响之重。以至于"燕王月致羊酒"①,以示敬重。

北魏以后,幽州地区更是学者云集,私学也随之更加兴盛。由于这一时期幽州地区的学术文化及水平已为世人所称颂,故常有外地文士到此求学者。北魏后期的著名学者、华阴(今陕西勉县东)人徐遵明,"幼孤好学"。十七岁时,曾与同乡毛灵和等人赴山东求学。至上党(今山西潞城东北)师从屯留王聪,学习《毛诗》、《尚书》、《礼记》。一年后,又到燕赵师从"门徒甚盛"的学者张吾贵。由于张吾贵"凡所讲说,不惬吾心,请更从师"②。此后,徐遵明又与平原人田猛略一同到范阳师从学者孙买德。可见,幽州地区的私学在当时的北方地区也很出名。徐遵明以后亦聚徒讲学。燕郡蓟人平鉴就曾"受学于徐遵明,不为章名,虽崇儒业,而有豪侠气"③。正是因为幽州地区学术水平的提高,学术成就著卓,因此本地和外地的文人弟子纷纷投奔名家、名流门下求学。"燕、齐、赵、魏之间,教授者不可胜数,弟子著录多者千余人,少者犹数百。州举茂异,郡贡孝廉,每年逾众"④。

在家学、私学盛行的同时,官学也有所发展。西晋时,鲁国邹人唐彬为使持节、监幽州诸军事、领护乌丸校尉、右将军。"彬既至镇,训卒利兵,广农重稼,震威耀武,宣喻国命,示以恩信"。同时又"兼修学校,诲诱无倦,仁惠广被"⑤,使官学得以恢复和发展。不过,短暂的西晋统一局面结束后,受战乱和政局的影响,幽州地区的官学再度萧条。直至北魏献文帝以后,重新建立郡县乡学的制度,幽州地区的官学才得恢复。

---

①《晋书》卷九十四《霍原传》,中华书局,1974 年版,第 2435 页。
②《魏书》卷八十四《徐遵明传》,中华书局,1974 年版,第 1855 页。
③《北齐书》卷二十六《平鉴传》,中华书局,1972 年版,第 371 页。
④《资治通鉴》卷一百四十五《梁纪一》"梁武帝天监三年",中华书局。1956 年版,第 4545 页。
⑤《晋书》卷四十二《唐彬传》,中华书局,1974 年版,第 1219 页。

北魏孝文、宣武二帝时期,范阳卢氏家族的卢道将出任燕郡太守。这位"颇有文才"的卢氏后代上任后,继续秉承卢氏家族重视教育的传统。他到任后,首先"优礼儒生,励劝学业"①。并上表朝廷,请求为幽州历史上的名人、战国时燕国的大将乐毅和西晋时的学者、曾聚徒讲学的霍原修墓立祠。他的这一做法,显然是要在地方树立尊师重教、重视人才的风气,并将发展教育作为自己的业绩。所以,在他的任期内,幽州地区的官学再度受到重视,得以较快地恢复和发展。

到北魏孝明帝时,廷尉卿裴延俊出任平北将军、幽州刺史。他到任后,一方面兴修水利,修复了督亢渠、戾陵堰,扩大灌溉面积,促进农业生产的发展;另一方面"命主簿郦恽修起学校,礼教大行,民歌谣之"②,这一措施,又促进了幽州地区官学的发展。

从简短的史料记载中可以看出,北朝时期幽州官学的教育是以儒学为主,这实际是在沿袭内地的教育传统。出现这一现象的主要原因,就在于恢复或重建学校的官员都精通儒学。如唐彬为鲁国邹人,早年即生活在儒学的发祥地,深受儒学的影响。"晚乃敦悦经史,尤明《易经》,随师受业,还家教授,恒数百人"③。卢道将更是出身于儒学世家,重视教育。裴延俊也是"涉猎坟史,颇有才笔"。他还曾劝谏魏世宗研习儒家经典,"臣闻有尧文思,钦明稽古;妫舜体道,慎典作圣。汉光神叡,军中读书;魏武英规,马上玩籍。先帝天纵多能,克文克武,营迁谋伐,手不释卷。良以经史义深,补益处广,虽则劬劳,不可暂辍"④。正是在这些官员的治理下,幽州地区的学校才得以重建和恢复,并将儒学作为学校教育的主要内容。

在学校的教育方式上,虽无史载,但从裴延俊的上疏中,也能多少了解到他的一些做法。"然《五经》治世之模,六籍轨俗之本,盖以训物有渐,应时匪妙,必须先粗后精,乘近即远"⑤。在此,裴延俊提出了具体的学习方法,即循

①《魏书》卷四十七《卢玄传》,中华书局,1974年版,第1051页。
②《魏书》卷六十九《裴延俊传》,中华书局,1974年版,第1529页。
③《晋书》卷四十二《唐彬传》,中华书局,1974年版,第1217页。
④《魏书》卷六十九《裴延俊传》,第1528—1529页。
⑤《魏书》卷六十九《裴延俊传》,第1529页。

序渐进,由浅入深。这种学习方法在学校教育中也是适用的,尤其对于初学者而言,从基础入手,逐渐深入,完全符合认知规律,不失为一种行之有效的教学方式。

正是幽州地区有重文化教育的传统,加之来此任职的官员推崇儒学,重视教育,因此家学、私学、官学三种主要的教育形式,在这一时期又得到较快的发展。而文化教育的发展,又提升了这一地区的整体文化水平,推动着地区学术文化的持续发展。

第二节　隋唐五代辽时期幽州的学术与教育

一、科举制与幽州地区学术教育发展的背景

北周大定元年(581),隋文帝建国后,为加强中央集权的统治,建立和实施了一套新的政权机构及政策。

开皇三年(583)正月,隋文帝诏举贤良,初命诸州岁举三人。开皇十八年(590),又"诏京官五品已上,总管、刺史,以'志行修谨'、'清平干济'二科举人"[1]。是为科举制度的雏形。隋炀帝于大业三年(607)四月,又诏文武有职事者,以孝悌有闻、德行敦厚、节义可称、操履清洁、强毅正直、执宪不挠、学业优敏、文才秀美、才堪将略、膂力骁壮十科举人。大业五年(609),再诏诸郡"以学业该通,才艺优洽;旅力骁壮,超绝等伦;在官勤谨,堪理政事;立性正直,不避强御四科举人"[2]。不过,这时的设科举人多为一时而行,并未形成一项制度。但这种选官的方法适应了庶族地主势力上升的趋势,有助于隋朝统治者选拔所需的人才,扩大统治集团,同时也有利于维护中央集权的统治。

此后,隋炀帝"又变前法,置进士等科"[3]。凡举人应考只试策,不考其他。进士科的设置,标志着科举制度的正式形成。唐代史学家杜佑在《通典》称:"隋氏罢中正,举选不本乡曲,故里闾无豪族,井邑无衣冠,人不土著,萃处京

---

①《隋书》卷二《高祖下》,中华书局,1973年版,第43页。

②《宋本册府元龟》卷六四五《贡举部》,中华书局,1989年版,第2134页。

③《唐会要》卷七十六《制科举》,株式会社中文出版社,1978年版,第1391页。

畿。……五服之内，政决王朝；一命拜免，必归吏部。"①尽管科举制度本身是统治者出于政权建设的需要，是为了选拔符合统治者利益和需要的人才，但其不以门第和权势作为选官的依据和标准，而以科考取士，在很大程度上有助于各地士人的参政。特别是科举制度只以考试作为选官的途径和方法，客观上更促使社会形成重文的风气，进而极大地促进各地区文化和教育的发展。

唐朝建立后，继续推行科举制。武周时期，为广泛罗致人才，武则天又扩大科举，增加进士科名额，并开设武举。同时，还奖励自举，规定凡九品以上现职官员和普通百姓均可自己申述才能，以求升迁或入仕；且责令大臣举荐俊秀之才。更重要的是，武则天于载初元年（689）二月，始设殿试，由自己直接掌控对人才的选拔。虽历唐一代殿试尚未形成制度，但这种由皇帝直接选拔人才的方法，更极大地提高了科考取士的地位，促进社会对学校等人才培养途径的重视。

经过唐太宗、武后、玄宗三朝的沿革和发展，科举制度在唐朝得到进一步完善，成为定制。参加科举的考生，主要有生徒和乡贡。生徒是由中央的国子监、弘文馆、崇文馆和各地州县等学校选拔的合格学生，直接参加尚书省组织的考试。乡贡则是那些未经学校学习，而自学成才者，须先向所在州县"投牒自举"。经州县预考合格者，由各州举送京师，参加尚书省考试。

唐代科举制度的进一步完善，极大地加强了封建专制主义中央集权的统治，更因为这种由中央直接掌管的选官制度注重对人才文化素质和水平的考察，也极大地促进了学校教育的发展和社会"尚文"的风气的形成，进而推进包括幽州地区在内的各地社会文化的发展和兴盛。

隋唐时期的文化和学术，特别是唐朝时期能得到很快的发展，出现兴盛的景象，是基于社会的稳定和经济的发展。而科举制度的实行，更有助于促进社会对文化教育的重视，促进各种形式的教育发展。所以，这一时期，幽州地区的各种人才层出不穷，学术文化出现了长足发展的趋势。创造出丰富的文化成果，并在学术上取得重要的成就。杜甫在其《承闻河北诸道节度入朝欢喜口号绝句十二首》中，就赞颂了幽州地区古往今来人才辈出的文化繁盛景象："东

---

① 杜佑《通典》卷十七《选举典·杂议论中》，中华书局，1988年版，第417页。

逾辽水北滹沱,星象风云喜共和。紫气关临天地阔,黄金台贮俊贤多"①。从
这首诗中,可以感受到诗人对幽州地区人才济济、文化繁盛景象的向往,也反
映了当时这一地区的学术文化成就已经得到社会的普遍赞誉。

进入五代十国以后,幽州地区经历了战乱和动荡的局面后,又进入一个新
的发展时期。后唐清泰三年(936),河东节度使石敬瑭为夺取帝位,以割让幽
云十六州,每岁纳帛三十万匹,认契丹主耶律德光为父作为条件,乞求契丹出
兵。是年十一月,石敬瑭在五万契丹骑兵支援下,推翻后唐政权,建立后晋。
耶律德光在册命石敬瑭为大晋皇帝后,遂据有北方十六州之地。其中的幽州
(治今北京西南)、檀州(治今北京密云)、顺州(治今北京顺义)、儒州(治今北京
延庆)及妫州(治今河北怀来)的一部分,属今天北京的范围。辽会同元年
(938),为了能在新占据的幽云十六州地区建立一个稳固的统治中心,以便为
进一步向中原地区的扩张做准备,辽太宗耶律德光决定将幽州升格为辽朝的
南京,作为陪都。从此,幽州地区作为辽朝政权深入汉族地区的一个统治中
心,其在政治和经济上的地位,因此也发生了重大的变化。这一地位的改变,
更带动了地区学术文化的发展。

契丹统治者进入幽州地区后,为了稳定局势,巩固对新占据地区的统治,
不仅设置了南北两面官制,采取"胡汉分治"的政策,更希望借助内地政权的统
治政策,特别是儒家思想治理汉地。因此辽太宗于会同初年,就在幽蓟地区开
科取士,以选拔士人。辽景宗于保宁八年(976),"诏南京复礼部贡院"②。在
南京(今北京西南)设立礼部贡院,标志着辽朝正式建立了主持科举考试的常
设机构。统和六年(988),圣宗"诏开贡举"。太平十年(1030),辽圣宗再"诏来
岁行贡举法"。至此,辽朝的科举制度逐渐完善和健全。不仅如此,辽圣宗还
于统和二十七年(1009),"御前引试刘二宜等三人"③,始开辽朝科举殿试。之
后,辽兴宗也于重熙五年(1036),"御元和殿,以《日射三十六熊赋》《幸燕诗》,
试进士于廷;赐冯立、赵徽四十九人进士第"④。

①《全唐诗》卷二三○,中华书局,1960年版,第2520页。
②《辽史》卷八《景宗上》,中华书局,1974年版,第96页。
③《辽史》卷十《圣宗四》,第164页。
④《辽史》卷十八《兴宗一》,第217—218页。

不过,辽朝所设科举专为选汉官,选汉士之用。凡汉人、渤海人才可应试,而初期对契丹人限制甚严。直至辽道宗时,对契丹人的限制,才逐渐放宽。这一政策,对于久居幽州的汉人文士,是极为有利的。加之辽朝将幽州升为南京后,实际是将这里作为统治中原汉地的政治、文化中心,生活在这里的文人也因此获得较多的与外地交往的机会,对地区社会文化的发展有极大的促进作用。

在设置科举制度的同时,辽朝统治者也十分重视借用内地的传统文化,作为稳定汉地社会秩序的工具。辽圣宗耶律隆绪即位后,在太后萧绰的辅佐下,摒弃民族偏见,重用汉臣,制定礼仪,繁荣文化。尤其是特别重视封建礼教,提倡贞节、孝道。辽圣宗就曾下诏:"民间有父母在,别籍异居者,听邻里察觉,坐之。有孝于父母,三世同居者,旌其门闾"①。科举制度在圣宗朝时,已成为选拔汉官的重要途径,大抵每年举行一次。考试科目有词赋、法律、经义,分乡、府、省三级。他还下令,要求诸州均修建孔子庙。此后,辽朝统治者继续对儒学给予重视。道宗对儒家经典不仅精通,而且有独到的认识。他曾因侍读官进讲儒家经典时,遇"夷狄之有君"一句,不敢作解释时,却说道:"上世獯鬻,猃狁荡无礼法,故谓之'夷'。吾修文物,彬彬不异中华,何嫌之有?"②

正是由于辽朝统治者对儒学的推崇,汉儒之学在辽朝的统治区域内得到迅速的发展。幽州地区作为辽朝的南京所在地,儒学在这一地区也更为兴盛。南京及所辖州县均建有孔子庙。据《全辽文》记载,三河县(今属河北)重修的文宣王庙,孔子的塑像以"《三礼图》为准,绘丹 龙衮,玄冕黼黻,珠旒交映,金碧已至,粹容圆备,垂拱向明。位以当宁,左右具侍立。前列十哲,簪绂精饰。壁图七十二贤"③。作为辽南京下辖的一个县,竟建起如此规模和气势的孔子庙,亦可见对儒学的重视程度。幽州地区正是在儒学兴盛的基础上,学术文化才得到较快的发展。

这一时期,幽州地区受北宋中原文化的影响也很明显。其原因,一是辽朝统治者推崇儒学,社会因此需要有大量的儒学经典,以便研习之用。而北宋的儒学十分兴盛,其学术水平显然要高于辽朝。因此辽朝需要从北宋输入大量

---

①《辽史》卷十《圣宗四一》,中华书局,1974年版,第112页。
②叶隆礼《契丹国志》卷九《道宗天福皇帝》,上海古籍出版社,1985年版,第95页。
③陈述《全辽文》卷十《三河县重修文宣王庙记》,中华书局,1982年版,第293—294页。

的儒家经典著作。二是南京作为辽朝在汉地的统治中心,且又处于南北方文化的交汇中心,因此中原地区的北宋文化多传向这里,或经过这里,再传向其他北方地区。所以,在当时的幽州地区,可以见到宋人的书籍,社会上也流传着北宋文人的诗词作品。北宋使臣张芸叟"奉使大辽,宿幽州馆中,有题子瞻(苏轼字)《老人行》于壁者。闻范阳书肆亦刻子瞻诗数十篇,谓《大苏小集》。子瞻才名重当代,外至夷房,亦爱服如此。芸叟题其后曰:'谁题佳句到幽都,逢著胡儿问大苏。'"①

辽朝实行的科举制对幽州地区学术文化的发展,客观上也起着推动的作用。由于辽代科举只允许汉人、渤海人应试,因此大量的学有才识的汉族文人、学者通过科举进入辽朝统治集团。而幽州作为辽朝的陪都,自然也云集着大量的通过科举入仕的汉族文人、学者。他们在辽南京长期居住,也融入到当地的社会生活中。他们自身的学识和才华,以及从各地带来的文化信息,在与幽州的世居文人、学者交往中,相互交流,从而共同推进着幽州地区学术文化水平的不断提高。正是这些客观的有利条件的存在,使得辽代幽州地区显现出文化繁荣的景象。

由于辽南京地区常有北宋使臣途经此地,加之生活在这里的汉人亦与中原地区有较多的联系,因此这里更多地受到中原文化的影响。北宋地区的各种文化均有不同程度的传入,又极大地丰富了辽南京地区的社会文化。

北宋著名学者苏辙曾作为使者入辽,他在出使途中经过辽南京,见到了当地文化的繁盛情景。"本朝民间开版印行文字,臣等窃料北界无所不有。臣初至燕京,副留守邢希古相接送,令引接殿侍元辛传语云:'令兄内翰(即苏轼)《眉山集》已到此多时,内翰何不印行文集,亦使流传至此?'及至中京,度支使郑颛押宴,为臣辙言先臣洵所为文字中事迹,颇能尽其委曲。及至帐前,馆伴王师儒谓臣辙:'闻常服茯苓,欲乞其方。'盖臣辙尝作《服茯苓赋》,必此赋已到北界故也。臣等因此料本朝印本文字多已流传在彼。其间臣僚章疏及士子策论,言朝廷得失,军国利害,盖为不少。……访闻此等文字贩房中,其利十倍,

---

① 王辟之《渑水燕谈录》卷七《歌咏》,中华书局,1981年版,第89—90页。

人情嗜利,虽重为赏罚,亦不能禁"①。将北宋的各种著述输入燕京等辽朝重镇,竟能获利十倍,可见辽南京等地区的汉族和契丹等士人,对北宋文人学者的文学作品及其他著述十分仰慕、渴求,需求量颇大。这也从一个侧面反映了辽代的燕京地区的社会文化是很发达的。一旦有名流名士的著述问世,人们便设法通过各种渠道,想方设法地获取,这也是燕京地区社会文化发展的一个缩影。

由于社会对名流名士著述的需求量大,也促进了燕京地区书肆业的发展。燕京地区的书肆业实际在五代时期就已经存在,并有一定的规模。早在辽初,辽太祖耶律阿保机之子耶律倍,"通阴阳,知音律,精医药、砭焫之术。工辽、汉文章,尝译《阴符经》。善画本国人物,如《射骑》、《猎雪骑》、《千鹿图》,皆入宋秘府"②。耶律倍有如此渊博的知识和精深的才艺,是与他性好读书、仰慕中原汉族文化有直接的关系。为此,他曾"令人赍金宝私入幽州市书,载以自随,凡数万卷,置书堂于医巫闾山上,扁曰望海堂"③。可见,燕京地区自五代以来,一直是一个北方地区的书籍散集地,因此便出现了专营书籍的书肆。辽朝将幽州定为南京后,因其具有这一特点和优势,便在此大量的翻刻和刊印经藏和儒家经典。

辽兴宗时,曾命人搜集各地佛经,自重熙至道宗咸雍四年(1068),先后校勘、雕印佛经579帙,分别收藏在南京清水院和易州涞水县金山演教寺等处,称为《契丹藏》或《丹藏》。这些佛教经书,后亦传入高丽。高丽僧人称赞它"纸薄字密",说明当时雕版和印刷技术都十分精湛。

尽管辽代燕京书肆刊印的书籍极少见于史载,但出土文物中不乏辽代刊印的书籍。1974年,考古工作者在对山西应县的辽佛宫寺释迦塔(即应县木塔)进行抢修加固时,于该塔第四层的释迦牟尼造像腹内,发现了一大批辽代的珍贵文物,其中就有《契丹藏》十二卷。在这些佛经中,保存最完好的《称赞大乘功德经》其上的题记为辽统和二十一年(1003)刻于燕京,系由穆咸宁、赵

---

①苏辙《栾城集》卷四十二《北使还论北边事札子五道·论北朝所见于朝廷不便事》,上海古籍出版社,1987年版,第403页。

②《辽史》卷七十二《义宗倍传》,中华书局,1974年版,第1211页。

③叶隆礼《契丹国志》卷十四《东丹王》,上海古籍出版社,1985年版,第151页。

守俊、李存让、樊遵四位刻工雕版镌刻而成。另一部《妙法莲花经》的一卷之首上,亦有"燕京雕历日赵守俊并长男次弟同雕记"。此外,在其他的佛经上,也多题有燕京印造的字样。如"燕京檀州街显忠坊门南颊住冯家印造"、"燕京仰山寺前杨家印造"等。这些佛经上留下的刻印地点、坊家和刻工姓名,实际就是当时辽南京的一些著名的书肆和书肆内进行雕版和印刷的技工。能雕刻卷帙浩繁的佛教经籍,且刻印、装祯都很精美,这充分反映了辽南京城书肆的兴盛,其规模非同一般,且雕版、印刷技术亦十分娴熟,刊印书籍的效率也非同寻常。

由此可见,辽南京的书肆有一定的数量,它们既刻印佛经,但更多的还是满足社会的需要,大量的刻印书籍,同时也出售自己本肆所刻印的书籍。其中,既有辽朝著名文人、学者撰写的著述,也包括来自中原宋朝和周边国家和地区的书籍及名流名士的诗词等作品。所以辽代南京地区书肆业的兴盛,书肆的兴盛,是与燕京地区的文化需求有内在的联系的。这一现象不仅反映了燕京地区社会文化的发展,更说明当时文化交流的频繁,这对于扩大文化的传播,推进本地乃至北方地区文化的繁荣和发展,促进燕京地区与其他地区的文化交流,无疑是起有极其重要的作用。正因如此,燕京地区在辽朝时期,特别是作为南京后,学术文化才得以较快的发展。

二、非凡的学术成就

隋唐五代辽时期,幽州地区的文人学者在诸多学术领域进行研究。其中尤以哲学宗教的研究成果最为突出。

唐代是中国佛教发展的重要时期。幽州地区的僧众在研习佛经中,也取得了许多重要的成就。范阳高僧义净,俗姓张,字文明。童年时,即皈依佛门。他"遍询名匠,广探群籍,内外闲习,今古博通"。十五岁时,因"仰法显之雅操,慕玄奘之高风",遂立志要西游佛国。唐咸亨二年(671),时年三十七岁的义净到达番禺(今广东广州),准备自南海西行赴天竺。最初有意与他同行者数十人,然即将启程时,却只剩他一人。但他不改初衷,决定独自一人前往天竺。自番禺乘海船出行后,义净"奋励孤行,备历艰险。所至之境,皆洞言音。凡遇酋长,俱加礼重。鹫峰、鸡足,咸遂周游;鹿苑、祇林,并谐瞻瞩。诸有圣迹,毕得追寻。经二十五年,历三十余国"。武周证圣元年(695)夏,返回洛阳(今属河南)。他此行共获得梵文佛教典籍经、律、论近四百部,还得到金刚座释迦牟尼佛像一铺,佛舍利三百颗。及至洛阳时,则天皇帝"亲迎于上东门外,诸寺缁伍具旛盖歌乐前导,敕于佛授记寺安置焉"[1]。

回国后,义净专心译经。先后翻译了《金光明最胜王》、《能断金刚般若》、《弥勒成佛》、《庄严王陀罗尼》、《孔雀王经》、《一切庄严王经》等百余部佛经。一千多卷。他"虽遍翻三藏,而偏攻律部,译缀之暇,曲授学徒"[2]。则天皇帝对义净的译经十分赏识,亲自"制《圣教序》,令标经首"。唐中宗"深崇释典,特抽睿思,制《大唐龙兴三藏圣教序》。又御洛阳西门,宣示群官新翻之经"[3]。义净的西行和译经,是继玄奘后佛教界的又一盛事,这对于佛教在中国的传播和对佛教典籍的研究,起有重要的促进作用。他还撰有《大唐西域求法高僧传》、《南海寄归传内法传》等五部著作,亦在世上广为流传。这些著作不仅在佛教界产生很大的影响,而且使中国人更多地了解南亚地区的国家和社会情况。

在中国佛教界还产生过重大影响的,是唐代高僧慧能。慧能,本姓卢,祖籍范阳。唐朝初年,其父卢行瑫被谪徙至南海新兴(今广东新兴)。慧能早年丧父,遂靠卖柴养母,以为生计。后偶闻他人诵《金刚般若经》,竟"凝神属垣,迟迟不去","若渴夫之饮寒浆也"[4]。乃发愤学佛,便投奔蕲州(治今湖北蕲春西北)黄梅双峰山弘忍门下,从师学佛法。他曾作偈语:"菩提本无树,明镜亦非台。本来无一物,何处惹尘埃。"[5]深得弘忍的赏识,遂向他秘授《金刚经》,并授衣钵。其后慧能在韶州(治今广东韶关)曹溪广为倡导顿悟法门,宣传"见性成佛"的思想,终成为禅宗的"南宗"之祖。

慧能的佛学思想,从理论上讲,属于主观唯心论的体系。他认为:"一切众生,皆有佛性。"并且又将佛性和人的本性相联系,认为只要人了解自己的本性,就能悟出佛法的真谛。即所谓的"我心自有佛,自佛是真佛。自若无佛心,

---

①赞宁《宋高僧传》卷第一《唐京兆大荐福寺义净传一》上,中华书局,1987年版,第1页。
②赞宁《宋高僧传》卷第一《唐京兆大荐福寺义净传一》上,第3页。
③赞宁《宋高僧传》卷第一《唐京兆大荐福寺义净传一》上,第2页。
④赞宁《宋高僧传》卷第八《唐韶州今南华寺慧能传二》上,第173页
⑤《大正藏·坛经》。

向何处求佛"①,倡导"顿悟法门"。这一主张,将繁缛深奥的佛教教义和思想,从必须通过艰苦的研习和修炼才能获得理解和掌握的传统做法中解脱出来,简化为"顿悟"这种方便易行的方法,很容易被人们接受。因此南禅宗很快得到广泛的传播,终使其成为禅宗的正宗,亦使禅宗一派的势力迅速增长,在佛学界中占有极其重要的地位。且因南禅一派自慧能始创后,传承甚广,历以唐、宋,又流传至东亚地区。慧能"识心见性"的主观唯心论思想,对人性和佛性的统一,也是中国传统的儒学思想中"性善论"的反映。他将佛学与中国传统文化相交融,也更便于人们接受。所以他讲经之时,常有数千人前来听讲。

唐代幽州地区还出过一位高僧,即范阳人道辩。据唐释道宣撰《续高僧传》卷六《义解二·魏洛阳释道辩传》记,他"天性疏朗,才术高世",对佛学的研究也颇有造诣,且影响很大。道辩先后到五台山、洛阳等当时的佛教盛行地区研习佛法。他对佛法的研究,"剖定邪正,开释封滞,是所长也"。他曾立志要像儒家学者注释经典那样,遍注佛教典籍。不过因佛教典籍浩繁,其生前未能实现这一愿望。然他也注释了不少佛教重要的典籍,诸如《金刚经》、《大乘文章》、《小乘文章》、《般若经》、《维摩经》等。这些注释十分精辟,其中还阐述了自己的一些观点,显示出他精湛的学术造诣。道辩对佛教的研究,推动了唐代佛教学术的发展,对后世亦产生很大的影响。

在佛教盛行的唐代,哲学领域内也出现了具有强烈排佛性的唯物论思想。幽州范阳人卢藏用,就是一位具有朴素唯物主义思想的著名学者。卢藏用,字子潜。在武则天执政和中宗在位时,入仕为官。卢藏用的思想具有浓厚的朴素唯物主义色彩。他认为"国之将兴听于人,将亡听于神。又曰:祸福无门,唯人所召,人无衅焉,妖不自作。由是观之,得失兴亡,并关人事;吉凶悔吝,无涉天时。且皇天无亲,惟德是辅。为善者天降之福,不善者天降之殃。……此天道所以从人者也"。从这段论述中可以看出,卢藏用在天人关系的命题上,突出的是"人"。他强调人在社会发展中所起的重要作用。国家的兴亡与盛衰,都取决于人的所做所为。因此,他进一步提出,只要"苟修其德,何往不济"?统治者只有"任贤使能,则不时日而事利;法审令正,则不卜筮而事吉;养劳赏

①《大正藏·坛藏》。

功,则不祷祀而得福"①。

卢藏用的这些将"人"摆在首位、突出和强调人的作用的思想,既否定了包括佛教在内的所谓"神"万能的观点,也是对古代朴素唯物主义"无神论"观点的继承和发扬。在此基础上,他还从传统的儒学思想中汲取精华,进一步主张"人治",否定"神治",这是具有进步意义的。"此天道所以从人者也。古之为政者,刑狱不滥则人寿,赋敛蠲减则人富,法令有恒则国静,赏罚得中则兵强。所以礼者士之所归,赏者士之所死,礼赏不倦,则士争先赴。苟违此途,虽卜时行刑,择日出令,必无成功矣。""此所谓天时不如地利,地利不如人和"②。在这里,卢藏用借用历史的经验和教训,进一步阐释"天道从人"与"人治"的关系,即"天道"是通过"人治"体现的。因此,"人治"要求统治者宽刑、减赋、重礼、赏罚分明,实际就是儒家的"仁政"思想。在此基础上,卢藏用还明确指出,"卜筮"、"祷祠"等所谓"神治",都不能用于治政。只有遵循"仁政"的原则,才可能真正体现"天道"。

卢藏用将自己的思想和认识,撰写成《析滞论》一文。这篇具有朴素唯物主义思想的文章问世后,即受到世人的好评。"乃为《析滞论》以畅其方,世谓'知言'"③。正因如此,该文亦被收录在《全唐文》中,成为研究唐代哲学思想的重要文献资料。

除卢藏用在哲学方面取得显著的成就外,这一时期卢氏家族的后代们也在史学方面有所建树。如卢藏用就曾以史为鉴,阐释儒家的"仁政"治国思想。另一位后代卢景亮更是将学术研究的成果,用于指导治国。"卢景亮字长晦,幽州范阳人。少孤,学无不览。第进士。……善属文,根于忠仁,有经国志,尝谓:'人君足食足兵而又得士,天下可为也。'乃兴轩、顼以来至唐,剟治国之要,著书上下篇,号《三足记》。又作《答问》,言挽运大较及陈西戎利害,切指当世"④。卢景亮的《三足记》和《答问》二书,都是从历史中搜集资料,总结出"治国之要",用于治世之鉴。其中的《三足记》记述了从轩辕、颛顼,直至唐代的历

---

①《全唐文》卷二三八卢藏用《析滞论》,中华书局,1983年版,第2404页。
②《全唐文》卷二三八卢藏用《析滞论》,中华书局,1983年版,第2404页。
③《新唐书》卷一百二十三《卢藏用传》,中华书局,1975年版,第4375页。
④《新唐书》卷一百六十四《卢景亮传》,第5043页。

史,再从中择取历朝历代治世的成果经验和教训。《答问》则与后代司马光的《资治通鉴》在对史学功能和作用的认识上,是一致的。卢景亮的这两部著作,实际是对史学研究的一种探索和创新。将史学研究与"治世"相联系,不仅拓展了史学研究的领域和方法,客观上也提升了历史学的功能与作用。

尽管史籍对唐代燕州地区史学研究的成果及主要内容记载极少,但仅从卢藏用、卢景亮的成果中,可以看出,这一时期燕州地区的学术研究,更加注重与现实的联系;在哲学和史学研究中,唯物主义思想更加鲜明。尤其是史学研究在这一时期的燕州地区,依然是学术研究领域内的一个重要组成部分,已成为一种传统的学术研究。

辽代的燕京地区文人汇萃,文化呈现繁盛的景象,在学术上取得了十分卓著的成就。

辽南京的学术研究成就主要集中在史学方面。辽朝建立后,继承了中原王朝的修史传统,陆续设置国史院和监修国史、史馆学士、史馆撰修、修国史、同修国史等史官,负责编撰《起居注》、《日历》和《实录》。据《辽史》、《全辽文》等文献资料记载,其间有十至十二人曾以宰臣身份领监修国史衔。而其中有六人即为燕京籍,他们之中的室昉是最早参加编纂史书的燕京学者。

室昉,字梦奇,辽南京人。"幼谨厚笃学,不出外户者二十年,虽里人莫识。其精如此"①。辽会同初年,登进士第。辽太宗入汴京(今河南开封)受册礼,诏其为知制诰,总礼仪事。自辽天禄年间始,室昉历任辽南京留守判官、翰林学士、兼政事舍人、南京副留守、工部尚书、枢密副使、参知政事、枢密使、兼北府宰相、同政事门下平章事等。乾亨初年,因其精通中原王朝的历史、典故和典章制度,而任监修国史。辽圣宗时,随着各种制度和机构日臻完善,又命其编修起居注和日历,专记皇帝言行、群臣章奏和军国大事。至此,辽朝的修史制度亦渐完备。室昉遂受命与邢抱朴同撰辽历朝实录。统和八年(990),撰成《统和实录》二十卷,记载了太祖、太宗、世宗、穆宗、景宗五朝的史事。

辽道宗大康年间,曾遭耶律乙辛贬谪的史学家耶律孟简上表,提出编修国史的建议:"本朝之兴,几二百年,宜有国史以垂后世。"道宗采纳了他的建议,

---

①《辽史》卷七十九《室昉传》,中华书局,1974年版,第1271页。

命置局编修。耶律孟简遂告诫编修官："史笔天下之大信，一言当否，百世从之。苟无明识，好恶徇情，则祸不测。"①耶律孟简提出的编修国史原则，包含史实、史德等方面，对指导辽代国史的编修，起着重要的指导作用。

乾统三年(1103)，辽天祚帝命监修国史耶律俨编修自辽太祖以来诸帝《实录》。耶律俨，字若思，析津(今北京市西南)人，本姓李氏。其父李仲禧于辽兴宗重熙年间入仕为官，历任同知南院宣徽使事、北院宣徽使、榆州刺史、汉人行宫都部署等。后于咸雍六年(1070)，被辽道宗赐予国姓耶律氏。耶律俨"仪观秀整，好学，有诗名"。于咸雍年登进士第。遂任著作佐郎，补中书省令史。大康初年，历都部署判官、将作少监。"后两府奏事，论群臣优劣，唯称俨才俊"②。其后又改任少府少监，知大理正，赐紫。迁大理少卿，升大理卿。历任同签部署司事、景州(治今河北遵化)刺史、御史中丞、同知宣徽院事、提点大理寺、山西路都转运使、枢密直学士、参知政事、知枢密院事，赐"经邦佐运功臣"，封越国公。他还曾于寿昌五年(1099)，奉命出使北宋，返朝后，委以监修国史。乾统三年十一月，耶律俨奉命开始编修《实录》，共纂修成辽太祖以下诸帝《实录》七十卷，名为《皇朝实录》。后人亦称《耶律俨实录》，是为元人编修《元史》的重要文献依据。据冯家昇先生考证，元脱脱所修《辽史》中，所用耶律俨《皇朝实录》者有帝纪九篇、志四篇、列传一篇。耶律俨作为一名身居官场的学者，不失儒者风范。他"素廉洁，一芥不取于人。经籍一览成诵"。他治学严谨，尤精通历史，善于以史为鉴，而成为辽朝杰出的史学家。"俨以俊才莅政，所至有能誉；纂述辽史，具一代治乱，亦云勤矣"③。

随着佛教的传播，辽朝的语言文字学也得到较快的发展。辽南京地区是辽朝一个重要的佛教中心，寺庙中的许多卓有学识的僧人，以自己深厚的汉学基础，在翻译佛教经籍时，亦对佛经音义进行解释，而在文字学和音韵学上取得突出的成就。

燕京崇仁寺僧人希麟依唐代僧人慧琳所著《一切经音义》的体例，将《开元释教录》之后的新译佛经音注和义释，撰成《续一切经音义》十卷。该经书完成

---

①《辽史》卷一百四《耶律孟简传》，第1456页。
②《辽史》卷九十八《耶律俨传》，中华书局，1974年版，第1415页。
③《辽史》卷九十八《耶律俨传》及"论曰"，第1416、1417页。

于辽圣宗时期,辽道宗又将此经书与其他《契丹藏》赠送给高丽。其后此经书又传入宋朝,宋刻入藏,又传入日本,对佛教的传播和音韵、文字的训释,起了十分重要的作用。此书曾于明、清时期散佚,今存世者,系清朝光绪年间在日本发现其翻刻本后,又传回我国的。

燕京僧人行均,俗姓于,字广济,他善于音韵,精通字书。于辽圣宗统和十五年(997)撰写了一部音韵文字学的著作——《龙龛手镜》,这是一部类似于字典的汉字字书。行均从佛经和其他书籍中,收录了其中常用的字,又广泛收集当时社会上流行的异体、俗体和简体字,所收字约二万六千四百三十余字,注解字共计十六万三千一百七十余个。全书共分四卷,立四百二十四个部首,将部首和同部首字,均按平、上、去、入四声编排。在每个字的下面,用反切,或直言注音,且作简要释义。注释用例,多引用佛教经典,旨在帮助僧徒识字读经。正文之后,还另附《五音图式》。这部书收集的字,许多是其他音韵文字类著述中未曾收录的民间流行和使用的文字,这对于研究宋代及以前的异体字、简体字,以及中国文字的演进,具有极重要的参考价值。

该书后于宋神宗年间,传入宋朝,并雕版刊行,流传于世。因避宋太祖赵匡胤祖父赵敬名讳,遂改名为《龙龛手鉴》。其时,宋辽双方在边界地区对书籍严禁交易和过界,但辽朝的这部著述不仅流入宋境,且还能流传于世,亦与其书具有很高的学术价值和实用性有关系。清朝学者钱曾在其所撰《读书敏求记》中,对该书评价说:辽圣宗时,"名僧开士,相与探学古文,穿贯线之花,翻多罗之叶,镂板制序,垂此书于永久。岂可以其隔绝中国而易之乎?……今此本独流传于劫火洞烧之余。摩挲蠹简,灵光岿然,洵希世之珍也"。[①]

除在音韵及文字学方面取得很高的学术成就外,辽燕京地区佛教寺庙的僧人们还在其他方面著书立说,且亦有一定的学术水平,如僧人了洙,俗姓高氏。祖籍燕京,且为名家。他曾研求六艺子史之学,积十余年。现传其五篇碑铭,收录在《全辽文》中。

燕京僧非浊,俗姓张氏,字贞照。其先范阳人。他是辽兴宗、道宗时的高僧。著有《往生集》二十卷,曾受到兴宗的赞赏。还著有《三宝感应要略录》三

---

① 《读书敏求记》卷一《字学》,书目文献出版社,1984年版,第19—20页。

卷、《名号集》二十二卷。

辽南京文人学者们取得的的学术成就,固然与辽朝的统治政策和时局的变化有关。正是因为燕幽地区在辽统治区域内地位的提升,促使生活在这一地区的文人学者更多地关注政局和社会的变化。所以这一时期辽南京地区的文人学者们,在继承传统学术研究的基础上,也转向与社会生活密切相关的学术领域。史学、音韵学、文字学等,因此成为这一时期最具代表性的研究领域,并取得重要的成果。这些学术研究成果,不仅适应了社会的发展和形势的变化,更反映了辽南京地区的学术研究领域在不断地拓展,成果更加注重应用于现实。

三、幽州地区的学校和教育

在科举制度日见兴盛的背景下,作为学习文化和培养人才的学校教育,在隋唐五代辽时期也有了长足的发展。

唐代学校之盛,为前代所罕见。"自高祖初入长安,开大丞相府,下令置生员,自京师至于州县皆有数。……州、县、乡皆置学焉"[1]。根据唐朝政府的规定,官立学校分京师学和州县学。京师学隶属国子监,下设国子学、太学、四门学、律学、书学和算学,共六种学校。州、县学则为地方性官学。州、县学的生徒主要学习儒家的经典著作。唐太宗十分重视学校的设置,大力发展各类学校,扩大生徒名额,亦使州、县学校得到迅速的发展。据此,幽州地区在唐代亦应在所属州、县设置有官立学校。

虽然地方的州、县学校在规模和生徒数量上,均不及京师学校,但因入仕的途径,包括科举考试的对象,主要是由各级学校选送的生徒,故备受地方士人的重视。即使是在科举制暂停的阶段,学校生徒依然有入仕为官的可能。如天宝"十二载,乃敕天下罢乡贡,举人不由国子及郡、县学者,勿举送"[2]。不仅如此,唐代在幽州地区任职的官员多能按照朝廷的旨意,亦重视对学校的整顿和建设。因此,这一时期幽州地区的官学仍得到较快的发展。

唐高宗显庆年间,韦弘机任檀州(治今北京密云)刺史。他到任后,看到这

---

① 《新唐书》卷四十四《选举志上》,中华书局,1975 年版,第 1163 页。
② 《新唐书》卷四十四《选举志上》,第 1164 页。

里地处边陲，"边州素无学校"，便"敦劝生徒，创立孔子庙，图七十二子及自古贤达，皆为之赞述"①。韦弘机此举，旨在推行学儒术、兴文教的社会风气。中国古代的州、县学校，多与文庙（即孔庙）建在一起。韦弘机在檀州兴建孔庙，不仅是要强调儒学在学校教育中的地位，也是为了使当地的学校设置更加规范，表明对地方州、县学校的重视。檀州是唐代幽州地区的一个边镇，这里在当时已经建起格局比较规整的官学，由此亦可推知，幽州所辖的其他州、县的学校，在当时也都得到了一定程度的发展，并且逐渐走向规范。各地文庙的兴建，亦使这一地区崇儒尚学的社会风气更浓。

但在"安史之乱"的动乱局面中，幽州地区的社会政治、经济和文化，都遭到严重的破坏，学校遭受严重的摧残。直至唐朝后期，出任幽州节度使的刘济才又在幽州恢复或重建学校。不过，唐后期出现的藩镇割据的局面，特别是统治幽州地区的藩镇势力和政权频繁更迭，地方政局再度陷入动荡之中。而进入五代以后，这一状况并未得到根本的改变。加之后晋主石敬瑭为换取契丹对自己称帝的支持，将幽云十六州割让给契丹后，更加剧了这一地区局势的动荡。在这种社会背景下，幽州地区的州、县学校再度受到影响，陷入萧条、衰败的境地。

唐代幽州地区地方官学的教育与教学，和全国其他地区一样，均按照朝廷的规定执行。"锐情经术"的唐太宗十分重视学校教育，他于贞观六年（632），"诏罢周公祠，更以孔子为先圣，颜氏为先师，尽召天下惇师老德以为学官。数临幸观释菜，命祭酒博士讲论经义，赐以束帛"。唐太宗对太学提出以儒学教育为主的旨意，实际也规范了全国各地官学的教学内容。为了使全国各地的学校都能落实这一旨意，唐太宗"又雠正《五经》缪缺，颁天下示学者，与诸儒粹章句为义疏，俾久其传。因诏前代通儒梁皇偘、褚仲都、周熊安生、沈重、陈沈文阿、周弘正、张讥、隋何妥、刘炫等子孙，并加引擢"。贞观二十一年（647），又"诏'左丘明、卜子夏、公羊高、穀梁赤、伏胜、高堂生、戴圣、毛苌、孔安国、刘向、郑众、杜子春、马融、卢植、郑玄、服虔、何休、王肃、王弼、杜预、范宁二十一人，用其书，行其道，宜有以褒大之，自今并配享孔子庙廷'"②。

---

① 《旧唐书》卷一百八十五《韦机传》，中华书局，1975年版，第4795页。
② 《新唐书》卷一百九十八《儒学上》，中华书局，1975年版，第5636页。

从唐太宗的诏令可以了解到,唐代州、县学校的教育教学是以《五经》及其疏义,以及自先秦以来儒家代表人物的著述为主要内容。至于学校的规模,唐朝亦有定制:"京都学生八十人,大都督、中都督府、上州各六十人,下都督府、中州各五十人,下州四十人,京县五十人,上县四十人,中县、中下县各三十五人,下县二十人。国子监生,尚书省补,祭酒统焉。州县学生,州县长官补,长史主焉。"根据这一规定,作为大都督府的幽州,其官学应有生徒六十人;檀州、妫州等州官学,生徒则在四十至五十人左右;至于各州所辖县的官学,其规模则在二十人左右。这些地方官学的生徒,均由州或县长官负责选补,由长史负责日常管理。关于生徒的入学年龄,唐朝规定,"凡生,限年十四以上,十九以下"[1]。

对于州县学生的学业管理,唐朝是按大、中、小三经划分的,并规定有具体的学习期限:"凡《礼记》、《春秋左氏传》为大经,《诗》、《周礼》、《仪礼》为中经,《易》、《尚书》、《春秋公羊传》、《穀梁传》为小经。通二经者,大经、小经各一,若中经二。通三经者,大经、中经、小经各一。通五经者,大经皆通,余经各一,《孝经》、《论语》皆兼通之。凡治《孝经》、《论语》共限一岁,《尚书》、《公羊传》、《穀梁传》各一岁半,《易》、《诗》、《周礼》、《仪礼》各二岁,《礼记》、《左氏传》各三岁"。各级官学内部均设置博士、助教等学官,分经教授生徒学习。生徒须学完一经后,才可以学习其他经书,否则还需重新学习。"凡博士、助教,分经授诸生,未终经者无易业"[2]。

唐朝为各级官学制定了严格的考试制度。考试分为旬考、年考两种,考试的方式有试帖、问答两种。旬考在放假前,由博士主持考试。"读者千言试一帖,帖三言,讲者二千言问大义一条,总三条通二为第,不及者有罚"。年考在岁终,"通一年之业,口问大义十条,通八为上,六为中,五为下"。

对于州、县学校生徒的升学、退学,唐朝也有明确的规定。"诸学生通二经、俊士通三经已及第而愿留者,四门学生补太学,太学生补国子学"。若州、县学校生徒"并三下与在学九岁、律生六岁不堪贡者罢归"。

---

① 《新唐书》卷四十四《选举志上》,中华书局,1975年版,第1160页。
② 《新唐书》卷四十四《选举志上》,第1160页。

唐代的各级官学的生徒,在学校学习期间亦有假期,"旬给假一日",即十天放假一天。此外,农忙时节还有"田假",换季时节有"授衣假"。"每岁五月有田假,九月有授衣假,二百里外给程。"①。

生徒在学校学成后,"每岁仲冬,州、县、馆、监举其成者送之尚书省;而举选不繇馆、学者,谓之乡贡,皆怀牒自列于州、县。试已,长吏以乡饮酒礼,会属僚,设宾主,陈俎豆,备管弦,牲用少牢,歌《鹿鸣》之诗,因与耆艾叙长少焉。既至省,皆疏名列到,结款通保及所居,始由户部集阅,而关于考功员外郎试之"②。州、县学校每年在十一月将学习优异的生徒上报尚书省,同时州、县还要为选送的生徒举行"乡饮酒礼",以示祝贺,意在激励后学者发奋读书。

辽朝时期,幽州地区的学校教育又有长足的发展。辽朝统治者为了政权建设的需要,亦通过设立学校培养人才。辽太祖时,就曾于上京、中京分置国子监,设祭酒、司业、监丞、主簿,负责教授两京的国子学生徒。太宗时,又于南京设立太学。此外,辽在五京所辖各州县亦分别设立学校。因此,燕京地区在当时有太学、州学和县学。"南京学。亦曰南京太学,太宗置"③。

辽圣宗时,因南京太学生徒数量颇多,致使学舍紧张,经费匮乏。为此,统和十三年(995),圣宗以"南京太学生员浸多",特赐南京太学"水碾庄一区"④,以资助太学经费,扩建校舍,供生徒活动、居住。至此,南京太学的扩建难题得到解决,成为辽统汉地一所规模最大的学校。

清宁元年(1055),辽道宗又"诏设学养士,颁《五经》传疏,置博士、助教各一员"⑤。辽道宗的设学养士,实际是继续扩大中央及地方学校的规模。此外,他还颁赐《五经》及诸家所作疏义,作为各级学校生徒学习的教材,并于地方学校设置博士、助教,执掌教谕生徒。这一措施,对于统一和规范辽统治区域内地方各级学校的教学,是十分重要的。

辽朝设置的学校和规定的学习内容,与内地政权是一致的,这也反映出辽

---

①《新唐书》卷四十四《选举志上》,第1161页。
②《新唐书》卷四十四《选举志上》,中华书局,1975年版,第1161页。
③《辽史》卷四十八《百官志四》,中华书局,1974年版,第807页。
④《辽史》卷十三《圣宗纪四》,第147页。
⑤《辽史》卷二十一《道宗纪一》,第253页。

朝以汉法制汉地、汉人的政策。也正是这一政策,使得辽朝南京地区包括中央和地方的学校教育都得到较快的发展。

据《畿辅通志·学校志》记载,辽南京所辖的涿州(今属河北)学校,在州治西南。原址在城东,辽统和年间移建至此。

至于辽南京地区的县一级学校,文献资料偶有记载。如新城县学,《畿辅通志·学校志》记载:"在县治西北,辽县令马人望建。"马人望,其人"颖悟。幼孤,长以才学称",咸雍年间中进士。他出任知县的涿州新城,"与宋接境,驿道所从出"[1],是一个与宋交界的沿边县。马人望在任期间,在县治建学校,也说明辽代南京地区学校的设置,已延伸到边陲县城。

另据《畿辅通志·学校志》记载,燕京析津府所辖永清县,其县学"旧在县治西北,辽寿昌元年(1095),啜里军都押司萧萨八建"。萧萨八是契丹人,且为军将,而在永清县建学校,不仅说明辽廷对设置州、县两级地方学校的重视,亦表明设置地方学校已为辽代社会的普遍现象,重视教育已成为一种社会的共识。

又据《王田县志》记载:"儒学在县之西,创建于辽乾统中,今大觉寺是其遗址。"

良乡在辽代,是辽与北宋使臣及商旅过往的必经之地,也是燕京南部的一个重镇。辽道宗时,任良乡县令的是渤海人大公鼎。"公鼎幼庄愿,长而好学。咸雍十年,登进士第"。他任良乡县令后,"省徭役,务农桑,建孔子庙学,部民服化"[2]。他也是一位很有文化修养的少数民族官员,他在良乡建起的孔子庙学,即是当地的县学。

辽代燕京地区有关教育的文献资料十分有限,使今人难以了解当时的文化教育的全貌和具体情况,但仅就这些有限的文献资料分析,在辽代后期,燕京地区已有太学和州学、县学,这是可以肯定的。而且从《辽史》、《契丹国志》等史书记载的幽州文人、学者中,有不少曾中进士。如王鼎、室昉、杜防、耶律俨、杨绩、赵徽、王观、刘伸、杨遵勖、王棠等。此外还有一些文人、学者在文学

---

①《辽史》卷一百五《马人望传》,中华书局,1974 年版,第 1462 页。
②《辽史》卷一百五《大公鼎传》,第 1460 页。

和学术上,取得了不小的成绩。这些自幼生长在燕京地区的人士,他们所受到的教育,也与学校有直接的关系。

辽朝统治者崇尚儒学。辽太祖耶律阿保机之子耶律倍曾谓其父曰:"孔子大圣,万世所尊,宜先。"①所以辽朝大兴尊孔,建孔庙,设学校。且科举取士,亦以儒学为主,形成尊孔尊儒的社会风尚,从而也促进了儒学的发展。燕京地区在辽境内,也是一个有着儒学传统的地区,许多文人、学者精通儒家经典。在辽统治者的极力推崇下,通过设置各级官学,进行儒学教育是十分有利的。所以历辽一代,燕京地区的学校得以较普遍地设置于各州县。也正因辽代燕京地区学校的存在,才有可能培养出一大批著名的文人学者,从而推动本地区学术文化的发展。

不过,由于史料记载的缺乏,辽代燕京地区各级学校的管理制度、课程设置、生员构成以及具体的学习情况,尚难以揭示。但从燕京地区培养出的众多人才、部分州县设置官学分析,这一时期燕京地区的各级学校都是以儒学作为学习的主要内容,同时也沿用了内地学校的教学内容。在管理上,也应该有一套具体的措施和方法。

尽管在文献资料中,涉及隋唐五代辽时期幽州(燕京)地区学校设置的记载很少,使后人难以全面系统地了解这一时期幽州地区州、县两级学校的具体设置和管理情况,但从幽州地区这一时期社会文化的发展,所取得的学术成就,还有不少幽州地区的文人通过科举考试,入仕为官,亦说明这一时期幽州地区的学校教育不仅存在,而且是比较受重视的。在幽州地区有着悠久历史、且已成为文化传统的家学和私学,也应是客观存在的。正是这些不同类型学校的存在,才使得幽州地区的整体文化水平不断提高,人才不断涌现,在学术上不断发展并取得更多的成就。这也为其后幽州地区学术文化更大、更快的发展,奠定了坚实的基础。

---

① 《辽史》卷七十二《义宗倍传》,第 1209 页。

第四章　金代燕京的学术和教育

第一节　金代燕京学术发展的背景

一、燕京地位的改变

金朝是由女真贵族在我国北方地区建立的封建王朝。金天会三年（1125）十二月，燕京地区为金朝所统辖。

金天会五年（1127），金军第二次大举南下，攻陷宋都城汴梁（今属河南开封），俘宋徽宗、钦宗二帝，北宋亡。金军在开封城大肆劫掠后，遂将被俘的徽、钦二帝及后妃、皇子、宗室、大臣等三千余人以及掠夺的大量金银珠宝、仪仗法物、图书典籍和其他天文、医学等器物，还包括工匠、艺人等，分七批满载押送北去。其中，除徽、钦二帝及皇子、主要臣僚途经燕京时，稍作停留，又继续北上至金中京（今内蒙古赤峰宁城县大明城）、上京（今黑龙江阿城县南白城）外，其余的宋朝宗室、臣僚、侍卫及宫女、工匠、医者、艺人等，则多被留在燕京地区。这些具有较高文化素养和技艺的人士，从此生活在燕京地区，这对于推进燕京地区文化的发展和学术的繁荣，是有积极作用的。留居在燕京的宋朝人士，不仅受儒家传统文化的影响很深，对其他学科的研究也有很高的造诣，这也有助于燕京地区在原有的学术成就的基础上，进一步拓展学术领域。

更为重要的是，金朝据有燕京后，为加强对这一地区的统治和管理，先后启用几位汉族官员担任要职。他们的上任,也在一定程度上有助于燕京地区学校教育的恢复和学术研究的发展。

其一为刘彦宗。刘彦宗,大兴宛平(今北京丰台西北)人。辽时,入仕为官,进士出身。金朝将中书省和枢密院迁到燕京后不久,任命刘彦宗为同中书门下平章事、知枢密院事。金太宗还诏令刘彦宗"燕京一品以下官员皆承制注授"①;汉族地区的州县官,亦由他决定和派遣。

金天会六年(1128),刘彦宗死后,金廷又以韩企先为燕京地区的同中书门下平章事、知枢密院事,另以刘彦宗之子刘筈兼枢密院事。

其二为韩企先。韩企先,燕京人。辽乾统年间中进士第。他"博通经史,知前代故事,或因或革,咸取折衷。企先为相,每欲为官择人,专以培植奖励后进为己责任。推毂士类,甄别人物,一时台省多君子"。他选贤任能,匡补政治,还积极推行汉制改革,使得"宗翰、宗幹雅敬重之,世称贤相焉"②。

在金朝统治燕京之初,重用汉人官员,固然是出于统治汉人、汉地的需要,不过刘彦宗、韩企先等人都是文化素养较高的汉族官员,而且都比较重视文化,由他们来治理燕京地区,无疑也有助于这一地区学术研究和教育的发展。

金海陵王即位后,因"上京僻在一隅,转漕艰而民不便,惟燕京乃天地之中"③,决定迁都燕京。天德二年(1150)冬,即遣左右丞相张浩、张通古,左丞蔡松年,调集诸路民夫、工匠,扩建燕京城,修筑宫室。天德四年(1152)冬,燕京宫室建成,海陵王遂率文武百官自上京会宁府(今黑龙江阿城南)迁都至燕京,为此而大赦天下,改元贞元,并改燕京为中都。

燕京升为中都后,在金朝的五京中居于核心的地位,实际成为金王朝的正式国都。燕京地区在中国北方地区,作为政治、经济和文化中心的地位,从此得到正式确立。燕京地位的改变,为金朝时期燕京地区学校教育的发展和学术研究的兴盛,提供了更为有力的环境和条件。就是在这种背景下,燕京地区的学校教育和学术研究,开始出现重大的转机,地位亦随之逐渐提高。

---

①《金史》卷七十八《刘彦宗传》,中华书局,1975 年版,第 1770 页。

②《金史》卷七十八《韩企先传》,第 1778 页。

③宇文懋昭著、崔文印校正《大金国志校证》卷十三《海陵炀王上》,中华书局,1986 年版,第 187 页。

二、金朝的"文治"政策

金天会十三年(1135),太宗死后,由太祖嫡长孙完颜禀继立,是为金熙宗。熙宗幼年时,即以汉人韩昉和宋儒生为师。韩昉,字公美,燕京人。辽天祚帝天庆时,中进士第。后降金,任礼部尚书,翰林学士,因此金熙宗受汉族传统文化的影响很深。"所与游处,尽文墨之士"①,其"能赋诗染翰,雅歌儒服,分茶焚香,弈棋象戏,尽失女真故态矣"②。他不仅学习汉文化,也学习封建礼仪、制度和汉族及契丹政权的治国经验。金天眷元年(1138),金熙宗开始全面改革女真旧俗,推行文治。"贯综经业。喜文辞"③的熙宗提倡"尊孔养士",大量重用汉族文人,并实行汉官制度。燕京枢密使亦在这一时期改为行台尚书省,即将燕京地区的权力机构由军事职能转变为行政职能。

在全面推行"文治"和改行"汉官"制度后,金熙宗于天眷三年(1140)决定巡幸燕京。燕京地区是汉人比较集中,且积累内地文化传统比较深厚的北方重镇。熙宗在进入燕京时,即使用了由汉官刘筈参照宋朝礼仪制度编订的卤簿仪仗。"熙宗幸燕,始备法驾,凡用士卒万四千五十六人,摄官在外"④,宛如一位汉族皇帝。更为重要的是,他到燕京后,还表现出对中国传统文化的推崇和重视。他亲自祭拜孔庙,还仿照内地汉族王朝的传统做法,赐封孔子的后代。不仅如此,他还表示自己对汉文化知之甚少,称自己"不知志学,岁月逾迈,深以为悔"。他还决定用汉文化实现"治世"的目标。"太平之世,当尚文物,自古致治,皆由是也"⑤。金熙宗巡视燕京期间,所表现出的对汉文化的推崇,也是他"文治"的一个具体体现。一方面是为了安抚燕京及金朝统治下的其他地区的汉人,缓和民族矛盾;而另一方面也是他实行"改制"的需要,以便通过推行"汉官"制度,实现中央集权统治。所以金熙宗巡视燕京,在一定程度上,也使得汉族传统文化在金朝统治区域内的社会地位得到极大的提高。

---

①《大金国志校证》卷九《熙宗孝成皇帝一》,中华书局,1986年版,第135页。

②《大金国志校证》卷十二《熙宗孝成皇帝四》,第179页。

③《大金国志校证》卷九《熙宗孝成皇帝一》,第135页。

④《金史》卷四十一《仪卫志上》,中华书局,1975年版,第928页。

⑤《金史》卷四《熙宗纪》,第77页。

金朝灭辽以后,疆域迅速拓展,为了网罗人才治理新附地区,金太宗于天会元年(1123)十一月、二年二月和八月连续三次开科取士,重建科举制度。五年,金军占据河北、河东地区后,还准备继续举行科举考试。后因汉人与辽、金等士人所学不尽相同,故分设南、北两院,号为南北选。所设科目则因辽、宋之制,有词赋、经义、策试、律科、经童等。六年三月,金太宗命刘彦宗招揽士人赴燕京城应试,以竹林寺作为试院,南北同院,分场考试。十年,太宗又以"国内太平,下诏如契丹开辟制,限以三岁有乡、府、省三试之法。每科举时,先于诸州分县赴试。诗赋者兼论策,作一日;经义者兼论策,作三日;号为乡试,悉以本县令为试官。时秀士有未愿起者,州县必根刷遣之"①。由此明确了科举制度的具体内容和规定。

天会十一年(1133)春,金廷于统治区域内始分三路类试(即类似省试的考试)。"自河(黄河)以北至女真皆就燕,自关西至河东就云中(今山西大同),自河以南就汴(今河南开封),谓之府试。试诗赋、论时务、策经义,则试五道,三策、一论、一律义。凡二人取一,榜首曰府元"②。这年秋天,金廷又将诸路举人全部集中到燕京城,举行会试。考试凡六人取一人。榜首称敕头,亦称状元。分上、中、下三甲。

金天眷元年(1138),定以经义、诗赋二科取士。金朝科举制度逐渐完备。在燕山府举行科举考试,亦成定制。皇统八年(1148),金熙宗命凡经义进士,一律"就燕京拟注"③。至此,"凡省选之制,自熙宗皇统八年以上京僻远,始命诣燕京拟注,岁以为常"④。

金海陵王完颜亮弑熙宗自立后,为稳定国内局势,笼络汉人,亦为了加强集权统治,更推崇儒学,袭用内地的选官制度。"甚有尊经术,崇儒雅之意,始设殿试。又以乡试聚于州,限三人取一人"⑤。遂定制,合南北二选为一;罢经义,专以词赋取士;三年一试。他还将金国内各地的府试分别集中于大兴府

---

①《大金国志校证》卷三十五《天会皇统科举》,中华书局,1986年版,第508页。
②《大金国志校证》卷三十五《天会皇统科举》,第508页。
③《金史》卷五十二《选举志二》,中华书局,1975年版,第1163页。
④《金史》卷五十四《选举志四》,第1197页。
⑤《大金国志校证》卷三十五《天德科举》,第509页。

（治今北京市西南）、大定府（治今内蒙古宁城西）、大同府（治今山西大同）、东平府（治今山东东平）、开封府（治今河南开封）、河中府（治今山西永济西蒲州镇）六地举行，均为四人取一人。其中，大兴府为河北东路（治今河北大名东）、河北西路（治今河北河间）、中都路（治今北京西南）三路士子应试之地。

金世宗时，又始创女直进士科，试策与论，称为策论进士。金章宗时，再增置制举宏词科，以待非常之士。

金朝自太宗天会十年（1132）始置科举制度后，到海陵王时，已形成乡、府、会（省、礼部试）、殿试四级科举考试的格局，每三年举行一次。金朝科举取士主要设词赋科、经义科、策论科，以及律科、经童科等。

各科所试内容虽各有所侧重，但均对应试士子的文才和学识有很高的要求。如"凡词赋进士，试赋、诗、策论各一道"，录取者必须是"文优"者。即要求词赋进士必须以文章、词藻为专长，且能精通多种文章及文学体裁。"经义进士，试所治一经义、策论各一道"[1]。应试本科者必须精通《五经》中的一经，且须文章、词藻华美，对所习经文有较深的研究。对于参加科考的汉族士子，金朝统治者要求必须是真才实学。"若行不副名，不习制诰之文者，即与外除"[2]。

金朝不仅通过科举考试吸收汉人入仕，后也为女真士子设科入仕。"策论进士，选女直（真）人之科也"，是专为女真士人而设的科举科目，故称女真进士科。虽本科专取女真人，可所试亦要求文理俱优，金世宗大定十三年（1173），"始定每场策一道，以五百字以上成，免乡试府试，止赴会试御试"[3]。其后随着中都女真国子学、诸路女真府学的兴建，女真士人有了更多的受教育的机会，其文化素养和学识水平日渐提高，金世宗遂于大定二十年（1180）定制，策论进士"今后以策、诗试三场，策用女直（真）大字，诗用小字，程试之期皆依汉进士例"[4]。大定二十八年（1188），又以儒学经典《五经》中的《尚书》、《周易》、《春秋》虽已译成契丹文，但因"大经义理深奥，不加岁月不能贯通"，世宗遂定

---

① 《金史》卷五十一《选举志一》，中华书局，1975 年版，第 1134、1135、1140 页。
② 《金史》卷五十一《选举志一》，第 1135 页。
③ 《金史》卷五十一《选举志一》，第 1140 页。
④ 《金史》卷五十一《选举志一》，第 1141 页。

"今宜于经内姑试以论题,后当徐试经义也"①。到金章宗泰和年间,对女真策论进士考试的要求更高,不仅需要掌握儒家经典,还须精通经义和历史。"复有以时务策参以故事,及疑难经旨为问之制"②。

金朝科举设置的律科,虽"其法以律令内出题",但亦要求"文理优、拟断当、用字切者,为中选"③。大定二十九年(1189),又因"律科止知读律,不知教化之源",金廷臣僚建议,"可使通治《论语》、《孟子》以涵养其气度"。章宗"遂令自今举后,复于《论语》、《孟子》内试小义一道,府会试别作一日引试,命经义试官出题,与本科通考定之"④。

经童科,是为选拔少年俊秀之才而设置的科目。"凡士庶子年十三以下,能诵二大经、三小经,又诵《论语》诸子及五千字以上,府试十五题通十三以上,会试每场十五题,三场共通四十一以上,为中选"。其中格后的排次依据是,"所贵在幼而诵多者,若年同,则以诵大经多者为最"⑤。本科虽以"经童"为名,但也重视其文才。金明昌元年(1190),益都府(治今山东益都)有童子刘住儿,"年十一岁,能诗赋,诵大小六经,所书行草颇有法,孝行夙成"⑥。金章宗遂召他至内殿,试《凤凰来仪》赋、《鱼在藻》诗,又令赋《旱》诗。章宗阅后,十分赞赏,便赐其本科出身,给钱粟、官舍,令他肄业太学。由此可见,经童科试所选拔的童子,也是要求有较高的文化底蕴和文才的。

除这些常科外,金朝科举亦有制科,亦称制举,是不定期的、因一时需要的特定人才而临时设置的科目。如贤良方正、能直言极谏、博学宏材、达于从政等科。这些制举的考试,须"先投所业策论三十道于学士院,视其词理优者,委官以群经子史内出题,一日试论三道,如可,则庭试策一道,不拘常务,取其无不通贯者,优等迁擢之"⑦。

金章宗还增设宏词科,更侧重于文笔才能,以待非常之士。本科考试的内

---

①《金史》卷五十一《选举志一》,中华书局,1975 年版,第 1142 页。
②《金史》卷五十一《选举志一》,第 1143 页。
③《金史》卷五十一《选举志一》,第 1148 页。
④《金史》卷五十一《选举志一》,第 1148 页。
⑤《金史》卷五十一《选举志一》,第 1149 页。
⑥《金史》卷五十一《选举志一》,第 1149 页。
⑦《金史》卷五十一《选举志一》,第 1150 页。

容主要为，"试诏、诰、章、表、露布、檄书，则皆用四六；诫、谕、颂、箴、铭、序、记，则或依古今体，或参用四六"①。

为了确保科举考试能选拔到统治者所需的人才，金朝皇帝甚至亲自拟定试题。"自来御试赋题，皆士人尝拟作者。前朕（金世宗）自选一题，出人所不料，故中选者多名士，而庸才不及焉。是知题难则名儒亦擅场，题易则庸流易侥幸也"②。

从金朝设置的科举制度可以看出，这项用于选拔官吏的制度，是参照了内地政权的相关制度。虽其在科目设置、科考时间上，时有变化，但基本宗旨仍是重视对文化和学识、文才的考选。特别是在科举考试中，注重儒家学说的内容，这对于促进社会形成崇尚和重视文化的风气，尤其是推进学术文化的发展，无疑有积极的作用。

金廷在燕京设置科举府试试场，说明燕京地区在金朝初期已是一处重要的府试之地，燕京地区也因此成为一个文化中心。这不仅进一步提升了燕京地区在北方地区社会文化中的地位，也因大量的文人学者汇集于此，而促进燕京地区与其他地区在学术文化上的交流，对促进燕京地区的学术文化发展，发挥了极其重要的作用，也使各地对燕京地区的学术文化有了更多的了解。

金代燕京地区正是在这种历史和社会的背景下，其学术文化和教育的发展有了更优越的社会基础，才得以迅速的发展，并取得了十分重要的成就。

第二节　金代燕京学术的发展与成就

一、金中都学术研究的勃兴

自从金海陵王迁都到中都以后，在燕京地区举行的科举考试，便有了乡试、府试、会试和殿试四级。金中都的大兴、宛平二县和大兴府所辖昌平、安次、漷阴、永清、宝坻、香河、良乡、武清八县，均于科举之年举行乡试。乡试中

---

①《金史》卷五十一《选举志一》，中华书局，1975 年版，第 1150 页。
②《金史》卷五十一《选举志一》，第 1135 页。

格者则于次年在中都城参加大兴府的府试,府试中格者再于次年在中都城参加尚书省举行的会试,会试为中央一级科举考试。在会试举行前夕,则各地经府试中格者均汇集于中都城,经会试中格者,再赴宫城参加殿试。

所以,金廷迁都到燕京地区后,在科举制度的影响和作用下,不仅使当地的士人通过科举考试而获得入仕为官的机会,而更加重视文化和教育,同时也因各地举人参加会试,云集于此,又获得相互交流、学习的机会,这对于进一步提高燕京地区的学术文化水平,也是极有益处的。也正是在原有的文化传统和底蕴的基础上,加之燕京在金海陵王以后成为国都,以及科举制度的导向作用,使得燕京地区在金朝时期出现了文化繁盛的景象。

金廷迁都到燕京后,于城内设置国子监。为了解决国子学生徒对教材的需求,国子监便利用燕京地区在辽代已经兴起的书肆刊刻业,大量刻印儒家的经典著作。除用作国子生的教材外,还在中都士人中广为流传。其间,燕京书肆于金天德三年(1151),还刊刻了王弼、韩康伯注释的《易经》、孔安国撰写的《尚书传注》、杜预编纂的《左传注》、孔颖达所作的《礼记疏》、郑玄和贾公彦所撰的《周礼注疏》、唐玄宗的《孝经注》等一批儒家经典著作的注释本,以供国子生学习和研读之用。这些儒家经典著作在燕京地区的大量刊刻和流传,极大地促进了汉人经学在这一地区的传播,也有助于燕京地区的士人对经学的深入研究。

不仅如此,随着金朝统治者大力推崇儒学,科举考试又多从儒家经典著作中命题,社会对儒学著作的需求也随之增大。特别是女真人应科举试也需要学习和研读这些儒家经典,为此,金廷特在中都设置“译经所”,以满足“学者渐盛,转习经史”的需要。从金大定十五年(1175)开始,著作佐郎温迪罕缔达便“与编修官宗璧、尚书省译史阿鲁、吏部令史张克忠译解经书”[1]。到大定二十五年(1185),先后翻译出《周易》、《尚书》、《论语》、《孟子》等儒家经典著作和《四书译解》等书,并付之刊印。重要的儒家经典被翻译成女真文字后,也有助于更多的女真人,特别是金朝统治集团中的女真官僚学习和了解汉儒之学,从而推进社会形成“崇儒、尚文”的风尚。

---

[1]《金史》卷一百五《温迪罕缔达传》,中华书局,1975年版,第2321页。

更值得注意的是,自从迁都到燕京后,在位的几位皇帝对推进燕京地区学术文化的发展,也起了积极的影响和作用。决定并正式迁都燕京的海陵王完颜亮,早年就"好读书,学弈象戏、点茶,延接儒生,谈论有成人器"①。他粗通经史,受中原汉族文化的影响是比较深的。这从他对金朝官制的改革和整顿、完善科举及选官制度等具体的措施中,也可以看出他是极力利用汉族王朝的统治经验和汉族文化,削弱和抑制女真贵族的守旧势力。

继海陵王之后的金世宗也是一位受汉族文化影响很深的皇帝。他曾对臣僚说:"朕常慕古之帝王,虚心受谏。卿等有言即言,毋缄默以自便。"②他即位后,一方面继续执行海陵王确定的以中原为统治中心的政策,继续完善海陵王的改革措施;一方面则吸取海陵王失败的教训,注意缓和社会矛盾,稳定社会秩序,其中即吸收了汉族政权在这方面的经验。他在广泛吸收契丹、渤海、汉人和女真诸部士人加入政权机构的同时,又"躬节俭,崇孝弟,信赏罚,重农桑,慎守令之选,严廉察之责"③。他尤其注意借鉴历代王朝统治的经验和教训,在万机之暇,仍博鉴史籍。他曾告诫侍臣:"朕于圣经不能深解,至于史传,开卷辄有所益。""朕虽年老,闻善不厌。孔子云:'见善如不及,见不善如探汤。'大哉言乎。"④因此,他对历代帝王的治绩、功过,都能作出比较客观、公正的品评,且经常将这些经验或教训告诫臣僚及皇子,以提醒他们引以为鉴。如他主张节俭,告诫臣僚:"昔唐、虞之时,未有华饰,汉惟孝文务为纯俭。朕于宫室惟恐过度,其或兴修,即损宫人岁费以充之,今亦不复营建矣"⑤。在用人问题上,他曾"思得贤士,寤寐不忘"。为此,他列举了自春秋以来的许多举贤任能的史实,告诫宰执们,让他们认真寻访人才:"齐桓中庸主也,得一管仲,遂成霸业。朕夙夜以思,惟恐失人。朕既不知,卿等又不荐,必俟全才而后举,盖亦难矣。如举某人长于某事,朕亦量材用之。朕与卿等俱老矣。天下至人,岂得无人,荐举人材,当今急务也。"⑥他还以唐太宗为例,说明人尽其才的重要性:

①《大金国志校证》卷十三《海陵炀王上》,中华书局,1986年版,第185页。

②《金史》卷六《世宗纪上》,中华书局,第125页。

③《金史》卷八《世宗纪下》,中华书局,1975年版,第203页。

④《金史》卷八《世宗纪下》,第195页。

⑤《金史》卷六《世宗纪上》,第141页。

⑥《金史》卷八《世宗纪下》,第142、193页。

"平时用人,宜尚平直。至于军职,当用权谋,使人不易测,可以集事。唐太宗自少年能用兵,其后虽居帝位,犹不能改,吮疮剪须,皆权谋也。"①"朕观唐史,惟魏徵善谏,所言皆国家大事,甚得谏臣之体"②。即使是对待太子,他也不忘用史实教谕他吸取教训:"吾儿在储贰之位,朕为汝措天下,当无复有经营之事。汝惟无忘祖宗纯厚之风,以勤修道德为孝,明信赏罚为治而已。昔唐太宗谓其子高宗曰:'吾伐高丽不克终,汝可继之。'如此之事,朕不以遗汝。如辽之海滨王,以国人爱其子,嫉而杀之,此何理也?子为众爱,愈为美事。所为若此,安有不亡?唐太宗有道之君,而谓其子高宗曰:'尔于李　无恩。今以事出之,我死,宜即授以仆射,彼必致死力矣。'君人者,焉用伪为?"③正因为金世宗从博通经史中,吸取了许多前代统治的经验和教训,因此他特别重视学习。他曾告诫近臣:"护卫以后皆是治民之官,其令教以读书。"④

金章宗也是一位崇尚汉儒之学的皇帝,而且是金朝诸帝中文化修养最高的一位。他十岁时,"始习本朝语言小字,及汉字经书,以进士完颜匡、司经徐孝美等侍读"⑤。金大定二十九年(1189),金世宗去世,章宗即位,遂继续实行文治。在完善各项统治政策和制度,发展生产、缓和社会矛盾的同时,更大力发展文化事业。他更加倡导儒家思想,提倡尊孔读经。

金章宗很重视科举取士。为了扩大科举考试的规模,方便地方士子应试,以选拔更多的优秀人才,章宗特增设三处府试,增加会试的录取名额,对命题和程文的规定作出相应的调整。还选择才识优长者为学校学官,提高学校教育的水平。他还重视搜集和保存历代的著述。金明昌五年(1194),他下诏搜求《崇文总目》中所缺的书籍,以高价向民间求购。如书的主人不愿出售,则以书价之半先租借,雇人抄写后,再将原书奉还。章宗更重视史书的编纂和当代史事的搜集整理。此前,金熙宗和世宗都曾组织学者编写先朝实录,他又继续命人寻访耆老,收集太祖、太宗、熙宗、世宗四朝皇帝的言论,分类编集成《圣

①《金史》卷八《世宗纪下》,中华书局,1975 年版,第 196 页。
②《金史》卷八《世宗纪下》,第 199 页。
③《金史》卷六《世宗纪上》,第 150 页。
④《金史》卷六《世宗纪上》,第 146 页。
⑤《金史》卷九《章宗纪一》,第 207 页。

训》;并续修世宗、显宗实录;又"诏完颜纲、乔宇、宋元吉等编类陈言文字,其言涉宫庭,若大臣、台省、六部,各以类从,凡二千卷"[①]。同时还健全了编写起居注、日历的制度,以备编修国史。

自金熙宗始,金朝皇帝多对孔子的后裔进行册封,以示尊孔。熙宗以孔子四十九代孙孔璠袭封衍圣公。海陵王始定袭封衍圣公俸格。世宗又以孔总袭封衍圣公。章宗则特授孔总曲阜令。明昌二年(1191),又以孔元措袭封衍圣公,并令诸州县修复文宣王庙。且命文学家党怀英撰写宣圣庙碑文。章宗还亲自在中都孔子庙行释奠礼。

由此可见,金朝自迁都燕京后,由于尊崇儒学,大力推行"文治",注意网罗人才,注重借鉴和吸取汉族政权统治的经验和教训,极大地推进了社会文化的发展。而燕京地区作为金朝的统治中心,除崇尚汉儒文化的统治者外,还云集来自各地的文人学者,他们与世居燕京地区的文人们组成一个庞大的知识分子群体,共同创造出卓著的学术文化成就。

正是金朝建立后,特别是迁都燕京后,所制订的诸多政策、制度和推行的措施,使得内地的传统文化得以在燕京地区继续传播。这也吸引更多的文人学者致力于传统学术的研究,进一步促进学术研究的兴盛。

二、金中都的儒学成就

金朝时期,特别是迁都燕京以后,燕京地区的文人学者在经学、史学、文学等诸多学科领域,都潜心研习,取得了重要的成就。

在金代的经学研究中,赵秉文是一位对经学有较深的研究,并有很多著述的学者。赵秉文,字周臣,号闲闲老人,磁州滏阳(今河北磁县)人。他"幼颖悟,读书若夙习"。金大定二十五年(1185),登进士第。自金章宗明昌六年(1195)起,入朝任应奉翰林文字,同知制诰。金章宗对他的评价是,"若赵秉文曩以言事降授,闻其人有才藻、工书翰,又且敢言"[②]。金泰和二年(1202),召赵秉文为户部主事,迁翰林修撰。大安四年(1212),改任翰林侍讲学士。兴定

---

①《金史》卷十《章宗纪四》,中华书局,1975年版,第269页。
②《金史》卷一百十《赵秉文传》,第2426页。

元年(1217),转侍读学士,礼部尚书,同修国史,知集贤院事。次年,又任知贡举。在任礼部尚书期间,赵秉文主张章宗应"当日亲经史以自裨益"。为此他曾向金章宗"进《无逸直解》、《贞观政要》、《申鉴》各一通"。赵秉文学识渊博,涉猎经、史、文学、书法,著述颇丰,尤以经学研究方面的著述最具代表。"秉文自幼至老未尝一日废书,著《易丛说》十卷,《中庸说》一卷,《扬子发微》一卷,《太玄笺赞》六卷,《文中子类说》一卷,《南华略释》一卷,《列子补注》一卷,删集《论语》、《孟子解》各一十卷,《资暇录》一十五卷,所著文章号《滏水集》者三十卷"。赵秉文以宣扬仁义道德性命之说自任,承袭宋朝周敦颐、程颢、程颐的理学思想。其经学研究,"长于辨析,极所欲言而止,不以绳墨自拘"①。他不拘泥于前人的学说观点,而是根据社会的发展、形势的变化,阐发个人的见解和认识。如他所撰的《易丛说》、《中庸说》、《扬子发微》等书,就是他用周、程的理学思想对儒家经典重新进行诠释,进而阐发自己的见解。赵秉文对经学,特别是理学的研究,使宋代的理学得以在金中都和北方地区传播,从而也推动燕京地区的经学研究。

金朝的另一位经学家李纯甫,字之纯,弘州襄阴(今河北阳原)人。他幼年即"颖悟异常,初业词赋,及读《左氏春秋》,大爱之,遂更为经义学"②。他弃词赋改从经义学后,潜心研习,于金承安二年(1197),中经义进士。李纯甫的文笔"法庄周、列御寇、左氏、《战国策》,后进多宗之"。他对经义的研究,是基于其"有经世心","自类其文,凡论性理及关佛老二家者号'内稿',其余应物文字为'外稿'"。由此可见,李纯甫是将理学研究置于极其重要的地位。金章宗时,他入翰林院供职。其间,著有《中庸集解》、《鸣道集解》等著述,共数十万言,号"中国心学,西方文教"③。通过这两部著作,李纯甫阐释了他对儒学经典的理解,进一步发展南宋时期理学中的唯心主义学说,诠释了其中的精义。

其后的张　、张行简父子更是将经学研究作为家学,而对经学形成自己的独到见解。他们"世为礼官,世习礼学。其为礼也,行之家庭,讲于朝廷,施用于邻国,无不中度。古者官有世掌,学有专门,金诸儒臣,唯张氏父子庶几无愧

①《金史》卷一百十《赵秉文传》,中华书局,1975 年版,第 2428 页。
②《金史》卷一百二十六《李纯甫传》,第 2734 页。
③《金史》卷一百二十六《李纯甫传》,第 2735 页。

于古乎"①。张　，字明仲，他"博学该通"②。金海陵王正隆五年(1160)，登进士第，先于地方任官，后补尚书省令史，除太常博士，兼国子助教。曾出使宋朝，回朝后，迁太常少卿，兼修起居注，后改任礼部郎中，再迁右谏议大夫，兼礼部侍郎。金章宗即位后，官至礼部尚书。他"历太常、礼部二十余年，最明古今礼学，家法为士族仪表"。他不仅自己精通经史，在其妻死后，还"斋居与子行简讲论古今，诸孙课诵其侧，至夜分乃罢，以为常"③。正是在张　的传授下，其长子张行简又继承家学，在经学上取得较大的成就。

张行简，字敬甫，他自幼"颖悟力学，淹贯经史"④。金大定十九年(1179)，中进士第一，任应奉翰林文字。金章宗即位后，历任修撰、太常博士、翰林修撰、礼部郎中、兼同修国史、礼部侍郎、提点司天台、直学士。后官至礼部尚书，兼侍讲、同修国史。张行简博览经史，常以汉族王朝礼制典章进谏，对完善金朝的礼仪制度，颇多贡献。他著有"文章十五卷，《礼例纂》一百二十卷，会同、朝献、禘祫、丧葬，皆有记录，及《清台》、《皇华》、《戒严》、《为善》、《自公》等记，藏于家"⑤。张行简对经学的研究，以礼经的成就最重要。如他的《礼例纂》等一些著作，是对《周礼》、《仪礼》、《礼记》等儒家礼制著作的阐释。在此基础上，他还依历代礼制，改革了金朝的朝仪、丧仪等礼仪制度。他曾对臣僚上朝仪式"参酌古今典礼，拟定仪式"，"宰执上日，三品以下群官通班贺，起立答拜，自此始。"他还向金章宗"因论典故之学，乞于太常博士之下置检阅官二员，通礼学资浅者使为之，积资乃迁博士"⑥，即主张培养精通礼学的人才，以推进金廷的礼制建设。他在礼学上取得的成就，也得到朝廷官僚的赞颂。"行简端悫慎密，为人主所知。自初入翰林，至太常、礼部，典贡举终身，缙绅以为荣"⑦。

在张行简举荐的礼学人才中，有一位杨云翼。杨云翼，字之美，他"天资颖

①《金史》卷一百六《张行简传》，中华书局，1975年版，第2334页。
②《金史》卷一百六《张　传》，第2327页。
③《金史》卷一百六《张　传》，第2329页。
④《金史》卷一百六《张行简传》，第2329页。
⑤《金史》卷一百六《张行简传》，第2333页。
⑥《金史》卷一百六《张行简传》，第2331页。
⑦《金史》卷一百六《张行简传》，第2333页。

悟,初学语辄画地作字,日诵数千言"。金明昌五年(1194),杨云翼中进士第一,诗赋亦中乙科。特授承务郎、应奉翰林文字。后出任陕西东路兵马都总管判官。泰和元年(1201),召为太学博士,迁太常寺丞,兼翰林修撰。大安元年(1209),"翰林承旨张行简荐其材,且精术数,召授提点司天台,兼翰林修撰,俄兼礼部郎中"①。后历任礼部侍郎、翰林侍讲学士、兼修国史、知集贤院事、礼部尚书等职。杨云翼在朝廷议事中,常论以经学。兴定元年(1217),金宣宗召杨云翼和翰林学士赵秉文等人,"问以讲和之策,或以力战为言,上俯首不乐,云翼徐以《孟子》事大、事小之说解之,且曰:'今日奚计哉,使生灵息肩,则社稷之福也。'上色乃和"②。正大三年(1226),哀宗设置益政院,杨云翼为"选首,每召见赐坐而不名。时讲《尚书》,云翼为言帝王之学不必如经生分章析句,但知为国大纲足矣。因举'任贤''去邪'、'与治同道''与乱同事'、'有言逆于汝心''有言逊于汝志'等数条,一皆本于正心诚意,敷绎详明。上听忘倦"③。后他向金哀宗进《龟鉴万年录》、《圣学》、《圣孝》等著述,凡二十篇。他还著有"文集若干卷,校《大金礼仪》若干卷,《续通鉴》若干卷,《周礼辨》一篇,《左氏》、《庄》、《列赋》各一篇,《五星聚井辨》一篇,《县象赋》一篇,《勾股机要》、《象数杂说》等著藏于家"④。这些著述涉及到儒学、史学、诸子、术数等领域,表明杨云翼涉猎的学术研究领域比较宽,且其研究的成果均侧重于实用性。

三、金中都的史学成就

金朝燕京地区的学术,也在史学方面取得突出的成就。女真族兴起之初,多靠口授相传本族的历史。到金太宗时,受契丹、汉人的影响,金廷开始收集、整理有关的史事。金天会六年(1128),金太宗下诏,"求访祖宗遗事,以备国史,命(完颜)勖与耶律迪越掌之"⑤。金皇统元年(1141),完颜勖撰成《祖宗实录》三卷,记载了始祖函普以下十人之事。这是金朝第一位用文字记录本朝历

①《金史》卷一百十《杨云翼传》,中华书局,1975年版,第2421页。
②《金史》卷一百十《杨云翼传》,第2422页。
③《金史》卷一百十《杨云翼传》,第2423页。
④《金史》卷一百十《杨云翼传》,第2425页。
⑤《金史》卷六十六《完颜勖传》,第1558页。

史的史学家,且开创了金朝编撰史书的历史。此后,他又任同监修国史。

完颜勖是女真皇族,他极好读书,学识渊博,精通汉字,因其"好学问,国人呼为秀才"。在金军攻陷汴京(今河南开封)后,完颜勖受太宗之遣,前往军中慰劳时,"宗翰等问其所欲。曰:'惟好书耳。'载数车而还"[①]。他编修《祖宗实录》时,"采摭遗言旧事,自始祖以下十帝,综为三卷。凡部族,既曰某部,复曰某水之某,又曰某乡某村,以别识之。凡与契丹往来及征战诸部,其间诈谋诡计,一无所隐。事有详有略,咸得其实"[②]。作为一名皇族成员在编修本朝始祖史事时,广泛搜集各种材料,访求史事,又能不作掩饰,说明完颜勖在编修史书时,是遵循汉人编史的原则。金皇统八年(1148),完颜勖又修成《太祖实录》二十卷。

此前,金熙宗还于天会十五年(1137),命韩昉、耶律绍文等人编修《国史》。自此,金朝编修本国史书日渐兴盛。金熙宗仿内地王朝修史,实行官修"实录",以作为信史留传后世的做法,亦促进了燕京地区史学研究的发展。

金廷于尚书省下置"国史院",是专门负责编修史书的机构。国史院设监修国史为主管,其下设修国史、同修国史和编修、检阅等官,分别由汉人、女真人和契丹人担任,并多以宰相、执政兼任监修国史或同修国史,以便朝廷直接掌控。除这些主管和具体负责编修的官员外,还设书写十名,为汉人、女真人各五名,负责誊抄。

金世宗时,又以左丞相纥石烈良弼兼任监修国史,张景仁、刘仲渊、曹望之等为同修国史官。纥石烈良弼"性聪敏忠正,善断决,言论器识出人意表"[③]。他出身于女真贵族家庭,幼年好学。金天会年间,金廷选诸路女真字学生送往京师,纥石烈良弼"与纳合椿年皆童卯,俱在选中"[④]。在赴京师途中,遇见女真文字的创制者,精通文字学的丞相宗颜希尹,遂拜其为师。他十四岁时,为北京教授,"学徒常二百人,时人为之语曰:'前有谷神(完颜希尹原名),后有娄室(纥石烈良弼本名)。'其从学者,后皆成名"。他十七岁时,补尚书省令史。

①《金史》卷六十六《完颜勖传》,中华书局,1975年版,第1557页。
②《金史》卷六十六《完颜勖传》,第1558页。
③《金史》卷八十八《纥石烈良弼传》,第1956页。
④《金史》卷八十八《纥石烈良弼传》,第1949页。

"簿书过目,辄得其隐奥。虽大文牒,口占立成,词理皆到"①。当时师从完颜希尹学业者中,称他为第一。在纥石烈良弼任兼修国史后,金世宗曾告诫他:"海陵时,记注皆不完。人君善恶,为万世劝戒,记注遗逸,后世何观?其令史官旁求书之"②。金世宗对修史的认识,为纥石烈良弼编修《实录》提供了基本的原则和依据。在此基础上,历时十一年,于金大定七年(1167),纥石烈良弼等先后编修成《太宗实录》《睿宗实录》。

还在金海陵王时,兼修起居注的完颜宗叙在编修《天德朝起居注》,即金海陵王的起居注时,曾多有掩饰、粉饰之笔。故金世宗于大定八年(1168)告诫臣僚:"海陵时,修起居注不任直臣,故所书多不实。可访求得实,详而录之。"③遂命曾于海陵王在位时入仕为官的郑子聃等人编修其实录。金世宗认为:"修《海陵实录》,知其详无如子聃者。"④郑子聃经重新收集,整理海陵王时期的资料,终编修成《海陵庶人实录》。

金大定二十年(1180),由完颜希尹之孙,左丞相、监修国史完颜守道编修成《熙宗实录》。金世宗对此书的编修给予肯定:"卿祖谷神(完颜希尹原名),行事有未当者,尚不为隐,见卿直笔也。"⑤可见,熟知汉文化和内地王朝修史传统的金世宗,对编修实录是坚持"史德"原则的。

金章宗时,又以尚书左丞完颜匡同修国史,编修世宗、显宗实录。明昌三年(1192),修成《世宗实录》。四年,进呈金章宗。泰和三年(1203),又修成《显宗实录》⑥。

金宣宗于兴定元年(1217),再命尚书右丞、监修国史高汝砺与礼部尚书,修国史张行简同修《章宗实录》。四年,书成。此后,金朝虽迁都汴京(今河南开封),编修实录仍多由自中都南迁的官员执笔。其间,有金廷尚书省奏依《海陵庶人实录》例编纂的卫绍王事迹;金哀宗正大五年(1228),编修成的《宣宗实录》。

①《金史》卷八十八《纥石烈良弼传》,中华书局,1975年版,第1949—1950页。
②《金史》卷八十八《纥石烈良弼传》,第1951页。
③《金史》卷六《世宗纪上》,第143页。
④《金史》卷一百二十五《郑子聃传》,第2726页。
⑤《金史》卷八十八《完颜守道传》,第1957页。
⑥《金史》卷十一《章宗纪》注二四,第265页。

金朝在编修"国史"的同时,还仿宋制,修撰皇帝的"起居注",为此而设置修起居注一职。金章宗时,刑部尚书、兼右谏议大夫完颜守贞与修起居注张上奏,称:"唐中书门下入阁,谏官随之,欲其预闻政事,有所开说。又起居郎、起居舍人,每皇帝视朝,左右对立,有命则临阶俯听,退而书之,以为起居注。缘侍从官每遇视朝,正合侍立。自来左司上殿,谏官、修起居注不避,或侍从官除授及议便遣,始令避之。比来一例令臣等回避,及香阁奏陈言文字,亦不令臣等侍立。则凡有圣训及所议政事,臣等无缘得知,何所记录,何所开说,似非本设官之义。若漏泄政事,自有不密罪"①。金章宗遂采纳此议,自此修起居注亦可入朝记事,这对于编修皇帝的"起居注",真实地记录史实,大有裨益。

除编修本朝的"国史",金朝也重视编修前朝的史书。金世宗为了挽救因海陵王大兴土木、南伐征宋造成的天下扰攘、民不聊生的统治危机,极重视借鉴历代统治者的经验和教训。他认为:"经籍之兴,其来久矣,垂教后世,无不尽善。"②因此他在位期间,在中都设置译经所,翻译汉文书籍。译经所除翻译《周易》《尚书》《论语》等经典著作外,还陆续翻译了《后汉书》《三国志》《晋书》《宋书》《齐书》《陈书》《魏书》《北齐书》《周书》《隋书》《新唐书》、《旧唐书》《新五代史》《旧五代史》等一批史书。这些在当时宋朝刊刻、流传的内地王朝史籍,流入金朝后,"皆自国子监印之,授诸学校"③。

除官方翻译汉文史书外,在燕京地区亦有私人翻译汉文史书。金大定五年(1165),"翰林侍讲学士徒单子温进所译《贞观政要》《白氏策林》等书。六年,复进《史记》《西汉书》,诏颁行之"④。

在大量翻译汉文书和编修当朝国史、实录的同时,金朝还曾先后两次为前朝修史。金廷在国史院中,还专设《辽史》编修官三人,刊修官一人。

还在尚未定都燕京前,金熙宗于皇统年间,就曾命广宁尹耶律固主持编《辽史》。但该书尚未编完,耶律固即去世。又由其门人萧永祺继其师未竟之业,于金皇统八年(1148)修成。共七十五卷,内有纪三十卷,志五卷,传四十

①《金史》卷七十三《完颜守贞传》,中华书局,1975年版,第1687页。
②《金史》卷七《世宗纪中》,第163页。
③《金史》卷五十一《选举志一》,第1132页。
④《金史》卷九十九《徒单镒传》,第2185页。

卷。此书进呈金熙宗,然未曾刊刻。次年,金海陵王即发动政变,杀金熙宗,修史遂中断。

金大定二十九年(1189),金章宗即位后,又重开修史。第二次组织文人学者,恢复对《辽史》的编修。章宗起用世宗朝的编修官移剌履为主修官,参加编修的还有刊修官党怀英、郝俣,编修官有移剌益、赵沨、萧贡、贾铉、陈大任等人。这次编修《辽史》,不仅参编的人员多,阵容强,还在全国范围内广泛征集有关的资料,不限于辽廷官方所撰的实录、起居注等,还深入民间寻访史料。"凡民间辽时碑铭墓志及诸家文集,或记忆辽旧事,悉上送官"[1]。自大定二十九年起,至泰和七年(1207),历时十八年,方修成。其间,于泰和元年(1201),又增加编修官三人,并按纪、志、传三部分各设刊修官。书尚未修成时,刊修官党怀英致仕,章宗又诏直学士陈大任继续编修,终于成书,故有"陈大任《辽史》"之称。然因时局动荡,此书亦未及刊行,不过,书稿中毕竟保存了大量的辽代资料。据后人考证,该《辽史》有历朝本纪及兵、礼仪、刑法等志,皇族、后妃、公主、方伎等传。元朝脱脱等编纂《辽史》时,其中的诸帝本纪和兵、礼仪、刑法等志,后妃、公主、方伎等传,多采用或参考该书。

金朝的官方修史,还有一部是在卫绍王大安二年(1210),由提点司天台兼翰林修撰杨云翼奉命主持编修的《续资治通鉴》。在《金史》的《杨云翼传》中,提到他著有"《续通鉴》若干卷"。但该书的具体内容,史书未载。从该书名称分析,应是对北宋司马光《资治通鉴》的续编,属编年体史书。但杨云翼于"翰林修撰"的任上时间不长,其后又调任礼部郎中,两年后,即因病返乡。故其所撰《续通鉴》只有若干卷,显然没有完成预定的撰写计划和任务。

金朝在中都时期,不仅设国史院,由官方组织修史,燕京地区的一些文人学者中也有修史者。其中最具学术成就的是海陵王、世宗时期的蔡珪。

蔡珪,字正甫。金海陵王天德年间,登进士第。后任翰林修撰,同知制诰。在职八年,改任户部员外郎,兼太常丞。由于"珪号为辨博,凡朝廷制度损益,珪为编类详定检讨删定官"。蔡珪在史学上的成就,首先是对古史和古文字的研究。在辽南京城东,原有两座燕王墓。金海陵王扩建中都城时,又将这两座

---

①《金史》卷一百二十五《党怀英传》,中华书局,1975年版,第2727页。

墓围在东城内。大定九年(1169),金世宗诏令将两座燕王墓迁出城外。关于这两座燕王墓,"俗传六国时燕王及太子丹之葬"。但挖开墓穴后,发现"其东墓之柩题其和曰'燕灵王旧'"。蔡珪根据"旧"与古"柩"字通用,考证出此墓为西汉高祖刘邦之子刘建的墓葬。而西墓,则为燕康王刘嘉的墓葬。为此,他撰写了《两燕王墓辩》,"据葬制名物款刻甚详"[①]。他还广泛收集碑铭刻石,著成金石学著作《续金石遗文跋尾》十卷。蔡珪又合沈约所撰《宋书》、萧子显所撰《齐书》、魏收所撰《北魏书》中的志,编成《南北史志》三十卷,此外还著有《晋阳志》十二卷,《补正水经》五篇,文集五十五卷,他的学术成就,是将历史研究拓展到金石学,涉及到考古、考证学。

金世宗时期的萧贡,也是一位在史学上很有成就的学者。萧贡,字真卿。金大定二十二年(1182),登进士第。初任地方官,后经左丞董师中、右丞杨伯荐其文字,入为翰林修撰。章宗"诏词臣作《唐用董重质诛郭谊得失论》,贡为第一,赐重币四端"。萧贡论事,多"言路四难,词意切至"[②]。后改任治书侍御史,历右司员外郎,转郎中,迁国子监祭酒,兼太常少卿。其间,萧贡还受命与陈大任共同编修《辽史》。萧贡一生勤奋好学,"读书至老不倦"[③]。他著有《史记注》一百卷,亦涉及考证和训诂学。

精于经学的赵秉文在治史方面,坚持学以致用。在任礼部尚书期间,赵秉文主张金宣宗"当日亲经史以自裨益"。为此,他曾向金章宗"进《无逸直解》、《贞观政要》、《申鉴》各一通"。此后,他进一步将史学研究与治国之术相结合,力求使史学为统治者制订政策和制度服务。"正大间,同杨云翼作《龟鉴万年录》上之。又因进讲,与云翼共集自古治术,号《君臣政要》为一编以进焉"[④]。赵秉文与杨云翼合著的这两部著作,都是通过收集历史文献资料,经加工整理,系统展示和阐述历朝历代统治者所制订政策的利弊得失,为金朝统治者提供必要的借鉴和参考。

除这些史学成就外,在金中都的文人学者还编撰了有关金朝典章制度、人

---

①《金史》卷一百二十五《蔡珪传》,中华书局,1975 年版,第 2717 页。

②《金史》卷一百五《萧贡传》,第 2320 页。

③《金史》卷一百五《萧贡传》,第 2321 页。

④《金史》卷一百十《赵秉文传》,第 2428 页。

物等方面的史学著作。其中包括金熙宗时完颜勖编撰的《女真郡望姓氏谱》，金章宗时翰林应奉编撰的《元勋传》，泰和年间编撰的《诸臣陈言文字》，承安年间金章宗采纳右补阙杨庭秀的建议，集金太祖、太宗、熙宗、世宗四朝皇帝的言论，分类编成的《圣训》。这些资料从不同的角度，记录了金朝的一些重要的典章制度和史实。

第三节　金代燕京地区的学校和教育

一、金中都地区的学校设置

为了培养金朝统治所需的人才，金海陵王于天德三年(1151)，在决定迁都燕京时，亦置国子监，作为中央的教育机构。及中都营建完毕，正式迁都至中都后，金朝的学校设置和教育制度日渐完备。金中都作为金王朝的国都，亦成为金朝的政治、文化中心，学校的设置因此也最为完备。

金廷设于中都的国子监，为管理学校的专设机构。长贰官为祭酒和司业，其职责为管理和监督全国中央及地方的各级学校。国子监还设有国子监丞二员，金明昌二年(1191)增至三员，负责协助祭酒、司业管理学校，并兼管各级专为女真人设置的女真学。国子监下辖国子学、太学、女真国子学、女真太学，均设在中都。

金朝国子学是与国子监同年设置的。后定制，国子学内设词赋、经义、小学等学科。"词赋、经义生百人，小学生百人，以宗室及外戚皇后大功以上亲、诸功臣及三品以上官兄弟子孙年十五以上者入学，不及十五者入小学"[1]。由此推算，定制后的国子学，生员定额为二百名，均为皇族、贵族和高级臣僚的子弟。国子学设国子博士二员，"分掌教授生员、考艺业"，助教二员，女真、汉人各一员，教授四员，"分掌教诲诸生"。此外，国子学还设国子校勘，"掌校勘文字"；国子书写官，"掌书写实录"[2]。可见金朝的国子学有一套比较完善的学

---

[1]《金史》卷五十一《选举志一》，中华书局，1975年版，第1131页。
[2]《金史》卷五十七《百官志二》，第1271页。

校管理和教学体系,同时还负责典籍的整理、文字的校勘等事宜,所以它不是单一的教学机构,还是一个教育与文化的综合性机构。

太学始置于金大定六年(1166)。"初养士百六十人,后定五品以上官兄弟子孙百五十人,曾得府荐及终场人二百五十人,凡四百人"[1]。太学所收生员虽出身较国子学生员低,然其中还有许多已学有所成的士子,所以金朝的太学在学校教育中的地位,实比国子学高。金章宗即位后,更大力提倡养士,太学规模又有所扩大。"承安四年(1199)二月,诏建太学于京城之南,总为屋七十有五区,西序置古今文籍、秘省新所赐书,东序置三代鼎彝、俎豆、敦盘、尊罍,及春秋释奠合用祭器。于是行礼于辟雍,祀先师孔子,召郡国学生通一经以上者居之。公卿以下子孙并入学受业,每季临观,课其优劣,学徒甚盛,诸生献诗颂及赋者四百人"[2]。经金章宗时的扩建,太学的规模不仅更大,生员更多,而且还建有专用于收藏图书典籍的"西序",且有秘书省不断新赐的书籍,因此这里所收藏的书籍数量是十分可观的。而在"东序"陈设学校礼仪制度专用的礼器,且于每年春秋二季,全校师生向孔子行释奠礼。金章宗还于每年的四季赴太学视学,这些制度均是金朝沿袭汉族太学之制而订的,这也说明金朝的太学不仅制度十分完善,而且亦重视用儒家的思想教育生员。金世宗时,太学设博士四员、助教四员。金卫绍王完颜永济于大安二年(1210),减博士二员,再减助教二员。太学博士和助教具体负责主持和管理教学工作。

为女真人而设置的女真学,是金世宗于大定四年(1164)创制的。"以女直大小字译经书颁行之。后择猛安谋克内良家子弟为学生,诸路至三千人"[3]。大定九年(1169),又选拔各地女真学中学业"尤俊秀者"一百人至金中都,命编修官温迪罕缔达负责教授。大定十三年(1171),金世宗命科举以策论、诗赋取士,遂于金中都始置女真国子学,以培养更多的女真族上层知识分子。女真国子学内分策论和小学两个学科,各招收女真人生员一百名,共有生员二百人。生员来自于金朝宗室及各地的猛安谋克。规定每一谋克须选送二名生员。如宗室内每二十户中无入学者,则由有物力之家,即富户大家中的年龄在十三岁

<hr>

[1]《金史》卷五十一《选举志一》,中华书局,1975年版,第1131页。
[2]《大金国志校证》卷二十《章宗皇帝纪中》,中华书局,1986年版,第275页。
[3]《金史》卷五十一《选举志一》,中华书局,1975年版,第1133页。

以上、二十岁以下的弟子入学就业。女真国子学由国子监丞负责管理,其教官设置与国子学相似。亦有博士、助教,生员主要学习策论和诗赋,且习女真文和汉文。

女真太学是金世宗于大定二十八年(1188),"命建女直(真)大(太)学"①,而于金中都始建的。至于这所专门培养女真人的学校设置的情况,由于史载不详,无法了解其规模和教官设置、管理,以及教学的具体内容。但从金世宗下令营建女真太学,亦反映出金廷迁都燕京后,越来越重视培养本民族的知识分子,提高他们的文化素养,以适应在汉地统治的形势,更广泛地推行"文治"的需要。

在金中都内,除了朝廷设置的国子学、太学和女真国子学、太学外,还有地方学校。其中设于中都大兴府(今北京城西南)的,就有府学和女真府学。

大兴府学,始建于大定十六年(1176)。金朝于是年在各地建府学"凡十七处,共千人。初以尝与廷试及宗室皇家袒免以上亲、并得解举人为之"。后金廷又令增设州学,"遂加以五品以上官、曾任随朝六品官之兄弟子孙,余官之兄弟子孙经府荐者,同境内举人试补三之一,阙里庙宅子孙年十三以上不限数,经府荐及终场免试者不得过二十人"②。可见大兴府学的生员不仅有官宦人家的子弟,亦有来自于民间的士庶人家的子弟。从府学的规模看,金廷于所辖区域内最初设置的十七所府学,共计一千名生员。到大定二十九年(1189),增至二十四所府学,但生员却减少至九百零五人,可见金代的府学规模都不是很大,生员数量也有限。但大兴府学因其在金中都,故相对于其他地区的府学而言,规模和生员是比较多的。从最初的六十人,增至一百人。大兴府学直隶大兴府,由府尹直接负责管理,另于大兴府衙内设专署,置提举学校一职,掌具体的管理事务。

在大兴府的府学中,也设有女真府学。金朝的地方女真府学也是和女真国子学一起,于大定十三年(1173)同时设置的。这是金朝统治者在地方上专为培养女真族人才而设置的学校。所招收生员与女真国子学相同,主要来源

---

①《金史》卷八《世宗纪》,中华书局,1975 年版,第 200 页。

②《金史》卷五十一《选举志一》,中华书局,1975 年版,第 1131 页。

于女真族的士民阶层子弟。女真府学"以新进士为教授"①。对学校的管理，最初亦由各府的府尹兼管。大定二十九年(1189)规定，"凡京府镇州诸学，各以女直、汉人进士长贰官提控其事，具入官衔"②，即对管理者的出身，也要求必须是进士，而且正式编入金廷的职官系列。说明金朝统治者从此将女真府学连同其他的府学一起，都作为朝廷管辖下的学校，其管理的正副学官均享有俸禄。

金朝时期，燕京地区不仅有中央和地方的官学，还有一些培养专门人才的学校。如司天台就附设培养天文、历法等专业人才的学校，设有教授二员负责教学，而且有"系籍学生七十六人"③。"凡司天台学生，女直(真)二十六人，汉人五十人，听官民家年十五以上、三十以下试补。又三年一次，选草泽人试补"④。

此外，金中都还设有专门为各地培养医药人才的"医学"，"凡医学十科，大兴府学生三十人，余京府二十人，散府节镇十六人，防御州十人"⑤。从招收的学生数量分析，金中都的医学规模是很大的。学校采取分科教学的方法，利于专业的精深，有助于培养医学专业人才。

金朝时期，燕京地区不仅有中央和地方的官学，也有私学的存在。如为"辽相思温之裔"的赵质，"大定末，举进士不第，隐居燕城南，教授为业"⑥。由文人学者招收生徒，开办私学，以及由家庭或家族中有学识的长者直接传授子女后代的家学，是燕京地区由来已久的两种传统的教育方式，虽然这种私学在办学的规模和教学的系统、专业性等方面，都无法与官学相比，但它的存在，也为燕京地区整体文化素质的提高和学术文化的发展，起着不可忽视的作用。如被誉为"金元四大家"的著名医学家李杲就是师从于易水学派创始人张元素后，才得以继续发展和完善脏腑学说的理论，创立了"脾胃内伤论"。

---

①《金史》卷五十一《选举志一》，中华书局，1975年版，第1133页。
②《金史》卷五十一《选举志一》，第1134页。
③《金史》卷五十七《百官志二》，第1270页。
④《金史》卷五十一《选举志一》，第1152页。
⑤《金史》卷五十一《选举志一》，第1153页。
⑥《金史》卷一百二十七《赵质传》，第2749页。

二、学校的教育和管理

金朝在中都设置的中央和地方官学,无论是学习的内容、课程的设置,生员的考核,还是学校的管理,都有一套比较完善的规定或制度。

首先,金廷对各级学校的规模和入学的程序、资格,都有具体的规定:"凡养士之地曰国子监,始置于天德三年,后定制,词赋、经义生百人,小学生百人,以宗室及外戚皇后大功以上亲、诸功臣及三品以上官兄弟子孙年十五以上者入学,不及十五者入小学。大定六年始置太学,初养士百六十人,后定五品以上官兄弟子孙百五十人,曾得府荐及终场人二百五十人,凡四百人。府学亦大定十六年置,凡十七处,共千人。初以尝与廷试及宗室皇家袒免以上亲、并得解举人为之。后增州学,遂加以五品以上官、曾任随朝六品官之兄弟子孙,余官之兄弟子孙经府荐者,同境内举人试补三之一,阙里庙宅子孙年十三以上不限数,经府荐及终场免试者不得过二十人。"[①]金朝各级学校在规模上,以太学为大。尽管各级学校的生源构成,体现了封建等级制度,如国子监、太学的生源主要是宗室及外戚,以及上等官员的子弟,府学、州学生源也多为官宦子弟,但也要看到"阙里庙宅子孙年十三以上不限数"的规定,实际也具有扩大生源的客观作用。这在一定程度上,有助于生活在社会底层普通民众子弟获得入学的机会。

其次,金廷在各级各类学校的教育教学内容方面,亦采取统一、规范的措施。如规定,金中都的国子学、太学,大兴府的府学,以及女真国子学、太学和大兴府学的生员,均以学习经、史为主,其次为诗赋和策论等文学内容。对所习经学的教材,金廷明确规定:"凡经,《易》则用王弼、韩康伯注,《书》用孔安国注,《诗》用毛苌注、郑玄笺,《春秋左氏传》用杜预注,《礼记》用孔颖达疏,《周礼》用郑玄注、贾公彦疏,《论语》用何晏集注、邢昺疏,《孟子》用赵岐注、孙奭疏,《孝经》用唐玄宗注。"[②]这些各级学校生员都需要学习的教材,基本包括了儒学主要的经典著作,也是历代中原汉族政权所推崇的儒学思想之所在。由

---

① 《金史》卷五十一《选举志一》,中华书局,1975 年版,第 1131 页。
② 《金史》卷五十一《选举志一》,第 1131 页。

此亦可知金朝统治者是十分清楚汉族的儒家学说和思想所起的作用。也从一个侧面,体现了金朝统治者的"文治"政策和借用"汉法"维护统治的策略。而把这些经学著作作为生员学习用的教材,正是希望通过学校教育,使培养出来的人才能够恪守儒家的伦理道德,进而亦使儒家的学说和思想广为传播,藉此巩固金朝的封建统治,维护和稳定统治者的权益和社会秩序。

对各级学校所习史学的教材,金廷也有具体的规定:"《史记》用裴骃注,《前汉书》用颜师古注,《后汉书》用李贤注,《三国志》用裴松之注,及唐太宗《晋书》、沈约《宋书》、萧子显《齐书》、姚思廉《梁书》《陈书》、魏收《后魏书》、李百药《北齐书》、令狐德棻《周书》、魏徵《隋书》、新旧《唐书》、新旧《五代史》。"[1]这些史学著作,是在金朝以前已编修完的全部正史书籍,涵盖了中原王朝的全部历史。将传世的史学著述作为学校的教材,也是金朝统治者重视历史,以史为鉴的体现。金朝统治者将这些史书作为学生的教材,无疑是要让学校培养出的人才能懂史,并能从中汲取和总结历朝历代治世安邦的经验、教训。以史为鉴,更有助于金朝统治者的长治久安。

金中都各级学校的生员,除了学习经、史方面的经典著作外,还要学习诸子著作。如"《老子》用唐玄宗注疏,《荀子》用杨倞注,《扬子》用李轨、宋咸、柳宗元、吴秘注"。从金中都各级学校生员所学的这些教材中,可以看出自金世宗大力倡导"文治"后,金朝的各级学校均适应了这一形势的变化和发展,实际已将"汉学"引入到金中都及金朝所辖的区域内。而且这些种类繁多、数量颇大的教材,系"皆自国子监印之,授诸学校"[2]的,成为一种国家行为。

至于设置在金中都的女真国子学、太学和大兴府女真府学,也是以学习儒家经典著作为主。专为女真人开设学校,其起因就是因为"自大定四年(1164),以女直(真)大小字译经书颁行之"[3]。其后,随着金朝统治者推崇孔子及儒学,尤其是金世宗在科举考试中始置女真进士科,试策与论,所试内容也与儒学有关,所以女真的各级学校所学的内容,实际也与其他学校大致相同。只是专设女真学校,显然是为了显示女真人在社会上享有的特殊地位。

---

① 《金史》卷五十一《选举志一》,中华书局,1975年版,第1131—1132页。
② 《金史》卷五十一《选举志一》,第1132页。
③ 《金史》卷五十一《选举志一》,第1133页。

金中都司天台学生所学的内容,主要有历法知识,须熟知前代历法,如《宣明历》。还要学习《婚书》、《地理新书》、《易经》、六壬课、三命五经之术等。其中既包括天文、历法等方面的知识,也夹杂着风水、占卜等迷信色彩的内容。

医学生员则因分为十科,所学不尽相同,但都是比较专业的知识。

金中都的各级各类学校的管理方面,也有十分明确、具体的制度和规定。

首先是生员的入学。除国子学、太学及女真学校对入学生员的资格,即出身,以及各级各类学校的生员名额,多有具体的规定和限制外,还有入学考试及免试的规定。如对于初入学者须经试补,考试合格者才能入学。"凡试补学生,太学则礼部主之,州府则以提举学校学官主之,曾得府荐及终场举人,皆免试"①。

对已在学校就读的生员,则有日常习作和考试和规定:"凡学生会课,三日作策论一道,又三日作赋及诗各一篇。三月一私试,以季月初先试赋,间一日试策论,中选者以上五名申部。"②即生员每三天就要完成一项作业。每年的三、六、九、十二月初,要举行两次考试,之间相隔一天。对考试成绩位居前五名者,要上报礼部。

对女真各级学校生员的入学和在校生员的作业、考试,也有相类似的规定。如"凡取国子学生、府学生之制,皆与词赋、经义生同","凡会课,三日作策论一道,季月私试如汉生制"③。

司天台学生入学,也须经"试补"。"听官民家年十五以上、三十以下试补。又三年一次,选草泽人试补"④。其考试的内容是,"其试之制,以《宣明历》试推步,及《婚书》《地理新书》试合婚、安葬,并《易》筮法、六壬课、三命五星之术"⑤。

医学生员的考试为:"每月试疑难,以所对优劣加惩劝,三年一次试诸太医,虽不系学生,亦听试补。"⑥医学生的考试,显然更加侧重于临床实践,其中

---

① 《金史》卷五十一《选举志一》,中华书局,1975 年版,第 1131 页。
② 《金史》卷五十一《选举志一》,第 1132 页。
③ 《金史》卷五十一《选举志一》,第 1134 页。
④ 《金史》卷五十一《选举志一》,第 1152 页。
⑤ 《金史》卷五十一《选举志一》,第 1152—1153 页。
⑥ 《金史》卷五十一《选举志一》,第 1153 页。

还包括对诊疗等实际操作的检验。

金大定二十九年(1189),章宗即位,金廷曾围绕各级各类学校是否参照王安石变法也实行"三舍法"的问题,进行过讨论。户部尚书邓俨等人认为,王安石变法中,在太学推行"三舍法","其法虽行,而多席势力、尚趋走之弊,故苏轼有'三舍既兴,货赂公行'之语",因此反对于学校中实行此法。他们主张于学校管理中,"专除教授,月加考试,每举所取数多者赏其学官。月试定为三等籍之,一岁中频在上等者优复之,不率教、行恶者黜之"①。此建议得到金章宗的同意,遂在包括金中都在内的各级学校中执行。自此,金中都的国子学、太学和大兴府府学,女真国子学、太学及女真大兴府府学,均实行月考制度。每次考试,依成绩优劣分为三等,记入学籍簿中。一年中,月考成绩多在上等者给予优遇。若不认真学习,且品行恶劣者一律开除其学籍。学校的考试制度益发严格,而且对学生的年度考核,还有考察其道德品行的规定,并以此为依据,对学生有奖励和开除的奖惩制度。在学校管理中,采用奖惩手段,旨在激励生员勤奋学习,规范生员的日常行为。

金中都各级各类学校的日常管理中,还有放假、请假,以及处罚等规定:"遇旬休、节辰皆有假,病则给假,省亲远行则给程。犯学规者罚,不率教者黜。遭丧百日后求入学者,不得与释奠礼。"②

从这些制度和规定中,可以看出金中都的各级各类学校在教学和管理方面,都是比较规范的。通过各种制度和规定,以及配套的奖惩措施,旨在严格学校的管理,规范学校的教育,使学校能够培养更多的为统治者服务的人才。尽管这些制度和规定,以及措施,大多沿袭内地的学校,但作为一个非汉族政权的金朝,这一做法则表明其是要学习和吸收内地先进的传统文化,以促进金朝统治地区的社会发展。其中,在一些专业性较强的学校课程设置方面,不仅注意突出专业特点,有些还注重实践。如对司天台生员要求"以《宣明历》试推步",即利用历法进行日期推算;用"《婚书》《地理新书》试合婚、安葬",即按照婚礼、葬礼的规定,回答如何安排婚仪、葬仪。特别是医学的考试,更加注重联

①《金史》卷五十一《选举志一》,中华书局,1975年版,第1132页。
②《金史》卷五十一《选举志一》,第1132页。

系实际。如规定，"每月试疑难"，即每月选择一些疑难病症为题，考察生员运用所学知识进行诊断和治疗。而"三年一次"的"试诸太医"，则更具临床实践的特点。

金中都各级各类学校不仅建立了一套比较完整的管理体系和规章制度，还制订有明确的培养目标，并采取相应的措施。虽然作为封建政权的学校教育基点是为统治阶级服务的，但从学校的教学内容和规章制度分析，可以看出这一时期金中都的学校教育，正在逐步走向职业化、专业化。

金中都各级各类学校的制度和规定，固然对生员的要求是很严格的，而且学校还有"学规"，生员必须遵守的日常行为规范，并作为考核、奖惩的依据。正是在这些制度和规定的约束下，金中都各级各类学校中的生员才有章可循，发奋学习，涌现出一批闻名于世的学者。

第五章　元代燕京的学术与教育

金大安三年(1211),大蒙古国成吉思汗亲率大军南下攻金,大败金军。在此后的几年中,蒙古军队连续进攻金。金天兴三年(1234),金朝灭亡。

蒙古军队占据金中都城后,改中都为燕京。窝阔台即大汗位后,特命其身边重臣耶律楚材主持漠南汉地财政大事。蒙哥即大汗位后,又命其弟忽必烈领治漠南汉地军民事。宋理宗开庆二年(1260)三月,忽必烈在开平召开忽里台(蒙古语,大朝会),即大汗位,是为元世祖。至元元年(1264),忽必烈以燕京为中都。至元八年(1271),建国号曰大元。九年,又升中都为大都,遂定都于此。

元朝在最终结束南宋、西夏、金政权并立的局面后,再次统一了中国。元大都因此也首次成为全国的政治、文化中心。

第一节　元代燕京地区学术文化和教育发展的背景

一、劫后再生的燕地学术和教育

成吉思汗十年(1215),蒙古军攻占金中都城,燕京地区的统治者又易主为蒙古贵族。

蒙古军队数次进攻金中都及周边地区,大肆掳掠,涂炭生灵。蒙古军队的铁骑使燕京地区的社会生产和经济遭到严重的破坏,满目疮痍,一片残破、凄凉的景象。在金朝时期曾十分繁盛的学术和教育,也遭受严重的摧残。

成吉思汗在攻取金中都地区后,面对以汉人为主的汉地,为了实施有效的管理,以稳定和巩固对这一地区的统治,他将金中都路改为燕京路,置大兴府。又于燕京建行省。在任命蒙古贵族出任燕京地区地方行政长官的同时,也任用了一些汉人、契丹人等协助蒙古贵族的治理。这些人长期生活在中原汉地,且多曾在前代政权中担任过职务,熟知汉族政权的统治之术和汉族的传统文化,任用他们协助治理,实际上也将汉族文化引入政权建设中。在元朝正式建立前,曾于燕京地区担任官职的汉、契丹等人士中,尤以王楫、耶律楚材、刘敏等人的作用和影响为大。

王楫于金泰和年间,曾被金章宗特赐进士出身,授副统军。在蒙古军进攻金中都时,奉命戍守中都外围的重要关口——涿鹿隘。兵败后,成吉思汗惜其才,遂擢用之。及蒙古军攻陷中都城时,王楫向成吉思汗进言:"国家以仁义取天下,不可失信于民,宜禁虏掠,以慰民望。"他还提议:"田野久荒,而兵后无牛,宜差官泸沟桥索军回所驱牛,十取其一,以给农民。"他的这些建议,均为成吉思汗及蒙古统治者所采用,使历经多年战火的燕京地区出现了"民大悦,复业者众"[1]的景象。

窝阔台汗即位后重用的耶律楚材,是辽东丹王耶律突欲的八世孙。在贞祐二年(1214),金宣宗南迁后,他以左右司员外郎留在燕京城。成吉思汗占领燕京后,闻其名,召见之,遂令其"处之左右"[2]。在蒙古贵族认为"汉人无补于国,可悉空其人以为牧地"之时,耶律楚材则向窝阔台汗进言:"陛下将南伐,军需宜有所资,诚均定中原地税、商税、盐、酒、铁冶、山泽之利,岁可得银五十万两、帛八万匹、粟四十余万石,足以供给,何谓无补哉?"窝阔台汗遂令他"试为朕行之"。耶律楚材"乃奏立燕京等十路征收课税使,凡长贰悉用士人,如陈时可、赵昉等皆宽厚长者,极天下之选,参佐皆用省部旧人"[3]。耶律楚材在任上还惩治了横征暴敛、滥杀无辜的蒙古权贵,较快地稳定了燕京地区的社会秩序。

---

①《元史》卷一百五十三《王楫传》,中华书局,1976年版,第3611页。
②《元史》卷一百四十六《耶律楚材传》,中华书局,1976年版,第3455页。
③《元史》卷一百四十六《耶律楚材传》,第3458页。

在成吉思汗时,就曾"授安抚使,便宜行事,兼燕京路征收税课、漕运、盐场、僧道、司天等事"①的刘敏,也在任上捕杀害民的豪强,放还众多被"豪民冒籍良民为奴者"。在窝阔台汗时,更委以刘敏行尚书者,且有"卿之所行,有司不得与闻"②的特权。

这些在燕京地区任职的官员,不仅劝说蒙古统治者放弃"屠城"的政策,安抚流民,恢复生产,发展经济,惩治豪强,安定社会秩序。还注意恢复学校教育,保护图籍,重视人才,使受战火摧残的学术文化得到较快的复苏,为以后的发展奠定了基础。

时任宣抚使的王楫见金中都的庙学已毁于战乱,遂"取旧枢密院地复创立之,春秋率诸生行释菜礼,仍取旧岐阳石鼓列庑下"③。刘敏亦"选民习星历者,为司天太史氏;兴学校,进名士为之师"④。耶律楚材在蒙古军围攻汴京(今河南开封)城时,"又请遣人入城,求孔子后,得五十一代孙元措,奏袭封衍圣公,付以林庙地。命收太常礼乐生,及召名儒梁陟、王万庆、赵著等,使直释九经,进讲东宫。又率大臣子孙,执经解义,俾知圣人之道。置编修所于燕京、经籍所于平阳(治今山西临汾),由是文治兴焉"⑤。

窝阔台汗后期,任中书令的儒臣杨惟中,在皇子阔出率兵征伐南宋时,曾被委以军前行中书省事。在蒙古军队攻克南宋枣阳军(治今湖北枣阳)、光化(治今湖北老河口北)和光州(治今河南潢川)、随州(今属湖北)、郢州(治今湖北钟祥)、复州(治今湖北天门)等州,及襄阳府(治今湖北襄阳)、德安府(治今湖北安陆)等府州城时,杨惟中"凡得名士数十人,收伊、洛诸书送燕都,立宋大儒周惇(敦)颐祠,建太极书院,延儒士赵复、王粹等讲授其间,遂通圣贤学,慨然欲以道济天下"⑥。杨惟中将宋朝研习"儒书理学"的文人名士,以及周敦颐和程颢、程颐等理学大家的著作,全部送到燕京,并在燕京立周敦颐祠,建立专习理学的书院,还请著名儒士来此讲授理学,此举不仅将产生于南宋的理学引

①《元史》卷一百五十三《刘敏传》,中华书局,1976年版,第3609页。
②《元史》卷一百五十三《刘敏传》,第3610页。
③《元史》卷一百五十三《王楫传》,第3612页。
④《元史》卷一百五十三《刘敏传》,第3610页。
⑤《元史》卷一百四十六《耶律楚材传》,第3459页。
⑥《元史》卷一百四十六《杨惟中传》,第3467页。

入了燕京地区,更对燕京地区的学术文化起到了推动和促进的作用,使之成为北方地区的一个学术文化和教育的中心。

从成吉思汗起兵自大漠南下,就与汉族等内地的文化有了更多的接触。在长期的征战中,成吉思汗及其继任者也逐渐感到蒙古旧制难以维护其在汉地的统治,便转而借鉴中原汉族政权的统治政策和制度,较多地任用汉人及受汉文化影响较深的契丹等民族士人,参与到政权中来。这使得燕京地区饱经战火摧残的学术文化和教育,又得以较快地恢复和发展。

二、"遵用汉法"的统治政策

经过窝阔台汗的治理,北方地区的金朝残余势力基本被消灭,局势逐渐趋于稳定。但其继位者蒙哥汗又穷兵黩武,一面继续西征,同时又与南宋交战不已。且他用人不当,致使强暴、鱼肉百姓之事屡有发生,这又导致社会矛盾不断加剧。

在蒙哥汗即位之初,曾命其弟忽必烈主管漠南汉地军国庶事。事实上,早在漠北时,忽必烈就"好访问前代帝王事迹",他尤其赞赏一代明君唐太宗的治绩:"闻唐文皇为秦王时,广延四方文学之士,讲论治道,终致太平,喜而慕焉。"[1]因此,他也仿效唐太宗,招揽天下名士。刘秉忠、张文谦、张德辉、李冶、王鹗、赵璧等一批汉族知识分子应聘前往,忽必烈对他们以礼相待。这位十分仰慕汉族王朝和汉文化的蒙古统治者,在主管漠南汉地后,有了更多、更方便地接触和了解汉人、汉文化的机会。后忽必烈继续招揽汉族名士,又有杨惟中、宋子贞、姚枢、郝经、许衡、刘秉忠、王文统等一批汉人名儒相继得到他的重用。其中对忽必烈影响最大的,当属刘秉忠。

刘秉忠身为忽必烈的谋士,在许多重大问题上,均提出采用汉法的建议。他认为,"以马上取天下,不可以马上治"[2],主张借鉴汉族政权的统治经验和制度,建朝省,立法度,定官制,整饬赋税,兴农业,营产业。在对民众的教化问题上,他提出"古者庠序学校未尝废,今郡县虽有学,并非官置。宜从旧制,修

---

①苏天爵辑撰《元朝名臣事略》卷十二《内翰王文康公》,中华书局,1996年版,第238页。
②《元史》卷一百五十七《刘秉忠传》,中华书局,1976年版,第3688页。

建三学,设教授,开选择才,以经义为上,词赋论策次之,……开设学校,宜择开国功臣子孙受教,选达才任用之"①。对于儒学,他更是明确地提出自己的主张,"孔子为百王师,立万世法,今庙堂虽废,存者尚多,宜令州郡祭祀,释奠如旧仪";"国家广大如天,万中取一,以养天下名士宿儒之无营运产业者,使不致困穷。或有营运产业者,会前圣旨,种养应输差税,其余大小杂泛并行蠲免,使自给养,实国家养才励人之大也。明君用人,如大匠用材,随其巨细长短,以施规矩绳墨"。他还向忽必烈建议,"国灭史存,古之常道,宜撰修《金史》,令一代君臣事业不坠于后世,甚有励也"②。刘秉中的这些主张和建议,对忽必烈影响很大,特别是其政策的制定和实施,基本采取了"遵用汉法"的原则。

忽必烈在漠南汉地主管军政要务时,即采用了汉族政权以儒家传统学说和思想治理国家的施政原则,任用了大批汉族士人作为幕僚。同时采用屯田的办法,招募流民耕种,使农业生产得到恢复和发展。所以忽必烈也因此受到汉族知识分子的尊崇:"今日能用士,而能行中国之道,则中国之主也!"③

忽必烈在开平即位后,又通过政治和军事方面的措施,确保自己的帝位。在将近十年对漠南地方的治理中,忽必烈已对汉人及汉族传统文化有了比较深入的了解和认识。而且他之所以能够即位,在很大程度上是采纳了汉人谋臣的策略。因此,他很清楚要在中原地区建立蒙古贵族的统治政权,就需要采用汉族政权的统治政策,即"遵用汉法",接受内地的汉族文化。而这一时期,受到忽必烈重用的汉人臣僚,也继续向他建议弃蒙古旧法,改行汉法。如高耀智认为"儒术有补治道"④;许衡则向忽必烈进《时务五策》,明确指出:"考之前代,北方之有中夏者,必行汉法乃可长久。故后魏、辽、金历年最多,他不能者,皆乱亡相继,史册具载,昭然可考。……以是论之,国家之当行汉法无疑也。然万世国俗,累朝励旧,一旦驱之下从臣仆之谋,改就亡国之俗,其势有甚难者。……苟能渐之摩之,待以岁月,心坚而确,事易而常,未有不可变者。此在

①《元史》卷一百五十七《刘秉忠传》,中华书局,1976年版,第3690页。

②《元史》卷一百五十七《刘秉忠传》,第3691页。

③郝经《郝文忠公陵川文集》卷三十七《使宋文移·与宋两淮制置使书》,山西人民出版社,山西古籍出版社,2006年版,第515页。

④《元史》卷一百二十五《高智耀传》,中华书局,1976年版,第3073页。

陛下尊信而坚守之,不杂小人,不责近效,不恤流言,则致治之功庶几可成矣。"①正是基于自己对汉族政权统治经验及汉族传统文化的认识,同时在汉族知识分子及受汉文化影响极深的各族上层人士的支持和协助下,忽必烈加快了"遵用汉法"的进程。

中统四年(1263),忽必烈正式以开平为上都。然而开平地处漠北,远离中原地区,这与蒙古已在中原地区建立其统治的形势极难相适应。所以在至元元年(1264),忽必烈又以燕京地区所具有的特殊且重要的地理位置,以及其在历史上的重要地位和深厚的文化积淀,升燕京为中都。至元八年(1271),蒙古军在南下攻宋中取得了重大的胜利。十一月,在谋臣刘秉忠、王鹗等人的谋划下,忽必烈"取《易经》'乾元'之义",建国号"大元"。在他颁布的《建国号诏》中,宣称:"诞膺景命,奄四海以宅尊;必有美名,绍百王而纪统。肇从隆古,匪独我家。且唐之为言荡也,尧以之而著称;虞之为言乐也,舜因之而作号。驯至禹兴而汤造,互名夏大以殷中。世降以还,事殊非古。虽乘时而有国,不以义而制称。为秦为汉者,著从初起之地名;曰隋曰唐者,因即所封之爵邑。是皆徇百姓见闻之狃习,要一时经制之权宜,概以至公,不无少贬。"②

这份《建国号诏》中,忽必烈虽是借中原汉族政权建国号的由来,说明其所建"大元"国号的不同之处,但因此也表明自己所建的"大元"王朝,是中国历代封建王朝的承袭。而且在诏令中,他还宣称:"我太祖圣武皇帝,握乾符而起朔土,以神武而膺帝图,四震天声,大恢土宇,舆图之广,历古所无。"③认为自己的大一统天下是历代帝王不能比拟的。以"大元"为国号,既显示其统治疆域之广,又说明其所建立的王朝是以历代中原汉族王朝为依据和参考的大一统政权。

忽必烈建立元朝后,其统治的疆域已南抵长江北岸。为了适应其疆域不断南扩的形势发展,至元四年(1267),忽必烈升燕京为中都后,于原金中都城东北重建新城,并迁都于此。至元九年(1272),忽必烈又升中都为大都,正式定都于此。从而将元朝的政治中心南迁至汉地。燕京地区作为元朝的国都所

---

①《元史》卷一百五十八《许衡传》,中华书局,1976年版,第3718、3719页。
②《元史》卷七《世祖纪四》,中华书局,1976年版,第138页。
③《元史》卷七《世祖纪四》,中华书局,1976年版,第138页。

在地,在蒙古统治者"遵用汉法"政策的积极作用下,其学术文化和教育事业从衰退中迅速恢复和发展。

三、元大都教育的复苏

元世祖忽必烈定都大都后,即再度挥师大举南下。至元十三年(1276),攻占南宋都城临安(今浙江杭州),南宋灭亡。此后,元军追剿南宋宗室。至元十六年(1279),最终消灭南宋广王赵　,彻底结束了三个政权并立的局面,再度实现了全国的统一。

元朝的统一,给大都的政治、经济和文化等方面的发展,带来极有利的条件。元朝在灭亡南宋后,将南方的赵氏皇族成员全部迁至大都安置。同时,又有大量的南宋官吏在"遵用汉法"政策的感召下,进入大都的元朝政坛供职。更有大批原在宋朝统辖地区生活的文人学者北上,来到大都定居生活。这些人不仅有很高的文化素养,而且多来自文化与教育发达的南方地区,他们的到来,无疑也将各地的学术文化及其成就带入燕京地区。这也使长期生活在燕京地区的文人学者与迁入大都的异地文人学者,有了一个十分广泛、深入的接触、学习和相互交流的机会,更使大都的学术文化呈现出十分活跃的景象。

元大都的学校教育得以从衰败中迅速复苏、发展的另一个重要原因,是元朝统治者对文化教育采取的扶植政策。

还在窝阔台汗时期,由于受命治理中原汉人地区的耶律建材治绩卓著,使窝阔台汗对儒士的作用有了较深的认识。所以当耶律楚材在窝阔台汗九年(1137)上奏提出"制器者必用良工,守成者必用儒臣",请求通过考试,选拔儒士入仕为官时,窝阔台便首肯同意。同年八月,窝阔台命断事官术虎乃与宣德税课使刘中主持考试事。凡"儒人被俘为奴者,亦令就试"①。且下诏宣布:"其中选儒士,若有种田者,输纳地税,买卖者,出纳商税,开张门面营运者,依行例供出差发,除外,其余差发并行蠲免。……与各住处达鲁噶齐管民官一同

---

①《元史》卷一百四十六《耶律楚材传》,中华书局,1976年版,第3461页。

商量公事勾当者。随后照依先降条理,开辟举场,精选入仕,续听朝命"①。

各路的科举考试是于第二年举行的。其考试方法,基本沿用金朝的科举旧制,所试分为论、经义、词赋三科,分三天进试。赴考儒士可择科应试。一旦中格,其户籍即变更为儒籍,以别于其他民户,可享有免除赋役的优遇。此次科举考试,是在中原地区饱经战乱之后的第一次,尽管经历了颠沛流离,且又是在蒙古贵族统治下进行的,但仍有数量比较可观的儒士应举,中第后入儒籍者达千余人。对于那些应试成绩优异者,元朝统治者还曾实行过授予地方议事官、同署地方政事等职务的做法。但这种科举考试,因蒙古权贵的反对,只举行一次即遭废止。

忽必烈即位后,又曾围绕科举制度的立废问题,在臣僚中展开过反复的讨论,仍因权臣们的反对,始终没有实行。不过,据《元史·选举志》载,至元十年(1273),曾有过一次科举之议,且拟定了科举的条目细则,并于次年十一月呈闻太子真金,其"条目之详,具载于策书"②。所以,史称元世祖时的科举制,"事虽未及行,而选举之制已立"③。此后,历成宗、武宗两朝,虽也曾多次廷议科举,但终未实行。直至元仁宗即位后,科举制度才真正得以实行。

"天性慈孝,聪明恭俭,通达儒术,妙悟释典"的元仁宗,主张以儒治国。他认为:"儒者可尚,以能维持三纲五常之道也。"④他即位后,平章政事李孟即提出兴科举的问题。"人材所出,固非一途,然汉、唐、宋、金,科举得人为盛。今欲兴天下之贤能,如以科举取之,犹胜于多门而进"⑤。受儒家文化影响很深的元仁宗也十分清楚科举取士的好处,所以他告诉侍臣:"朕所愿者,安百姓以图至治,然匪用儒士,何以致此。设科取士,庶几得真儒之用,而治道可兴也。"⑥正是在仁宗的支持下,元朝正式推行科举制。

皇庆二年(1313)十一月,元仁宗诏告天下,开始科举取士,"以皇庆三年八

①《庙学典礼》卷一《选试儒人免差》,浙江古籍出版社,1992年版,第9页。
②洪天爵《滋溪文稿》卷三《陕西乡贡进士题名记》,中华书局,1997年版,第28页。
③《元史》卷八十一《选举志一》,中华书局,1976年版,第2018页。
④《元史》卷二十六《仁宗纪三》,第594页。
⑤《元史》卷一百七十五《李孟传》,第4089页。
⑥《元史》卷二十四《仁宗纪一》,第558页。

月,天下郡县兴其贤者、能者,充贡有司,次年二月,会试京师,中选者亲试于廷,赐及第出身有差"①。元代科举分乡试、会试、殿试三级,每三年举行一次。乡试先于设科考之年的八月举行,共考三场,分别为八月二十日、二十三日、二十六日。所试内容有蒙古人、色目人与汉人、南人之分,这也是元朝实行的"四等人制"在科举制度中的反映。第一场,蒙古人、色目人试经问五条;汉人、南人试明经经疑二问,经义一道。第二场,蒙古人、色目人试策一道;汉人、南人试古赋、诏诰、章表内科一道。第三场,只有汉人、南人试策一道。也就是蒙古人、色目人只考两场,汉人、南人则试三场。元顺帝至正年间,又调整了乡试的考试内容。蒙古人、色目人所试第一场,改经问五条为三条,再增本经义一道。试经问一律在《论语》、《孟子》、《大学》、《中庸》四书内出题;试本经义则在《诗经》、《尚书》、《周易》、《春秋》、《礼记》内专习一经。汉人、南人所试第二场,除古赋外,于诏诰、章表内又科一道。答题时,须采用朱熹章句集注,或程、朱之说,或朱熹门人蔡沈之说。除《礼记》用古注疏,《春秋》许用左氏、公羊、穀梁三传外,其余的儒家经典实际均以程朱理学的观点及论述为主,再加以自己的阐发附会。

在考试定等标准上,第一场,蒙古人、色目人,凡"义理精明,文辞典雅者为中选"。汉人、南人试明经,限三百字以上;试经义,限五百字以上,不拘格律。第二场,蒙古人、色目人试策,"以时务出题,限五百字以上"。汉人、南人所试"古赋诏诰用古体,章表四六,参用古体"。汉人、南人试第三场,所试策问,于"经史时务内出题,不矜浮藻,惟务直述,限一千字以上成"。若"蒙古人、色目人愿试汉人、南人科目,中选者加一等注授"②。

乡试中第者,于第二年赴大都参加由尚书省礼部举办的会试。参加会试者的名额为:"天下选合格者三百人赴会试,于内取中选者一百人,内蒙古、色目、汉人、南人分卷考试,各二十五人"。会试考试的内容和时间是,"省部依乡试例,于次年二月初一日试第一场,初三日第二场,初五日第三场"③。

①《元史》卷二十四《仁宗纪一》,中华书局,1976年版,第558页。
②《元史》卷八十一《选举志一》,第2019页。
③《元史》卷八十一《选举志一》,第2021、2020页。

经会试及第者,于会试当年的三月初七日,再赴大内殿廷参加殿试。"汉人、南人,试策一道,限一千字以上成。蒙古、色目人,时务策一道,限五百字以上成"①。

殿试结束后,则分两榜公布及第者姓名。"蒙古、色目人作一榜,汉人、南人作一榜。第一名赐进士及第,从六品,第二名以下及第二甲,皆正七品,第三甲以下,皆正八品,两榜并同"②。

元朝虽然在仁宗延祐元年(1314)才正式实施科举制,但在历经仁宗、英宗、泰定帝、文宗的四朝中,均受到了四位皇帝的重视。每逢举行科举考试时,都要征召各地名儒担任主考官。如赵孟頫、元明善、邓元原、袁桷、吴澄、揭傒斯等一大批著名的文人学者,就曾多次出任乡试、会试,乃至殿试的主考官或考官。

在科举考试的内容上,元朝统治者不仅以儒家的传统经典著作作为必试的内容,更将自宋代兴起的程朱理学作为命题和答卷的依据。"贡举法行,非程朱学不试于有司,于是天下学术,凛然一趋于正"③。

元朝实施科举制度的这些做法,亦使中原地区重视经学的传统在其统治下得以继承和沿续。特别是程朱理学被作为科举考试的内容,更促进了研习理学之风的兴盛。而且每逢科举考试之时,尤其是在元大都地区举行的乡试和会试、殿试时,一些名儒及各地的士人汇集到大都,也促进了燕京地区的文人学者与他们的交流和学术水平的提高。此外,蒙古人、色目人参加科举考试,虽在及第上有明显的优遇,但也与汉人、南人有相同的考试内容,这在很大程度上又促使北方少数民族学习中原汉族传统文化,使学术文化在更大的范围、更多的民族文人学者中传播,形成了一种被不同民族文人学者共同认可的社会风气。元大都地区的学术文化也正是在这样的背景下,迅速地恢复和发展,创造出更杰出的成就。

---

① 《元史》卷八十一《选举志一》,中华书局,1976 年版,第 2020 页。
② 《元史》卷八十一《选举志一》,第 2019 页。
③ 欧阳玄《圭斋文集》卷五《赵忠简公祠堂记》,四部丛刊初编本。

第二节　元大都的学术和成就

一、元大都学术研究的复兴

蒙古贵族进入燕京地区以后,为了尽快稳定社会秩序,以便蒙古军队继续向南宋地区用兵,而任用了一大批著名的儒学人士。他们在协助蒙古统治者治理地方、稳定局势中,自然采用儒家的传统思想和治国之术,并用儒学影响着蒙古统治者,改变着蒙古的旧俗。这些做法,很快便收到了明显的效果。随着蒙古统治者的统治区域不断扩大,深入到儒学发达的中原地区,蒙古贵族也开始认识到儒学对治国安邦的重要性,注意网罗儒学人才,以使儒学之术更好地为其在中原地区的统治发挥作用。因此,在元朝建立前,就有更多的儒学人才进入燕京地区。其中,在蒙古军队进攻南宋时,就曾于德安府(今湖北安陆)俘获著名的儒士赵复。而此时,蒙古统治者又令军队在南下用兵时,注意搜求儒、释、道、卜、医及工技等各方面的人才,并将他们带回燕京,以供统治和日常生活之需。

以儒学之士为主的,有各种技艺的人士来到元大都后,将自己的才能和技艺呈献给蒙古统治者的同时,也在与当地人士的接触和交往中,进行着传播与交流。更有一些学者来到燕京后,创办了文化教育机构,大力宣扬和传播学术思想和文化,使燕京地区在元朝建立前,已呈现出学术文化活跃的景象。

在窝阔台汗后期,继耶律楚材后任中书令的杨惟中,即大力倡导理学。为了更广泛地向居住在燕京地区的士人传授理学,杨惟中于窝阔台汗十二年(1240),仿照宋朝岳麓、白鹿洞、石鼓等书院的体制,于燕京修建太极书院,又为宋代理学的开创者周敦颐立祠。并以周敦颐的弟子及传人、著名理学大师程颢、程颐、张载、杨时、游酢、朱熹等人附祭,岁时加以祭奠,以示对理学大师的尊崇。为了让燕京的文人学者能随时阅读理学著作,杨惟中还将周敦颐的代表作《太极图》、《通书》、张载的代表作《西铭》等,刻于书院的石壁上。① 在

---

① 苏天爵辑撰《元朝名臣事略》卷五《中书杨忠肃公》,中华书局,1996 年版,85 页。

太极书院中,还有杨惟中随蒙古军队南下时,于江淮等地搜集到的宋朝文人的儒学著作及其他各种著述八千卷。这些书籍中有许多都是宋朝重要的学术著作。此外,杨惟中还聘请当时已经在燕京定居的原南宋名儒赵复、王粹等人,来书院主持日常的教学工作,负责讲授程朱理学。太极书院的开办,为程朱理学在燕京地区的传播,提供了一个很好的场所和有效的途径。

受杨惟中之邀,在太极书院传授理学的赵复,对理学在燕京地区的传播,贡献颇大。赵复是在被蒙古军队俘虏后,巧遇"奉诏即军中求儒、道、释、医、卜士"的姚枢。在姚枢的劝说下,赵复同意随他北上燕京。而且"以所记程、朱所著诸经传注,尽录以付枢"。赵复北上燕京时,还有学子从者百余人。他的到来,对燕京地区的学术文化发展无疑是起有推动的作用。他到燕京后,积极传播理学,吸引了一些著名的文人学者对理学的研究。杨惟中也正是"闻复论议,始嗜其学,乃与枢谋建太极书院"。赵复学识渊博,对理学的研究尤为精辟。"复以周、程而后,其书广博,学者未能贯通,乃原羲、农、尧、舜所以继天立极,孔子、颜、孟所以垂世立教,周、程、张、朱氏所以发明绍续者,作《传道图》,而以书目条列于后,别著《伊洛发挥》,以标其宗旨。朱子门人,散在四方,则以见诸登载与得诸传闻者,共五十有三人,作《师友图》,以寓私淑之志。又取伊尹、颜渊言行,作《希贤录》,使学者知所向慕,然后求端用力之方备矣"①。

赵复在燕京地区大力传播程、朱理学,使在南宋地区经历战火摧残的理学,再度在燕京及北方地区广为流传。许多文人学者通过赵复了解了理学,并改习理学。姚枢"既退隐苏门,乃即复传其学,由是许衡、郝经、刘因,皆得其书而尊信之。北方知有程、朱之学,自复始"②。众多文人学者加入理学研究的行列,既推进了理学研究的不断深入,使之成为燕京地区一个重要的学术流派,也使得元大都成为元朝统一全国后,北方地区的一个重要的理学中心。

元大都的建立和元朝的统一,也为燕京地区学术文化的发展和兴盛,提供了十分有利的条件。

自燕京成为蒙古统治者南进中原,进而统一全国的后方基地后,这一地区

---

①《元史》卷一百八十九《赵复传》,中华书局,1976年版,第4314页。
②《元史》卷一百八十九《赵复传》,第4314页。

较快地恢复了社会秩序的稳定。受战争威胁而四处避难的文人学者,或应蒙古统治者之召,或因其地相对安定,纷纷来到燕京地区。所以,当金朝和南宋王朝相继遭受蒙古军队大举进攻之时,燕京地区的学术文化却能较快地恢复和活跃起来。

在成吉思汗在位后期,定居到燕京的全真教道士丘处机,就经常与吾道孙、师谓、李士谦、刘中、陈时可、吴章、赵昉、王锐等原金朝晚期人士交往。曾任金尚书省左司员外郎的元好问,是金元之际的著名文学家。他除自己撰写的《杜诗学》、《东坡诗雅》、《锦机集》、《诗文自警集》等著述外,还将金朝一代的数百位诗人的作品汇辑成《中州集》一书,并附有每位诗人的小传,记录了每位诗人的生平、经历,以及主要的文学成就,具有很高的学术价值。元好问还广泛收集金朝末年的史事和散佚的文献资料,编撰成《壬辰杂编》若干卷。"凡金源君臣遗言往行,采摭所闻,有所得辄以寸纸细字为记录,至百余万言"。比较详细地记录了金朝被蒙古军队灭亡前夕的重要史事,故具有极高的史料价值。正是因为元好问所撰的《中州集》、《壬辰杂编》等著作,具有极特殊且重要的学术和史料价值,所以特别受到元朝中书右丞相脱脱的重视。在脱脱主持编修辽、金、宋三史时,"纂修《金史》,多本其所著云"[1]。

在蒙古贵族统治时期,在燕京的文坛上还活跃着许多被蒙古统治者重用入仕的文人学者。如耶律楚材、郝经、李昶、王鹗等。他们在任上极力宣传儒学,推崇汉族文化,也促进了燕京地区学术文化的发展。

耶律楚材,字晋卿。其父耶律履"以学行事金世宗,特见亲任,终尚书右丞"。他三岁时,父亲去世,由其母杨氏教之学。"及长,博极群书,旁通天文、地理、律历、术数及释老、医卜之说,下笔为文,若宿构者"[2]。耶律楚材自幼生长在燕京,对这里的学术文化及自然环境了解很深,且有深厚的汉文化功底,其诗文作品亦很精彩。他曾随从成吉思汗西征,对沿途的各种见闻,多用诗歌的形式咏景、记事、抒情。他还有许多与燕京地区的文人、高僧交往时相唱和的诗文作品,流露出他真挚的情感。他的这些诗文作品,被后人辑录为《湛然居士文集》。

---

① 《金史》卷一百二十六《元好问传》,中华书局,1975 年 7 月版,第 2743 页。
② 《元史》卷一百四十六《耶律楚材传》,中华书局,1976 年版,第 3455 页。

　　郝经,字伯常。"家世业儒",是金朝名儒郑天挺之孙。金朝末年,因屡遭战乱,家境贫寒,他每天"昼则负薪米为养,暮则读书。居五年,为守帅张柔、贾辅所知,延为上客。二家藏书皆万卷,经博览无不通"。蒙哥汗二年(1252),忽必烈于金莲川(今河北赤域北)建官邸,即召郝经,"咨以经国安民之道",郝经陈述数十事,忽必烈"大悦,遂留王府"①。后奉命出使南宋时,被拘押多年才返回。他虽长期从政,但仍多有著述,在文坛上亦有名声。其诗作长于歌行。有《白沟行》、《贤台行》、《华不注行》、《居庸行》等,皆气势雄壮,文辞豪放,尤擅长借写景或咏物抒发感情。郝经"为人尚气节,为学务有用"。他的学术研究涉猎的领域较宽,除传统的儒学外,还涉及史学、理学等。他尤勤于研究,即使是在被南宋拘押期间,仍"思托言垂后,撰《续后汉书》、《易春秋外传》、《太极演》、《原古录》、《通鉴书法》、《玉衡贞观》等书及文集,凡数百卷。其文丰蔚豪宕,善议论。诗多奇崛。拘宋十六年,从者皆通于学"②。正是在他的影响和指导下,曾随他出使南宋、一同被拘押的书佐苟宗道,后官至国子祭酒。

　　李昶,字士都。其父李世弼曾"从外家受孙明复《春秋》,得其宗旨"。李昶"颖悟过人,读书如夙习,无故不出户外,邻里罕识其面"。他十六岁时,"已能为程文"。金宣宗兴定二年(1218),李世弼、李昶父子二人同参加殿试。因李昶"初从父入科场,侪辈少之,讥议纷纭,监试者远其次舍,伺察甚严"。不料,李昶"肆笔数千言,比午,已脱稿"。结果,李昶"以《春秋》中第二甲第二人,世弼第三甲第三人"③。后官至漕运提举。金末,他辞官后,"杜门教授,一时名士,若李谦、马绍、吴衍辈,皆出其门"。忽必烈统兵伐宋,行至濮州(治今山东鄄城北),闻李昶名,遂召见,问治国用兵之要。李昶上疏:"论治国,则以用贤、立法、赏罚、君道、务本、清源为对;论用兵,则以伐罪、救民、不嗜杀为对。"皆为忽必烈所采纳。及忽必烈即位后,又召他至开平(今内蒙古正蓝旗东),"访以国事,昶知无不言,眷遇益隆"④。后官至礼部尚书。"品格条式、选举礼文之事,多所裁定。凡议大政,宰相延置上座,倾听其说"。李昶不仅将儒学的思想和治国之术,用于辅佐元

①《元史》卷一百五十七《郝经传》,中华书局,1976年版,第3698页。
②《元史》卷一百五十七《郝经传》,第3709页。
③《元史》卷一百六十《李昶传》,中华书局,1976年版,第3761页。
④《元史》卷一百六十《李昶传》,第3762页。

朝的统治,他对儒学及程朱理学也有很深的研究。他"尝集《春秋》诸家之说折中之,曰《春秋左氏遗意》二十卷"。他早年还曾"读《(论)语》、《孟(子)》,见先儒之失,考订成编,及得朱氏、张氏解,往往吻合,其书遂不复出。独取《孟子》旧说新说矛盾者,参考归一,附以己见,为《孟子权衡遗说》五卷"①。

王鹗,字百一,他"幼聪悟,日诵千余言,长工词赋"。金正大元年(1224),中进士第一甲第一人出身,授应奉翰林文字。金亡,为蒙古万户张柔所收留。忽必烈主持漠南汉地后,访求遗逸之士,闻王鹗之名,遂遣使召他至开平。及召对,王鹗"进讲《孝经》、《书》、《易》,及齐家治国之道,古今事物之变,每夜分,乃罢"。忽必烈对他的进讲、应对十分重视,所以在王鹗请求还乡时,忽必烈即命近侍阔阔、柴祯等五人从之学,还命他徙居燕京,并赐宅一所。忽必烈即位后,特授其翰林学士承旨,"制诰典章,皆所裁定"②。王鹗向元世祖提出设置翰林学士院,设局修实录及辽、金二史,立十道提举学校官,兴办学校等数项建议,均得到忽必烈的赞同,其后逐一行之。他还向元世祖举荐李冶、李昶、王磐、徐世隆、高鸣等人为翰林学士。他在翰林院任职十余年间,"凡大诰命大典册皆出公手,以文章魁海内"③。王鹗"性乐易,为文章不事雕饰,尝曰:'学者当以穷理为先,分章析句,乃经生学子之业,非为己之学也"④。因其文笔清逸、高雅,诗文古朴、淡雅,"故一时学者翕然咸师尊之"⑤。他主要的著述有《论语集义》一卷,《汝南遗事》二卷;另有诗文四十卷,皆收入《应物集》一书中,可惜后都散佚。

忽必烈即位后,曾于中统二年(1261)七月,初立翰林国史院。王鹗即请求编修辽、金二史。并上言:"唐太宗置弘文馆,宋太宗设内外学士院。今宜除拜学士院官,作养人才。"⑥此建议得到元世祖的赞成。但此时因元朝新建,国内局势尚不稳定,此议被搁置。直到至元元年(1264),元世祖才"敕选儒士编修

---

①《元史》卷一百六十《李昶传》,中华书局,1976年版,第3763页。

②《元史》卷一百六十《王鹗传》,第3756—3757页。

③苏天爵辑撰《元朝名臣事略》卷十二《内翰王文康公》,中华书局,1996年版,第240页。

④《元史》卷一百六十《王鹗传》,第3757页。

⑤苏天爵辑撰《元朝名臣事略》卷十二《内翰王文康公》,第240页。

⑥《元史》卷四《世祖纪一》,中华书局,1976年版,第71—72页。

国史,译写经书,起馆舍,给俸以赡之"①。王鹗遂又向世祖举荐"李冶及李昶、王磐、徐世隆、徒单公履、郝经、高鸣为学士,杨恕、孟攀麟为待制,王恽、雷膺为修撰,周砥、胡祗遹、孟祺、阎复、刘元为应奉。凡前金遗老,及当时鸿儒,搜抉殆尽"②。

翰林国史院的设立,不仅便于修史,促进了元朝史学的发展,更因为大量的文人学者应召云集于国史院,编修国史,也促进了大都地区文化的发展和史学的兴盛。这些应召入翰林国史院的文人学者,多具有较高的文化修养和学术水平。王鹗向元世祖忽必烈举荐他们,正是因为他们通晓儒学,且多有经世之术,足以适应"遵用汉法"的统治需要。

经王鹗推举,进入元朝翰林国史院的文人学者中首推李冶。李冶,原名治,字仁卿,真定栾城(今属河北)人。金朝末年,登进士第。忽必略在开平时,闻其贤,遂遣使召之,且曰:"素闻仁卿学优才赡,潜德不耀,久欲一见,其勿他辞。"③王鹗应召后,在与忽必烈谈及治国之术时,认为:"夫治天下,难则难于登天,易则易于反掌。盖有法度则治,控名责实则治,进君子退小人则治,……且为治之道,不过立法度、正纪纲而已。纪纲者,上下相维持;法度者,赏罚示惩劝。"他还借地震,劝谏忽必烈:"夫天之爱君,如爱其子,故示此以警之耳。苟能辨奸邪,去女谒,屏谗慝,省刑罚,慎征讨,上当天心,下协人意,则可转咎为休矣。"④为忽必烈欣然接受。在回答忽必烈所问"今之人材贤否"时,李冶又举荐了许多名儒。"天下未尝乏材,求则得之,舍则失之,理势然耳。今儒生有如魏璠、王鹗、李献卿、兰光庭、赵复、郝经、王博文辈,皆有用之材,又皆贤王所尝聘问者,举而用之,何所不可,但恐用之不尽耳。然四海之广,岂止此数子哉。王诚能旁求于外,将见集于明廷矣"⑤。李冶著有《敬斋文集》四十卷,《壁书丛削》十二卷,《泛说》四十卷,《古今黈》四十卷,《测圆海镜》十二卷,《益古衍段》三十卷等。

①《元史》卷四《世祖纪二》,中华书局,1976年版,第96页。
②苏天爵辑撰《元朝名臣事略》卷十二《内翰王文康公》附《言行录》,第239页。
③《元史》卷一百六十《李冶传》,中华书局,1976年版,第3759页。
④《元史》卷一百六十《李冶传》,第3760页。
⑤《元史》卷一百六十《李冶传》,第3759—3760页。

王磐，字文炳，广平永年（今河北永年东南）人。世代务农。他二十岁时，"从麻九畴学于郾城，客居贫甚，日作糜一器，画为朝暮食"。金哀宗正大四年（1227），二十六岁的王磐中经义进士第。授归德府录事判官，不赴。"自是大肆力于经史百氏，文辞宏放，浩无涯涘"。蒙古军进攻河南，王磐为避战乱，转入淮、襄间。南宋荆湖制置司素知其名，辟为议事官。襄阳（治今湖北襄阳）被蒙古兵攻占后，王磐北归，恰遇杨惟中奉窝阔台汗之命招集儒士。"得磐，深礼遇之，遂寓河内（今河南沁阳）。东平总管严实兴学养士，迎磐为师，受业者常数百人，后多为名士"①。忽必烈即大汗位，拜王磐益都等路宣抚副使，再授翰林直学士，同修国史。又出为真定、顺德等路宣慰使，复入翰林为学士，迁太常少卿。他参照汉族王朝之制，制定元朝仪制，改定元朝官制。并恢复给曲阜孔庙民户百家，以供洒扫，免其赋役的旧制。王磐"资性刚方，闲居不妄言笑，每奏对，必以正，不肯阿意承顺"；"所荐宋衟、雷膺、魏初、徐琰、胡祗遹、孟祺、李谦，后皆为名臣"②。

徐世隆，字威卿，陈州西华（今属河南）人。他二十岁时，即金哀宗正大四年（1227），登进士第，辟为县令。然而其父却认为："汝年少，学未至，毋急仕进，更当读书，多识往事，以益智识，俟三十入官，未晚也。"③徐世隆遂辞官，更专心于学习。其父死后，他与母亲为避战乱，北渡黄河，被蒙古万户严实招致东平幕府，俾掌书记。徐世隆劝严实收养寒素，一时名士多归之。后又被忽必烈召见，此时蒙古军正欲南征云南大理，徐世隆遂以"孟子有言：'不嗜杀人者能一之。'夫君人者，不嗜杀人，天下可定，况蕞尔之西南夷乎！"劝谏忽必烈出兵不要滥杀无辜。中统元年（1260），忽必烈即大汗位后，擢徐世隆燕京等路宣抚使。他上任后，"以新民善俗为务"。二年，徐世隆"移治顺天，岁饥，世隆发廪贷之，全活甚众"。三年，忽必烈罢宣抚司，徐世隆又返回东平路（治今山东东平），遂向忽必烈"请增宫悬大乐、文武二舞，令旧工教习，以备大祀"。忽必烈应允，并授徐世隆为太常卿，以主管礼乐之事，并兼提举本路学校事。四年，忽必烈问及尧、舜、禹、商汤王为君之道，"世隆取《书》所载帝王事以对，帝喜

---

① 《元史》卷一百六十《王磐传》，中华书局，1976年版，第3751页。
② 《元史》卷一百六十《王磐传》，第3755页。
③ 《元史》卷一百六十《徐世隆传》，第3768页。

曰:'汝为朕直解进读,我将听之。'书成,帝命翰林承旨安藏译写以进"。至元元年(1264),迁翰林侍讲学士,兼太常卿,"朝廷大政咨访而后行,诏命典册多出其手。"他建议元世祖忽必烈:"陛下帝中国,当行中国事。事之大者,首惟祭祀,祭必有庙。"①遂上所绘太庙图。第二年,元大都太庙建成,即迎祖宗神位,奉安太庙太室中,元朝自此始行太庙大禘礼。不久,徐世隆兼户部侍郎,承诏议立三省,他又定内外官制呈上。且奏请制定百官朝会仪。七年,迁吏部尚书,"以铨选无可守之法,为撰《选曹八议》"。至元九年后,他又出任东昌路总管、山东提刑按察使等职。十七年,又召为翰林学士、集贤学士,他皆以病辞。徐世隆"明习前代典故,尤精律令,善决疑狱"②。所著有《瀛洲集》百卷,文集若干卷。

正是在元朝初年,蒙古统治者"遵用汉法",大量地起用汉族文人学者参与政权建设,因此有一大批来自中原及北方各地的名儒、名士汇集到元大都。他们以自己广博专精的学识,使燕京地区的文坛得以迅速兴盛起来。这些在大都元朝政权中任职的文人学者,基本都有较多的著述,且涉及经、史等诸多学科领域。如:

高鸣著有文集五十卷。

刘肃"尝集诸家《易》说,曰《读易备忘》"③。

李谦"幼有成人风,始就学,日记数千言,为赋有声,与徐世隆、孟祺、阎复齐名,而谦为首"。其"文章醇厚有古风,不尚浮巧,学者宗之,号野斋先生。"④

杨果"工文章,尤长于乐府,……有《西庵集》,行于世"⑤。

王构"学问该博,文章典雅","历事三朝(世祖、成宗、武宗),练习台阁典故,凡祖宗谥册册文皆所撰定,朝廷每有大议,必咨访焉。喜荐引寒士,前后省台、翰苑所辟,无虑数十人,后居清要,皆有名于时"⑥。

王恽"好学善属文"。"至元五年(1268),建御史台,首拜监察御史,知无不

---

①《元史》卷一百六十《徐世隆传》,中华书局,1976 年版,第 3769 页。

②《元史》卷一百六十《徐世隆传》,第 3770 页。

③《元史》卷一百六十《刘肃传》,第 3764 页。

④《元史》卷一百六十《李谦传》,第 3767,3768 页。

⑤《元史》卷一百六十四《杨果传》,第 3855 页。

⑥《元史》卷一百六十四《王构传》,第 3855—3856 页。

言,论列凡百五十余章"①。十八年,"裕宗(明孝太子)在东宫,恽进《承华事略》,其目曰:广孝、立爱、端本、进学、择术、谨习、听政、达聪、抚军、崇儒、亲贤、去邪、纳诲、几谏、从谏、推恩、尚俭、戒逸、知贤、审官,凡二十篇。"裕宗遂"令诸皇孙传观,称其书弘益居多"②。元成宗即位后,王恽又"献《守成事鉴》一十五篇,所论悉本诸经旨。"元贞元年(1295),他"奉旨纂修《世祖实录》,因集《圣训》六卷上之。"王恽的著述颇丰,"其著述有《相鉴》五十卷、《汲郡志》十五卷、《承华事略》、《中堂事记》、《乌台笔补》、《玉堂嘉话》,并杂著诗文,合为一百卷"③。

出身于"世为儒家"的刘因,"天资绝人,三岁识书,日记千百言,过目即成诵,六岁能诗,七岁能属文,落笔惊人。甫弱冠,才器超迈,日阅方册,思得如古人者友之,作《希圣解》"④。他"初为经学,究训诂疏释之说,辄叹曰:'圣人精义,殆不止此。'及得周、程、张、邵、朱、吕之书,一见能发其微,曰:'我固谓当有是也。'及评其学之所长,而曰:'邵,至大也;周,至精也;程,至正也;朱子,极其大,尽其精,而贯之以正也。'其高见远识率类此"⑤。他死后,名儒欧阳玄曾"赞因画像曰:'微点之狂,而有沂上风雩之乐;资由之勇,而无北鄙鼓瑟之声。于裕皇之仁,而见不可留之四皓;以世祖之略,而遇不能致之两生。乌乎! 麒麟凤凰,固宇内之不常有也。然而一鸣而《六典》作,一出而《春秋》成。则其志不欲遗世而独往也明矣,亦将从周公、孔子之后,为往圣继绝学,为来世开太平者邪!'论者以为知言"⑥。刘因的主要著述还有《四书精要》三十卷;诗五卷,编为一书,名《丁亥集》,皆为刘因自己所选。又有文集十余卷,及《小学四书语录》,皆为门生故友所辑录,惟有《易系辞说》一书,是他晚年在病中亲笔写成。

此外,在元朝初年就已来到燕京地区的文人学者,还有杨恕、孟攀鳞、周砥、刘元、刘肃等人。这些文人学者以其丰厚的学识,在燕京地区撰写出一批著述,从而不仅促使经历金末战乱后的燕京文坛较快地由衰转盛,更为燕京地区学术文化的恢复和发展奠定了比较坚实的基础。

---

①《元史》卷一百六十七《王恽传》,中华书局,1976 年版,第 3933 页。
②《元史》卷一百六十七《王恽传》,第 3934 页。
③《元史》卷一百六十七《王恽传》,第 3935 页。
④《元史》卷一百七十一《刘因传》,中华书局,1976 年版,第 4007 页。
⑤《元史》卷一百七十一《刘因传》,第 4008 页。
⑥《元史》卷一百七十一《刘因传》,第 4010 页。

继元朝初年大批文人学者相继来到大都后,元朝的统一,又为元大都广招天下文士,提供了更为有利的条件。

至元十三年(1276)初,元军攻占南宋都城临安(今浙江杭州)。元世祖忽必烈命元军押送南宋君臣北上时,也将宋廷的朝中文士和太学中的诸生一并押送至大都。这些文人、士子到大都后,忽必烈又"命姚枢、王磐选宋三学生(指宋太学诸生)之有实学者留京师,余听还家"①。

在江南局势基本稳定后,元世祖又多次派遣使者到江南搜寻人才。其中,至元二十四年(1287),集贤直学士程钜夫奉命南下搜访遗逸之士,得到叶李、赵孟 、张伯淳、万一鹗、凌时中、包铸、余恁、胡梦魁、曾晞颜、孔洙、曾冲子等一大批著名的文人学者。他将这些江南的名儒、名士推荐给元世祖后,"帝皆擢置台宪及文学之职"②,以使他们更好地发挥其才能,为元朝的统治服务。在这些从江南来到元大都的文人学者中,有许多原在南宋时期就颇有名气,到大都后,对元朝及燕京地区的学术文化,又做出积极贡献的人士,如吴澄、赵孟 等。

到元仁宗时,随着科举制度的正式建立,又有来自江南及全国各地的文人,通过地方一级的乡试后,汇集到大都参加会试、殿试。及第后,又多于朝廷任职,遂定居于大都。

江南及全国其地区的文人学者汇集到大都后,与已经生活在燕京地区的文人学者有了更为频繁密切的接触和交流。各种学术文化思想和观点,在相互交流和交往中,或碰撞,或交融,相互吸收,互相借鉴,取长短补,进而推动了燕京地区学术文化的进一步发展,并取得卓著的成就。

元朝时期,燕京地区的学术文化和学术成就的取得,正是基于全国各地名流、名士被征召或吸引至此。在各种学术文化的交汇中,又迸发出新的火花,从而极大地促进了元大都学术的发展和水平的提高,确立了它在全国学术文化中首屈一指的地位。

---

① 《元史》卷九《世祖纪六》,中华书局,1976 年版,第 185 页。
② 《元史》卷一百七十二《程钜夫传》,中华书局,1976 年版,第 4016 页。

二、元大都的儒学

元朝将燕京再次作为国都,而且再度统一了全国,这都为燕京地区的学术发展,提供了极为有利的条件。所以,燕京的学术文化在元朝统治时期,不仅取得了十分显著的成就,而且随着南北及中外文化的交流,这一时期的学术领域不断拓展,其学术地位和水平也逐渐在全国居于领先的地位。

宋朝兴起的理学,金朝后期开始在北方地区传播。金朝末年,燕京地区已有不少文人学者开始接受理学的思想,并且投入很大的精力,对理学进行研究,阐发自己的观点。蒙古贵族统治燕京地区后,又选召和起用大量的中原儒士来到这里,协助治理占领地区。其中就有不少熟悉或研究理学的文人学者,如杨惟中、赵复、姚枢、郝经等人。杨惟中还曾在燕京建太极书院。书院以学习程朱理学为主要内容,并以周敦颐、程颐、程颢、张载、杨时、游酢、朱熹等理学大师作为学生崇拜的偶像。赵复更是大力推崇理学,他所著《伊洛发挥》一书,是对理学思想的进一步阐发,故史称:"北方知有程、朱之学,自复始。"[1]

金朝末年,曾历任国史院编修官、翰林院直学士的王若虚,也是一位对理学颇有研究的文人。他对宋代理学代表人物周敦颐、程颢、程颐、张载、朱熹等人的学术著述,均有研究。他认为宋朝的理学,"使千古之绝学一朝复续,开其致知格物之端,而力明乎天理、人欲之辨。……然后天下释然知所适从"[2]。在他所撰的《五经辨惑》、《论语辨惑》、《孟子辨惑》、《议论辨惑》、《著述辨惑》、《谬误杂辨》等著作中,阐释了他对"理"的理解和认识,并对宋儒的著述作出较为客观的评述。指出有些宋儒对儒家经典及孔子、孟子的著述所作的解释,或牵强附会,或过于艰涩、繁缛,即"消息过深,揄扬过侈,以为句句必涵养气象,而事事皆关造化,将以尊圣人,而不免反累;名为排异端,而实流于其中。亦岂为无罪也哉!"[3]他对宋儒著述的这些评价,为长期处于南北割裂中的北方及燕京地区的文人学者了解宋朝的理学,提供了重要的参考。且其著述亦有较高的学术价值,对儒学的传统思想及其学说的要旨,也做了比较精辟的分

---

① 《元史》卷一百八十九《赵复传》,中华书局,1976 年版,第 4314 页。
② 胡传志、李定乾《滹南遗老集校注》卷四十四《道学发源后序》,辽海出版社,2006 年版,第 533 页。
③ 《滹南遗老集校注》卷三《论语辨惑序》,第 33 页。

析。所以当时有许多著名的学者,都很推崇他的论述。可以说,他对金元之际儒学在燕京地区的发展,做出了重要的贡献。

在金元之际,南宋名儒赵复来到燕京后,大力宣扬和传播程朱理学,吸引了很多的燕京及北方地区的文人学者,从传统的儒学改习性理之学。理学由此而在燕京地区开始兴起。其间,又有不少原金朝和南宋地区的理学文士相继入居燕京,不断壮大着理学文士的队伍和实力,而使理学逐渐成为燕京地区哲学中的一个流派。

继赵复之后,随金哀宗南迁蔡州(今河南汝南)而逃往德安(治今湖北安陆)的金朝儒生窦默,在孝感(今属湖北)师从南宋名儒谢宪子学伊、洛性理之书,"默自以为昔未尝学,而学自此始"。后窦默被杨惟中招集北上,于大名(今河北大名东)"与姚枢、许衡朝暮讲习,至忘寝食。继还肥乡,以经术教授,由是知名"。后被忽必烈召见,"问以治道,默首以三纲五常为对。世祖曰:'人道之端,孰大于此。失此,则无以立于世矣。'默又言:'帝王之道,在诚意正心,心既正,则朝廷远近莫敢不一于正。'一日凡三召与语,奏对皆称旨"①,忽必烈即位后,授以翰林侍讲学士。窦默对理学在北方及燕京地区的传播也有重要的作用。

理学在元朝时期的发展,又表现出一些新的特点,或主张积极用世,或陷入幽玄。代表理学发展的主要学者,大多都曾生活在燕京地区。其中尤以许衡、刘因、吴澄最具代表性,其学术成就尤为突出,被称为元代三大学者。

许衡,字仲平,人称鲁斋先生,河内(今河南沁阳)人。出身于世代为农的家庭。他"幼有异质,七岁入学,授章句,问其师曰:'读书何为?'师曰:'取科第耳!'曰:'如斯而已乎?'师大奇之。每授书,又能问其旨义"。所以他的老师以其"颖悟不凡,他日必有大过人者,吾非其师也",不敢再教授。这样,许衡先后更换了三位老师。"稍长,嗜学如饥渴,然遭世乱,且贫无书。尝从日者家见《书》疏义,因请寓宿,手抄归。既逃难徂徕山,始得《易》王辅嗣说。时兵乱中,衡夜思昼诵,身体而力践之,言动必揆诸义而后发"②,后来,他"往来河、洛间,从柳城姚枢得

---

① 《元史》卷一百五十八《窦默传》,中华书局,1976年版,第3730页。
② 《元史》卷一百五十八《许衡传》,中华书局,1976年版,第3716页。

伊洛程氏及新安朱氏书,益大有得。寻居苏门,与枢及窦默相讲习。凡经传、子史、礼乐、名物、星历、兵刑、食货、水利之类,无所不讲,而慨然以道为己任"。蒙古军队灭亡西夏,攻占陕西地区后,忽必烈"又思所以化秦人,乃召衡为京兆提学。秦人新脱于兵,欲学无师,闻衡来,人人莫不喜幸来学。郡县皆建学校,民大化之"①。中统元年(1260),忽必烈即位后,又召他到燕京。后官至左丞、太子太保。在朝中任职期间,他曾与太常卿徐世隆等学者制定朝仪;还与太保刘秉忠、左丞张文谦等制定元朝的官制;并与国子祭酒王恂、都水少监郭守敬和杨恭懿等人一起修订历法,制成《授时历》。至元八年(1271),元世祖忽必烈又任许衡为集贤大学士,兼国子祭酒,并"亲为择蒙古弟子俾教之"。许衡受命,喜曰:"此吾事也。国人子大朴未散,视听专一,若置之善类中涵养数年,将必为国用。""乃请征其弟子王梓、刘季伟、韩思永、耶律有尚、吕端善、姚燧、高凝、白栋、苏郁、姚燉、孙安、刘安中十二人为伴读。"②他用儒家学说和理学思想训导这些蒙古贵族子弟。"久之,诸生人人自得,尊师敬业,下至童子,亦知三纲五常为生人之道"③。许衡利用自己的学识,为元朝蒙古贵族的统治培养了大批精通儒学的蒙古族文人。

许衡的理学思想,侧重于学以致用。他虽师法程、朱理学,但不赞成空谈理学家鼓吹的"性"、"理"、"道"等抽象概念。他推崇事功,尤重视朱熹的《小学》、《四书》,主张"践履"于时。所以,他在向忽必烈上疏陈述《时务五事》中,明确提出用"天道"指导"治国"的观点。"臣以为曷若直法文、景之恭俭爱民,为理明义正而可信也。天之树君,本为下民。故孟子谓'民为重,君为轻',《书》亦曰:'天视自我民视,天听自我民听'。以是论之,则天之道恒在于下,恒在于不足也。君人者,不求之下而求之高,不求之不足而求之有余,斯其所以召天变也。""语古之圣君,必曰尧、舜;语古之贤相,必曰稷、契。盖尧、舜能知天道而顺承之,稷、契又知尧、舜之心而辅赞之,此所以为法于天下,可传于后世也。夫天道好生而不私,尧与舜亦好生而不私。若'克明俊德',至于'黎民于变','敬授人时',至于'庶绩咸熙',此顺承天道之实也"④。所以,他向元世

①《元史》卷一百五十八《许衡传》,中华书局,1976年版,第3717页。
②《元史》卷一百五十八《许衡传》,第3727页。
③《元史》卷一百五十八《许衡传》,第3728页。
④《元史》卷一百五十八《许衡传》,第3724—3725页。

祖建议推行汉法,及协助建立朝仪、制定官制都要"运用天理,而见诸行事"①,而反对将理学视为"高远难行之理"②。同样,在治学方法上,他认为朱熹的《小学》和《四书》集中了儒家最基本的思想和学术观点,"《小学》、《四书》,吾敬信如神明。能明此书,虽他书不治可也"③。在大都国子学教授蒙古贵族子弟时,许衡不仅要求传授儒家经典著作,更注重实用性,指导这些蒙古贵族子弟学会运用儒家的思想和道德行为规范。"时所选弟子皆幼稚,衡待之如成人,爱之如子,出入进退,其严若君臣。其为教,因觉以明善,因明以开蔽,相其动息以为张弛。课诵少暇,即习礼,或习书算。少者则令习拜跪、揖让、进退、应对,或射,或投壶,负者罚读书若干遍"④。

许衡强调日用生理,不赞同空谈性理的观点,还表现他对儒家传统思想的诠释上。他认为"性善",在于"圣人是因人心固有良知良能上扶接将去。……不是将人心上原无底强去安排与他"⑤。而对于"人心"的解释,则采用宋代理学主观唯心主义思想体系的代表陆九渊的观点,即"宇宙便是吾心,吾心即是宇宙"。许衡指出:"人与天地同,是甚底同? ……指心也,谓心与天地一般。"即作为宇宙本体的"天地",即是天理。因此,要求得"天理",就需要"尽心,是知至也"⑥。许衡所谓的"尽心",就是直求本心。"凡之所以不力,只为知之不真;果能真知,行之安有不力者乎?"⑦他用主观唯心主义的观点为解释"天理"与"人心"的关系,实际上更强调了对"性理"之说的实际应用,即要求人们通过自己的言行去感受知"天理",实质是知行合一论。

许衡因其曾教授蒙古贵族子弟,故其死后备受元朝统治者尊崇,其学说也受到推崇。元成宗大德元年,他被追赠"荣禄大夫、司徒"。元武宗至大年间,又追封其为"正学垂宪佐运功臣、太傅、开府仪同三司,封魏国公"。元仁宗于

---

① 《吴文正公集》卷首,揭傒斯《文正吴公神道碑》,明·宣德十年本。
② 《鲁斋遗书》卷五《中庸直解》,明万历二十四年江学诗刻本。
③ 《宋元学案》卷九十《鲁斋学案》所录《鲁斋遗书》,《黄宗羲全集》第六册,浙江古籍出版社,1985年版,第533页。
④ 《元史》卷一百五十八《许衡传》,中华书局,1976年版,第3727—3728页。
⑤ 《宋元学案》卷九十《鲁斋学案》所录《鲁斋遗书》,《黄宗羲全集》第六册,浙江古籍出版社,1985年版,第528页。
⑥ 《鲁斋遗书》卷二《语录下》,明正德刊本。
⑦ 《鲁斋遗书》卷一《语录上》,明正德刊本。

皇庆年间,又将他与宋朝理学大师周敦颐、程颢、程颐、张载、朱熹等九人附祭于孔子。延祐初,元廷又在京兆府(今陕西西安)建鲁斋书院,岁时奉祀。足见许衡在元朝时期的名声之大,亦反映了他的学术地位得到元朝统治者的肯定。许衡的学术著作,主要有《小学大义》、《读〈易〉私言》、《孟子标题》等。他死后,其弟子还将他所讲授及言论编成《四箴说》、《中庸说》、《鲁斋语录》等,广为流传,成为时人学习之书。

燕京地区的著名学者中,与许衡主张理学应是"承流宣化",不应重视玄奥之理的观点相同的,还有郝经、窦默等人。在他们的大力宣扬和传播下,宋朝理学中的陆(九渊)学一派得到推崇和发展,同时也出现了与倡导客观唯心主义的朱(熹)学相互交融的发展趋势。

与以许衡为代表的倡导积极用世的观点不同的,是元朝理学的另一宗,即以刘因、吴澄、许谦等为代表的,主张闭门冥索,追求玄奥之理的一派。

刘因,字梦吉;原名骃,字梦骥。保定容城(今属河北)人。他"尝爱诸葛孔明静以修身之语,表所居曰静修"[1]。他出身于儒学世家,其父祖均入仕金朝,故他虽出生于金朝亡国后,仍以金遗民自居。尽管至元十九年(1282)、二十八年(1291),元世祖忽必烈曾两次遣使召其入朝,但只担任过承德郎、右赞善大夫,且不久就"以母疾辞归"。此后,再未入仕元朝。他一生是在"不欲遗世而独往"中度过的。主要是"家居教授,师道尊严,弟子造其门者,随材器教之,皆有成就"[2]。他认为蒙古贵族统治下的元朝,只有草原游牧民族的毡酪之风,与儒学是格格不入的,所以不可以行儒道。因此他不仕元朝,自以为是"不如此,则道不尊"[3]。所以他对理学,采取闭门坐禅、冥索的做法,强调对"天理"的内省、自我感知。

元朝理学这一派的突出代表,是另一位亦曾在元大都生活过的名儒吴澄。吴澄,字幼清,抚州崇仁(今属江西)人,他三岁时,就"颖悟日发,教之古诗,随口成诵。五岁,日受千余言,夜读书至旦"。九岁时,"从群子弟试乡校,每中前列。既长,于《经》、《传》皆习通之,知用力圣贤之学。"至元十三年(1276),因元

---

① 《元史》卷一百七十一《刘因传》,中华书局,1976 年版,第 4008 页。
② 《元史》卷一百七十一《刘因传》,第 4010、4008 页。
③ 陶宗仪《南村辍耕录》卷二《征聘》,中华书局,1959 年版,第 21 页。

军占领江南时间不长,局势不稳定,吴澄于是迁居到布水谷,著成《孝经章句》,又校定《周易》、《尚书》、《诗经》、《春秋》、《仪礼》,以及大、小戴《礼记》。后遇元侍御史程钜夫奉元世祖命来江南搜求儒士,遂招他到京师。不久,吴澄便以母亲年迈,辞官返乡。程钜夫又"请置澄所著书于国子监,以资学者,朝廷命有司即其家录上"。元贞初年,吴澄游历龙兴(治今江西南昌),按察司经历郝文将他迎至郡学,"日听讲论,录其问答,凡数千言。行省掾元明善以文学自负,尝问澄《易》、《诗》、《书》、《春秋》奥义,叹曰:'与吴先生言,如探渊海。'遂执子弟礼,终其身"①。可见他在元朝初年,其学识和名望都很高,得到世人的推崇。至大元年(1308),吴澄受元武宗所召,入大都任国子监丞。他到国子学任教后,一改原国子祭酒许衡"以朱子《小学》等书授弟子"的做法,"且燃烛堂上,诸生以次受业。日昃,退燕居之室,执经问难者,接踵而至。澄各因其材质,反覆训诱之,每至夜分,虽寒暑不易也"。皇庆元年(1312),吴澄升任国子司业。他本师承朱熹理学,在国子学讲授理学时,却不专守朱学门户,而是将陆九渊的"明心"之说,与朱学的格物穷理相杂糅,使朱熹和陆九渊的学说并重。致使"议者遂以澄为陆氏之学,非许氏尊信朱子本意"②,认为他是"宗陆背朱"。吴澄因此而辞官南归。

泰定元年(1324),元泰定帝初开经筵选名儒讲授儒学,吴澄再被召入大都,与平章政事张珪、国子祭酒邓文原并为讲官。后因太庙之制与朝中臣僚意见不合,又称病南归。

吴澄的学术思想,受朱熹学说的影响很深。他认为:"自未有天地之前,至既有天地之后,只有阴阳二气而已。本只是一气,分而言之,则曰阴阳。"③但对"性理"的认识,他则主张通过自身的体验去获得"天理"。"所谓性理之学,即知得吾之性,皆是天地之理,即当用功以知其性,以养其性。能认得四端之发见谓之知;既认得,日用之间,随其所发见,保护持守,不可戕贼之谓养"④。他认为"今不就身上实学,却就文字上钻刺,言某人言性如何,某人言性如何,

---

①《元史》卷一百七十一《吴澄传》,中华书局,1976年版,第4011页。
②《元史》卷一百七十一《吴澄传》,第4012页。
③《宋元学案》卷九十二《草庐学案》,《黄宗羲全集》第六册,浙江古籍出版社,1985年版,第574页。
④《宋元学案》卷九十二《草庐学案》,《黄宗羲全集》第六册,第573页。

非善学者也"①。他提倡的"就身上实学",即可"得吾之性"的方法,仍是陆学"自识本心"观点的反映,是将获得"天理"的途径,限定在"本心"的范围中,他对这一观点的解释是,"夫道也者,天之所以与我,己所固有也,不待求诸外"②。所以,他对朱熹倡导的"格物穷理"之说和陆九渊的"自识本主",作了一个对比分析:"朱子于道问学之功居多,而陆子以尊德性为主。问学不本于德性,则其蔽必偏于语言训释之末,故学必以德性为本,庶几得之"③。

当然,吴澄也并非扬陆摒朱,而是认为朱学与陆学两派应合一,且指责朱学与陆学之间的派别之争:"朱、陆二师之为教一也,而二家庸劣之门人,各立标榜,互相诋訾,至于今,学者犹惑。呜乎甚矣!"④他的这种朱、陆"合会"的观点,也代表了元代理学的一种思潮,是理学发展到元朝后,开始出现的新趋势。吴澄的著述很多。他曾"于《易》、《春秋》、《礼记》,各有纂言,尽破传注穿凿,以发其蕴,条归纪叙,精明简洁,卓然成一家言。作《学基》、《学统》二篇,使人知学之本,与为学之序,尤有得于邵子之学"⑤。他的这些学术著作,主要收录在《吴文正公文集》中。吴澄还校订了《皇极经世书》、《老子》、《庄子》、《太玄经》、《乐律》,以及《八阵图》、郭璞《葬书》等,曾流行一时。

与吴澄主张朱、陆合会观点相同或相近的学者,在元大都地区还有一些。如倡导经世致用的许衡,也将知、行二者并列。即所谓"凡行之所以不力,只为知之不真;果能真知,行之安有不力者乎?"⑥他提出的"知之不真"导致行之不力的论点,实则是以知代行,也具有将朱学与陆学合一的内涵。而倡主静、不动心、自求于己的刘因,也提出:"天生此一世人,而一世事固能办也,盖亦足乎己而无待于外也。"⑦这种"无待于外",即能办事的论点,既是陆学自识本心的翻版,也具有知行合一的寓意。

这些燕京地区的理学家,无论他们在"性理"之学上采取的是积极用世,还

---

①《宋元学案》卷九十二《草庐学案》,《黄宗羲全集》第六册,浙江古籍出版社,1985年版,第574页。
②《宋元学案》卷九十二《草庐学案》,《黄宗羲全集》第六册,浙江古籍出版社,1985年版,第583页。
③《宋元学案》卷九十二《草庐学案》,《黄宗羲全集》第六册,浙江古籍出版社,1985年版,第572页。
④《宋元学案》卷九十二《草庐学案》,《黄宗羲全集》第六册,浙江古籍出版社,1985年版,第583页。
⑤《元史》卷一百七十一《吴澄传》,中华书局,1976年版,第4014页。
⑥《鲁斋遗书》卷一《语录上》。
⑦刘因《静修先生文集》卷一《读药书漫记》,中华书局《丛书集成》本。

是闭门冥索的态度,但在坚持朱学或陆学观点的同时,也注意吸收和借鉴对方的观点和论述。朱学的理气和"笃实",陆学的直求本心,在他们著述中都能寻觅到踪迹。理学的这一发展和变化趋势,也使得元朝的理学既具有传承的含义,又具有兼容、创新的特点,对明朝理学的发展,尤其是对王守仁学说的产生,实际是起着奠基的作用。也正是由于许衡、吴澄等人的积极倡导,而使理学从南方传播到北方,遍及全国,并受到元朝统治者的重视。延祐年间,科举考试将朱熹的《四书集注》作为必考的内容,且严格规定:"非斯言也,罢而黜之。"①

在理学地位不断上升之时,燕京地区的文人学者也在传统儒学的研究方面,做出了重要的贡献,并取得重要的学术成果。自蒙古贵族进入中原后,在逐渐吸收和借鉴汉族政权统治政策和经验的过程中,认识到儒学对于建立政权和巩固统治的重要作用,遂采取利用和扶植的政策,因此儒学自金元之际起,便与蒙古贵族在中原地区的统治联系在一起,而具有实用的特点。

为窝阔台汗所重用的耶律楚材,是一位学识十分渊博的学者。他"稍长,知力学。年十七,书无所不读,为文有作者气"②。"笃于好学,不舍昼夜。尝诫诸子曰:'公务虽多,昼则属官,夜则属私,亦可学也。'其学务为该洽。凡星历、医卜、杂算、内算、音律、儒释、异国之书,无不通究"③。他在协助窝阔台汗治理中原地区时,就十分注意兴举儒学。"初,汴京未下,奏遣使入城索取孔子五十一代孙袭封衍圣公元措,令收拾散亡礼乐人等,及取名儒梁陟等数辈。于燕京置编修所,平阳置经籍所,以开文治"④。耶律楚材还很重视运用儒学的政治学说,向蒙古统治者提供制定政策的依据。"君父之教,臣子岂欲陷之于不义;……三纲五常之教,有国有家者,莫不由之,如天之有日月星辰也"⑤。

耶律楚材所倡导的儒学,既有正统的儒家学说,又兼容了佛教和道教的教义和思想。这是为了适应新的统治形势的需要,而采取的一种策略。他在随

---

① 虞集《蓝山书院记》,《全元文》卷八四三(第 26 册),凤凰出版社 2004 年版,第 501 页。
② 《湛然居士文集》附宋子贞撰《中书令耶律公神道碑》,中华书局,1986 年版,第 324 页。
③ 《湛然居士文集》附宋子贞撰《中书令耶律公神道碑》,第 334 页。
④ 《湛然居士文集》附宋子贞撰《中书令耶律公神道碑》,第 328 页。
⑤ 《湛然居士文集》附宋子贞撰《中书令耶律公神道碑》,第 331 页。

蒙古军队西征返回后,所著的《西游录》,"其间颇涉三圣人教正邪之辨"。他认为:"《鲁语》有云:'必也正名乎!'又云:'思无邪。'是正邪之辨不可废也!夫杨朱、墨翟、田骈、许行之术,孔氏之邪也;西域九十六种,此方毗卢、糠、瓢、白经、香会之徒,释氏之邪也;全真、大道、混元、太乙、三张左道之术,老氏之邪也。……第以国家创业,崇尚宽仁,是致伪妄滋彰,未及辨正耳。古者嬴秦焚经坑儒,唐之韩氏排斥释老,辨之邪也;孟子辟杨、墨,予之黜糠、丘,辨之正也。予将刊行之,虽三圣人复生,必不易此说矣"①。他对儒、佛、道三教的分析,表明他对三教的态度,是认为有必要辨其正邪,以供统治者所用。他还认为三教虽不同,但其思想却有相同之处。"夫圣人设教立化,虽权实不同,会归其极,莫不得中。凡流下士,惟务求奇好异,以眩耳目,……吾夫子云:'中人以下,不可以语上也。'老氏亦谓:'下士闻道大笑之。'释典云:'无为小乘人而说大乘法。'三圣之说不谋而同者,何哉?盖道者易知易行,非掀天拆地、翻海移山之诡诞也,所以难信难行耳。举世好乎异,罔执厥中,举世求乎难,弗行厥易。致使异端邪说,乱雅夺朱,而人莫能辨"②。

正是出于对儒、道、佛三教特点和功能的认识,耶律楚材主张三教并用,各取所长。"若夫吾夫子之道治天下,老氏之道养性,释氏之道修心,此古今之通议也。舍此以往,皆异端耳"③。他的以儒学为主,兼容佛、道的观点,实际是最大限度地发掘了儒学和佛教、道教中,有利于实施统治和建立封建统治秩序、稳定社会秩序的思想和治理之术。这在一定程度上,也促进了儒学与佛教、道教的互渗和交融,亦使儒学开始具有宗教的含义。他在理论上将儒、佛、道三教合一的尝试,也代表了蒙古贵族统治下的北方地区学术思想界的一种思潮。耶律楚材在哲学思想方面的学术著作,主要收录在《湛然居士文集》中。

对元世祖忽必烈"遵用汉法"起有重要推进作用的刘秉忠,也在元初的儒学界具有很高的学术地位。刘秉忠,初名侃,字仲晦。邢州(治今河北邢台)人。他"生而风骨秀异,志气英爽不羁。八岁入学,日诵数百言"。"十七(岁),

<hr />

① 《湛然居士文集》卷八《西游录序》,中华书局,1986年版,第187页。
② 《湛然居士文集》卷八《辨邪论序》,第187—188页。
③ 《湛然居士文集》卷八《寄赵元帅书》,第189页。

为邢台节度使府令史，以养其亲。居常郁郁不乐，一日投笔叹曰：'吾家累世衣冠，乃汩没为刀笔吏乎！丈夫不遇于世，当隐居以求志耳。'即弃去，隐武安山中"①。他先入全真道教，后又出家为僧，法名子聪，自号藏春散人。忽必烈主管漠南汉地军政事后，刘秉忠应北方禅宗临济宗教主海云禅师所邀，随其北上，遂为忽必烈"屡承顾问"。刘秉忠"于书无所不读，尤邃于《易》及邵氏《经世书》，至于天文、地理、律历、三式六壬遁甲之属，无不精通。论天下事如指诸掌"②。因此受到忽必烈的器重。

他向忽必烈上书数千言，评论时政。指出："典章、礼乐、法度、三纲五常之教，备于尧、舜，三王因之，五霸败之。汉兴以来，至于五代，一千三百余年，由此道者，汉文、景、光武、唐太宗、玄宗五君，而玄宗不无疵也。然治乱之道，系乎天而由乎人"。即以历代帝王兴盛之因，说明依儒家所制定的典章、礼乐、法度及三纲五常之教的重要性，并建议忽必烈，"以马上取天下，不可以马上治"③。主张采用儒学治国的方针，明施教令，发展农业生产，减轻百姓赋税、徭役，制定百官俸禄，兴修学校，尊崇孔子，优礼儒士等。中统元年（1260），忽必烈即位后，"问以治天下之大经、养民之良法，秉忠采祖宗旧典，参以古制之宜于今者，条列以闻"。忽必烈"于是下诏建元纪岁，立中书省、宣抚司。朝廷旧臣、山林遗逸之士，咸见录用，文物粲然一新"④。刘秉忠将儒家的思想和治国之术应用于蒙古贵族建立的政权中，并作为各项政策和制度制定的重要依据，从而使儒学在元朝初期便具有了实用的价值。对于儒学在元朝以后的历史中，始终得以占据统治地位，刘秉忠是起了重要作用的。

姚枢，字公茂，柳城（今辽宁辽阳西南）人，后迁居洛阳（今属河南）。他曾随杨惟中入仕窝阔台汗，且奉命与杨惟中一同随蒙古军南下。"拔德安（今湖北安陆），得名儒赵复，始得程颐、朱熹之书"。其后，任燕京行台郎中。因行台牙鲁瓦赤"惟事货赂"，遂弃官去。携家迁至辉州（今河南辉县），"作家庙，别为

---

①《元史》卷一百五十七《刘秉忠传》，中华书局，1976年版，第3687页。
②《元史》卷一百五十七《刘秉忠传》，第3688页。
③《元史》卷一百五十七《刘秉忠传》，第3688页。
④《元史》卷一百五十七《刘秉忠传》，第3693页。

室奉孔子及宋儒周惇（敦）颐等象，刊诸经，惠学者，读书鸣琴，若将终身"①。忽必烈主管漠南汉地军政后，遣赵璧召姚枢至开平（今内蒙古正蓝旗东）。忽必烈向他"询及治道，乃为书数千言，首陈二帝三王之道，以治国平天下之大经，汇为八目，曰：修身，力学，尊贤，亲亲，畏天，爱民，好善，远佞。次及救时之弊，为条三十"②。其内容主要有：立省部，辟才行，举逸遗，慎铨选，汰职员，班俸禄，定法律，审刑狱，设监司，明黜陟，阁征敛，简驿传，修学校，崇经术，旌节孝，厚风俗，重农桑，宽赋税，省徭役，禁游惰，肃军政，周匮乏，恤鳏寡，布屯田，通漕运，倚债负，广储蓄、复常平，立平准，却利便，杜告讦等。姚枢所上治国之策，也是以内地王朝所奉行的儒家治国平天下的思想为依据的。忽必烈即位后，姚枢出任东平道宣抚使。中统二年（1261），曾拜太子太师，然而他认为："皇太子未立，安可先有太师？"③后改任大司农。他在辅佐忽必烈统治时，更强调以儒家思想和伦理道德作为治国之本。"今创始治道，正宜上答天心，下结民心，睦亲族以固本，建储副以重祚，定大臣以当国，开经筵以格心，修边备以防虞，蓄粮饷以待歉，立学校以育才，劝农桑以厚生"④。他的这些主张和建议，都为忽必烈所接受，多被实施，并且取得了明显的效果，也促使元世祖忽必烈更加速推行"汉法"。元世祖曾诏姚枢赴中书议事，及讲定条格，且勉谕道："姚枢辞避台司，朕甚嘉焉。省中庶务，须赖一二老成同心图赞，其与尚书刘肃往尽乃心，其尚无隐。"⑤可见姚枢对元朝儒学的贡献，与刘秉忠等人是一致的，即将儒学从理论中解脱出来，更多地运用于实际，用于治国安邦。他的学术思想也因此具有明显的实用和治世的特点。

与耶律楚材、刘秉忠、姚枢等人一同将元朝的儒学更多地运用于治世的著名学者，还有窦默、李谦等人。

窦默，初名杰，字汉卿，广平肥乡（今河北永年东南）人。他"幼知读书，毅然有立志"。后应忽必烈所召，奏治道之策时，"首以三纲五常为对"。且称：

———————————

①《元史》卷一百五十八《姚枢传》，中华书局，1976年版，第3711页。

②《元史》卷一百五十八《姚枢传》，第3711—3712页。

③《元史》卷一百五十八《姚枢传》，第3713页。

④《元史》卷一百五十八《姚枢传》，第3715页。

⑤《元史》卷一百五十八《姚枢传》，第3714页。

"帝王之道,在诚意正心,心既正,则朝廷远近莫敢不一于正。"①意在让蒙古统治者们用儒家思想"诚意正心",以此匡正朝纲。他的建议,深得忽必烈的赏识,遂命他向皇子真金传授儒学。忽必烈称帝后,窦默又建议设置翰林院,并提出用儒家思想教化世风的主张。"三代所以风俗淳厚、历数长久者,皆设学养士所致。今宜建学立师,博选贵族子弟教之,以示风化之本"②。正是窦默所具有的儒者风范和卓著的学术水平,使元世祖忽必烈更多地了解到儒学的精髓和实用价值。而窦默也以儒家的学说和思想为准则,倾心辅佐忽必烈,所以得到元世祖忽必烈很高的评价:"朕求贤三十年,惟得窦汉卿及李俊民二人。""如窦汉卿之心,姚公茂之才,合而为一,斯可谓全人矣。"③

李谦,字受益,郓州东阿(今属山东)人。出身于医学世家。他"幼有成人风,始就学,日记数千言,为赋有声,与徐世隆、孟祺、阎复齐名,而谦为首"。他曾为东平府(治今山东东平)教授,生徒四集。后受翰林学士王磐所荐,被元世祖召为应奉翰林文字。"一时制诰,多出其手"④。至元十八年(1281),李谦任太子左谕德,侍太子于东宫。遂上陈十事:正心、睦亲、崇俭、几谏、戢兵、亲贤、尚文、定律、正名、革弊。元仁宗即位后,"召十六人,谦居其首"。李谦又向仁宗"疏言九事,其略曰:'正心术以正百官,崇孝治以先天下,选贤能以居辅相之位,广视听以通上下之情,恤贫乏以重邦家之本,课农桑以丰衣食之源,兴学校以广人材之路,颁律令使民不犯,练士卒居安虑危。至于振肃纪纲、纠察内外,台宪之官尤当选素著清望、深明治体、不事苛细者为之'"⑤。李谦所上疏的九事,也被元仁宗"嘉纳"。他的建议与此前的几位儒者相比,其所倡导儒学的实用性,更是有过之而无不及,且突出和强调了正统儒家学说所倡导的仁义礼智信等伦理道德和信条。这对于统治者而言,正是其所需要的。

在元朝以燕京地区为主的儒者们,不遗余力地在蒙古统治者面前,大力宣扬和倡导儒家的正统思想、中原汉族王朝曾采用和实施过的儒家治国之术,而

---

①《元史》卷一百五十八《窦默传》,中华书局,1976年版,第3730页。

②《元史》卷一百五十八《窦默传》,第3732页。

③《元史》卷一百五十八《窦默传》,第3733页。

④《元史》卷一百五十八《姚枢传》,第3767页。

⑤《元史》卷一百六十《李谦传》,中华书局,1976年版,第3768页。

使元朝的统治者们多崇信儒学,并用其治理国家,儒学的地位因此得以迅速的提高。元仁宗于延祐年间,开始实行科举取士制度时,尊孔子为"仪范百王,师表万世",并追崇为"大成至圣文宣王"①。

元朝燕京地区的文人学者们在对儒学的传承中,不仅继续拓展和加深着对传统儒家学说和宋朝程、朱理学的研究,而且还注重对儒学及理学思想的实际应用,为元朝的统治和政策、制度的制定,提供了重要的依据和参考。从而使蒙古贵族在以汉族为主体的广阔地区建立了有效的统治,社会秩序较快地恢复了稳定,儒学的地位也因此被蒙古统治者所认可和推崇。其学术成就也对后世社会产生了深远的影响。

三、元大都的史学成就

元朝时期,燕京地区的文人学者不仅在儒学及理学的研究中取得了突出的学术成就,也在史学著述、史料收集整理、国史与实录的编撰,特别是正史的修撰等方面,做出过重要的贡献。

蒙古贵族建立蒙古国政权后,曾编撰了一部蒙古国史,记载早期蒙古族形成和发展的历史,止于窝阔台汗时期。其中成吉思汗以前的历史,多取材于古老的传说。从成吉思汗开始,则有了比较准确的史实记载。可见,蒙古国建立后,也开始注意史实的记录。但直到窝阔台汗时期,蒙古国政权中虽然已经大量地使用汉族士人,不过出于民族歧视和政治上的需要,蒙古国史的编修,仍是由蒙古族人士掌管的。

在治理漠南汉地中受汉族传统文化影响较深的忽必烈即位后,对修撰历史很重视,并设置了专门的机构——翰林兼国史院,任用了一大批汉族文人学者,与蒙古族文士一起从事修史工作。

翰林兼国史院正式设置于至元元年(1264),是由始置于至元元年的翰林学士院改立而成。早在中统元年(1260),忽必烈任命王鹗为翰林学士承旨时,王鹗曾奏请设置史局,修撰先朝实录、蒙古国史及辽、金二朝的史籍。虽得到忽必烈汗的同意,但未设置官署,只是命中书右丞相史天泽监修国史,耶律铸、

---

①《元文类》卷十一阎复《加封孔子制》。

王文统监修辽、金史。

元朝的翰林兼国史院,职掌拟写诏令,兼纂修国史并备顾问。其中设修撰、编修官,校阅、典籍、经历、都事、掾史、译史、通事、书写、典书等属官,负责修史、文献、抄写等具体事务。

在翰林兼国史院内编修实录和国史的汉族官员,多为文人学者。其中任编修官的有王构、王恽、元明善、袁桷、虞集、杨载、范梈、柳贯、马祖常、周伯琦、揭傒斯、危素等人。这些文人学者以其深厚的史学、文学素养,编修了元朝诸帝的实录和前朝的历史,取得了极高的学术成就。除官修史书外,元朝燕京地区的文人学者,也有私人修史者,同样也具有很高的学术价值。

元朝编修的国史,以实录的编修成就最大。元朝编修诸帝的实录,始于元世祖至元年间,其后便成为一种制度。至元十年(1273),元世祖就命翰林院负责纂修国史,要求采录累朝事实以备编集。至元十二年(1275),元世祖又"从王磐、窦默等请,分置翰林院,专掌蒙古文字,……其翰林兼国史院,仍旧纂修国史、典制诰、备顾问,以翰林学士承旨兼修起居注和礼霍孙主之"[①]。即在元世祖建立元朝后的第十二年,编修实录的准备工作已基本完成。第二年,元军攻入南宋都城临安(今浙江杭州),宋恭帝赵   投降。为此,元世祖"诏作《平金》、《平宋录》,及诸国臣服传记,仍命平章军国重事耶律铸监修国史"[②]。元世祖命令编修《平金录》、《平宋录》和"诸国臣服传记",也是为了编修实录和国史的考虑。也就是从这个时期开始,由平章军国政事耶律铸主持,组织翰林兼国史院中的修撰、编修官等官员,编撰了从成吉思汗到蒙哥汗的五朝实录。至元二十三年(1286)十二月,五朝实录编修成。其中,成吉思汗、窝阔台两朝的实录,因有此前编修成的蒙古国史中收入了较多的历史资料,故内容比较丰富。而其后的睿宗(拖雷)、贵由汗、蒙哥汗三朝,则由于缺乏文字资料,所编修的实录则很简略,所以忽必烈又令重新修定。直至大德七年(1303),五朝实录才最终修定完成。

---

①《元史》卷八《世祖纪五》,中华书局,1976年版,第165页。
②《元史》卷九《世祖纪六》,中华书局,1976年版,第183页。

这五部实录，由于所用资料极少是当时或当事人的记录，多为后人根据回忆或相传追记的，因此与中原汉族五朝的"实录"相比，显然不符合实录编修的原则，且有很大的人为因素。不过，在至元五年(1268)，因"中书省臣言：'前代朝廷必有起居注，故善政嘉谟不致遗失'"①，元世祖即任命和礼霍孙、独胡剌为翰林待制兼起居注。从至元六年(1269)起，又"始置起居注、左右补阙，掌随朝省、台、院、诸司凡奏闻之事，悉纪录之，如古左右史"。从此，元朝便有了撰写《起居注》的规定和制度，撰写《起居注》也因此成为一项日常必须的工作。至元十五年(1278)，又"改升给事中兼修起居注，左右补阙改为左右侍仪奉御兼修起居注"②。

由于元世祖忽必烈在位时，开始重视《起居注》的撰写，并有了相关的规定和制度，所以此后《实录》的编修，便采用详实的文字记载作为资料。至元三十一年(1294)正月，元世祖去世。六月，刚即位的元成宗就诏令翰林兼国史院修撰《世祖实录》，并以中书省右丞相完泽负责此事。因此前已开始编修《起居注》，仅用了一年的时间，《世祖实录》就修撰完毕。全书共 270 卷，装帧成 80 册。此外还译成蒙古文本。该书成书后，经成宗审阅又令再作修改，后于大德八年(1304)最终定稿。

从元成宗时修撰《世祖实录》起，编修《实录》也成为元朝的一项定制。其后即位的诸帝，均编修《实录》。惟有元顺帝妥懽帖睦尔在位时即被明军推翻了元朝的统治，故未及编修其《实录》。

元朝统治者十分重视《实录》的修撰，因此对参与编修的官员人选尤为慎重。多由中书省丞相或其他重臣主持，选择著名学者参预其事。编修时，依编年顺序，由编修者汇集《起居注》等相关资料，逐年、月及日编次、修撰。再由专人对全书进行内容的审定和文字加工，定稿后呈交皇帝。在元朝诸帝《实录》的编修中，参与修撰的文人学者主要有：《世祖实录》为赵孟、王构、姚燧、高凝、王恽、张九思等人；《成宗实录》为程钜夫、赵孟、姚燧、元明善、邓文原、袁桷等人；《英宗实录》为吴澄、马祖常、吕思诚、苏天爵等人；《泰定帝实录》、《明

①《元史》卷六《世祖纪三》，中华书局，1976 年版，第 120 页。
②《元史》卷八十八《百官志四》，中华书局，1976 年版，第 2225 页。

宗实录》、《文宗实录》、《宁宗实录》四朝的《实录》,则由欧阳玄、张起岩、王结、苏天爵、周伯琦、宋褧等人。皆为元朝时期的著名学者。他们自身的学识都很渊博,且在学术上都有很高的造诣,颇有文采,因此经他们之手修撰的诸帝《实录》,具有极高的史料和学术价值。

除诸帝的《实录》外,元朝的翰林兼国史院还奉命为裕宗(真金)、顺宗(答剌麻八剌)、显宗(甘麻剌)三位未及登基而故去的皇室成员修撰《实录》。当然,这三位皇室成员因未有《起居注》,也影响到《实录》内容的详尽。

元廷还参照中原王朝修史的体例,对后妃及功臣编修列传。这一修史的作法,始于元成宗时。在他命翰林兼国史院修撰《世祖实录》时,又令兼修功臣"列传",为此又命朝廷内外各官署的臣僚各具事迹,录送史馆,以供编修所需。但由于有司督迫过急,致使此项工作陷于混乱而无果。大德十年(1306),元成宗"诏询访庄圣皇后、昭睿顺圣皇后、徽仁裕圣皇后仪范中外之政,以备纪录"[①],又开始了后妃"列传"的修撰。元仁宗即位后,亦曾下令在修撰《武宗实录》时,兼修累朝皇后及功臣列传。但因不受重视,"或功臣子孙衰替,而无人供报;或有司惮烦,而不尽施行"[②],最终得以立传者为数不多。尽管如此,这些为数有限的后妃、功臣列传,因其记录了许多重要的史实,而具有极高的史料和学术价值。

元顺帝至正二十八年(1368),明军北伐,克陷元大都。元顺帝北遁大漠。元朝所修撰的诸帝起居注、实录及后妃、功臣列传等,均被明军所获。后被运往南京,以后又成为明朝文人学者编修《元史》时极重要的资料来源。

元朝在史学上最重要的成就,是辽、金、宋三史的编修。此项规模浩繁的修史工程,亦是由设于大都的翰林兼国史院主持完成的。也是元大都的文人学者对史学所做的杰出贡献。

忽必烈即位后,"遵用汉法"已在朝廷上下渐成风尚。中统二年(1261)七月,王鹗被任命为翰林学士承旨后,即向忽必烈提出请修辽、金二史。"乞以右丞相史天泽监修国史,左丞相耶律铸、平章政事王文统监修《辽》、《金史》,仍采

①《元史》卷二十一《成宗纪四》,中华书局,1976 年版,第 467 页。
②苏天爵《滋溪文稿》卷二十六《修功臣列传》,中华书局,1997 年版,第 445 页。

访遗事"①,得到忽必烈的赞同。但当时翰林兼国史院才草创,且蒙古统治集团内部出现权力之争及谋反等不稳定因素,所以辽、金二史议而未修。至元十三年(1276),元军攻陷南宋都城临安(今浙江杭州)后,又将大量的宋朝图籍文书押运到大都。为此,元世祖又曾命史臣通修辽、金、宋三史,但因翰林兼国史院的主要精力均投入历朝祖宗《实录》的修撰,以及《平金录》、《平宋录》和"诸国臣服传记"等为蒙古统治者歌功颂德的史书编撰中,无暇顾及三史的修撰,故亦无果。

元仁宗即位后,更大兴文治,且十分推崇中原王朝的统治政策及治国之术。他曾"览《贞观政要》,谕翰林侍讲阿林铁木儿曰:'此书有益于国家,其译以国语刊行,俾蒙古、色目人诵习之"②。还在仁宗为太子时就担任"太子师傅"、后任中书平章政事的李孟,借机又向仁宗提出编修《宋史》之事。延祐年间,又有名士袁桷、虞集等人奏请编修辽、金、宋三史。虞集认为:"三史文书阙略,辽、金为甚。故老且尽,后之贤者,见闻亦且不及。不于今时为之,恐无以称上意。"③虽元仁宗曾令臣僚廷议修三史之事,终因义例分歧较大,故亦未能成书。

元英宗即位后,中书左丞相拜住又任用袁桷等名士,再度着手三史的修撰。袁桷为此做了大量的准备工作,"条具凡例及所当用典册陈之,是皆本诸故家之所闻见,习于师友之所讨论,非牵合剽袭漫焉以趋时好而已"④。然正待修撰之时,逆臣铁失在英宗及拜住一行自上都(今内蒙古正蓝旗东)返京途中,于南坡店发动政变,元英宗及拜住等被杀。三史修撰遂告中止。

其后,在元文宗即位时,又曾于天历、至顺年间,多次下诏,命史臣修撰辽、金、宋三史。但这一时期的三史修撰,却因元朝是沿袭辽、金之正统,还是继南宋之正统的所谓"正统"与"偏霸"问题,在史臣中争执不休,致使修撰三史始终未能展开。

元顺帝即位后,中书右丞相脱脱推行"更化"政策。元顺帝认为,"祖宗盛

①《元史》卷四《世祖纪一》,中华书局,1976年版,第72页。
②《元史》卷二十四《仁宗纪一》,中华书局,1976年版,第544页。
③虞集《道园学古录》卷三二《送墨庄刘叔熙远游序》,四部丛刊本。
④苏天爵《滋溪文稿》卷九《袁文清公墓志铭》,中华书局,1997年版,第135页。

德得天下辽、金、宋三国之由,垂鉴后世,做一代盛典"①,决定再次设局修史。至正三年(1343)三月,元顺帝"诏修辽、金、宋三史,以中书右丞相脱脱为都总裁官,中书平章政事铁木儿塔识、中书右丞太平(贺惟一)、御史中丞张起岩、翰林学士欧阳玄、侍御史吕思诚、翰林侍讲学士揭傒斯为总裁官"②。并调集各地著名人士到大都,参加三史的修撰。

针对此前一直争论不休,悬而未决的辽、金、宋三朝的"正统"问题,脱脱采用虞集的观点:"今当三家各为书,各尽其言而核实之,使其事不废可也。乃若议论,则以俟来者"③,决定"三国各与正统,各系其年号"④。最终结束了这场争论。虽然这是脱脱"独断"的结果,但他对中国这个多民族国家经常出现的几个政权并存、且互不统属的局面,采取均给予承认的态度,是符合客观实际的。这也是他对辽、金、宋三史的修撰所做的贡献之一。

因为辽、金、宋三史是同时开始修撰,所以除脱脱任都总裁,总领三史编修外,各史还另设有总裁官,具体负责和承担本史的修撰工作。《宋史》的总裁官为铁木儿塔识、贺惟一(即太平)、张起岩、欧阳玄、揭傒斯、吕思诚。《金史》和《辽史》的总裁官为铁木儿塔识、贺惟一、张起岩、欧阳玄、揭傒斯、李好文、杨宗瑞、王沂。其中,揭傒斯于《辽史》编修完成后不久即病故,故实际未任《宋史》总裁官。

至正三年四月,辽、金、宋三史正式开始修撰。四年三月,《辽史》最先修撰完成。同年十一月,《金史》也修撰成书。《宋史》则于至正五年十一月结束修撰。

在修撰三史之初,元朝政府就派遣史局的官员们到全国各地搜访散佚在各地及民间的书籍。经考订真伪后,作为修史的资料依据。其后又分局,先设二局,分别承担《辽史》和《金史》的修撰。其后又分二局,分别承担北宋和南宋史实的编修,再合成一部《宋史》。

在具体修撰三史中,总裁官和参加编修的文人学者发挥了重要的作用。

---

① 《辽史》附录《修三史诏》,中华书局,1974 年 10 月版,第 1554 页。
② 《元史》卷四十一《顺帝纪四》,中华书局,1976 年版,第 868 页。
③ 虞集《道园学古录》卷三二《送墨庄刘叔熙远游序》,四部丛刊本。
④ 权衡著,任崇岳笺证《庚申外史笺证》卷上,中州古籍出版社,1991 年版,第 44 页。

如欧阳玄在确定三史的编修体例上，做了大量的工作。他"立三史凡例，又为便宜数十条，俾论撰者有所依据"①，并且还亲自撰写了三史中的论、赞、表、奏等内容。他的论、赞，文体严谨，论述有据，评述得体，为此而深受元顺帝的赏识。揭傒斯则提出用人、收书作为修撰三史的基础工作和原则。在修史中，他更是倾心尽力，不畏年高，不避寒暑。后因劳累过度，在完成《辽史》的修撰后不久，不幸染病身亡。

辽、金、宋三史在修撰中，因依据的资料差异很大，所以遇到困难和问题亦不尽相同。但参加修史的文人学者们凭借自己的学识和才智，较好地解决和处理了这些问题。

《辽史》修撰所依据的资料，主要是耶律俨的《皇朝实录》和金朝学者党怀英、赵沨、王庭筠、陈大任等人编修的《辽史》。《皇朝实录》是耶律俨于辽乾统三年（1103），奉辽天祚帝之命编修的辽朝诸帝的一部实录，将辽各朝修成的《实录》汇总编辑而成，总计 70 卷。清朝学者钱大昕评价《皇朝实录》称："当辽之世，国史惟此本号为完书。"②金朝编修的《辽史》，是金大定二十九年（1189）金世宗命党怀英等学者编修的。但该部《辽史》未能编成，后由陈大任续修，终于金泰和七年（1207）编成。由于元朝距离辽朝的时间已较久远，大部分辽代的文献资料历经金、元两朝已散佚殆尽。因此，脱脱在主持修撰《辽史》时，主要就是借助于这些辽朝和金朝的文献资料，再进行补充、改定而成。由于资料所限，所以《辽史》在元朝所修三史中，相对数量较少，共计 116 卷。不过，元朝所修的《辽史》，也将此前收录在《皇朝实录》和陈大任《辽史》中的珍贵资料保存下来。

《金史》的修撰所依据的资料，相对《辽史》而言，数量较多。金朝在进入中原后，历朝皇帝均修撰有《实录》。而且金朝学者韩昉、耶律绍文等人还编修过《国史》。其中，金朝编修的《实录》，在金亡时，被蒙古万户张柔所得。后张柔于中统二年（1261）将所得《实录》归于史馆。金末元初时，学者元好问曾向张柔提出，利用其所得的金朝《实录》等文献资料，撰写金朝史书。"乃言于张，愿

---

①危素《危太仆文集·续集》卷七《欧阳玄行状》。
②钱大昕《廿二史札记》卷二十七《辽史》，中国书店，1987 年版，第 362 页。

为撰述,既而为乐夔所沮而止。好问曰:'不可令一代之迹泯而不传。'乃构亭于家,著述其上,因名曰'野史'。凡金源君臣遗言往行,采摭所闻,有所得辄以寸纸细字为记录,至百余万言"①。元好问所著的这部"野史",即为《壬辰杂编》。张柔所得金朝诸帝《实录》虽未能让元好问编修成《金史》,不过,这些《实录》被交给史馆后,学者王鹗却利用了这些资料,修成了一部《金史》,所以有"张柔归金史于其先,王鹗辑金事于其后"②之说。元好问的《壬辰杂编》、王鹗的《金史》,因此也成为脱脱主编《金史》时采用的重要资料。此外,《金史》还采用了刘祁的《归潜志》,记载金朝末年的史事,十分详尽,弥补了金朝末帝未及编修《实录》的缺憾。这些资料都为《金史》的修撰提供了重要的参考和依据。当然,经过金末的战乱,金朝的诸多文献资料均遭毁损,如金朝诸帝的《实录》,在元朝初年已缺金太宗、金熙宗两朝。所以,文人学者们在修撰《金史》时,仍遇到许多困难。后经众人根据已有的资料,汇总后再按编年排比,终于修撰成书。全书共135卷。《四库全书简明目录》对《金史》作了评价:"金一代典制修明,图籍亦备。又有元好问、刘祁诸人私相缀辑,故是书有所依据,较《辽史》为详赅。承修者明于史裁,体例亦为严整。"③

《宋史》的修撰,则因宋朝,特别是南宋资料的丰富,也增加了修撰的难度。宋朝官方修撰和私人编撰的文献资料,诸如实录、会要、编年著作、典章奏议、地理方志、文集、笔记,以及野史等浩如烟海。元朝攻占宋都临安(今浙江杭州)后,从这里运到大都的官修史籍,包括从宋太祖到宋宁宗历朝的《实录》三千卷,《编年史》千余卷,已修成的《国史》六百卷,还有残存的理宗、度宗两朝的《日历》及《实录》数百册。其他文献,包括宗藩图谱、别集等,更是不计其数。此外,元朝官府或官员还从民间搜访到许多散落的文献资料,如袁桷所举搜访的书目就达一百四五十种④。如此浩繁的文献资料,更增加了修史的难度,特别是需要逐一查阅、分类,选择和摘录其中可供修撰的资料,其时间和精力耗费极大。因此在修撰过程中,元朝政府曾不断增派人手,参与修史工作。资料

①《金史》卷一百二十六《元好问传》,中华书局,1975年版,第2742—2743页。
②《金史》附《进金史表》,中华书局,1975年版,第2900页。
③《四库全书简明目录·史部一》。
④袁桷《清容居士集》卷四一《修辽金宋史搜访遗书条列事状》。

的丰富,也使得修撰成的《宋史》卷帙浩繁,多达496卷,居"二十四史"之冠。由于修撰《宋史》中,引用了取自不同书籍、文献中的大量资料,而其中的很多史籍及资料已在后世散佚,因此该史书就更具特殊的史料价值。

元至正五年(1345),历时两年有余,辽、金、元三史最终全部修撰完毕。元朝政府为此举行盛大的庆贺仪式。参加修撰三史的官员从翰林兼国史院出发,以宫廷鼓吹乐为前导,引导他们进入皇宫内的宣文阁,元顺帝亲自接见。在总裁官分别进献《辽史》、《金史》、《宋史》后,元顺帝又于宣文阁大宴群臣,并对参加修撰三史者,多加封赏。

辽、金、宋三史沿袭历代正史修撰的体例,分作纪、志、表、传。其中最具特色的是辽、金二史中的纪、志、表等内容。《辽史》中的《营卫志》是其他正史所不见的一个新体例,主要记载了契丹早期的户籍、兵籍、土地制度、部族组织等珍贵史料,为后世了解和研究契丹社会的政治、经济、军事及民族等问题,提供了比较翔实的资料,具有很重要的参考价值。《辽史》的《部族表》,也是在"二十四史"中惟一的一种编写方法。它将与辽曾发生过关系的周边部族按照编年体的方式,列入大事年表中。编次排列井然有序,使人一目了然。在《金史》中《本纪》的修撰也很独特。修撰者在《本纪》的第一卷先列《世纪》,专记金太祖以前的先祖列宗。而第十九卷的《世纪补》,则专记未曾称帝即位,却为后世追尊为皇帝的女真贵族。这种修撰的方法,既使金朝正式即位的帝系在《本纪》中保持完整,保证了前后更替承袭关系的准确性,又使得被追尊为帝者的史事得以清楚地记载,而不与帝系混淆。

更具特色的是,辽、金二史各附有一卷《国语解》,这也是其他正史所没有的。由于契丹和女真族都有自己的语言和文字,所设置的官制及人事、姓氏、物产、地理及部族、民俗等名称,多使用音译的形式。《国语解》即分别对契丹和女真族的民族语言名称,进行翻译和解释,使其他民族的人士能够读懂、理解。特别是契丹和女真族在中原建立政权后,长期与内地汉族等民族相互交往,促进了民族间的融合,他们原有的语言文字在使用汉族语言文字后,逐渐被人们淡忘,正是《国语解》的修撰,才使后人得以识读契丹或女真族的语言,亦成为后人研究契丹、女真语言文字的珍贵资料。

不过,辽、金、宋三史亦存在着一些不足和问题。如三史在人物的评述中,充斥着封建迷信和儒家的天命思想,或用道学的思想和观点,作为评定是非功过的标准。在修撰的方法和材料的取舍上,则由于时间比较仓促,往往核实、校正不精,而出现一人两传、纪传相矛盾、各史互异、译名不一,以及将传闻作为史实等问题。尽管如此,辽、金、宋三史的修撰,使这三个朝代有了完整的纪传体史书,也使官修正史的传统得以沿续。更重要的是,三史的修撰,尤其是辽、金二史的修撰对保存当时尚存的一些史料,起有非同寻常的作用,从而使之成为后世了解和研究这两个朝代历史最重要的珍贵文献资料。

除官修史书外,元朝时期大都地区的一些文人学者还私人编修了史书。其中有马祖常等人纂修的《列后金鉴》、《千秋记略》,危素所撰的《元史稿》,皆为本朝史,然今已亡佚。另外,曾于元天历三年(1330)应文宗之召,入为应奉翰林文字的瞻思,也著有《西域异人传》、《金哀宗纪》、《正大诸臣列传》等史学著作。

元朝大都文人学者们在史学领域取得的研究成果,无论在类别上,还是数量上,都是前代所不及的。其中,一朝修三史就出现在这一时期。虽然在编撰前朝的史书时,仍按照传统正史的编撰体例,但也有自己的创新。如《辽史》中的《营卫志》和《部族志》,《金史》"本纪"中的《世纪》和《世纪补》等,都是其他正史不曾有的。可以说,这也是对正史编撰体例的补充,为更全面、系统地记载和展示前朝的历史,提供了极为有益的经验。更为重要的是,元朝并未因本朝与金朝曾是敌对的双方,而忽略对其重要史实的记载。在编撰辽、金二史时,特别附加《国语解》,记录了契丹和女真的语言。这不仅是《辽史》、《金史》两部史书的特别之处,也是对正史编修范围和内容的拓展。

正是因为有燕京地区文人学者们的精心编撰,不仅延续了中国古代的修史传统,更具有弥补史学研究缺憾的特殊作用,从而使元代的史学研究取得了巨大的成就。

第三节　元大都的学校教育

一、元大都的国子学

燕京地区的学校在金朝后期,受蒙金战争和金宣宗南迁的影响,一度十分萧条。蒙古贵族自大漠南下,在频繁接触汉人和汉族文化中,逐渐认识到汉文化对蒙古贵族统治汉地的重要性。在一些受到蒙古贵族重用的汉族文士的建议和影响下,逐渐推行"遵用汉法"的政策。为使蒙古贵族懂得汉族语言文字,更有效地实施对汉地的统治,建立学校,教授蒙古人学习汉语、汉文,就显得尤为重要。为此窝阔台汗于即位后第五年(1233)六月,下令于燕京设立学校,选派蒙古子弟十八人,必阇赤(即文书)子弟十人,以及燕京汉官子弟二十二人,共计五十人,入学校学习:凡蒙古子弟须学汉语、汉文;汉人子弟则学习蒙古语、蒙古文及射箭。且命燕京路征收课税长官司陈时可主持学校事,又命全真教道士冯志亨选名儒二人、精通儒学的道士二人,作为学校教读(即为教官)。入学的蒙古和汉人子弟被分为四组,学习规定的内容。这所于蒙古国统治时期设置的学校,也是后来建立的元朝大都国子学的雏形。

这所学校建立后,校址设在新建成的孔庙(即原金朝枢密院旧址)旁。蒙古统治者在此兴建校舍,供入学的生员学习和居住之用。为了解决生员们的膳食问题,蒙古统治者还特别规定,除燕京本地的生员外,凡来自其他地区的生员,每人每天供给米、面和肉各一斤。他们的家人每天也领取一斤米。对那些编额之外,自愿入学学习者,经官方查验,也可每人每日领米一斤。当然,对入学的蒙古贵族子弟还有一些特殊的待遇,如每人拨给一位"小孩儿",以供其役使。这些"小孩儿"是由燕京行省于燕京地区的人户之内挑选和征集的。

窝阔台汗六年(1234)二月,这所早期的燕京国子学在蒙古统治者的扶植下,得到进一步的发展,其机构得到进一步的完善。为加强对国子学的管理,窝阔台汗任命汉人名儒、中书省官杨惟中为提举国子学士,全真教道士冯志亨为宣授蒙古必阇赤四牌子总教,道士李志常为御前宣国子学事,三人同为总教官。此外还任命了教读四人、通事二人。学校规模亦有所扩大。

在国子学的管理上,也逐渐走上正轨,有了一些十分严格的规定。如对入学的蒙古族子弟,规定他们只准使用汉语进行交谈,不许说蒙古语。若有违犯者,初犯打一下,再犯就打二下,若再次违犯,则依累积次数惩罚。对于那些不服从管教者,教官可将其姓名上报总教官,严加惩戒。对于所习学业,也有明确的要求,凡学习汉语、汉文的蒙古贵族子弟,必须能默写、默读。

燕京设置的这所国子学,历乃马真后、贵由汗、斡兀后,至贵由汗统治时期,一直沿袭下来,不断有蒙古贵族子弟入学学习。它为蒙古贵族建立在汉族地区的统治,培养了一批通晓汉族语言和文字,以及汉族文化的本民族人才。

忽必烈即位后,更加重视培养统治汉地所需的人才。为此他也更加重视燕京国子学。在他定燕京为大都后,燕京国子学的地位也得到明显的提高。

至元六年(1269),帝师八思巴创制的新蒙古文字开始颁行。为使这种新的蒙古文字尽快得到传播和使用,在其颁行后不久,中书省即下令各地设置蒙古字学,收官员子弟入学,学习新蒙古文字。自新蒙古文字开始推广使用后,蒙古统治者也开始重视本民族的传统文化。尤其是推行蒙古人、色目人、汉人、南人四等人制后,在民族歧视政策下,蒙古人传统文化的地位也随之提高。为此,至元八年(1271),元世祖忽必烈又下诏"立京师蒙古国子学,教习诸生。"蒙古国子学的生员"于随朝蒙古、汉人百官及怯薛歹官员,选子弟俊秀者入学"。自此,京师蒙古国子学开始作为一所独立设置的学校。其生员最初没有定额,元成宗大德十年(1306)二月,"增生员廪膳,通前三十员为六十员"。元武宗至大二年(1309),"定伴读员四十人,以在籍上名生员学问优长者补之"[1]。元仁宗延祐二年(1315)十月,蒙古国子学生员数量已达百人。其中蒙古人五十名,色目人二十名,汉人三十名,此外还有"百官子弟之就学者,常不下二三百人"。为此,元廷又对生员数量和由官府提供给生员的廪膳数量,以及文具等规定,进行了调整。在"增其廪饩"的基础上,"乃减去庶民子弟一百一十四员,听陪堂学业,于见(现)供生员一百名外,量增五十名。元置蒙古二十人,汉人三十人,其生员纸札笔墨止给三十人,岁凡二次给之"[2]。

元大都蒙古国子学成为独立设置的学校后,原专门传习汉族传统文化的国子学,也并未因此而萧条、废止。在蒙古统治者"遵用汉法"政策的影响下,也需要培养一批精通汉学、通晓汉族传统文化的人才,因此,这所国子学在此后仍然得到迅速的发展。还在至元七年(1270),元世祖忽必烈就曾"命侍臣子

---

①《元史》卷八十一《选举志一》,中华书局,1976年版,第2027页。
②《元史》卷八十一《选举志一》,第2028页。

弟十有一人入学,以长者四人从许衡,童子七人从王恂"①。许衡和王恂都是元朝初年的著名学者,元世祖起用他们来教授国子生,显然是出于培养汉学人才的需要。第二年,许衡又被任命为集贤大学士、国子祭酒,主持国子学的事务。为加强国子学的教学和管理,元世祖还"增置司业、博士、助教各一员",并扩充生员,"选随朝百官近侍蒙古、汉人子孙及俊秀者充生徒"②。许衡也从各地召来其得意门生王梓、刘季伟、韩思永、耶律有尚、吕端善、姚燧、高凝、白栋、苏郁、姚燉、孙安、刘安中共十二人,充实和壮大了国子学的教学和管理力量。他们到国子学后,或担任伴读,或任斋长,这也使得大都国子学的教学水平得以提高,日常的管理也日趋规范。

至元二十四年(1287),元世祖正式建立以传授汉学为主的国子学,从而也使其名分得以确立,并且制定了这所国子学教学和管理方面的制度,设博士、助教、学正、学录等学官。生员分三斋,随师学习,所学内容以儒家经典著作为主。同时,还对国子学生员的数额作出规定:"其生员之数,定二百人,先令一百人及伴读二十人入学。其百人之内,蒙古半之,色目、汉人半之。"元成宗于大德八年(1304)十二月,"始定国子生,蒙古、色目、汉人三岁各贡一人"③。到大德十年(1306)十月,又定国子学生员名额,蒙古、色目、汉人生员总计二百人,三年各贡二人。此后,国子学的生员名额不断增加,规模也随之扩大。元武宗至大四年(1311),又定国子学生员名额三百人。

元仁宗也重视学校对人才培养的特殊作用。他即位后,就"命中书平章李孟领国子监学,谕之曰:'学校人材所自出,卿等宜数诣国学课试诸生,勉其德业。'"④为了培养更多的人才,延祐二年(1315),又增生员名额一百人,陪堂生二十人。

设在大都的国子学,虽受蒙古统治的民族歧视政策的影响,其地位不及蒙古国子学之高,但它所传授的也是蒙古统治者所需要的儒学,特别是宋代兴起的程朱理学,对维持封建统治秩序是大有益处的,因此也受到蒙古统治者的重

---

①《元史》卷八十一《选举志一》,中华书局,1976年版,第2029页。
②《元史》卷七《世祖纪四》,中华书局,1976年版,第134—135页。
③《元史》卷八十一《选举志一》,中华书局,1976年版,第2029页。
④《元史》卷二十四《仁宗纪一》,中华书局,1976年版,第538页。

视和扶持,其规模才得以不断扩大,学校的各项规章制度也不断完善。

在元大都的中央一级学校中,还有一所回回国子学。这所旨在传授亦思替非(即波斯)文字的国子学,其创建是因"阿合马事件"后,元世祖忽必烈对汉族大臣,以及与汉族臣僚接触密切且有亲汉倾向的蒙古大臣,多持以不信任的态度,于是转向任用一些来自西域的色目人担任要职,朝政遂为这些色目人大臣所把持。他们为了扩大自己的势力和影响,让更多的朝野人士接受其文化,便凭借着自己在朝廷中的地位和权势,向元世祖提出建立一所传授亦思替非文字的学校,即回回国子学。至元二十六年(1289)五月,尚书省官员上奏:"亦思替非文字宜施于用,今翰林院益福的哈鲁丁能通其字学,乞授以学士之职,凡公卿大夫与夫富民之子,皆依汉人入学入制,日肄习之"①。在得到元世祖同意后,于八月在大都正式建立回回国子学。并任命翰林兼国史院大臣益福的哈鲁丁主持这所国子学的事务,专事负责传授亦思替非文字。

回回国子学创设后,因入元的色目人数量较多,而且色目人在民族歧视政策的"四等人制"中,有一定的社会地位,因此入学者数量较多。于是,元仁宗在延祐元年(1314),又命设置回回国子监,"设监官,以其文字便于关防取会数目,令依旧制,笃意领教"②。到泰定帝也孙铁木儿在位时,回回国子学已具有了一定的规模。为此,他于泰定二年(1325),对学校的规模、廪膳供给以及生员的分配等事项,作了一些具体的规定:"其学官及生员五十余人,已给饮膳者二十七人外,助教一人、生员二十四人廪膳,并令给之。学之建置在于国都,凡百司庶府所设译史,皆从本学取以充焉"③。

回回国子学的设置,对于亦思替非文字在中原及元朝统治地区的传播,起了一定的作用。也有助于波斯、阿拉伯人到元朝进行经商等活动,促进不同民族之间的交流和交往,增进相互之间的了解。而在这所学校的设置上,则是依汉学的制度,因此,它与大都的其他两所国子学,即蒙古国子学和国子学,具有同等的地位。不过,由于回回国子学所授课程主要是亦思替非文字,在新蒙古文字大力推广和汉族文化日益受到蒙古统治者重视的社会背景下,这所学校

---

①《元史》卷八十一《选举志一》,中华书局,1976 年版,第 2028 页。

②《元史》卷八十一《选举志一》,第 2028 页。

③《元史》卷八十一《选举志一》,第 2029 页。

尽管"公卿大夫子弟与夫凡民之子入学者众"①,但其实际的地位和影响,远不及国子学和蒙古国子学。

自蒙古国时期开始,至元朝建立后,大都便建立了中央一级的学校,一些名儒名士被任命为学官,进入国子学中承担教学和管理工作。这对于提高国子学、蒙古国子学、回回国子学的教学水平,完善学校的规章制度和管理,起到积极的作用。正是由于这些国子学是中央一级的学校,也是元朝的最高学府,因此,元大都又成为全国的教育中心。元朝设置在大都的中央教育机构,也因三所国子学的不断发展而不断调整、逐步完善其设置和职能,较好地起到了统领和规范全国学校及教育的作用。

更为重要的是,国子学、蒙古国子学、回回国子学设置在大都,既培养了一批有一技之长的人才,也因一些名儒名士入学教授,以及各地的一些文士入国子学求学,使燕京地区出现了文人、特别是名儒名士荟萃的景象,这对于促进大都地区社会文化水平的提高、学术文化的繁荣和兴盛,无疑也具有极其重要的作用。

二、元大都的地方学校

蒙古贵族南下进入中原地区后,在设置中央一级学校的同时,为了表现其"遵用汉法",也出于安抚汉人和稳定地方统治秩序的需要,还陆续开始恢复因受战乱影响而荒废的地方学校教育。

还在蒙古军队占领燕京后,宣抚使王楫就请将金枢密院改为宣圣庙,以示蒙古统治者尊孔尚儒之意。其后,窝阔台汗"始定中原,即议建学,设科取士"。他在位的第六年(1234),便"设国子总教及提举官,命贵臣子弟入学受业"。忽必烈汗即位后,于中统二年(1261),"始命置诸路学校官,凡诸生进修者,严加训诲,务使成材,以备选用"②。尽管到忽必烈建立元朝前夕,由于蒙古统治者的主要精力是放在平定江南的战事上,建立地方学校有议而无果,但也反映出蒙古统治者在进入中原汉地以后,将建立地方一级的学校作为其统治政策的

---

① 《元史》卷八十一《选举志一》,中华书局,1976年版,第2028—2029页。
② 《元史》卷八十一《选举志一》,第2032页。

组成部分。

至元十三年(1276),在元军对南宋作战取得重大胜利,江南局势逐渐趋于稳定之时,元世祖便"授提举学校官六品印,遂改为大都路学,署曰提举学校所"①。大都路学,又称大兴府学,是大都路的地方最高学府。它的设置,标志着燕京地区地方学校开始恢复或重建。

大都路学最初的校址不详。至元二十四年(1287),位置北移后的新大都城建成后,国子学遂迁至新大都城东,以原南城的国子学作为大都路学的校舍。元仁宗延祐四年(1317),大兴府尹马思忽重修大都路学的殿门堂庑,并在学校内建起东、西两斋。泰定三年(1326),时任大兴府尹的曹伟又于大都路学内,增建环廊。由于学校生员不断增加,校舍房屋日渐紧张,天历二年(1329),又对大都路学进行了扩建,提举学校郝义恭又在学校内增建斋舍。

大都路学生员的生员定额,基本保持在百人左右。生员"每名月饩,京畿漕运司及本路给之"。从泰定四年(1327)起,为加强对生员的管理,"诸生始会食于学焉"②。大都路学设有提举学校官,主管学校教学、管理等事务。其下设有教授、学正、学录各一员,负责协助提举官管理学校和从事教学工作。并与提举官一同负责大都地区州、县两级学校的管理和教育工作。

大都路所辖的各州、县,也分别设置了州学和县学等官学和书院。这些学校所设置的学官,有教授、学正、山长、学录、教谕等,均由礼部或行省、宣慰司任命。"凡师儒之命于朝廷者,曰教授,路府上中州置之。命于礼部及行省及宣慰司者,曰学正、山长、学录、教谕,路州县及书院置之"③。

元朝的书院,凡路、州、府多有设置。"其他先儒过化之地,名贤经行之所,与好事之家出钱粟赡学者,并立为书院"④。元朝的书院,亦属官办。其学官的设置,与路府州县学校一样,均由朝廷或地方官府任命,且有定额。"路设教授、学正、学录各一员,散府上中州设教授一员,下州设学正一员,县设教谕一员,书院设山长一员。中原州县学正、山长、学录、教谕,并受礼部付身。各省

---

①《元史》卷八十一《选举志一》,中华书局,1976年版,第2032页。

②《元史》卷八十一《选举志一》,第2032页。

③《元史》卷八十一《选举志一》,第2032—2033页。

④《元史》卷八十一《选举志一》,第2032页。

所属州县学正、山长、学录、教谕,并受行省及宣慰司剳付。凡路府州书院,设直学以掌钱谷,从郡守及宪府官试补"[1]。由朝廷或官府任命地方各级学校及书院的各种学官,可以保证学校管理的正规和教学秩序的正常。大都路的州学、县学及书院,正是在元朝统治者重视地方学校教育之下,得以较快地发展。

除州县学校和书院这些以学习儒家经典著作为主的学校外,大都地区还设置有培养专门人才的学校。在忽必烈汗中统二年(1261)五月,太医院使王猷进言"医学久废,后进无所师授。窃恐朝廷一时取人,学非其传,为害甚大"。为此,忽必烈遣副使王安仁,并授其金牌,前往诸路设立医学。"后又定医学之制,设诸路提举纲维之。凡宫壸所需,省台所用,转入常调"[2]。

此外,在大都路设置的学校中,还有阴阳学,隶属太史院。至元二十八年(1291),元朝政府始置诸路阴阳学。"其在腹里(即中书省直辖地区)、江南,若有通晓阴阳之人,各路官司详加取勘,依儒学、医学之例,每路设教授以训诲之"。元仁宗延祐初,又"令阴阳人依儒、医例,于路府州设教授一员,凡阴阳人皆管辖之,而上属于太史焉"。所谓阴阳学,主要包括术数、天文等学术知识。"其有术数精通者,每岁录呈省府,赴都试验,果有异能,则于司天台内许令近侍"[3]。

由此可见,元朝时期燕京地区的学校设置是十分普遍的,从中央到地方的路、府、州、县均建有学校,且还有培养专门人才的学校。即使是散置于京畿地区的各军卫和驿站,也建有卫学、驿学,主要为军户、站户子弟提供学习的机会。

这一时期燕京地区还存在许多私人开设的学校,即私塾。私人设学,招收生徒传授自己精通的知识和学术思想,在燕京地区也是一种历史悠久的传统教育方式。入元以后,这一传统也十分兴盛。社会各阶层,包括皇太子、诸王,以及一些官僚贵族,都延请当时社会上的名儒、名士,教授自己的子弟。也有置学馆,招收生徒教习者。

私人办学,虽规模都不大,但其数量是很多的。而且因其多为名儒名士任

---

①《元史》卷八十一《选举志一》,中华书局,1976年版,第2033页。
②《元史》卷八十一《选举志一》,第2033页。
③《元史》卷八十一《选举志一》,第2034页。

教,其教育和教学也有一定的水平。这对大都地区教育的发展,社会文化水平的提高,以及文化的传播,是有重要作用的。

三、元大都学校的教育和管理

元朝大都地区设置的各级各类学校,不仅种类多,覆盖范围广,在学校的教育、教学的内容和考试,生员的日常管理等诸多方面,还都有一套比较全面、严格的规章制度,以维持学校正常的教学秩序。

元朝在中央设有专门职掌学校教育的机构,即国子监,负责管理国子学。但由于元朝设在大都的国子学有三所,即国子学、蒙古国子学和回回国子学,所以国子监亦相应设置三处:即国子监,隶属于集贤院;蒙古国子监,隶属于蒙古翰林院;回回国子监,隶属于翰林兼国史院。各自专门负责管理所辖的国子学。

元朝的集贤院,"掌提调学校、征求隐逸、召集贤良,凡国子监、玄门道教、阴阳祭祀、占卜祭遁之事,悉隶焉"[①]。国子监作为它的隶属机构,则负责管理国子学的具体事务。至元初年,元世祖以许衡为集贤馆大学士、国子祭酒,主持国子学管理和教育时,即设有司业、博士、助教等职。至元二十四年(1287),正式设置国子监。内设国子祭酒一员,主管全面事务;国子司业二员,"掌学之教令,皆德尊望重者为之"[②]。国子监丞一员,专领监务;其下设典簿一员,令史二人,译史、知印、典吏各一人,负责处理日常具体事务。

在国子学内部的管理机构中,设有博士二员,"掌教授生徒、考较儒人著述、教官所业文字";助教四员,分教各斋生员。大德八年(1304),又于国子学内增置助教二员、学正二员、学录二员,负责督习生员课业;典给一员,掌生员膳食。此外,还设有兴文署,置署令一员,以翰林修撰兼任;署丞一员,以翰林应奉兼任。至治二年(1322)罢设兴文署,遂改置典籍一员,其职掌为"提调诸生饮膳,与凡文牍簿书之事"[③],即负责国子学的日常行政事务的管理,包括国子生的饮食、文具等管理工作。可见,元朝国子学在机构设置上,是将教学与

---

① 《元史》卷八十七《百官志三》,中华书局,1976 年版,第 2192 页。
② 《元史》卷八十七《百官志三》,第 2193 页。
③ 《元史》卷八十七《百官志三》,第 2193 页。

行政分开,便于管理的需要,也利于规范学校的日常学习生活。

蒙古国子监始置于至元十四年(1277),最初只设司业一员。至元二十九年(1292),因蒙古国子学的规模扩大,遂"准汉人国学例,置祭酒、司业、监丞"①。元仁宗延祐七年(1320)后,定蒙古国子监制:祭酒一员,司业二员,监丞一员。其下设令史、必阇赤、知印各一人。

隶属蒙古国子监的蒙古国子学,最初设置的官员很少。至元八年(1271),只置官五员,职掌教习诸生。后随学校生员的增加,规模的扩大,逐渐增加官员名额。至元三十一年(1294)后,定制:博士二员,助教二员,教授二员,学正、学录各二员,其下置典书、典给各一人。

回回国子学设置于至元二十六年(1289),且规模很小,因此也只设五名官员。而回回国子监则于延祐元年(1314)才设置,其后,又曾一度废止。与国子监和国子学、蒙古国子监和蒙古国子学相比,回回国子监和国子学设置的管理机构也是最小的,只设有监官,学官等官员②。在学校的管理和教学方面,同国子学和蒙古国子学一样,也是比较规范的。

元大都地区的各级各类地方学校,也各有一套比较完整、规范的管理机构。如大都设有大都路提举学校所,隶属大都路总管府,具体负责管理大都路学。内置提举一员,教授二员,学正二员,学录一员。至元二十四年(1287),国子学迁址后,"以故孔子庙为京学,而提举学事者,仍以国子祭酒系衔"③。大都路所辖州县亦设有学官,"儒学教授一员,……及学正一员、学录一员。其散府、上中州,亦设教授一员,下州设学正一员"④,"县设教谕一员,书院设山长一员"⑤。这些地方学校的官员,也是由朝廷或地方官府任命,具体管理学校的事务。

由朝廷统一规定各级各类学校的管理机构和官员、教员的设置,明确各自的职掌,这对于规范大都地区各级各类学校的管理是十分必要的,能有效地起

①《元史》卷八十七《百官志三》,中华书局,1976年,第2191页。
②《元史》卷八十一《选举志一》,中华书局,1976年版,第2028—2029页。
③《元史》卷九十《百官志六》,中华书局,1976年版,第2301页。
④《元史》卷九十一《百官志七》,中华书局,1976年版,第2316页。
⑤《元史》卷八十一《选举志一》,中华书局,1976年版,第2033页。

到督课生员学习、严格遵循蒙古统治者谕旨、规范学校教育和教学的内容、为统治者培养人才的作用。

大都地区的各级各类学校,不仅设有管理的机构和官员,也还各有一套管理的规章和制度。

至元二十四年(1287),大都国子学迁入新校舍后,元朝政府制定了一套十分严格的管理制度。其所设的博士,全面负责学校事务。生员分为三斋,博士需要"分教三斋生员,讲授经旨,是正音训,上严教导之术,下考肄习之业"。与博士同掌学事的助教,则"专守一斋",学正、学录具体负责"申明规矩,督习课业"。此外,在生员学习中,"博士、助教亲授句读、音训,正、录、伴读以次传习之。讲说则依所读之序,正、录、伴读亦以次而传习之"①。可见,大都国子学所设的博士、助教、学正、学录等官员在负责管理的同时,还承担着讲授、解读等具体的教学工作。

国子学生员主要的学习内容,是儒家的经典著作。"凡读书必先《孝经》、《小学》、《论语》、《孟子》、《大学》、《中庸》,次及《诗》、《书》、《礼记》、《周礼》、《春秋》、《易》"。凡当日所学内容,次日就进行测验。测验的方式是"抽签,令诸生复说其功课"。至于考试,则有对属、诗章、经解、史评等几种方式。由博士负责出题。生员答题完毕,"先呈助教,俟博士既定,始录附课簿,以凭考校"②。可见,对生员学业的考核,是十分规范的,且有"课簿",即成绩的记录。

生员在国子学学习期间,对其言谈举止等行为表现,也有具体的规定。许衡就曾"著诸生入学杂仪,及日用节目"③,以作为规范生员在校行为、表现的依据。

元武宗至大四年(1311),又立国子学试贡法,对学业优秀的生员直接授予官职。不过,与蒙古国子学和回回国子学的生员相比,国子学生员不仅考试的难度大,所授官职也低。"蒙古授官六品,色目正七品,汉人从七品。试蒙古生之法宜从宽,色目生亦稍加密,汉人生则全科场之制"④。

---

①《元史》卷八十一《选举志一》,中华书局,1976 年版,第 2029 页。

②《元史》卷八十一《选举志一》,第 2029 页。

③《元史》卷八十一《选举志一》,第 2029 页。

④《元史》卷八十一《选举志一》,第 2030 页。

元仁宗延祐二年(1315),国子学的生员名额增多后,集贤学士赵孟頫、礼部尚书元明善等人又提议修定国子学贡试之法,遂改定了相关制度和规定。具体的内容:其一为"升斋等第"。即将国子学的学堂分为六斋,东西相向:下两斋,左斋名为"游艺",右斋名为"依仁","凡诵书讲说、小学属对者隶焉";中间的两斋,左斋名为"据德",右斋名为"志道","讲说《四书》,课肄诗律者隶焉";上两斋,左斋名为"时习",右斋名为"日新","讲说《易》、《书》、《诗》、《春秋》科,习明经义等程文者隶焉"。每斋生员的数量不等。上、中、下左右六斋,实为从低到高的三级,生员从下斋升入上斋,有严格的考核办法及标准。"每季考其所习经书课业,及不违规矩者,以次递升"①。因元朝分"四等人制",所以国子学的六斋对蒙古、色目和汉人子弟,亦有所区别,具体体现在第二条的考试规定中。

其二为"私试"和"升斋"规矩。凡试,"汉人验日新、时习两斋,蒙古、色目取志道、据德两斋,本学举实历坐斋二周岁以上,未尝犯过者,许令充试。限实历坐斋三周岁以上,以充贡举"。在考试内容上,汉人与蒙古、色目人也不相同。"汉人私试,孟月试经疑一道,仲月试经义一道,季月试策问、表章、诏诰科一道。蒙古、色目人,孟、仲月各试明经一道,季月试策问一道"。考试优劣等级评定的标准是:"辞理俱优者为上等,准一分;理优辞平者为中等,准半分。"考试的时间定在每月的初二日。考试具体规定的要求是,考试当天的清晨,"本学博士、助教公座,面引应试生员,各给印纸,依式出题考试,不许怀挟代笔,各用印纸,真楷书写"②。生员答完题后,由学正、学录将试卷誊抄后弥封,并按科举考试的阅卷定第程式,将誊抄的试题先交由助教评阅,再由博士评定成绩。次日,还要由国子监官员进行复考。然后将每位生员的考试分数记入名籍内,由国子学保管,作为年终通考的依据。

对升斋的规定是:"每岁终,通计其年积分,至八分以上者升充高等生员,以四十名为额,内蒙古、色目各十名,汉人二十名。岁终试贡,员不必备,惟取实才。有分同阙少者,以坐斋月日先后多少为定。其未及等,并虽及等无阙未

①《元史》卷八十一《选举志一》,中华书局,1976年版,第2030页。
②《元史》卷八十一《选举志一》,第2030—2031页。

补者,其年积分,并不为用,下年再行积算"①。

其三为"黜罚科条"。即对生员违犯校规的处罚规定。"应私试积分生员,其有不事课业及一切违戾规矩者,初犯罚一分,再犯罚二分,三犯除名"。"应已补高等生员,其有违戾规矩者,初犯殿试一年,再犯除名"。"应在学生员,岁终实历坐斋不满半岁者,并行除名"。生员请假也有规定,"除月假外,其余告假,并不准算"。从这些规定中可以看出,国子生在学校是受严格的校规约束的。一旦违犯,即要受到罚分或降等的处分。屡教不改者,还要被除名。对生员日常行为和学习情况的监督,是由学正、学录负责的。生员必须"从学正、录纠举之"。若学正、学录监管不力,或不负责任,亦要受到处罚。"正、录知见而不纠举者,亦从本监议罚之"。除日常的监管外,学正、学录还负责在年终对生员进行全面考评。"学正、录岁终通行考校应在学生员,除蒙古、色目别议外,其余汉人生员三年不能通一经及不肯勤学者,勒令出学"②。这些日常和年终的纠举、通考规定,是对国子学生员的一种约束,旨在规范他们的日常行为,督促生员勤奋学习,杜绝投机取巧、不思进取、荒废学业的行为,以维护正常的学习秩序。

泰定三年(1326),国子学又依元世祖旧制,改考校积分法为贡举法。"其贡试之法,从监学所拟,大概与前法略同,而防闲稍加严密焉"。这次改制,主要是将国子学生员的考核与任职挂钩,既保证国子学教官的学识水平,又有助于激励生员认真学习。原国子学学正、学录二员,司乐一员,典籍二员,管勾一员,及侍仪舍人,系按"旧例举积分生员充之"。改制后,则"于上斋举年三十以上、学行勘范后学者为正、录,通晓音律、学业优赡者为司乐,干局通敏者为典籍、管勾。其侍仪舍人,于上、中斋,举礼仪习熟、音吐洪畅、曾掌春秋释奠、每月告朔明赞、众与其能者充之"③。改行贡举法后,还规定了国子学生员升贡的名额。"既额设四十名,宜充部令史者四人、路教授者四人。是后,又命所贡生员,每大比选士,与天下士同试于礼部,策于殿廷,又增至备榜而加选择

①《元史》卷八十一《选举志一》,中华书局,1976年版,第2030页。
②《元史》卷八十一《选举志一》,第2031页。
③《元史》卷八十一《选举志一》,第2031页。

焉"①。此项规定,又将国子学生员学成后的授官任职与科举取士并轨,无疑更有助于严格和规范学校的教学内容,督课生员的学习。

从国子学的这些制度和规定中,也反映出元朝时期,大都国子学是一所培养精通儒学人才的最高学府。生员入学后,先在下两斋学习,经考核合格后,再升入中两斋学习,最后升入上两斋。下、中、上三级所学的内容,是由浅入深,由简至难的。这种循序渐进的学习过程,有助于生员从儒学经典的基础知识入手,进而掌握更精深的儒学知识。为了督促生员的学习,而制定的学业、行为、考核等制度和规定,都说明大都国子学已经是一所制度完善、管理严格的学府。

蒙古国子学也制订有制度和相关规定。其生员因在校主要习用新蒙古文字及语言,所以学习的内容,"以译写《通鉴节要》颁行各路,俾肄习之"②。学习《通鉴节要》,是要使这些蒙古贵族的子弟了解和掌握中原王朝的沿革历史,特别是历朝历代的治国之术,以利于培养元朝所需的本民族统治人才。对生员考核的规定,则比国子学生员要简单、容易。"俟生员习学成效,出题试问,观其所对精通者,量授官职"。大德四年(1300),又定蒙古国子学生员,与州县蒙古字学生员一同,由各学校"举生员高等,从翰林考试,凡学官译史,取以充焉"③。既然对蒙古国子学生员分等,择高等者参加翰林考试,显然这所学校也有一套考核的方法,也应是很规范的。

回回国子学的制度,多依国子学之制。"凡公卿大夫与夫富民之子,皆依汉人入学之制,日肄习之"。所学的内容,是亦思替非文字,而且注意这种文字及语言的实用性。"以其文字便于关防取会数目,令依旧制,笃意领教"。其生员学成后,即可赴官署任译史。"凡百司庶府所设译史,皆从本学取以充焉"④。

大都地区的地方学校也有一些制度和规定。"自京学及州县学以及书院,凡生徒之肄业于是者,守令举荐之,台宪考核之,或用为教官,或取为吏属"。

---

①《元史》卷八十一《选举志一》,中华书局,1976年版,第2031—2032页。
②《元史》卷八十一《选举志一》,第2028页。
③《元史》卷八十一《选举志一》,第2027、2028页。
④《元史》卷八十一《选举志一》,第2028—2029页。

因为地方学校及书院的生员只要学业优异，即可担任官吏之职，所以"往往人材辈出矣"[1]。不过，地方学校还有一套用于考核学官的制度，是出于规范学校管理，保证教学水平的需要而制定的。如"师儒之命于朝廷者，曰教授"，"命于礼部及行省及宣慰司者，曰学正、山长、学录、教谕"。对这些学官的人选，以及升迁等，均有明确具体的规定。如"凡正、长、学录、教谕，或由集贤院及台宪等官举充之。谕、录历两考，升正、长。正、长一考，升散府上中州教授。上中州教授又历一考，升路教授"。即使是书院学官，亦有考核、升迁的规定。"凡路府州书院，设直学以掌钱谷，从郡守及宪府官试补。直学考满，又试所业十篇，升为学录、教谕"。"后改直学考满为州吏，例以下第举人充正、长，备榜举人充谕、录，有荐举者，亦参用之"[2]。由中央直接任命并考核学校的学官，实际是将学官的管理纳入国家的官僚体系中。这更便于朝廷对各级学校的监管，也有利于学校培养更多统治者所需要的各种人才，还有助于制约学校的教学行为。

至于那些培养专门人才的学校，其制度和规定也是很严格、规范的。如各路设置的医学，"其生员拟免本身检医差占等役，俟其学有所成，每月试以疑难，视其所对优劣，量加劝惩。后又定医学之制，设诸路提举纲维之"[3]。由于医学是培养医者的学校，医术的水平又直接关系着医疗的效果，所以在所学的医学知识和学官的人选，以及医学生员的考核等方面，还有一些特殊的规定，"凡随朝太医，及医官子弟，及路府州县学官，并须试验。其各处名医所述医经文字，悉从考校。其诸药所产性味真伪，悉从辨验"。至于医学的"诸教授皆从太医院定拟"。医学生员的考试，"每岁出降十三科疑难题目，具呈太医院，发下诸路医学，令生员依式习课医义，年终置簿解纳送本司，以定其优劣焉"[4]。医学教授由太医院拟定，所学的医药学知识须经考校，试题须经太医院审定，这些制度和规定也是根据医学的特点制定的，充分体现了医学校的特殊性和实效性。

---

[1]《元史》卷八十一《选举志一》，中华书局，1976 年版，第 2033 页。
[2]《元史》卷八十一《选举志一》，第 2032—2033 页。
[3]《元史》卷八十一《选举志一》，第 2033 页。
[4]《元史》卷八十一《选举志一》，第 2034 页。

元朝大都地区的各级各类学校制定的这些制度及相关的规定,反映了元朝统治者对学校教育的重视,确实将它视为所需人才之所出。而这些制度及规定,大多都是汉族的名儒、名士最先提出的。如皇庆元年(1312)升任国子司业的吴澄,就曾"用程纯公《学校奏疏》、胡文定公《六学教法》、朱文公《学校贡举私议》,约之为教法四条:一曰经学,二曰行实,三曰文艺,四曰治事"①。吴澄在参考其他王朝的有关学校的制度后,提出的四条教法,虽未得到实行,但也不失为对学校管理提出的新措施,具有针对性强、实用易行的特点。吴澄因病返乡后,接替他的齐履谦,"律己益严,教道益张,每斋置伴读一人为长,虽助教阙员,而诸生讲授不绝"。他还针对岁贡国子生"按入学先后为次第"的旧制,提出改制的建议,"'不考其业,何以兴善而得人!'乃酌旧制,立升斋、积分等法"。他建议实行的国子学升斋和积分法,实际就是后来国子学执行的制度之一。齐履谦提出的一些具体的规定内容,在《元史·选举志》中没有反映。而在《元史》本传中,多少有一些记载。如在他制定的升斋法中,有对生员的学业的品行进行考核的规定。"每季考其学行,以次递升,既升上斋,又必逾再岁,始与私试。"积分贡举法则规定,凡国子生私试,"辞理俱优者一分,辞平理优者为半分,岁终积至八分者充高等,以四十人为额"。即使是一年积分达到八分的生员,还要进行一次筛选。"然后集贤、礼部定其艺业及格者六人,以充岁贡"。这种用累积分数选拔生员充贡的办法,旨在激励国子学生员们勤奋学习。所以,这一制度的实施,也提高了国子学生员的学习积极性。"帝从其议,自是人人励志,多文学之士"②。

元朝时期大都地区设置的学校,已超过此前历朝历代都城的学校。学校不仅种类、数量多,规模大,而且在学校的制度、规定和管理措施等方面,都有新的内容。其中,学校的教育教学内容,不仅有传统的儒学,还有适应形势发展需要的理学,更有供外来民族学习需要的学校和学习内容。在管理上,元大都的各级各类学校都制订有具体的制度和规定。这些制度和规定,除有一些是沿袭内地学校已有的,也有不少是这一时期出现的。如吴澄提出的四条教

---

①《元史》卷一百七十一《吴澄传》,中华书局,1976年版,第4012页。
②《元史》卷一百七十二《齐履谦传》,中华书局,1976年版,第4030页。

法,即"经学、行实、文艺、治事",实际是将教学与生员的学习相结合,以便更好地施教。这四条教法,涉及到生员学习的四个阶段,即粗读、理解、实践、应用。符合生员学习的特点,具有由浅入深、循序渐进的特点。这正体现出这一时期大都学术界所倡导的"学以致用"的思想,实际也是教学的一种创新。

不仅如此,元大都学校的制度、规定和管理措施,既具体、细致、严格,又具有较强的可操作性,更有一些创新之处。其中,齐履谦制订的"积分贡举法",规定对生员的学业和品德、操行进行定期考核。这一制度不仅有助于督促生员认真学习,遵守学校的规章,更能保证生员的质量和水平。可以说,元大都的学校教育无论是管理,还是教学,都在沿袭、继承中国传统学校教育的基础上,结合实际,做了有益的探索和尝试。这也对后世的学校教育,提供了有益的经验。

元朝大都地区的学校和教育,正是在蒙古统治者实行的"遵用汉法"政策作用下,在蒙古统治者出于政权建设和人才培养的需要下,凭借着作为元朝国都的特殊地位,得以迅速地从经历战火摧残后的残破、萧条的景象中恢复和发展起来。随着燕京地区在南北统一后,成为全国的政治中心,本地区的教育又得到更加快速的发展,其地位也随之上升。从此,燕京地区便成为全国文化教育的中心。

第六章　明朝北京的学术与教育

元至正二十八年(1368)正月,朱元璋在应天(今江苏南京)即皇帝位,定国号大明,年号洪武。同年八月,明军攻占大都,元顺帝北逃上都(今蒙古正蓝旗上都镇东),元朝灭亡。

明军占领大都,推翻元朝后,明太祖即下诏,改元大都路为北平府。明太祖死后,燕王朱棣以"清君侧"之名,发动"靖难之役",取代建文帝,是为明成祖。

朱棣即位后,因北方边备空虚,且蒙古鞑靼、瓦剌又不断南下侵扰,遂将北平改为北京,并于永乐四年(1406),明令迁都。次年,开始营建北京城。永乐十九年(1421)正月,明廷正式迁都到此。自此,燕京地区又成为明朝的统治中心,继续作为全国的政治、经济和文化、教育中心。

第一节　北京地区学术文化发展的背景

一、明初的社会局势与中外交往

明初,朱元璋针对元朝末期的腐朽统治给社会经济造成的严重破坏,采取奖励垦荒、移民屯田、兴修水利、推广经济作物种植等政策和措施。这些政策和措施实施后,农业生产得到较快的恢复和发展,社会局势也逐步得到稳定。而北京地区也在朱棣即位后,采取了垦荒、屯田和减免租赋、赈济百姓等措施,使在元末明初的战火中田园荒芜、人烟稀少的景象,较快地得到改变。此外为

　　了解决北京城的漕运，永乐帝还下令疏通了自元末以来一直淤塞的大运河。大运河的疏通，不仅解决了北京城所需的粮食、建筑材料等大量物资的运输问题，而且方便了北京与江南地区的交通，有利于南北方的交流与交往。

　　永乐十九年（1421），永乐帝正式迁都北京后，这一地区的社会经济不仅得到恢复和发展，商业也迅速发展起来。在此基础上，作为明朝政治中心的北京城，又具有全国商业中心的特殊地位，从而又增加了这座古老城市的功能。

　　北京，作为北方的一座重要城市，还具有重要的战略地位。元朝灭亡后，北逃的元朝残余势力不断南下侵扰，对北京构成严重的威胁。所以自明太祖洪武年间开始，便在北平的北部沿始建于秦代的旧长城，修筑了一道更为坚固、险峻的长城，以扼守关隘，保卫北平的安全。在这道穿越北平北部山区崇山峻岭的长城沿线，还驻扎着为数众多的军队，构筑了一条坚固的防线，有效地阻止了元朝残余势力对北京地区的直接侵扰。

　　明朝初年，北京地区农业生产的恢复和发展，商品经济的活跃，以及北部边备的加强，使这一地区的社会秩序很快得以稳定。永乐帝迁都北京以后，又出兵追剿元朝的残余势力，同时注意发展生产，进而更加稳定了北京地区的局势。

　　社会秩序的稳定，为北京地区的文化发展提供了很重要的社会条件。所以，北京成为明朝的国都后，文化也很快地活跃起来。在北京城里的商业中，有不少经营书籍的店铺和书市。如在大明门左、礼部门外、拱宸门西（今天安门广场西南），每逢会试，即有书商列书肆于场前，之后，又移至灯市。据《帝京景物略》记载，当时北京城许多常年销售商品的常日市，以及定期开设的庙市等，都有专售书籍的商贩。如城隍庙市，即出售古今图书、商周彝帛、秦汉匜镜、唐宋书画等。

　　而且，迁都北京后，作为明朝的政治和商业中心，也吸引着各地的文人学者，这些来到北京的外地文人学者，有的是入仕为官，有的则是来京城就学者。

　　明朝设置在北京的中央政权机构中，有许多与文化有关的机构，如翰林院、文思院、国子监、贡院等。在这些机构中，更集中着大量的文人学者。在他们中间，有为皇帝及皇太子讲经、侍读的学士，职掌图书典籍的官员，从事国史编纂的史官等。尤其是明太祖废中书省，罢设丞相后，因需批答大量的奏章，常应接不暇，乃以殿阁大学士专备顾问，是为机要秘书，协助处理政务。明成祖时,又正式设置内阁,以内阁大学士参与机务。而在迁都后的北京城中,设置的全国最高学府——国子监,更是文人云集、学者荟萃。所以,当时的北京城集中了全国的许多优秀人才。如在永乐年间,入值内阁参与机要的大学士解缙、黄淮、杨士奇、胡广、金幼孜、杨荣、胡俨等人,不仅以翰墨文字著称,更有渊博的学识。

如解缙,"少登朝,才高,任事直前,表里洞达"[1];黄淮"论事,如立高冈,无远不见"[2];胡广"善书,每勒石,皆命书之"[3];金幼孜极善文学,为明成祖所器重,"帝重幼孜文学,所过山川要害,辄命记之"[4];胡俨"少嗜学,于天文、地理、律历、医卜无不究览"[5];杨士奇"在帝前,举止恭慎,善应对,言事辄中"[6];杨荣亦才识卓著,所以明成祖北伐元朝残余势力时,"军务悉委荣,昼夜见无时。帝时称杨学士,不名也"[7]。这些名士不仅用自己的学识和才干悉心辅佐明成祖治理朝政,还在学术上多有建树,且著述颇丰。

在这些内阁大学士中,有一些人还历经明成祖、仁宗、宣宗以及英宗几朝。他们或从自己的亲身经历,或从历史典籍中,对战争给社会生产造成的破坏有很深的了解,因此他们力主给百姓提供休养生息的机会。在他们的影响下,明朝前期的统治者采取了恢复生产、发展经济的措施,出现了社会经济繁荣的景象。同时,他们自身就是文人学者,尤其重视文化教育,所以他们入阁后,还积极倡导"文治",进而又推动着文化的发展。也可以说,北京地区在这一时期出现的学术文化的繁盛景象,与他们是有很大关系的。据《明史·金幼孜传》所载,解缙长于《尚书》,杨士奇长于《周易》,胡广长于《诗经》,金幼孜长于《春秋》,可见他们对儒学的研究,都有很深的造诣。这也决定了他们以学术文化起家,必然会将学术文化作为立身之本。因此在他们辅佐明朝皇帝、参与机务,以及在为皇帝及皇太子侍读、侍讲时,积极主张崇尚儒学,兴建学校,选贤

---

①《明史》卷一百四十七《解缙传》,中华书局,1974年版,第4121页。

②《明史》卷一百四十七《黄淮传》,第4124页。

③《明史》卷一百四十七《胡广传》,第4125页。

④《明史》卷一百四十七《金幼孜传》,第4126页。

⑤《明史》卷一百四十七《胡俨传》,第4127页。

⑥《明史》卷一百四十八《杨士奇传》,第4131页。

⑦《明史》卷一百四十七《杨荣传》,第4140页。

任能,广招天下贤才。如明成祖于永乐十二年(1414)北征时,命皇太孙朱瞻基从征,又令胡广、杨荣、金幼孜"每日营中闲暇,尔等即以经史于长孙前讲说,文事武备,不可偏废"①。

而在选贤择士方面,这些文人学者也发挥了重要的作用。明洪武三年(1370),明太祖始设科举。考试分三级:乡试,为省级考试,每三年举行一次,中试者称举人;会试,为中央一级的考试,由礼部主持,于乡试第二年举行;殿试,为皇帝亲自主持,中第者称进士。进士分一、二、三甲,一甲取三人,称状元、榜眼、探花,皆赐进士及第。二甲取若干人,皆赐进士出身。三甲人数亦不固定,皆赐同进士出身。所试皆取"四书"、"五经"命题。应试者须以程朱等宋儒经义为本旨,即所谓"代圣贤立言",不得擅自发挥。科举制度的恢复,对社会形成重视文化、重视教育的风气,无疑是起到促进作用的。但科举制度恢复后不久,又出现了分南北方取士的现象。"考官刘三吾、白信蹈所取宋琮等五十二人,皆南士"②。此事被明太祖朱元璋察觉后,及时纠正,并严厉处置了当事人。且又重开廷试,复试进士,所取皆北士。明初,科举制度采取的分南、北方取士的做法,其原因,一是元朝虽统一了全国,但其统治者蒙古贵族在当时内地的汉人心目中,仍被视为"外族"。加之蒙古族统治者实行"四等人制"的民族歧视政策,所以在内地,尤其是原南宋区域的汉人,对蒙古统治者怀有抵触情绪。朱元璋在出兵北伐元朝时,就曾提出"逐胡虏,除暴乱,使民皆得其所"③,以此获得民心。而元朝的统治中心就在北方,故相对比较先进、发达的南方地区的人们,亦认为北方地区落后。二是明朝开科取士之初,考官多南方文人学者,地域乡土之情使他们在取士中,多倾向于南方文士。但这种情况,不利于广招天下贤才,所以当明宣宗改革科举制度,分南、北二卷取士时,杨士奇就向宣宗指出:"长才大器,俱出北方,南人虽有才华,多轻浮。"并建议会试取士,"试卷例缄其姓名,请于外书'南'、'北'二字,如当取百人,则南六十,北四十,

---

①《明史纪事本末》卷二十一《亲征漠北》,中华书局,1977 年版,第 335 页。
②《明史》卷七十《选举志二》,中华书局,1974 年版,第 1697 页。
③《明太祖实录》卷二十六,"吴元年十月丙寅",台湾"中央研究院历史语言研究所"校印《明实录》第一册,1967 年版,第 404 页。

南北人才,皆入彀矣"①。这一建议被宣宗采纳。其后,在宣德、正统年间,又"分为南、北、中卷,以百人为率,则南取五十五名,北取三十五名,中取十名"②。其中,北卷所试为来自顺天、山东、山西、河南、陕西等地的举人。虽然分卷取士,多少带有地域歧视的倾向,但这对于推动和促进北方地区,特别是北京地区文化的发展,仍具有积极的作用。

明朝北京地区的学术文化发展,还有一个重要的原因,就是"西学东渐"。16世纪时,欧洲的一些国家已进入资本主义的原始积累时期。随着新航路的开辟,西方的殖民主义者开始了对亚洲和非洲、美洲的掠夺。西方的一些商人和天主教中的耶稣会士,也相继到海外经商和传教。从明正德年间开始,葡萄牙、西班牙和荷兰的殖民主义者及商人相继自海上进入中国。明万历年间,天主教耶稣会士也开始进入中国。这些西方的商人、传教士来到中国后,在经商和传教的同时,也将西方的文化传入中国,促进了中西方文化的交流。

在来华的西方传教士中,意大利人利玛窦于万历二十九年(1601)到达北京,并获准入宫见明神宗。他向神宗进献了天主像、《圣经》、自鸣钟、《万国舆图》、西洋琴等。明神宗因此表示,利玛窦"可以放心住在京城里,他不愿再听有关让他们回到南方或回本国的话"③。此后,利玛窦便定居在北京,直至万历三十八年(1610)去世。在此期间,他在京城建成了第一座天主教堂(即今北京宣武门天主教堂的前身;现该教堂即南堂,为清同治元年〔1862〕重修)。利玛窦利用获明神宗准许留居北京的便利条件,一方面大力宣扬和传播天主教,一方面则与京城的文人学者广交朋友,向他们传输和讲解西学。在这些文人学者中,既有官僚,也有皇室成员。在北京居住的十年中,他"每日除提躬瞻礼,存想省察诵经"外,大量的时间"皆谈道著书"④,将许多西方的文化和学术成就介绍到中国。

对于这位西方来的传教士,京城的文人学者们都十分仰慕他的学识。"四

---

①《明史纪事本末》卷二十八《仁宣致治》,第420页。

②《明史》卷七十《选举志二》,中华书局,1974年版,第1697页。

③利玛窦、金尼阁著,何高济、王遵仲、李申译《利玛窦中国札记》第十四章《朝廷批准了北京的传教会》,中华书局,1983年版,第422页。

④张星烺编注、朱杰勤校订《中西交通史料汇编》第一册第一编第六章《明代中国与欧洲之交通》,中华书局,1977年版,第380页。

方人士,无不知有利先生者,诸博雅名流,亦无不延颈愿望见焉"①。其中翰林院庶吉士徐光启以及李之藻等人还与利玛窦合作,翻译了多部西方的学术著作。

以利玛窦为代表的西方传教士,在进入中国,尤其是来到北京以后,不仅带来了西方的天主教,而且将西方的文化和学术成就传入中国,传播到北京地区。从而使北京地区的文人学者在继承中国汉族传统文化的同时,也更多地接触到了西方的学术思想及其成就。使得明朝时期的北京地区学术文化,既有传承本民族传统文化而取得的成就,又有在学习和吸收外来文化基础上取得的学术成果。这些都是明朝北京地区学术文化得以发展和创新的重要基础和条件。

北京成为明朝的国都后,大批文人云集于此,也促进了与学术文化相关的商业活动的兴盛。其中,最具代表性的便是书肆的繁盛。当时的书肆,在明朝初年从集市设摊售书的形式,逐渐发展为固定的摊位,直到形成店铺的形式。如万历年间,"凡燕中书肆,多在大明门之右,及礼部门之外,及拱宸门之西。每会试举子,则书肆列于场前。每花朝后三日,则移于灯市。每朔望并下澣五日,则徙于城隍庙中。灯市极东,城隍庙极西,皆日中贸易所也。灯市岁三日,城隍庙月三日,至期百货萃焉,书其一也"②。弘治十年(1497),位于北京国子监前的赵氏书铺,就曾"刻《涧谷精选陆放翁诗集前集》十卷,《须溪精选后集》八卷、《别集》一卷";"正阳门内巡警铺对门金台书铺,嘉靖元年翻刻元张伯颜《文选》六十卷"③。可见这些书铺已是一个固定的书肆,并且还自己刻印书籍,其规模已非书摊所能相比。这也说明,明朝的北京城内,书肆已不仅是售书,也兼营刊印书籍。

明朝北京城内的书肆,从小规模、分散式经营,逐渐朝着分散与集中相结合、临时与固定并存的方向发展,这也从一个侧面反映了明朝时期北京地区的学术文化,逐渐恢复、发展,进而走向兴盛的史实。同时也证明,明朝在北京地区所云集的大量文人学者,已形成一个庞大的文化和学术群体。而多种经营方式的书肆的出现,又为北京地区的文人学者提供了学习、吸收他人学术成果

---

①《徐光启集》卷二《跋二十五言》,中华书局,1963年版,第87页。
②胡应麟《少室山房笔丛》卷四《甲部·经籍会通四》,中华书局,1958年版,第56页。
③叶德辉《书林清话》卷五《明人私刻坊刻书》,中华书局,1999年版,第140页。

的便利条件,也有助于提升社会文化和学术的水平。

正是在这样的社会背景和条件下,明朝北京地区的学术与文化不仅发展迅速,而且在"西学东渐"的影响下,更呈现出多样性的特点。所以这一时期北京地区的学术与文化,已不仅仅局限于中国传统文化的范围,多有创新,并取得十分显著的学术成就,从而使北京作为全国学术文化和教育中心的地位,得到进一步的巩固。

二、明朝的统治政策与科举制度

自明成祖迁都北京以后,北京地区作为明朝的统治中心,集中了明朝中央的政权机构,其中有许多涉及文化业务和管理的机构。在此任职的基本上都是文人学者,而且许多人还是当时社会上的名流、名士。他们一方面听命于朝廷,忠于职守,为皇帝和朝廷效力;一方面也在学术文化上潜心钻研,著书立说。这些文人学者的活动,也促使明廷朝野上下文事活动频繁,社会文化事业繁盛。

明成祖迁都北京后,在京城设置翰林院,职掌诏敕、书檄、批答等事。设学士、侍读、侍讲、史官及修撰、编修、检讨等官员,分工十分明确。学士掌制诰、史册、文翰之事,负责考议制度,校正图籍,草拟诰敕,以备顾问。凡皇帝出入,侍其左右,参与机要。凡经筵、日讲,纂修实录、玉牒、史志诸书,编纂六曹章奏,皆奉敕而统承之。通常草拟诰敕,以学士一人兼领,若遇大政事、大典礼,则召集诸臣会议。届时,学士亦与诸司官员参与决策。侍讲、侍读之职,主要负责讲读经史,多以经学博士充任。内置"五经"博士,初置五人,后增至九人,各掌一经,专习经义。凡开经筵,则协助学士为皇帝或皇太子讲读。史官,主要掌管编修国史。此外,还设有待诏,主应对;侍书,掌六书供侍;孔目,掌文移诸事。

翰林院内的修撰、编修、检讨等官,均为史官。但凡皇帝所下诏诰、敕令、书檄,批答王言以及涉及天文、地理、宗潢、礼乐、兵刑等重大政务,皆籍而记之,以备实录。若朝廷有纂修著作之事,则分掌考辑撰述。作为史官,他们还兼领其他的文化事务。如皇帝开经筵时,史官多充展卷官;南、北两直隶乡试,他们又充考试官;遇礼部会试,又任同考官;殿试时,又为收卷官。平时,他们主要负责记注皇帝的起居、编纂六曹章奏以及誊黄册封等事。

此外,明朝在北京的翰林院中,还有许多庶吉士。这些人是翰林院在殿试一甲进士之外,经考选录取的文士。他们主要在翰林院学习、深造,由学士一人负责教习。三年后,凡学业优秀者,即留在翰林院任编修、检讨史官。未能留在翰林院者,亦授给事中、御史等职,或出任州、县官。

由此可见,明朝北京城的翰林院是一个文人学者汇集的中央机构,也是一个培养文化人才的场所。在此任职的官员中,大多在学术文化上有特定的专长。这对于文人学者更好地发挥自己的专长,提供了一个很好的机会,有助于学术研究的深入专精。同时,由于人才云集,翰林院实际也成为文人学者们相互交流、切磋学术研究的场所。

在北京城的文化活动中,尤以皇帝所开经筵最为盛事。经筵始于宋朝,是为皇帝讲解经传史鉴而特设的讲席,由大学士、翰林侍讲学士、翰林侍读学士等任讲官。以每年的二月至端午节、八月至冬至节为经筵开办期,在此期间,每逢单日,由讲官入侍,轮流为皇帝讲读经史。这一文化传统也为后代所沿袭,到明代已成为一件文化盛事。

明朝建立后,不仅沿袭了这一文化传统,且更加重视,翰林院的地位也因此得到提高。还在建文帝时,曾"改侍读、侍讲两学士为文学博士,设文翰、文史二馆,文翰以居侍读、侍讲、侍书、'五经'博士、典籍、待诏,文史以居修撰、编修、检讨"。设置文翰馆和文史馆,分别作为讲官和史官的日常活动场所,更有助于从事同一项学术文化活动的文人学者之间相互交流和共同切磋,以促进他们学术水平的提高。明成祖迁都北京后,更利用翰林院文人学者精通经史、了解历朝历代治国之术的特长,用于治国安邦。"特简讲、读、编、检等官参预机务,谓之内阁。然解缙、胡广等既直文渊阁,犹相继署院事"[1]。用内阁大学士管理翰林院事,显然是明成祖重视翰林院的一种表示。此举还表明自明朝建立以来,儒学和史学是统治者用于治国安邦、制定有关政策的重要参考依据。这对于提升儒学和史学在社会文化中的地位,促进学术文化的发展,也起着积极的推进作用。

明成祖用内阁大学士兼领翰林院事的做法,也为其后的继任者所沿袭。不过在明仁宗洪熙年间以后,时任翰林院事的内阁大学士杨士奇等人,其官衔

---

[1]《明史》卷七十三《职官志二》,中华书局,1974 年版,第 1787 页。

又被"加至师保,礼绝百僚,始不复署"。但这一做法后来又被废止。正统七年(1442),新建的翰林院落成后,学士钱习礼于院内公堂上不设内阁大学士杨士奇、杨溥二人的公座,且声称:"此非三公府也。"此事被明英宗知道后,"乃命工部具椅案,礼部定位次,以内阁固翰林职也"①。这样一件于翰林院内设不设内阁大学士座位的问题,竟要明英宗亲自下令工部、礼部具体操办,足见其重视的程度。此次恢复内阁大学士署翰林院事的做法,后又成定制。明宪宗成化年间,更规定:"礼部尚书、侍郎必由翰林,吏部两侍郎必有一由于翰林。其由翰林者,尚书则兼学士,侍郎则兼侍读、侍讲学士。其在詹事府暨坊、局官,视其品级,必带本院衔"②。詹事、少詹事带学士衔,庶子、谕德、中允、赞善、洗马等,则带侍讲、侍读学士以下至编修、检讨衔。

詹事府的职能是,"掌统府、坊、局之政事,以辅导太子。……凡入侍太子,与坊、局翰林官番直进讲《尚书》、《春秋》、《资治通鉴》、《大学衍义》、《贞观政要》诸书。前期纂辑成章进御,然后赴文华殿讲读。讲读毕,率其僚属,以朝廷所处分军国重事及抚谕诸蕃恩义,陈说于太子。凡朝贺,必先奏朝廷,乃具启本以进"③。詹事府作为辅导和教育太子的一个机构,其官员也要兼翰林院的头衔,并与翰林院官员一同入侍太子,讲授儒家经典著作和史学著作。这也说明明朝皇帝同样用儒学和史学培养、教育自己的继位者,以使他们能及早地学会用儒家的思想和历史的经验,指导今后的治国安邦。

明朝统治者对翰林院的重视,特别是以内阁成员兼领翰林院事,或以六部尚书、侍郎等高级官员兼翰林院衔,及由翰林院官员担任礼部尚书和礼部、吏部侍郎的规定,也是明朝职官制度的一个特点。而且皇帝开经筵也成为一项制度,既有定期的经筵,还有"日讲",即每日的说经讲史,以及詹事府用史辅导太子。凡此种种,都清楚地说明,明朝的统治者出于治国安邦的需要,注意从中国的传统文化中汲取有益的经验教训。这对于促进文化的发展和学术研究不断深入,是具有十分重要作用的。也由此形成了历明一代,统治集团重视文化和学术人才的风气。而北京作为明朝的国都,这种形成于统治集团内部的

---

① 《明史》卷七十三《职官志二》,中华书局,1974年版,第1787页。
② 《明史》卷七十三《职官志二》,第1787—1788页。
③ 《明史》卷七十三《职官志二》,第1783—1784页。

风气,也因朝廷官员生活在京城中的影响,而成为一种社会风气。

不仅如此,北京地区学术文化的发展还与科举制度有直接的关系。明朝的科举制度,为乡试、会试、殿试三级。而这三级科举考试在北京地区都存在。即于顺天府举行乡试,礼部举行会试,紫禁城内举行殿试。

明制,乡试每三年一开考,逢子、卯、午、酉年举行,地点在顺天府贡院,时间为当年的八月九日至十五日。共分为三场:第一场为八月九日,试《四书》义三道,经义四道;第二场为八月十二日,试论一道,判五道,诏、诰、表、内科一道;第三场为八月十五日,试经、史、时务策五道。乡试录取的举人,明初无定额。洪武十七年(1384),明太祖诏,"不拘额数,从实充贡"①。其后名额又有限定。如洪熙元年(1425),曾定全国各地区的乡试录取十至五十人不等。此后逐渐增加名额,至明朝后期,顺天府乡试可录取一百三十余名举人。

明成祖迁都北京后,会试则在京城贡院举行。开考时间为乡试的第二年,即逢丑、辰、未、戌之年。会试亦分三场:第一场为二月初九日,第二场为二月十二日,第三场为二月十五日。所试内容及科目与乡试相同,只是难度更大。会试及第者,称贡士。录取的名额,无定制,"皆临期奏请定夺"②。少时数十人,多者四百余人。

明朝的乡试、会试,其考试的内容,均以儒家经典著作为主。明初颁行的科举定式规定:"《四书》主朱子《集注》,《易》主程《传》、朱子《本义》,《书》主蔡氏《传》及古注疏,《诗》主朱子《集传》,《春秋》主左氏、公羊、穀梁三传及胡安国、张洽《传》,《礼记》主古注疏。"永乐年间,颁行《四书五经大全》后,又"废注疏不用。其后,《春秋》亦不用张洽《传》,《礼记》止用陈澔《集说》"③。从明朝科举考试的内容分析,主要是依据程朱理学对儒家经典著作的注疏。各级科考应试的文士,只能从朱熹所作的注释中作答,而自己不能有任何发挥。更为严格的是,自明朝成化年间开始,科举考试答卷的文体,必须按照八股程式,即八股文章。这又在很大的程度上,将应试文人引入刻意推敲字句,堆砌文藻的歧途,更钳制和禁锢了人们的思想,对社会文化的发展,起着束缚和制约的作用。

---

①《明史》卷七十《选举志二》,中华书局,1974 年版,第 1697 页。
②《明史》卷七十《选举志二》,第 1697 页。
③《明史》卷七十《选举志二》,第 1694 页。

尽管如此,明朝时期的北京地区,随着社会的发展,城市商品经济的活跃,特别是中外文化交流的日趋频繁,许多文人学者仍从现实和社会生活的需求出发,潜心钻研诸多的学术问题。而明朝统治者也从统治的需要出发,大力提倡程朱理学,重视图籍的编纂和整理工作。这对于北京地区,乃至全国学术文化的发展,促进学术水平的提高,起着推动和促进的作用。

第二节　北京的学术成就

一、儒学研究的成就

入明以后,统治者为了加强对人们的思想控制,强化封建统治秩序,大力倡导程朱理学,并将它作为明朝统治的思想基础。自明初朱元璋开科取士起,就令以朱熹的《四书集注》作为考试的内容和评判的标准。到明成祖朱棣时,又以胡广等所撰《五经大全》、《四书大全》、《性理大全》作为科举考试的依据和标准。这一做法,极大地提高了理学在思想领域中的地位,成为占据着主导和支配地位的一种学术思想。但明朝统治者将程朱理学作为统治思想,并通过科举考试的有关规定,从法律和制度上,对它加以强化和规范化,其结果反而使程朱理学逐渐陷入了僵化的境地。它在思想领域中因服务于专制统治而具有的支配地位,也因此开始动摇。面对理学的衰落,一些士大夫积极倡导经世致用,转而寻求新的理论。从而在学术思想领域内,出现了新的儒学学派。其中,有反对正统程朱理学的"王学"、泰州学派等,这些学派的创始人或重要的代表人物,均与北京有关。

王守仁,字伯安,号阳明先生,余姚(今属浙江)人。他"年十五,访客居庸、山海关。时阑出塞,纵观山川形胜。弱冠举乡试,学大进","登弘治十二年进士"[①]。后历任刑部主事、兵部主事。正德元年(1506),王守仁因专权的阉党刘瑾逮捕南京给事中御史戴铣等二十余人,上疏抗章,激怒刘瑾,遭四十廷杖,被贬谪至贵州任龙场驿丞。刘瑾被诛后,他改任庐陵知县,迁南京刑部主事。

---

①《明史》卷一百九十五《王守仁传》,中华书局,1974年版,第5159—5160页。

又屡迁考功郎中,擢南京太仆少卿,就迁鸿胪卿。正德十一年(1516),擢右佥都御史。后官至南京兵部尚书。王守仁坎坷的仕途经历,使他认识到封建纲常伦理的沦丧,已直接威胁着封建的统治秩序。他遂以反正统程朱理学的姿态,出现在明朝的学术领域中。在他任右佥都御史期间,曾巡抚南康(治今江西星子)、赣州(今属江西),镇压了发生在这一地区的农民起义,还平定了宁王的叛乱。他在镇压农民起义中,深感“破山中贼易,破心中贼难”①。其所谓“心中贼”,即指那些存在于人们头脑中的,有悖于封建统治者利益和封建伦理道德的思想,实质是指因不能忍受剥削和压迫而萌发的反抗意识。为此,他秉承南宋理学的主观唯心主义学派大师陆九渊的学说、观点,反对客观唯心主义,积极倡导“去人欲,存天理”的“致良知”学说,进而形成自己的一套哲学体系。故后人将他与陆九渊的学说合称为“陆王学派”、“陆王心学”,或称其为“阳明学派”,简称“王学”。

王守仁继承并发展了宋元以来的主观唯心论学说,是一位集大成者。他认为,“人者,天地万物之心也;心者,天地万物之主也。心即天,言心则天地万物皆举之矣,而又亲切简易”②。他所谓的“心”,亦称“良知”或“天理”,既是一个哲学的命题,又是涉及伦理的问题。在他看来,“理”不是客观存在的,而是“心即理也”③。所以“无心外之理”,“无心外之物”④。从而将一切客观事物都视为是人的主观意志和精神的体现或产物,无限夸大了主观精神和意志的作用,离开了“心”这个本体,任何客观事物就都不复存在。封建的纲常伦理,自然也不可能如朱熹所说是由“心”之上、之外的“理”所派生的,而是由“心”直接派生的。因此作为客观事物存在之源的“心”,便成为其哲学体系的核心。为此,他认为要维护封建的伦理道德,必须要“致良知”。“吾平生讲学,只是‘致良知’三字”⑤。即通过清除自己头脑中的私欲,使“良知”得以恢复,因为“良知者,心之本体”⑥,是天赋的,固有的,所以“此心无私欲之蔽,即是天理,不须

①《王阳明全集》卷四《文录一·与杨士德薛尚谦书》,上海古籍出版社,1992年版,第168页。
②《王阳明全集》卷六《文录三·答季明德》,第214页。
③《王阳明全集》卷一《语录一·传习录上》,第2页。
④《王阳明全集》卷一《语录一·传习录上》,第6页。
⑤《王阳明全集》卷二十六《续编一·寄正宪男手墨二卷》,第990页。
⑥《王阳明全集》卷二《语录二·答陆原静书》,第61页。

外面添一分。以此纯乎天理之心,发之事父便是孝,发之事君便是忠,发之交友治民便是信与仁"①。人如果因私欲阻障,蒙蔽了"心之本体"的"良知",其结果便是"人欲肆而天理亡,明德、亲民之学遂大乱于天下"②。因此只有"去得人欲,便识天理"③,才能恢复"良知"的本体。这样便能使人自觉地遵从封建礼教,自觉地维护封建统治秩序。

王守仁的学术思想虽然将人们的注意力更进一步引入主观唯心主义的范畴,只关注自己的内心世界,在一定程度上更加剧了脱离实际的空谈清议之风;不过,王学一反传统程朱理学的大胆认识,也对晚明直至明清之际的社会思潮,产生了一定的积极影响。王学在后世的传播中,又逐渐分为两派:即承袭王学脱离现实的消极因素,而发展成的右派;发展王学敢于反传统的积极因素,而形成的左派。明中期以后出现的中国早期启蒙思想家,也是与王学有一定的关系。特别是被认为具有"异端"色彩的"泰州学派",即与王学有直接的渊源关系。所以王守仁作为明朝一代思想大师,在中国古代思想史上,具有极其重要的地位。同时他也对北京地区的学术文化产生了重大的影响,泰州学派的创始人王艮就是师从王守仁起家的。

王守仁一生的著述,由其门人弟子汇编成《王文成公全书》(亦称《阳明全书》),共 38 卷。王守仁死后,隆庆初年,"廷臣多颂其功",明穆宗乃"诏赠新建侯,谥文成"④。万历十二年(1584),明神宗又以王守仁与其他三位理学家薛瑄、陈献章、胡居仁共四人,一同从祀文庙。且"终明之世,从祀者止守仁等四人"⑤。

嘉靖年间以后,王学广为传播,几乎取代官方提倡的程朱理学。入清后,其影响仍很大。其间,王学还传入日本和朝鲜。

泰州学派是明中期以后,也是中国封建社会后期的第一个具有启蒙思想特点的学派。自创始后,到晚明时期,已在社会上广为传播。但因其思想与正

①《王阳明全集》卷一《语录一·传习录上》,上海古籍出版社,1992 年版,第 2 页。

②《王阳明全集》卷二十六《续编一·大学问》,第 969 页。

③《王阳明全集》卷一《语录一·传习录上》,第 23 页。

④《明史》卷一百九十五《王守仁传》,中华书局,1974 年版,第 5168 页。

⑤《明史》卷一百九十五《王守仁传》,第 5169 页。

统儒学的思想和学说相背离,而被指责为异端思想。

泰州学派创始人王艮,字汝止,号心斋,泰州(今属江苏)人。其祖辈以煮盐为业,世代为灶户。他七岁时,入乡塾,但又因家贫而辍学,于安羊盐场做盐丁。十九岁时,奉父命"商游四方"。因他善于理财,家境日裕,遂又刻苦砺学。正德十五年(1520),时年已三十八岁的王艮在南昌(今属江西)结识了王守仁,并以北子自称,师从他学习"心学"达八年之久。后王艮周游各地,到处讲学。还自制古车,穿古制冠服。在北京游历时,曾被人们视为"怪魁"。他在讲学传道时,"多发明自得,不泥传注"①。王守仁死后,他又回到泰州,收徒讲学,自成一派。王艮所创的泰州学派继承了王守仁反传统的积极因素,成为一个具有广泛社会基础的平民学派。由于王艮轻著述、重讲学,故其仅有少量的诗文及讲学记录存世,后经其子孙及门人整理,辑成《心斋先生全集》。

王艮学说的思想核心,是"百姓日用"之道。他认为"道"并非高深莫测,而是在"百姓日用之中"。借此否认统治者利用传统儒学,鼓吹只有圣人或君子才懂得"道",而"百姓日用而不知"的论调。明确指出:"圣人之道无异于百姓日用",而"百姓日用条理处,即是圣人之条理处"。也就是以是否适应"百姓日用",作为衡量是否符合"圣人之道"的标准和尺度。如不能适应"百姓日用","皆谓之异端"②。只有解决了百姓的贫困冻馁,才算是真学问,才能够"立本安身",治国平天下,他还反对统治者鼓吹的"存天理,去人欲"的禁欲主义思想,他从"天地万物一体"的观点出发,认为人欲就是"天理"。"天理者,天然自有之理也;才欲安排如何,便是人欲"③。他肯定了饮食、男女之性是天性的自然权利,是"自然天则"。进而又提出应尊重人格的独立,反对将自己的思想和意志强加于人的做法。他指出:"故君子之学,以己度人,己之所欲,则知人之所欲,己之所恶,则知人之所恶。"因此,"'己内不失己,外不失人','成己成物'而后已"④。

在王艮的学术思想中,还流露出对社会平等、均平的追求。他认为,"夫仁

---

①王艮《王心斋全集》卷三《年谱》,江苏教育出版社,2001年版第67、68页。
②黄宗羲《明儒学案》卷三十二《泰州学案一》,中华书局,1985年版,第714、715页。
③黄宗羲《明儒学案》卷三十二《泰州学案一》,第715页。
④《王心斋全集》卷一《明哲保身论》,江苏教育出版社,2001年版,第29、30页。

者,以天地万物为一体,一物不获其所,即己之不获其所也,务使获所而后已。是故'人人君子,比屋可封','天地位而万物育',此予之志也"①。他反对统治者"为其所不为"、"欲其所不欲"的专横残暴统治,主张统治者应"为生民立命","物化天下和",采用仁政。甚至还提出,对残暴之君"可伐"的观点。

王艮的"异端"思想,是中国封建社会开始走向没落的时代产物,自明朝中叶以后,社会商品经济逐渐活跃,以工商业者为主体的市民阶层不断扩大,他们从自身的利益出发,对传统的封建统治秩序及其观念,表现出不满的情绪。王艮始创的"泰州学派",正代表了市民阶层的利益。作为中国封建社会后期出现的早期启蒙思潮的先驱者,王艮的思想仍有很大的局限性。如他的主张,虽然涉及了封建专制统治的腐败和落后,但至于如何改变,却又陷入不切实际的幻想之中,寄希望于当政者的"仁政"恩赐。此外,他受王学的影响很深,在哲学体系上,继承了王守仁的主观唯心主义思想和观点。尽管如此,王艮始创的泰州学派,因其反映了社会要求变革的现实,而在明朝后期得到较为广泛的传播。王艮的族弟王栋,二子王襞,弟子林春、徐樾等,以及王襞的弟子李贽,徐樾的弟子赵贞吉、颜钧,颜钧的弟子何心隐、罗汝芳等,都对王艮的思想有不同程度的发展。且更具有敢于"赤手搏龙蛇"、"掀翻天地"②的大无畏精神。其中,尤以李贽最具进步思想。

李贽,号卓吾,又号笃吾、宏甫、温陵居士、龙湖叟等,福建泉州晋江县人,回族。其父以教书为业,家境贫寒。李贽生而母亡,六岁时,便自己料理生活。七岁即从父读书。后在黄安(今湖北红安)师从王学门人耿定向,后又师从王艮之子王襞。嘉靖三十一年(1552),中福建乡试举人。历任河南辉县教谕、南京和北京国子博士、南京刑部员外郎、云南姚安知府等职。后辞官专心著述讲学。其代表作有《焚书》、《续焚书》、《藏书》、《续藏书》等。

李贽继承了泰州学派思想中的积极成分,以其犀利的笔锋,大胆地抨击了晚明政治的黑暗和程朱理学的虚伪,并将矛头直指孔子,反对封建礼教。由于他自幼年独立生活,很早便接触并了解了社会,因此对社会的黑暗、虚伪和丑

---

①《王心斋全集》卷一《勉仁方》,江苏教育出版社,2001年版,第30页。
②黄宗羲《明儒学案》卷三十二《泰州学案一》,中华书局,1985年版,第703页。

陋深恶痛绝。"余自幼倔强难化,不信学,不信道,不信仙释,故见道人则恶,见僧则恶,见道学先生尤则恶"①。正是基于他对社会和儒学及理学的深刻认识,因此才有可能揭示其本质。

他首先将矛头指向以孔孟道统继承者和"儒学正宗"自居的道学家们,称他们为伪君子,"阳为道学,阴为富贵,被服儒雅,行若狗彘然也"②。对程朱理学的"天理"说,李贽更给予驳斥:"夫厥初生人,惟是阴阳二气,男女二命耳。初无所谓一与理也,而何太极之有?"他认为,"天下万物皆生于两,不生于一明矣"③。进而从根本上否定了理学家鼓吹的"万物皆只是一个天理"④的谬误。为了说明自己的观点,李贽还以夫妇为例,证明客观事物的形成和产生,绝非是精神的"理",而是物质的阳阴二气。"故吾究物始,而见夫妇之为造端也。是故但言夫妇二者而已,更不言一,亦不言理"⑤。

李贽还将矛头指向理学家们鼓噪的"存天理,去人欲"的禁欲主义。他鲜明地指出:"穿衣吃饭,即是人伦物理;除却穿衣吃饭,无伦物矣。世间种种皆衣与饭类耳,故举衣与饭而世间种种自然在其中,非衣饭之外更有所谓种种绝与百姓不相同者也。学者只宜于伦物上识真空,不当于伦物上辨伦物"⑥。他认为物质享受,是人"秉赋之自然"而生的欲望,应该顺应人的这些欲望,使"天下之民,各遂其生,各获其所愿有"⑦。李贽的这种观点,不仅肯定了人的欲望的合理性,还具有肯定人的个性的含义,即个性也是"自然之性",所以理所当然地应该使"各从所好,各骋所长"⑧。以便让每个人的个性都能得到自由的发展。在封建专制主义极力束缚人们的思想、禁锢人们的欲望的社会背景下,李贽却直言不讳地提出人的欲望的合理性,肯定了人的个性,正是他作为中国

---

①李贽《阳明先生道学钞》卷八附《阳明先生年谱后语》,《续修四库全书·子部·儒家类》,上海古籍出版社,1996年版,第699页。

②《李贽文集·初潭集》卷十一《师友一·释教》,社会科学文献出版社,2000年版,第88页。

③《李贽文集·初潭集》卷首《夫妻篇总论》,第1页。

④《二程集·河南程氏遗书》卷二上《元丰己未吕与叔东见二先生语》,中华书局,1981年版,第30页。

⑤《李贽文集·焚书》卷三《夫妇论》,第85页。

⑥《李贽文集·焚书》卷一《答邓石阳》,第4页。

⑦《李贽文集·道古录》卷上,第365页。

⑧《李贽文集·焚书》卷一《答耿中丞》,第16页。

早期启蒙思想家的进步性所在。即在他的学术思想中,已具有鲜明的反封建的特点。

李贽学术思想的进步性,还表现在他对封建礼教所持的否定和批判的态度。正是在宋明理学盛行,封建礼教猖獗的时代,李贽却提出了男女平等的观点。他反对重男轻女,对寡妇再嫁表示同情和理解。他认为汉代卓文君的再嫁,绝非理学家所说的"失身",而是"正获身,非失身"①。是"同声相应,同气相求","安可诬也"②。他这种对封建统治者极力倡导的礼教反叛精神,也反映了他敢于同传统封建思想作斗争的大无畏精神,敢于从正面否定程颐所言"饿死事小,失节事大"的虚伪的封建道德。李贽不仅这样认为,也在实际行动中体现男女平等的观点。他在黄安居住时,收徒讲学,"日引士人讲学,杂以妇女,专崇释氏,卑侮孔、孟"③。收妇女弟子,这在当时也是很难能可贵的。

李贽还将矛头指向作为封建统治思想基础的孔孟之道。他"卑侮孔、孟"的具体表现是,否定孔子提出的所谓是非标准。他指出:"夫天生一人,自有一人之用,不待取给于孔子而后足也。若必待取足于孔子,则千古以前无孔子,终不得为人乎?"④他进一步指出:"咸以孔子之是非为是非,故未尝有是非耳。"⑤他更对孔子的绝对权威地位发起挑战,对封建统治者遵行的儒家正统思想提出质疑:"孔尼父亦一讲道学之人耳,岂知其流弊至此乎?"⑥即认为理学的诸多弊端及危害,均源于孔子。因此,他对被理学家们奉为对权威的儒家经典,也抱轻蔑的态度:"夫《六经》、《语》、《孟》,非其史官过为褒崇之词,则其臣子极为赞美之语。"并指出这些儒学的经典著作,已成为"道学之口实,假人之渊薮"⑦。

李贽这些反对封建传统思想束缚的进步思想,在处于沉闷气氛中的明朝晚期社会中散发出一种清新的气息,更是向中世纪的蒙昧主义发起的挑战。尽管在李贽的学术思想中,还存在着很人的局限性。其哲学体系基本上还是

---

①《李贽文集·藏书》卷三十七《词学儒臣·司马相如》,社会科学文献出版社,2000 年版,第 718 页。
②《李贽文集·藏书》卷三十七《词学儒臣·司马相如》,第 719 页。
③《明史》卷二百二十一《耿定向传》,中华书局,1974 年版,第 5817 页。
④《李贽文集·焚书》卷一《答耿中丞》,第 15 页。
⑤《李贽文集·藏书》卷一《藏书世纪列传总目前论》,第 7 页。
⑥《李贽文集·初潭集》卷二十《师友十·道学》,第 216 页。
⑦《李贽文集·焚书》卷三《童心说》,第 93 页。

唯心主义的,其思想体系也没有摆脱"心学"的束缚。但他以封建叛逆者的姿态,大胆否定孔子的绝对权威,贬斥儒家的经典著作,抨击理学家们的虚伪嘴脸,反对封建专制和礼教束缚,在长期处于封建专制主义中央集权统治下的中国古代社会中,无疑具有对蒙昧思想的启蒙作用,是极具进步意义的。

李贽反封建传统的进步思想,引起明朝统治者的极度不安。万历三十年(1602),明神宗认为李贽的学说,是"敢倡乱道,惑世诬民",将他逮捕,押至北京,投入狱中。李贽在狱中割喉自杀,以示对统治者的不满和抗议。对李贽的著作,明神宗也是惊恐万状,下令"尽搜烧毁,不许存留"①。不过李贽虽然被封建专制势力迫害致死,但他的学说和思想却为更多的有识之士所接受,其著述在其死后仍大量流传。且自明后期始,李贽的"书益传,名益重"。

二、史学研究的成果

明朝建立后,其统治者继承了中国历代王朝编修史书的传统,也十分重视史书的编修,从而带动了作为国都的北京地区史学研究的繁盛。在官修和私人撰述史书方面,都取得了诸多重要的史学成果。

为使自己的"治绩"能名扬千古,也为了更好地总结经验教训,为后世的治国安邦提供必要的借鉴,明朝统治者特别重视对历代皇帝《实录》的编修。历明一代,凡新帝即位,即命内阁大学士及翰林院大学士收集前代皇帝在位时的《起居注》,内阁和六部的奏章、公文档案,诏谕和政令等资料,负责修撰《实录》,并由此成为一项制度。此外,明朝在编修《实录》时,还将前代皇帝"可传诵宣布"的诏谕,单独编成一书,名为《宝训》。即以《实录》记其事,以《宝训》记其言,事则兼臣民,而言则为谟训。

明朝自太祖至熹宗,历十五帝,均修有《实录》。其中,因建文帝朱允炆、景泰帝朱祁钰不为继任皇帝所承认,故他们的《实录》未能独立成书,而是附于前帝《实录》之后。

明朝皇帝《实录》的编修,始于建文帝时。洪武三十一年(1398),明太祖朱

---

①《明神宗实录》卷三百六十九,"万历三十年闰二月乙卯",台湾"中央研究院历史语言研究所"校印《明实录》第59册,1967年版,第6919页。

元璋死。因其长子朱标此前已病故,遂由皇太孙朱允炆继位,是为建文帝(惠帝)。建文元年(1399)六月,建文帝即敕令礼部左侍郎兼翰林学士董伦、右侍郎兼翰林学士王景彰为总裁官,太常寺少卿廖升、翰林侍讲学士高巽志为副总裁官,杨士奇等为编纂官,负责编修《太祖实录》。建文三年(1401)十二月,《太祖实录》编成。然而燕王朱棣于靖难之役后,夺取帝位,又于永乐元年(1403)六月,命重修《太祖实录》。以曹国公李景隆为监修,翰林侍读学士解缙为总裁,杨士奇等为编修官。后解缙因"私覘太子,径归,无人臣礼"①获罪,明成祖又命杨士奇为总裁,主持再修《太祖实录》。

建文帝在位四年,即被其叔燕王朱棣所废。其在位时的典章制度,皆遵行其祖父太祖朝制,明成祖朱棣遂在编修《太祖实录》时,将建文帝《实录》附于其后。

明英宗在位时,生活在北方大漠的瓦剌部统一了蒙古诸部后,其首领也先分兵四路南下,企图恢复大元天下。正统十四年(1449),明英宗为司礼监太监王振所挟持,仓猝应战,导致"土木之变"。明英宗被瓦剌俘虏后,其弟郕王朱祁钰监国。后在兵部尚书于谦等人的拥立下,即帝位,是为景泰帝。于谦此后率北京城军民奋力抗击瓦剌军的围攻。也先战败后,放回明英宗。景泰八年(1457),英宗在宦官曹吉祥等人的支持下,乘景泰帝病重之机,发动政变,夺回帝位。"夺门之变"后,明英宗杀于谦,又勒死景泰帝,且废其年号,仍降为郕王。明英宗死后,继位的明宪宗虽追尊朱祁钰为景泰帝,但仍将其《实录》附于英宗《实录》之后。

除建文帝、景泰帝二位明帝的《实录》未独立成书外,明朝亡帝崇祯的《实录》则由后人补辑而成,共17卷。

明朝所修《实录》,作为一项定制,不仅新帝即位,即诏修前一代实录,且由皇帝亲自任命总裁、副总裁及纂修诸官,由礼部统辖内外官署采辑先朝史迹,并派进士或国子生到各布政司及州、县搜访,将收集到的朝廷和地方诸司的章疏奏牍、抄存邸报、人物传记、先朝遗事等各类材料,送交史馆。史馆将这些材料"分为吏、户、礼、兵、刑、工为十馆,事繁者为二馆。分派诸人,以年月编次,

---

①《明史》卷一百四十七《解缙传》,中华书局,1974年版,第4121页。

杂合成之,副总裁裁削之,内阁大臣总裁润色"①。明朝的《实录》收辑的资料极为丰富,涉及诏敕令旨、政务活动、财政赋役、典章制度、人事变动以及重大的事件和民族关系、中外交往等,具有很高的史料价值。

明朝的《实录》,包括《太祖实录》257卷,《太宗实录》274卷,《仁宗实录》10卷,《宣宗实录》115卷,《英宗实录》361卷,《宪宗实录》293卷,《孝宗实录》224卷,《武宗实录》197卷,《世宗实录》566卷。《穆宗实录》70卷,《神宗实录》596卷,《光宗实录》8卷,《熹宗实录》87卷,总计3045卷。历朝的《实录》撰写成后,均誊录成正、副两本,之后其原稿则由史官会同司礼监官于太液池旁椒园焚烧。正、副本《实录》进呈皇帝后,其正本收藏于皇史宬,副本存放在文渊阁中。

明朝官修史书的另一项成果,是《元史》的编修。朱元璋建立明朝后,于洪武二年(1369)二月,即诏修元史:"近克元都,得元十三朝实录,元虽亡国,事当记载。况史纪成败,示劝惩,不可废也"②。遂命左丞相李善长为监修,宋濂、王祎为总裁,又从各地征召胡翰等十六位"山林遗逸之士"为纂修。次年二月,正式开局修史,以元朝的十三朝《实录》和《经世大典》为依据,于同年八月,撰写出自元太祖至元宁宗各朝的史事,共159卷。总裁宋濂等将已修成的部分《元史》呈进于朝,史局编修暂告一段落;同时又分遣使者11人,遍行天下,"凡涉史事者悉上送官"。仅在北京一地收集到的资料,"以帙计者八十",拓得碑文四百通③。这些新收集到的资料,为《元史》的继续编修,提供了更多的依据和参考。洪武三年(1370)三月,又重新开局修史,仍以宋濂、王祎为总裁,纂修十五人。同年七月,完成元顺帝一朝史事的编修,共53卷。前后两次开局,共纂修212卷,其中分本纪47卷,志58卷,表8卷,列传99卷。

由于《元史》成书仓促,编纂全部时间不足一年,为"二十四史"中最快成书的一部,所以《元史》纰漏甚多。大量的元朝史料未及系统整理,更缺少熔铸加工,致使脱漏、重复等问题的存在。不过,《元史》尽管问题较多,但它毕竟保留了元朝大量的珍贵史料。其中包括元朝官修的列朝《实录》、后妃功臣列传等,特别是元文宗时官修的《经世大典》。这些资料许多在后世已散佚失传,而《元

---

① 王鏊《震泽长语·官制》,上海古籍出版社,1987年版。
②《明太祖实录》卷三十九,"洪武二年二月丙寅朔",《明实录》第二册,1967年版,第783页。
③《宋文宪公全集·吕氏采史目录序》。

史》因广为采集，而对依据的原始资料又改动不大，故得以保存。在《元史》中，尤以《天文志》、《历志》、《地理志》、《河渠志》等保存的资料最为珍贵。这四志不仅反映了元朝科技的先进水平，并对后世科技的发展产生较大的影响。

明朝时期，北京地区的史学成果还包括历史典籍的修撰。自明朝建立后，统治者不仅重视修纂前朝史和本国史，还注意修撰典志方面的著作。这些典籍，有宝训、祖训、大诰、律令、典章制度等，也是重要的历史文献资料。

洪武三年(1370)，始置秘书监后，便开始了典志图籍的编撰，洪武年间，先后修撰了《大明集礼》、《昭鉴录》、《祖训录》、《辨奸录》、《大明律》、《皇明宝训》、《孝慈录》、《资世通训》、《臣戒录》、《精诚录》、《大诰》、《大诰续编》、《大诰三编》、《武臣大诰》、《武士训戒录》、《礼制集要》、《洪武志》、《世臣总录》、《为政要录》、《大明律诰》等一批典志，用以教训皇室子孙、诸王及臣僚，申诚士庶之家，教化黎民百姓。

明成祖迁都北京后，不仅沿袭了这一传统，且更加重视典志图籍的编修，以严格控制和束缚上至皇亲、下至百姓的思想，规范人们的言行，以利于稳定社会秩序，巩固专制主义中央集权的统治。他在位期间，先后修撰了《古今列女传》、《文华宝鉴》、《内训》、《圣学心法》、《务本之训》、《五经大全》、《四书大全》、《性理大全》、《历代名臣奏议》、《为善阴骘》、《孝顺事实》等。为使这些图籍能更好地发挥作用，明成祖还为其中的一些典籍赐名，或亲自为其作序。

此后，编纂典志图籍的工作继续沿袭，且涉及的范围更广。其中，除皇帝的诏谕诰命、朝廷的典章制度之外，还包括史鉴、地理类的典籍。较具代表性的有明宣宗宣德年间编纂的《外戚事鉴》、《历代臣鉴》，景泰帝在位期间编写的《君鉴录》、《鉴古录》，明英宗天顺年间编纂的《大明一统志》，明宪宗成化年间编撰的《续资治通鉴纲目》、《御制诗集》、《御制文华大训》等，明孝宗弘治年间编纂的《问刑条例》、《大明汇典》、《历代通鉴纂要》、《皇明政要》等，明世宗嘉靖年间编修的《明伦大典》、《正孔子祀典说》，明神宗万历年间编纂的《帝鉴图说》。

明朝统治者命臣僚编纂的这些典志图籍，既有对前代历史典籍的整理、汇编，也有对当代史事的记录。所以这些官修的典志图籍，不仅为后世保存下许多重要的文献资料，也同样具有较高的学术价值。

明朝不仅有官修史书,私人撰述史书之风也盛行。如成书于元朝末年的《宋史》,因其在历代正史中最为繁冗,且元朝编修正史是将宋、辽、金三史并列,故受封建正统论影响的士大夫们纷纷要求重修《宋史》。明廷亦曾同意重修,但未能完成。然而私人仍有重新修定《宋史》者。其中有王洙的《宋史质》100卷,柯维骐的《宋史新编》200卷,王惟俭的《宋史记》250卷。这几位文人学者都曾在北京生活过。他们重修的《宋史》,或对原《宋史》中的一些错误作了订正,但由于受封建正统论的影响颇深,加之民族偏见等历史局限,故这几部私人重修《宋史》的史料价值不高。

明朝时期,北京地区的士大夫们也很重视当代史的修撰,私人著撰当代史亦取得了重要的成果。其中最具代表性的有沈节甫编纂的《纪录汇编》。

沈节甫,字以安,号镜宇,乌程(今浙江湖州)人。嘉靖三十八年(1559)进士。授礼部仪制主事,历任祠祭郎中、光禄丞,又迁南京刑部右侍郎,复召为工部左侍郎,摄部事。他平生喜好藏书,著有《玩易楼藏书目录》,记录其收藏的书目。他所编著《纪录汇编》,共216卷,汇集了从元朝之际到嘉靖以前的史事记录,其中包括上至皇帝、下至民间百姓的相关记述,绝大部分都引用了原始材料,具有很高的史料参考价值。

自明朝嘉靖年间以后,私人纂修本朝历史日渐兴盛,从而在北京地区涌现出一批著名的史学家和颇具学术水平的史学著作。

王世贞,字元美,自号凤洲,又号弇州山人,太仓(今属江苏)人。嘉靖二十六年(1547)进士。授刑部主事,后历任山西按察使、广西右布政使、右副都御史、南京刑部尚书等职。他一生勤奋读书,尤其注意"网罗散佚,博采异闻",藏书颇丰。他晚年时,曾于大学士徐阶处得到徐阶在任时所抄录的《明实录》和其他的一些珍贵资料。他对收集到的资料,均作详细的考订,"其考核该博,固有自来"[1]。在此基础上,他终于著成《弇州史料》一书。全书共100卷,分为前集30卷,后集70卷。书中记载了明朝开国以来的君臣事迹、盛事轶闻、典章制度、经济生产、朝野掌故、人物事迹、礼仪风俗、民族关系、对外交往以及史书考订等多方面的史事。其资料十分详尽,且对传世的国史、野史等材料作了

---

[1] 谢肇淛《五杂组》卷十三《事部一》,上海书店,2001年版,第266页。

考订,纠正了其中的一些谬误,因而具有很高的学术水平和参考价值。

在纪传体史书的修撰方面,北京地区的文人学者也有不少著述问世。如郑晓的《吾学编》,何乔远的《名山藏》等。

郑晓,海盐(今属浙江)人。为嘉靖年间进士,后官至太子少保、兵部尚书。其所著《吾学编》,共 69 卷。该书自洪武始,至正德止,"凡关系大政者,仿朱子《纲目》,以岁系月,各为一记。建文四年虽革除残缺,亦搜集遗文,析为《逊国记》。至于同姓诸王分封列藩,及开国、靖难、御胡、剿寇,并戚畹、佞幸、列爵三等者,各为表传"①。《吾学编》资料十分丰富,如书中的《皇明四夷考》,涉及国名、地名多达九十余个,较详细地记载了明中期的边疆史地、中外交通和历史地理等方面的情况。该书作为明朝文人学者私修国史的代表作之一,其中的人物传记,常为其他史书所引用。明朝著名史学家谈迁在修撰《国榷》时,亦常援引此书。

《名山藏》的作者何乔远,为万历十四年(1586)进士。历任刑部主事、礼部郎中、光禄寺少卿、南京工部右侍郎等职。该书不分卷,内分典谟记、坤则记、分藩记、勋封记、舆地记,河漕、漕运、钱法、兵制,马政、茶马等志,以及宦者杂记、王享记、货殖记等,实际相当于正史的纪、志、传等。如《典谟记》相当于本纪,《坤则记》相当于《后妃传》,《分藩记》相当于《诸王传》,《勋封记》相当于《勋臣列传》。其中还收录了有关海西女真和建州女真以及明代工商业等方面的资料,为其他史书所少见,因此此书也极具史料价值。

总之,明朝时期北京地区的文人学者在史学研究和著述方面,也取得了十分显著的成果,表现出非同寻常的学术水平,对推动明朝史学和史学研究的不断深入,起到了积极的作用。

三、古籍编纂的成果

明朝统治者为了吸收、借鉴历朝历代的统治经验、教训,特别重视历代古籍图书资料的编纂和整理。除专用于教导皇室子孙、诸王及臣僚,申诫士庶,教化百姓,在修撰历史典志图籍之外,还有一项规模浩大的古籍图书资料的编

①郑晓《吾学编·隆庆元年工部尚书雷礼序》,明隆庆刻本。

纂工程,即大型类书《永乐大典》的编纂。

燕王朱棣通过"靖难之役"即帝位后,于永乐元年(1403)诏谕:"天下古今事物,散载诸书,篇帙浩穰,不易检阅。朕欲悉采各书所载事物,类聚之而统之以韵,庶几考索之便。"从明成祖的诏谕可以看出,他即位后,急需稳定国内的局势,十分需要借鉴历朝历代的治国安邦之术,但浩繁的古籍文献,使他难以较便捷地查阅到所需的资料,因此特命大学士解缙等人编修一部辑录历代古籍文献资料的大型类书,"凡书契以来,经史子集百家之书,至于天文、地志、阴阳、医卜、僧道、技艺之言,备辑为一书,毋厌浩繁"[①]。

解缙等人领命后,即召集儒士 147 人,仅用一年的时间,于次年即永乐二年(1404)十一月编成《文献大成》进呈。明成祖阅后,认为"所进书,尚多未备,遂命重修"[②]。遂于永乐三年(1405)再命太子少师姚广孝、礼部尚书郑赐、侍读大学士解缙三人担任全书的监修,又另设副监修三人,由刑部侍郎刘季篪、翰林院修撰兼右春坊右赞善梁潜、通政司右通政李至刚担任。监修之下设都总裁、总裁、副总裁、纂修、编写人、誊录及圈点生等。在增加编纂人员的同时,还扩大了收书和编辑的范围。

为使重修工作能顺利展开,避免敷衍及仓促现象的出现,明成祖对编辑机构也相应进行了调整,使之严密、有序。以监修、总裁总其成。都总裁由陈济担任。陈济,字伯载,武进(今江苏常州)人。他博学强记,曾苦读十余年,经史百家,无不贯通。他是以布衣身份应召任都总裁之职的,负责协调和沟通监修与总裁、副总裁,并组织纂修者及太学生数千人,查阅秘库藏书数百万卷。还与姚广孝等人制定凡例,分工考核。凡有疑问,即为之解答分析。总裁、副总裁除参与总的计划工作外,还兼管一个部门的实际工作,下辖纂修若干人。纂修人员主要负责按所分工的范围搜集相关的资料,再交编写人员按韵目编排。担任总裁官的学者有:林环兼《书经》总裁,王彦文兼《诗经》副总裁,释道联兼释教副总裁,蒋用文、赵友同兼医经方副总裁,高得旸兼《三礼》副总裁等。编写人将资料按韵目编排、连缀后,再由校对人员对资料进行核实、校对。核校

---

①《明太宗实录》卷二十一,"永乐元年秋七月丙子朔",《明实录》第六册,1967 年版,第 393 页。
②《明太宗实录》卷三十六,"永乐二年十一月丁巳",《明实录》第六册,第 627 页。

无疑,最后交由缮录人员誊录。此外,还设有"催纂"五人,负责督促编辑工作的进度。整个编纂机构工作人员多达三千人,但组织严密,分工明确、细致,人员虽多而不杂乱,保证了编纂顺利、有序地进行。

在纂修过程中,明成祖给予高度的重视,提供了许多便利的条件。他特命启用当时的皇家图书馆南京文渊阁的全部藏书,让纂修人员"尽读禁中之书",还指派官员分赴各地收购遗书秘籍。所以,该书收录书籍总数多达七八千种,超过前代任何一部类书。在生活上,朝廷将所有参与编辑工作的人员均安置在距文渊阁不远的崇里坊居住,并由光禄寺负责膳食,朝暮酒馔,供以茗果。还发给"膏火之费",允许编纂者在晚餐后散步、郊游。凡此种种,有力地保障了编纂工作的顺利进行。永乐五年(1407),经重修定稿后,朝廷又征召在国子监及外地郡县学校就读,且擅长书法的生员,进行抄录。

永乐五年十一月,全书编辑最终完成,由姚广孝撰写《大典表》进呈。明成祖阅后,十分满意,亲自撰写序言,并御定书名为《永乐大典》。在"序言"中,明成祖称颂《永乐大典》是,"上自古初,迄于当世,旁搜博采,汇聚群书,著为奥典"。《永乐大典》全书共22887卷,凡例60卷。经装订后,为11095册,总计约3700万字。是我国历史上前所未有的一部最大的类书。全书拟定凡例二十一条,对材料的分类、取舍、排列次序都有明确的规定。《永乐大典》的编纂体例,是依照《洪武正韵》的韵目,"用韵以统字,用字以系事"。凡属天文、地理、人伦、国统、道德、典章制度、各种名物及奇闻异见之类,皆随字收录。所辑录的图书包括经、史、子、集,以及释藏、道经、医药、北剧、南戏、平话、工技、农艺、志乘等门类的著作,其收辑的范围十分广泛。特别值得指出的是,《永乐大典》在纂修时,曾严格规定凡需辑录的各类书籍,不许任意删节篡改,必须一字不差地整部、整编或整段抄录,从而保留了古籍的原本面貌,也使许多极其珍贵的历史文献资料,通过《永乐大典》的编修,得以较完整地保存下来。清代在编纂《四库全书》时,就曾从《永乐大典》中辑出已佚的古籍385种,4946卷。其中有经部66种,史部41种,子部103种,集部175种。"二十四史"中的《旧五代史》以及《宋会要》、《元和姓纂》、《建炎以来系年要录》等诸多重要的历史文献,宋代的医学名著《苏沈良方》、《博济方》、《伤寒微旨》等亡佚的秘籍,就是清代学者从《永乐大典》中辑出的。所以《永乐大典》对整理和保存中国古代历史文化,做出了积极的贡献,因此它也成为一份极其珍贵的中华民族的历史文化遗产。

《永乐大典》修成后,即收藏在南京文渊阁的东阁中。永乐十九年(1421),明成祖迁都北京,《永乐大典》也随之移藏于紫禁城体仁阁"文楼"中。当时因其卷帙浩繁,只有原本,不曾刊印。其间,虽有臣僚提议刊刻,皆因"工费浩繁"而罢。嘉靖三十六年(1557)四月十三日,紫禁城内失火,险些殃及"文楼"。失火之夜,明世宗连下三四道命令,督催抢救,才使《永乐大典》得以保全。灾后,为防不虞之患,明世宗便有了重录一部《永乐大典》的打算。嘉靖四十一年(1562)八月,明世宗决定重录,遂命建极殿大学士徐阶、礼部左侍郎高拱、右太子中允兼翰林院编修张居正主持,以右春坊右谕德兼侍读瞿景淳为总校官,翰林院修撰林燫、丁士美、徐时行,翰林院编修吕旻、王希烈、张四维、陶大临,检讨吴可行、马自强等担任分校官。为保证重录后的《永乐大典》字迹工整、清晰,史部和礼部还共同招誊书之人,并采用"糊名考校"法,共录取程道南等儒生109人。在重录《永乐大典》时,要求誊抄者必须严格按照原书的版式、图样摹写。为保证重录的质量和进度,明廷规定,凡誊抄人员一律晨入晚出;每次领取《永乐大典》均须登记,不许私自携出雇人代写;每人每日抄写三页,每遇差错,发与另写,不拘一次二次,只算一页;若发现有谎报、混报或怠工者,要"罪坐各官";每册重录完毕后,于册后注明总校官、分校官、书写官及圈点人员姓名。

《永乐大典》的重录工作,整整用了六年的时间,直至明穆宗隆庆元年(1567)四月,全部誊抄完成。从此《永乐大典》便有了两个抄本:即永乐抄本(正本)和嘉靖抄本(副本)。这两部抄本,正本收藏于南京文渊阁,副本收藏于北京皇史宬[①]。明末,南京正本毁于战火,副本则流传至清朝。雍正年间,《永乐大典》副本由皇史宬移至翰林院,一些学士和编修官才得以接触该书。乾隆初年,学者全祖望中进士后,常在庶常馆学习,见到此书,大加称赞,并抄录《宋元图经》等海内孤本若干部,且写有《抄永乐大典记》,详记此事。乾隆三十八年(1773),《永乐大典》已缺佚两千余卷。不过清廷纂修《四库全书》时,仍从中辑录出佚书五百余种。道光以后,清室日趋衰败,官吏乘机盗窃,《永乐大典》

---

①据郑振铎先生考证,《永乐大典》除原本外,又重录有正、副两个抄本。重录后,《永乐大典》的原本仍归南京,正、副本则藏于北京。后南京原本因战乱毁,北京的正、副本则于清代或被毁,或散佚。英法联军和八国联军又两度焚烧、劫掠,所剩无几。

流失损坏严重。咸丰十年(1860)、光绪二十六年(1900),英法联军和八国联军相继侵入北京。《永乐大典》又两度遭到浩劫、损毁,所剩无几。

经浩劫后,残存的《永乐大典》有很大一部分流失到海外。据调查,这些流失到海外及现存于国内的《永乐大典》,为十几个国家的三十余个博物馆和个人所收藏,约三百七十余册,八百余卷。

第三节　北京的学校和教育

一、北京的国子监

明朝统治者通过科举制度、八股文取士等措施和手段,禁锢文士的思想。为了培养更多的符合统治者利益和需要的人才,明廷还将学校作为科举制度的组成部分,即所谓"科举必由学校,而学校起家可不由科举"[①]。这也在很大程度上,促进了明朝学校教育的兴盛和发展。

明朝的学校自中央至地方,分为国子监、府(州)县学和市镇、乡村社学三类。此外,在北京还设有一些专门学的教育机构。

明朝的国子监分设于南、北二京,称南监、北监。北京国子监,原址即为始建于元大德十年(1306)的元大都国子监。为符合"左庙右学"的传统规制,其校址就选在当时新建的孔庙西侧,即今天东城区北新桥国子监街内。明朝初年,曾将元朝国子监改为北平郡学。永乐二年(1404),又改为国子监。宣德四年(1429),明廷又将国子监东原属金吾等三卫的草场,改建为监生宿舍。还辟出一片菜园,为监生提供菜蔬。

北京国子监是明朝的最高学府,其地时称崇教坊,位于国子监街北侧。国子监正门名"集贤门",门阔三间,上悬"太学"匾额。门前通衢东西两侧,各立一牌坊,上均题字"国子监"。国子监街东西街口,也各树一牌坊,上书"成贤街"。

进入国子监大门,即太学门后,为一大四合院落。经院中间的通道,向北可直达露台。露台后为七间的大堂,是国子监的正堂。其原址为元国子监崇

---

①《明史》卷六十九《选举志一》,中华书局,1974年版,第1675页。

文阁。永乐年间重修后,改称"彝伦堂",作为国子监的图书馆。其中,位于中央一间,专供各位明帝行"视学礼",临幸国子监时,在此设座。东边一间,设祭酒座,面向南;司业座,面向西。正堂"东西为墀,诸生列班于此。后堂三间,东讲堂三间,西讲堂三间,折而东为绳愆厅三间,鼓房一间,率性堂、诚心堂、崇志堂各十一间",均为西向。位于西侧,与绳愆厅相对的是三间博士厅,一间钟房。由此向南还建有"修道堂、正义堂、广业堂悉如率性堂"。在东西两侧所建的率性堂、诚心堂、崇志堂、修道堂、正义堂、广业堂,合称"六堂"。"六堂乃诸生肄业之所"①,即为国子监生上课和学习用的教室。嘉靖七年(1528),又于彝伦堂后面另建"敬一亭",自成一个院落。"前为大门,题曰敬一之门。祭酒厢房在亭东,司业厢房在亭西,会馔堂一所在监东北,土地祠五间在馔堂门之右,典籍厅五间在馔堂门之左"②。

国子监生的宿舍建在国子监的周围,以方便监生上学。"学旁以宿诸生,谓之号房"③。监生的宿舍通称"号",依其所处位置的不同,又有"大东号"、"外东号"、"小北号"、"新南号"等具体名称。

从国子监的各种建筑和格局可以看出,这所明朝时期全国的最高学府,它的机构和设施是比较齐全的。其中,有供监生上课和学习用的讲堂,即教室;有供阅读书籍的图书馆,还有馔堂,即饭堂,以及宿舍等。此外,还有供祭酒、司业和博士等教官办公、歇息的场所。

明朝北京国子监的生员,因其来源不同而有多种名目。"入国学者,通谓之监生。举人曰举监,生员曰贡监,品官子弟曰荫监,捐赀曰例监。同一贡监也,有岁贡,有选贡,有恩贡,有纳贡。同一荫监也,有官生,有恩生"④。即在国子监生中,既有经乡试中举后入学者,也有在地方府、州、县学经考试举荐入学者,还有勋戚、官僚子弟凭借"恩荫"而入学者,更有捐献钱物而特许入学者。明制,举监即举人入国子监学习,始于永乐年间。"会试下第,辄令翰林院录其

①孙承泽《天府广记》卷三《国学》,北京古籍出版社,1984年版,第36页。
②孙承泽《天府广记》卷三《国学》,第37页。
③《明史》卷六十九《选举志一》,第1676页。
④《明史》卷六十九《选举志一》,第1676页。

优者,俾入学以俟后科,给以教谕之俸"①。贡监是从地方学校经选择入学的生员,"贡生入监,初由生员选择,既命各学岁贡一人,故谓之岁贡"。明太祖朱元璋时,曾于"洪武二十一年(1388)定府、州、县学以一、二、三年为差。二十五年定府学岁二人,州学二岁三人,县学岁一人"。明成祖又于"永乐八年(1410)定州县户不及五里者,州岁一人,县间岁一人"。此后,府、州、县学所选贡生之制多变。直至"弘治、嘉靖间,仍定府学岁二人,州学二岁三人,县学岁一人,遂为永制"②。

对贡监选拔的条件和标准,明朝前期和后期发生很大的变化。"岁贡之始,必考学行端庄、文理优长者以充之。其后但取食廪年深者"。选贡始于弘治年间。所选拔的贡生是于常贡以外,"不分廪膳、增广生员,通行考选,务求学行兼优、年富力强、累试优等者,乃以充贡。"即选贡是在选拔贡监之外,另外选拔出的人才,一般每隔三、五年选拔一次。因"选贡多英才,入监课试辄居上等,拨历诸司亦有干局"。所谓恩贡者,则是"国家有庆典或登极诏书,以当贡者充之"③。荫监,即"荫子入监"。明初规定,"文官一品至七品,皆得荫一子以世其禄。后乃渐为限制,在京三品以上方得请荫,谓之官生。出自特恩者,不限官品,谓之恩生。或即与职事,或送监读书"④。例监始于景泰元年(1450),"以边事孔棘,令天下纳粟纳马者入监读书,限千人止"。实行四年后,即罢。"然其后或遇岁荒,或因边警,或大兴工作,率援往例行之,讫不能止"⑤。

北京国子监除这些生员外,还有一些"外国生"。是为"边徼属裔以及海外君长,……遣子入学,附之官生"⑥。当时,"日本、琉球、暹罗诸国亦皆有官生入监读书,辄加厚赐,并给其从人"。此外,国子监里还有"土官生",则是从西南少数民族地区选择首领的子弟入国了监学习。"云南、四川皆有土官生"⑦。

---

① 《明史》卷六十九《选举志一》,中华书局,1974年版,第1679页。
② 《明史》卷六十九《选举志一》,第1680页。
③ 《明史》卷六十九《选举志一》,第1681页。
④ 《明史》卷六十九《选举志一》,第1682页。
⑤ 《明史》卷六十九《选举志一》,第1682—1683页。
⑥ 孙承泽《天府广记》卷三《国学》,北京古籍出版社,1984年版,第38页。
⑦ 《明史》卷六十九《选举志一》,第1677页。

由此可见,明朝北京国子监的生员来自全国各地的各个阶层,而且还有来自国外的学生。因为国子监是为明朝统治者培养所需人才的专门机构和重要场所,故备受统治者的重视。而且由于明朝采取"科举必由学校"的政策,更使这所全国最高学府的地位得到极大的提高。明廷规定:"府、州、县学诸生入国学者,乃可得官,不入者不能得也。"①所以进入国子监学习,在很大程度上,为以后步入仕途铺平了道路,从而吸引了大批文士前来投学,国子监的规模也迅速扩大。永乐年间,在北京国子监学习的监生已多达万人。明朝中叶,国子监生仍基本保持在五六千人的规模,是全国规模最大的一所学校。

二、北京地区的其他学校

北京作为明朝的首都,不仅有全国高等学府——国子监,还设有多所中央以及地方一级的学校,从而也使北京成为全国的教育中心,为明朝统治者培养出大批具有专门技能的人才。

国子监是培养文职官员的最高学府,但作为一个政权的统治,还需要有精通战术、能征善战的军事人才,为此,明朝建立后不久,明太祖朱元璋即"置大宁(今内蒙古宁城西)等卫儒学,教武官子弟",即为从军武官的子弟专设的学校,以便使戍边的将士子弟也能受到教育,以此稳定军心。此后,随着国内局势的稳定,加之北边瓦剌侵扰的加剧,明朝统治者又开始考虑培养军事人才的问题,遂决定设置武学。北京的武学始设于正统六年(1441)。"成国公朱勇奏选骁勇都指挥等官五十一员,熟娴骑射幼官一百员,始命两京建武学以训诲之"②。这座明朝第一所官办的武学学堂,就设在京城的东城黄华坊禄米仓东,其位置在今天东城区的武学胡同。

武学生多来自应袭职的武将子弟。"命都司、卫所应袭子弟年十岁以上者,提学官选送武学读书,无武学者送卫学或附近儒学"。景泰三年(1452),因在校武学生多袭代,常被调出征带兵,所剩仅有十余人,遂令停办。天顺八年(1464),应给事中金绅之请,明英宗下令复建武学,以培养将帅之才。武学校

---

①《明史》卷六十九《选举志一》,中华书局,1974年版,第1675—1676页。
②《明史》卷六十九《选举志一》,第1690页。

址选在太平侯张轨旧府第。嘉靖十五年(1536),因武学位于城东偏僻之地,遂"移京城东武学于皇城西隅废寺,俾大小武官子弟及勋爵新袭者,肄业其中,用文武重臣教习"①。

明崇祯年间面临内外交困的局面,急需大批军事将领统兵出征,以镇压农民起义军和关外后金国的反明活动。明毅宗朱由检于崇祯十年(1637),"令天下府、州、县学皆设武学生员,提学官一体考取"②。于是,北京除城内的武学外,所辖府、州、县的学校也有武学生。

宗学是中国古代专为培养皇族宗室子弟的学校。明朝北京城内也设有宗学。"宗学之设,世子、长子、众子、将军、中尉年未弱冠者俱与焉"。承担宗学教学者,"于王府长史、纪善、伴读、教授等官择学行优长者除授"。万历年间,又"定宗室子十岁以上,俱入宗学。若宗子众多,分置数师,或于宗室中推举一人为宗正,领其事"③。

明朝在北京城内除设置有中央一级最高学府,如国子监、武学等之外,还利用太医院、钦天监和四夷馆培养医学、天文历法和翻译等方面的专门人才。

明朝太医院的位置大致在今东交民巷西侧路北,即今国家博物馆以南的区域内。它既为皇帝及皇族宗室成员诊治疾患,又承担着培养高级医疗人才的任务。太医院"凡医术十三科,医官、医生、医士,专科肄业:曰大方脉,曰小方脉,曰妇人,曰疮疡,曰针灸,曰眼,曰口齿,曰接骨,曰伤寒,曰咽喉,曰金镞,曰按摩,曰祝由。凡医家子弟,择师而教之"④。

明朝钦天监"掌察天文、定历数、占候、推步之事",是观测天象、推算节气历法的机构,其旧址在今天安门广场东南一带。它也同时负责培养天文历法和翻译等方面的专门人才。明钦天监分四科教授"天文生","凡习业分四科:曰天文,曰漏刻,曰回回,曰历。自五官正下全大文生、阴阳人,各分科肄业"⑤。

---

①《明史》卷六十九《选举志一》,中华书局,1974年版,第1690页。

②《明史》卷六十九《选举志一》,第1690页。

③《明史》卷六十九《选举志一》,第1689页。

④《明史》卷七十四《职官志三》,第1812页。

⑤《明史》卷七十四《职官志三》,第1810页。

　　四夷馆是一个职掌翻译的机构,始置于永乐五年(1407)。"外国朝贡,特设蒙古、女直(真)、西番、西天、回回、百夷、高昌、缅甸八馆,置译字生、通事,通译语言文字"。后又增设八百、暹罗二馆。四夷馆最初隶属翰林院,弘治七年(1494),又改隶太常寺。四夷馆除负责朝廷日常对外交往时所需的翻译工作外,还负责培养翻译人才,主要是从国子监生中选择一些人到四夷馆学习翻译之事。宣德元年(1426),又"兼选官民子弟,委官教肄,学士稽考程课"[①]。

　　明朝的北京不仅有中央一级的学校和培养专门人才的学校及机构,还有地方学校。其中包括顺天府学和州、县学校。

　　顺天府学是北京地方的最高一级学校。洪武二年(1369),明朝灭亡元朝后不久,明太祖就着手兴建国学,为此而告诫中书省官员:"学校之教,至元其弊极矣。上下之间,波颓风靡,学校虽设,名存实亡。兵变以来,人习战争,惟知干戈,莫识俎豆。朕惟治国以教化为先,教化以学校为本。京师虽有太学,而天下学校未兴。宜令郡县皆立学校,延师儒,授生徒,讲论圣道,使人日渐月化,以复先王之旧。"[②]地方遂大兴学校,建府、州、县学。这一时期的北平则将元大都国子监改作府学,其位置在顺天府东南教忠坊,即今东城区府学胡同。

　　永乐元年(1403),以府学作国子监。永乐二年,又恢复国子监,另设府学。此后,顺天府学依南京应天府(今江苏南京)府学之制定制;废置顺天府所辖宛平、大兴二县学,统于府学。凡府、县生员通经晓文义者,充国子监监生,余则入顺天府学,因此府学生员数量增多。永乐九年(1411),同知甄仪扩建府学。在府学明伦堂东西两侧建斋舍,作为讲堂。永乐十二年(1414),府尹张贯又建府学大成殿。并在明伦堂后边建栖生舍,作为府学生的宿舍。顺天府学遂渐成规模。

　　宣德年间,府尹王贤因府学旧址多被军民侵占,遂上疏请求恢复府学原有校舍。经应允后,便对原校舍再行扩建和维修。在大成殿两侧分建东、西两庑,面阔均为五间。又在明伦堂的东、西两侧,原为斋舍之处,附建栖生之舍。至此,顺天府学不仅规模进一步扩大,配套设施也比较齐备,有馔堂、厨房、仓库等建筑。

---

①《明史》卷七十四《职官志三》,中华书局,1974年版,第1797页。
②《明史》卷六十九《选举志一》,第1686页。

据《明史·选举志》记载,明初曾定府学生员之数为四十人,但"生员虽定数于国初,未几即命增广,不拘额数"①。由于不断扩大府学生的招生数额,府学生又出现了多种名目,有廪膳生、增广生、附学生之分:"增广既多,于是初设食廪者谓之廪膳生员,增广者谓之增广生员。及其既久,人才愈多,又于额外增取,附于诸生之末,谓之附学生员"。不同生员在府学中的地位也不相同:"凡初入学者,止谓之附学,而廪膳、增广,以岁科两试等第高者补充之。非廪生久次者,不得充岁贡也"②。廪膳生,简称廪生,是顺天府学规定名额内的生员。每位廪膳生可从府库领廪膳米六斗,以补助生活。定额外增收的生员,称增广生,简称增生。再增加的生员,则称附学生员,简称附生。廪膳生、增广生是从新入府学生员中,于一年内两次考试成绩优异者中选出补充。明廷规定,只有府学廪膳生资历年久者,才有资格选送国子监学习。

除府学外,明朝北京地区还设有社学。社学始于洪武八年(1375),是设于乡村、市镇的学校,"延师以教民间子弟,兼读《御制大诰》及本朝律令"。正统年间,许社学生补府学生员。弘治十七年(1504),"令各府、州、县建立社学,选择明师,民间幼童十五以下者送入读书,讲习冠、婚、丧、祭之礼"③。不过,社学由于未受到统治者的重视,其后时置时废。

明朝设置的各级各类学校,不仅种类多,数量大,而且分布比较广泛。除京城内,在所辖州、县,以及乡村都设置有学校。这在很大程度上,促进学校教育的普及,提升了北京地区的社会文化水平。

三、学校的教育和管理

明朝统治者将学校作为培养所需人才的重要基地,而且还作为科举入仕的重要途径,因此对学校尤为重视,制订了诸多的规章制度,以规范学校的教育和管理。

明朝北京的国子监不仅规模大,生员多,设施齐全,而且在学习内容和管理制度、规定以及管理的措施等方面,均十分严格。

---

① 《明史》卷六十九《选举志一》,中华书局,1974年版,第1686页。
② 《明史》卷六十九《选举志一》,第1687页。
③ 《明史》卷六十九《选举志一》,第1690页。

作为全国最高学府的国子监,其管理机构和管理、教学人员的设置已十分完备,与近代学校的设置很相似。明朝国子监设国子祭酒一人,简称祭酒,是为国子监最高的主管官员,类似后代学校的校长;设国子司业一人,简称司业,是为国子监的副长官。"祭酒、司业,掌国学诸生训导之政令。凡举人、贡生、官生、恩生、功生、例生、土官、外国生、幼勋臣及勋戚大臣子弟之入监者,奉监规而训课之,造以明体达用之学,以孝弟、礼义、忠信、廉耻为之本,以六经、诸史为之业,务各期以敦伦善行,敬业乐群,以修举古乐正、成均之师道"。作为国子监管理的最高长官,他们还负责督课和稽查国子监生的学业及品行。遇有违反学规或学业无成者,要实施处罚。"有不率者,扑以夏楚(亦称榎楚,是中国古代用榎木荆条制成的鞭挞刑具),不悛,徙谪之"。祭酒、司业按规定,对国子监生的"课业仿书,季呈翰林院考校,文册岁终奏上"。此外,"每岁仲春秋上丁,遣大臣祀先师,则总其礼仪。车驾幸学,则执经坐讲。新进士释褐,则坐而受拜"①。

祭酒、司业之下,还设有监丞、博士、助教、学正、学录等学官,以及典簿、典籍、掌馔等官吏。这些官员在祭酒、司正的统领下,各自负责具体的事务。"监丞掌绳愆厅之事,以参领监务,坚明其约束,诸师生有过及廪膳不洁,并纠惩之,而书之于集愆册。"博士则是按《五经》设置的,故为五人。"博士掌分经讲授,而时其考课。凡经,以《易》、《诗》、《书》、《春秋》、《礼记》,人专一经,《大学》、《中庸》、《论语》、《孟子》兼习之"。助教分设于率性、修道、诚心、正义、崇志、广业六堂,共十五人。另有学正十人,学录七人,协助助教讲解和管理。"助教、学正、学录掌六堂之训诲,士子肄业本堂,则为讲说经义文字,导约之以规矩"②。至于典簿、典籍、掌馔,则负责日常行政及生活等方面的事务管理,"典簿典文移金钱出纳支受。典籍典书籍。掌馔掌饮馔"③。

明朝国子监官吏的设置及职责,已涉及到学校管理的诸多方面。其中包括国子监生的学习、品德、纪律和生活等。其目的是要严厉督察和约束国子监生日常的学业和行为,以培养符合统治者利益和需要的人才。这与明朝的"科举必由学校"政策是有直接关系的,"府、州、县学诸生入国学者,乃可得官,不

---

①《明史》卷七十三《职官志二》,中华书局,1974年版,第1789页。
②《明史》卷七十三《职官志二》,第1789页。
③《明史》卷七十三《职官志二》,第1789—1790页。

入者不能得也"①。所以加强对国子监的管理和对国子监生的训导,是十分重要的。这首先体现在国子监官员的设置上,其次便是朝廷专为国子监制订的一套严格的规章制度和奖惩措施。

通过不同途径和方式进入国子监的生员,在学官的教诲和督课下进行学习,"所习自'四子'本经外,兼及刘向《说苑》及律令、书、数、《御制大诰》"②。主要学习的内容包括:程朱学派注释的《四书》、《五经》和《性理大全》、《通鉴》以及书法、算术和皇帝的诰令、律令等。开设这些课程的实质,是强制国子监生学习为统治者所推崇的孔孟儒学和程朱理学,以达到与科举制度禁锢思想的相同效果。

国子监的教学十分严格,也很规范。"其教之之法,每旦,祭酒、司业坐堂上,属官自监丞以下,首领则典籍,以次序立。诸生揖毕,质问经史,拱立听命"。国子监生在校学习期间,除每月的初一、十五日放假外,"余日升堂会馔,乃会讲、复讲、背书,轮课以为常"。国子监生除按规定随博士、本堂的助教及学正、学录学习外,每天还要练习书法。"每日习书二百余字,以二王(王羲之、王献之)、智永、欧(阳询)、虞(世南)、颜(真卿)、柳(公权)诸帖为法"③。国子监生学习的内容比较多,除儒家经典外,还要学习皇帝的诰令、律令和书法、算术等。这对生员而言,既有要求他们遵循皇帝意旨的用意,使学校能培养出为统治者服务的人才,也有利于生员掌握更多的才能,提高他们自身的修养。书法在中国古代社会常与琴、棋、画一道,作为文人学者修身养性的重要途径和手段。在国子监的课程中,设置书法的内容,也应该具有这种功能。算术与儒学看似没有直接的联系,可它在一定程度上有助于提高生员的思维能力。尽管明人对国子监为何设置算术课程没有作出任何解释,史籍对此也未作说明,但算术出现在国子监生的课程中,不能说是随意设置的,显然是有特定的目的。

明朝国子监的教学方式也比较特殊。每天早晨要进行"面试",系采用问答的形式检查生员的学习情况。此外,平日还有各种形式的讲经、背诵,以及面授各种课程。可以说,这些教学方式实际是为了督促生员学习,提高他们的

①《明史》卷六十九《选举志一》,中华书局,1974年版,第1675—1676页。
②《明史》卷六十九《选举志一》,第1677页。
③《明史》卷六十九《选举志一》,第1677页。

学习质量。而每月的考试(月试),则是为了全面检查生员的学习质量。

国子监生的考试,主要采用月考的办法。最初,"每月试经、书义各一道,诏、诰、表、策论、判、内科二道"①,后改为"六堂积分法"。即将月考的成绩作为国子监生个人的"积分",以积分多少决定其是否升级或授官。"积分法"也因此成为国子监教育与管理的一项极重要的制度,旨在督课监生认真学习,遵守学规。国子监的"六堂",实为三个等级的六个班级。国子监生从入学到毕业,是在不同的堂内学习的,且每一阶段的学习内容,均有年限要求和具体的规定:"六堂诸生有积分之法,司业二员分为左右,各提调三堂。凡通四书未通经者,居正义、崇志、广业。一年半以上,文理条畅者,升修道、诚心。又一年半,经史兼通、文理俱优者,乃升率性。升至率性,乃积分。其法,孟月试本经义一道,仲月试论一道,诏、诰、表、内科一道,季月试经史策一道,判语二条。每试,文理俱优者与一分,理优文劣者与半分,纰缪者无分。岁内积八分者为及格,与出身。不及者仍坐堂肄业。如有才学超异者,奏请上裁。"②

从这一规定中,可以看出,明国子监的学制为四年,其中有一年的时间是在正义、崇志、广业三堂中学习。主要学习《周易》、《尚书》、《诗经》、《礼记》、《春秋》五部儒家经典著作,以及程朱学派对五经所作的注释。经考试,凡能"文理条畅",即升入修道、诚心二堂学习。在这二堂里,除儒家经典著作外,还要学习史学著作。再经过一年半的学习,能"经史兼通、文理俱优",才可升入率性堂。率性堂是国子监内诸堂的最高一级。国子监生在率性堂学习期间,采用"积分法"进行管理,要求监生们在一年内的十二次月考中,必须至少积满八分,才能及格,并获得授官的资格。对"分"的评定标准,也有明确的规定。即只有"文理俱优",才能得到一分。否则只给半分,极差者不给分。所以,国子监生在四年的学习中,必须刻苦、认真。

不过,国子监生一旦学成,即可获得出身,得到任官的资格。这对于国子监生来说,仍是极具诱惑的,足以使之埋头苦读。当然,国子监生在获得出身上,也并非直接授官。"初令监生由广业升率性,始得积分出身。天顺以前,在

---

①《明史》卷六十九《选举志一》,中华书局,1974年版,第1677页。
②《明史》卷六十九《选举志一》,第1678页。

监十余年,然后拨历诸司,历事三月,仍留一年,送吏部铨选。其兵部清黄及随御史出巡者,则以三年为率。其后,以监生积滞者多,频减拨历岁月以疏通之。每岁拣选,优者则与拨历,有未及一年者"①。尽管如此,作为文士的入仕之途,较之传统的科举取士,国子监仍具有极大的优势和诱惑力,故国子监在明朝一直是文人士子渴望入仕的重要途径。

对国子监与监生的管理,还有具体的规定和相应的措施,而且也十分严格。虽然,历明一代,"其学规条目,屡次更定,宽严得其中。堂宇宿舍,饮馔澡浴,俱有禁例"。在对国子监生的日常管理中,除各堂设有专职的学官外,还有由监生自己选出的斋长,具体负责督察监生的日常行为。"每班选一人充斋长,督诸生工课。衣冠、步履、饮食,必严饬中节"②。

国子监生每月于初一、十五日放假,其他时间则一般不允许外出。若需外出,则必须向教官告假,并且要及时上报祭酒。"夜必宿监,有故而出必告本班教官,令斋长帅之以白祭酒"。对于因故需要请假返乡者,则根据其路途远近给假,到期必须返监。"省亲、毕姻回籍,限期以道里远近为差。违限者谪选远方典史,有罚充吏者"③。

对国子监生的日常管理,除学官及斋长日常督察、约束外,还建有专用的籍簿——集愆簿,专用于记录监生的违规行为,由监丞具体负责记录。若监生违犯学规,又屡教不改,则要给予严厉的处罚。"监丞置集愆簿,有不遵者书之,再三犯者决责,四犯者至发遣安置"④。再三违犯学规者,先是"扑以夏楚",以示警告。再犯,则要除名,退回原籍。

因国子监是明朝统治者培养所需人才的专门机构和场所,国子监生也因此享有较好的待遇。"厚给廪饩,岁时赐布帛文绮、袭衣巾靴。正旦元宵诸令节,俱赏节钱"。"诸生在京师岁久,父母存,或父母亡而大父母、伯叔父母存,皆遣归省,人赐衣一袭,钞五锭,为道里费"⑤。

---

①《明史》卷六十九《选举志一》,中华书局,1974 年版,第 1684 页。

②《明史》卷六十九《选举志一》,第 1677 页。

③《明史》卷六十九《选举志一》,第 1677 页。

④《明史》卷六十九《选举志一》,第 1677 页。

⑤《明史》卷六十九《选举志一》,第 1676 页。

这些材料表明,设在北京城内的全国最高学府国子监,无论是在课程设置还是学校的管理等方面,都有前朝没有的新内容。这也反映出学校教育在这一时期,更受到统治者的重视,生员的学习质量也在一定程度上得到提高。

明代北京的武学设教授一人,训导一人,"掌教京卫各卫幼官及应袭舍人与武生,以待科举、武举、会举,而听于兵部"①。武学生为"都司、卫所应袭子弟年十岁以上者",由提学官选送武学读书。所学内容有《武经七书》等。武学也有一套管理的制度。成化年间规定,凡武学生入学,有司于年终即对其进行考试。若"十年以上学无可取者,追廪还官,送营操练"②。

宗学,"其师,于王府长史、纪善、伴读、教授等官择学行优长者除授"。宗学生为宗室子弟十岁以上者,"令学生诵习《皇明祖训》、《孝顺事实》、《为善阴骘》诸书,而'四书'、'五经'、《通鉴》、性理亦相兼诵读"③。皇族宗室子弟入学后,其衣冠穿戴一律与其他学校生员相同。每年由提学官对宗学子弟进行考试。"已复令一体乡试,许得中式"④。

至于太医院、钦天监、四夷馆等专业机构,在传授专业知识、培养专门人才时,也有自己的一套规章制度。如太医院培养的人才是给人治病救命,因此对学习要求极严。"凡医家子弟,择师而教之。三年、五年一试、再试、三试,乃黜陟之"⑤。四夷馆生员最初"选国子监生习译。宣德元年(1426)兼选官民子弟,委官教肄,学士稽考程课","译字生,明初甚重。与考者,与乡、会试额科甲一体出身。后止为杂流。其在馆者,升转皆在鸿胪寺"⑥。

从明朝北京地区各级各类学校的教育教学内容和管理制度、方法等方面分析,这一时期的学校教育因学校的不同,培养对象亦有区别。各级各类学校均有明确的培养目标,且注重生员学习的效果和质量;学校的管理严格,措施具体。这对于明朝时期北京地区学校教育的发展,无疑是有促进作用的。正因如此,明朝时期北京地区的学校教育,又进入到了发展的高潮。

---

①《明史》卷七十四《职官志三》,中华书局,1974年版,第1817页。

②《明史》卷六十九《选举志一》,第1690页。

③《明史》卷六十九《选举志一》,第1689页。

④《明史》卷六十九《选举志一》,第1690页。

⑤《明史》卷七十四《职官志三》,第1812页。

⑥《明史》卷七十四《职官志三》,第1797—1798页。

第七章　清朝前期北京的学术和教育

明万历四十四年(1616),努尔哈赤在赫图阿拉(今辽宁新宾西)称汗建国,国号大金,史称后金。天命十年(1625),努尔哈赤迁都至沈阳(今属辽宁)。

后金崇德八年(明崇祯十六年,1643),福临即位。其后趁明末农民战争高潮迭起、明朝统治岌岌可危、关内局势混乱之机,在击败李自成的大顺军后,进击关内,占领北京。

顺治元年(1644)九月,清世祖福临由盛京(今辽宁沈阳)迁都至北京。此后,清军继续南下,先后镇压了农民起义军、南明政权以及各地的反清斗争,最终统一了全国,确立了清朝对全国的统治。

第一节　社会的变化与学术文化发展的背景

一、清前期的统治政策和科举制度

清朝入关后,为了适应满族对汉族等诸多民族统治的需要,曾推行圈地、薙发、屠城、迁海等民族压迫政策。但与此同时,清朝统治者也积极联合汉族及其他民族的士大夫,以扩大统治的基础,并调整了一些统治政策。其中包括对明亡帝以礼下葬,恩养明宗室成员,录用原明廷各官署官员等。尤为重要的是,尊崇以儒家为代表的汉族文化,并定为立国之本。为此,清朝统治者提倡尊孔读经,大兴儒学。率清军入关的摄政王多尔衮进入北京后不久,就遣官祭奠先师孔子。次年,又亲自拜谒孔庙,并赐国子监师生胥隶银二千二百余两。后清廷又应国子监祭酒李若琳之请,"更孔子神牌为大成至圣文宣先师"①。以孔子六十五代孙孔允植袭封衍圣公。顺治九年(1652)九月,顺治帝又亲诣孔庙,举行隆重的释奠礼。在向先师孔子神位行礼毕,顺治帝入彝伦堂,由满、汉国子祭酒读讲《易经》,满、汉国子司业读讲《尚书》。之后,顺治帝传制官宣读谕旨:"圣人之道,如日中天。讲究服膺,用资治理。尔师生其勉之。"②顺治帝将孔子创立的儒家学说与治理国家相联系,足见其对汉族以儒学为核心的传统文化的重视。正因如此,在行释奠礼五年后,他又谕令礼部,"应于保和殿先行开讲(经筵)"③,即在宫内文华殿尚未建成时,顺治帝便先于宫中三大殿之一的保和殿开设经筵,以便由满、汉学者向其读讲儒家经典著作,从中探求治国之道和方略。从此,清朝统治者正式开设经筵,儒学的地位也因此得到提高。

顺治十四年(1657),清廷正式制定了经筵的讲期和仪注。规定每年于春、秋两季分别开设经筵。开讲前,皇帝先亲诣弘德殿,致祭先师孔子。题用经书、讲章,令讲官撰送内院,酌量改定,预期恭进御览。延筵仪注的制定,使得经筵的开设从此成为一项国家的制度,"尊孔尚儒"也因此作为清朝统治的一项政策。

为了将这项政策推行到全国,以利于拉拢汉族文士参与政权,稳定社会秩序,巩固清朝的统治,顺治帝还令工部修葺北京文庙:"文庙崇祀先师孔子,所关典礼甚重。今已年久倾圮,若不速为整理,后渐颓坏,葺治愈难。朕发内帑银三万两,特加修葺,尔部即传谕行。"④清朝定都北京后,又使北京继元、明两朝以后,再度成为全国的政治中心。维修都城的文庙,实际也是在为全国起着表率的作用,即要求各地的省、府、州、县官员均要对治所的文庙加以保护、维修。以便于通过"尊孔尚儒"的政策,消弭满、汉人之间的民族隔阂与矛盾,以

---

①《清世祖实录》卷十三,中华书局影印《清实录》第三册,1985年版,第122页。
②《清世祖实录》卷六十八,中华书局影印《清实录》第三册,第539页。
③《清世祖实录》卷一百一十一,中华书局影印《清实录》第三册,第867页。
④于敏中等《日下旧闻考》卷六十六《官署》,北京古籍出版社,1985年版,第1098页。

利于清朝对全国的统治。

在确立"尊孔尚儒"统治政策的同时,清朝的统治者还采取具体的措施,吸引汉族等文士参与政权。顺治帝进入北京后不久,尽管全国尚未全部统一,兵革之事不断,仍下令恢复明朝原有的科举制度,"考试仍照旧例行"[①]。顺治三年(1646)二月,清廷于北京举行入关后的第一次会试,以大学士范文程、刚林、冯铨、宁完我为总裁官。然因"直省举子,虽名册投部,而人尚有未至者。兵火之余,道路梗塞,一时难齐"[②]。为使首次会试能选拔到更多的人才,清廷又将原定二月初九日的考试推迟至十九日举行。会试结束后,又于三月十五日举行了入关后的首次殿试。殿试发榜,有四百人赐进士及第或出身。清廷为此还于礼部赐宴诸进士,赐第一甲第一名傅以渐袍帽,赐诸进士钞银。

此次在北京举行的会试,引起了社会各界关注,且随着清军南下,更多的地区已为清朝所统治,也需要有更多的人才进入统治集团,因此,会试刚结束,大学士刚林等又上疏,请求"于本年八月再行科举,来年二月再行会试,以收人才。其未归地方,生员、举人来投诚者,亦许一体应试"[③]。在得到顺治帝的同意后,清廷又于顺治四年(1647),在北京再度举行会试,称为"加科"。清廷入关后,连续两年开科取士,一则出于对人才的需求,二则也是"尚儒"的表现。而开科取士是汉族及内地政权沿用千余年的制度,也是一种文化传统,此举无疑也表明清朝统治者沿用内地政权的统治政策,旨在吸收更多的汉族文士为满洲统治者效力。

清廷入关后采取的这些政策和制度,也为顺治帝的后继者所沿用,儒学及汉族传统文化的地位亦随之不断提高。到康熙年间,康熙帝更是将孔子提到至尊的地位。他曾赴曲阜,亲自拜谒孔庙,还根据儒家学说,制定并颁布了《圣谕》十六条,作为臣民必须遵守的行为准则和道德规范。雍正帝对《圣谕》又详加阐释,扩编为《圣谕广训》,颁行至全国。还令各地遴选秀才宣讲,更使儒学及儒家思想深入到社会的每一个角落。为此,雍正帝要求地方官员首先恪守

---

①《清世祖实录》卷十五,中华书局影印《清实录》第三册,1985年版,第135页。
②《清世祖实录》卷二十四,中华书局影印《清实录》第三册,第204页。
③《清世祖实录》卷二十五,中华书局影印《清实录》第三册,第215页。

儒家的道德规范。"独不思尔等绅士,乃兆民之观瞻,闾阎之坊表,若尔等果能于忠孝礼让之道,身体力行,以为众人模楷,而各教训其子弟,各规劝其乡党,则小民慕义向善,风俗自日归淳厚"①。从雍正帝的这番话中可以看出,清朝统治者如此推崇儒学,其真实的用意是要利用儒家的思想,在全国建立一套尊卑有秩的社会秩序,以利于其加强中央集权的统治。而最高统治者对儒学的推崇,也在很大程度上促进了社会崇尚儒学的风气。

在尊孔尚儒中,清朝统治者尤为推崇朱熹。康熙曾说:"朕以为孔孟之后,有裨斯文者,朱子之功,最为弘巨。"②为此,他将朱熹从原在孔庙两庑的先贤中移入大成殿内,置于"十哲"③之后,奉为第十一哲。康熙还令重刊《性理大全》,编印《朱子全书》、《性理精义》。从而也使程朱理学的地位得以提高。而理学所倡导的"存天理,灭人欲"理论,更被统治者作为控制人们思想的工具。

为了更好地吸收明朝统治的经验和失败的教训,清朝统治者在入关以后,还组织文人学者翻译明代的典籍,编写史书。顺治三年(1646)三月,由大学士范文程、刚林、祁充格、冯铨、宁完我等人将《洪武宝训》译成满文。顺治帝认为其"彝宪格言,深裨治理",遂令人以己名义为其作序,又以满、汉文刊刻成书,"颁行中外"④。此外,清廷还于定都北京后,即着手组织编修《明史》。以内三院(即内秘书院、内国史院、内弘文院)大学士冯铨、洪承畴、李建泰、范文程、刚林、祁充格等人为总裁,另设副总裁、编修官、收掌官、满汉文誊录官等数十人。并向各省征集所藏的明代朝报、召对等文字材料。要求地方官员"务期广为搜罗,速行汇送翰林院"。尽管清朝统治者是出于"以昭鉴戒"⑤的目的而组织力量编纂《明史》,但"以史为鉴",重视修史,毕竟是汉族等内地政权固有的文化传统。清朝统治者的这一做法,实际是肯定了这一文化传统的特殊作用和功能,进而也提升了史学在社会文化中的地位。

----

①蒋良骐《东华录》卷三十"雍正七年,六月乙未",中华书局,1980年版,第497—498页。
②《清圣祖实录》卷二百四十九,中华书局影印《清实录》第六册,1985年版,第466页。
③十哲,为孔庙祀典,即为孔子门生颜渊、闵子骞、冉伯牛、仲弓、宰我、子有、子路、子贡、子游、子夏十人。凡祭孔,则侍列于孔子两侧。后以颜渊附祭孔子,遂升补曾参。后又升曾参附祭孔子,又升补子张为十哲之一。
④《清世祖实录》卷二十五,中华书局影印《清实录》第三册,第209页。
⑤《清世祖实录》卷一百二十六,中华书局影印《清实录》第三册,第977页。

不过,清朝统治者在吸收和利用以儒学为代表的汉族传统文化,建立和巩固满洲贵族对全国的统治的同时,又实行文化专制,实施严厉的控制措施,以禁锢人们的思想,压制各种有悖于封建专制主义中央集权统治的言行。为此,清朝统治者大兴文字狱,以翦除异端。康熙、雍正、乾隆三朝更是大量查禁、销毁或篡改不利于封建专制统治的书籍,屡兴文字狱,加紧对文人学者的迫害,达到极致。见诸于文献资料记载的三朝所兴文字狱,多达八十余起,株连者为数众多,处罚极其残酷。在十分严酷的文化专制和思想禁锢下,广大的文人学者为躲避杀身之祸,只好回避社会现实,埋头于故纸堆中,形成了"为考据而考据"的一代学风,学术思想逐渐被沉闷、压抑的气氛所笼罩。

清朝入关后采取的这些统治政策和措施,对全国的社会思想和文化产生了重大且深远的影响。北京作为清朝的政治、文化中心,这种影响更是直接且深远的。

随着清朝统治者"尊孔尚儒"政策的实施,科举制度的恢复,又吸引了全国各地的文人学者陆续来到北京。北京因此在经历明末清初政局的巨变后,又很快恢复了文人云集、学术氛围浓厚的景象。大批文人学者长期在北京定居,也逐渐形成了一些文人聚居的地区。这些来自于全国各地的文人学者,将自己的学术研究成果或原所在地区的学术文化带入北京地区。而这些文人学者在北京城内相对集中的居住在一地,居所相邻,又便于相互学习、交流,从而促进学术文化水平的提高。同时,随着全国各地大量的文人学者的到来,北京城内为文人学者提供各种服务的文化和商业设施,诸如书肆及经营书画、文具等的商号、店铺等大量涌现。各种书籍经刊刻、印刷后,即上市出售,不仅方便了文人学者们的学术研究,也有助于扩大文化的传播。

清朝自入关以后采取的统治政策,既有利于北京地区社会文化的发展,但也在很大程度上制约和束缚着北京,乃至全国的学术思想和学术文化的发展。所以北京地区在清朝前期,其学术文化未呈观十分活跃的景象。不过,这并未影响北京地区在全国所处的文化中心的地位。生活在北京地区的诸多文人学者在高度强化的文化专制下,虽然也采取回避现实的态度和做法,在不涉及清朝统治者利益的一些学术问题上,进行研究和探索,在他们潜心钻研下,仍取得了极重要的学术成就。

二、宣南文化的兴起

清朝前期,北京地区社会文化发展的重要表现之一,就是宣南地区因文人学者大量聚居,开始形成浓郁的学术文化氛围,并由此逐步形成一种独特的文化。这也为清代北京地区学术研究和学校教育的发展,奠定了重要的基础。

清朝定都北京后,清廷规定内城只允许"旗人分城居住",故来自外地他乡的汉人及汉官们,只能选择内城以外的其他地方居住。明末清初,北京城南尚属旷野之地。这一规定导致在顺治年间,就开始有文人学者在城南择地建屋居住。其后在正阳门及崇文门、宣武门外,又有许多店铺、商家在此开业,逐渐形成规模颇大的商业中心。环境的改善,为来自全国各地的文人学者提供了一个十分理想的定居之地。

清朝定都北京之初,在入仕清廷且居住于宣南地区的文人学者中,不乏胸襟宽广和性情豪爽、擅交各方人士、喜结知己者,故而吸引许多文人学者来此登门求教,其中亦有来此寓居,以方便交往者。这为文人学者相互间的交流与交往,创造了十分便利的条件。所以,在清朝前期,宣南地区就形成了浓郁的学术文化氛围,在此产生了诸多的学术成果,进而成为北京地区一个新的学术文化中心。

如顺治年间,最早寓居宣南地区的文人学者中,有活跃在清初诗坛上的两位大诗人,即被誉为"江左三大家"中的吴伟业和龚鼎孳。吴伟业,字骏公,晚号梅村,江苏太仓人。被时人誉为"文采风流,照映一时"的吴伟业所创作的诗歌,"其华而壮者,如龙楼凤阁;其清而逸者,如冰柱雪车;其美而艳者,如宝钗翠钿;其哀而婉者,如玉笛金筹"①。这位享誉清初诗坛的大诗人,在北京的寓所就在虎坊桥北的魏染胡同。

另一位清初大诗人龚鼎孳,其诗作曾受到顺治帝的赞赏,称其为:"下笔千言,如兔起鹘落,不假思索,真当今才子也"②。龚鼎孳入仕清廷后,亦在宣南择居。"龚芝麓尚书寓宣武门左,有香严斋"。龚鼎孳不仅才识渊博,更惜才爱

---

①钱仲联主编《清诗纪事》第三册《顺治朝卷·吴伟业》,江苏古籍出版社,1987年版,第1411页。
②钱仲联主编《清诗纪事》第三册《顺治朝卷·龚鼎孳》,第1359页。

士,所以常有来自全国各地的文人学者慕名而至。每逢此时他都要倾己之囊,尽力帮助那些生活窘困者。"海内文人,延致门下,岁暮,各赠炭资"①。经常是"倾囊橐以恤穷交,出气力以援知己"②。

这一时期在宣南地区定居的文人学者中,还有清初的几位著名的史学家。其中有来自浙江海宁的谈迁。从顺治十年(1653)至顺治十三年(1656),为搜访史料,谈迁从家乡来到京城,寓居骡马市附近。在北京的两年半时间中,他与吴伟业、曹溶、霍达交往十分密切。这三位均为明崇祯年间的进士,不仅熟知明朝的典章和掌故,且藏书丰富,因此谈迁常走访他们。尤其是与吴伟业交往最频繁。为撰写史学著作《国榷》,他或从吴伟业家"借旧邸报若干,邀阅,悉携以归"③,或与之"极论旧事"④,或"以《国榷》近本就正,多所裁订"。有时甚至"饮于吴太史所"。经常是"语移时,晚招饮"⑤。正是在宣南这片文人学者的聚居地,谈迁通过走访、搜寻,查阅到大量记载明朝史事和典章制度的书籍,收集到许多明朝末年的重要史实,而且在与吴伟业等人的交往中,也进行了学术上的交流。这些都为他撰写《国榷》一书,提供了有利的条件。

另一位清初史学家孙承泽,是顺天府大兴县(今北京大兴)人。明崇祯四年(1631)进士。后入仕清朝,任吏科都给事中。顺治九年(1652),迁吏部左侍郎、太子太保、都察院左都御史。次年,因老病致仕。此后,他一直寓居在琉璃厂西南,章家桥西一所宅院中,其名为"研山堂"。在这处院落中,他专心著述,历时二十年,撰写出《春明梦余录》、《天府广记》两部专门记载北京历史的著作。

琉璃厂地区自清初以后是文人学者相对集中的居住地。在这里寓居的著名学者中,也有一些官位显赫者。虽然他们身在官场,仍笔耕不辍。或自官场退出后,又于学术文化上勤奋笔耕,从而不断提升着琉璃厂及宣南地区的知名度和学术文化品位。

在宣武门外大街西侧的一条名为海波寺街的胡同里,中和殿大学士兼吏

---

①戴璐《藤阴杂记》卷九《北城上》,北京古籍出版社,1982年10月版,第82页。

②钱仲联主编《清诗纪事》第三册《顺治朝卷·龚鼎孳》,江苏古籍出版社,1987年6月版,第1357页。

③谈迁《北游录·纪邮上》,中华书局,1960年版,第60页。

④谈迁《北游录·纪邮上》,第61页。

⑤谈迁《北游录·纪邮上》,第54页。

部尚书金之俊在顺治年间便开始寓居于此,并在宅院中栽种了两株古藤,还建起了古藤书屋。顺治年间,古藤书屋易主为御史何元英,又改称为丹台书屋。因这座宅院先后有两位在文人中颇有名望的显官居住,故而以其"高斋"对"古藤"的名声,倍受文人们的仰慕。康熙二十三年(1684),曾在数年前以布衣身份经博学鸿儒科进入翰林院的著名学者朱彝尊从皇城搬入古藤宅院,成为新的主人。不过,此时的朱彝尊已被免官。朱彝尊入翰林时,已年逾五十。但其渊博的学识,受到康熙帝的赏识,被称为"海内三布衣"之一。四年后,又入值南书房,赐居禁垣东,还获恩准,许在紫禁城内骑马。但不久,其在辑《瀛洲道古录》时,私挟小胥入内抄书,遭劾谪官,遂从皇城迁出,搬入这处宅院中。他在撰写的《曝书亭集》中,对这处宅院的情况作了介绍:"僦宅宣武门外,……庭有藤二本,桪柳一株,旁帖湖石三五,可以坐客赋诗。"自从朱彝尊脱离宦海,入居于此后,终日手不释书,查阅了大量的文献资料,最终著成《日下旧闻》一书。书中辑录了一千六百余种古籍有关北京历史和政治、经济、文化及风俗的记载,是一部系统整理有关北京各方面情况的古文献资料汇编。

　　自从朱彝尊入居古藤书屋后,又吸引了更多的文人名士前来拜访。他们在这里既向书屋的主人请教,又相互交流,赋诗相和,留下了诸多为后人称道的诗篇。所以,古藤书屋在清初以后便成为文人学者在宣南的一处重要的雅聚之所。著名戏剧作家孔尚任对此高度赞赏,他在《燕台杂兴诗》中称:"藤花不是梧桐树,却得年年引凤凰。"

　　除琉璃厂地区外,在宣南地区的中、北部也有许多著名的文人学者在此定居。明崇祯年间的进士王崇简,在顺治三年(1646)受顺天府学政曹溶的举荐,补选庶吉士。后官至礼部尚书,加太子太保。这位颇受顺治帝赏识的学者官员,就寓居在米市胡同的一处宅院中,名为青箱堂。

　　王崇简之子王熙,为顺治四年(1647)进士,后官至弘文院学士。被顺治帝称颂为"父子同官,古今所少。以尔诚恪,特加此恩"①的王熙,则寓居在距青箱堂西不远的南横街南半截胡同。在其宅院中,有江苏松江府华亭人张涟设计、建造的怡园。这处具有江南园林建筑特色的私家园林,也是文人学者经常

① 徐珂《清稗类钞》第五册《门阀类·父子同官》,中华书局,1986年版,第2123页。

聚集的场所。在秀美的山水间,文士们宴饮一堂,赋诗相酬。王崇简的另一个儿子王燕,以父荫任户部郎中。后又出任贵州巡抚。他的寓所在广宁门之北的增寿寺夹道,称为忏园。乾隆年间的诗人万光泰对年久失修的忏园赋诗道:"小巷大街东,园基近佛宫。残蝉斜照后,独鸟乱烟中。树老藤全白,篱荒枣半红。曲池无寸水,弹入雍门桐。"①即使这时的忏园已年久失修,荒芜残破,但仍能看到该园的秀美与华丽。

　　宣南地区的另一处文人学者经常聚集的场所,是位于菜市口西南角教子胡同中的寄园。这处宅院的主人赵吉士,是顺治八年(1651)的举人。康熙七年(1668)任山西交城知县,后官至户部给事中。在寄园内,"浚池累石,分布亭馆,种花木。海内名士入都恒留连不忍去"②。还有一处是位于韩家潭胡同内的芥子园。其主人是钱塘(今浙江杭州)人李渔。芥子园在清朝初年就十分有名。其时,京城内"王侯邸第连云,竞侈缔造,争延翁(即李渔,字笠翁)为座上客,以叠石名于时"③。乾隆年间,户部郎中,也是钱塘人的符曾曾寓居于此。在这处宅院的斋房里,"床帏之外,书签画卷,茗碗香炉,列置左右。几案无纤尘,四时长供名花数盎"④,给人以肃雅、洁净之感,体现了文人学者所追求的典雅、清逸的品位和风尚。因而芥子园便成为各地赴京师的名流文士常常借居的地方。

　　自清初以后,不仅在宣南地区出现了文人学者居住的寓所,还形成了相对集中居住的格局。其中更有一些胡同或街道,成为文人学者集中居住的地方。上、下斜街,亦称槐树斜街就是最具代表性的一处。在这两条斜街中,自清廷定都北京后,曾有许多名流文士寓居在此。上斜街位于宣武门外西侧,下斜街位于上斜街的西南。据有关文献资料的记载,顺治十五年(1658),进士及第后的王士禛"通籍观政时所居在斜街"⑤。此后,在上斜街居住过的名士不断。如康熙六年(1667)的进士乔莱,是王士禛的门人,后任翰林院编修,曾参加过

---

①陈宗蕃《燕都丛考》,北京古籍出版社,1991年版,第586页。
②于敏中等《日下旧闻考》卷六十《城市》,北京古籍出版社,2001年版,第988页。
③麟庆、汪春泉等《鸿雪因缘图记》第三集《半亩营园》,浙江人民美术出版社,2011年版。
④震钧《天咫偶闻》卷七,北京古籍出版社,1982年版,第166页。
⑤邓之诚《骨董琐记》,北京出版社,1996年版,第102页。

《明史》的编撰。他"辟一峰草堂于宣武门斜街之南。暇与布衣 履之士,诗篇酬和"①。康熙三十五年(1696),著名诗人顾嗣立从老家江苏长洲到北京,在上斜街的山右三忠祠,"僦屋数椽",并以其父在家乡的秀野园,命名为"小秀野",环境十分幽雅。顾嗣立"豪于饮",且喜与友人饮酒作乐,故常有友人来此与他交往。小秀野因此也成为一处名流雅士云集之地。"时海宁查德尹(嗣瑮),嘉善柯南陔(煜),桐城刘北固(辉祖)、方灵皋(苞),江浦刘大山(岩),泰州宫友鹿(鸿历),武进钱亮功(名世)、徐学人(永宁),嘉定张汉瞻(云章),常熟蒋扬孙(延锡),大兴王崑绳(源)、方共枢(辰)俱集京师。乃举逢十之集,率以赋诗饮酒为乐,倩禹鸿胪尚基(之鼎)绘小秀野图,余自题四绝句,和者百余人"②。

康熙二十八年(1689),著名学者查慎行也移居到上斜街,其寓所"去宣武门西半里,有陋室十余间,从马上望见老槐二树,亭亭出屋,遂僦居焉"③。在此定居后,查慎行将自己的寓所称为槐簃。因这里环境十分幽雅,常有好友来此与之饮酒赋诗。查慎行在《十月望后,周桐野、王楼村过槐簃看菊留小饮诗》中,对此描述道:"老瓦盆中花十本,上槐街里屋三间。眼前此景殊不俗,辇下几人能爱闲?我已掀泥除藓径,客方冒雨叩柴关。寒林瘦竹萧萧意,着片疏篱即故山。"④

下斜街同样也是一条文人学者集中居住的街道。由于这一带多为异地他乡来京城的文士们寓居的地方,因此也有许多商人、小贩到此经营各种生活及文具等商品,遂逐渐形成一个新的商业中心。

不仅在宣南地区的这些宅邸和街道、胡同,是来自全国各地的文人学者到北京城后经常居住的地方,宣南地区的许多名刹古寺,也在清初时期成为来到京城的各地文士们借居的重要场所。同样,借居在名刹古寺中的文人学者们,也常将栖息之处作为与友人相互交流的场所。在许多曾经借居在这些名刹古

---

①朱彝尊《曝书亭集》卷七十三《翰林院侍读乔君墓表》,四部丛刊初编集部本。

②顾嗣立《寒厅诗话》,引自钱仲联主编《清诗纪事·康熙朝卷》,江苏古籍出版社,1987年版,第3441页。

③陈宗蕃《燕都丛考》,北京古籍出版社,1991年版,第569页。

④吴长元《宸垣识略》卷十《外城二·西》,北京古籍出版社,1981年版,第197页。

寺中的文人笔下,都留有对借居之所及其环境的具体、生动的记述和描绘。

如广宁门大街的北侧、下斜街东的增寿寺,是一处曾为文人学者借居的寺庙。康熙初年,自称田间老人的经学家钱澄之就在寺庙中居住过。他还赋诗描述了增寿寺作为文士借居之地的情景:"一路风尘满鬓华,解鞍便宿老僧家。房留官坐监施饭,店与人开带卖茶。庭树午余时系马,钟楼日落乱栖鸦。五更不睡骡车过,铎响铃声枕畔哗。"①可见,这座增寿寺在清朝初年曾为来京的文人学者等提供方便的食宿。

位于米市胡同的保安寺,在康熙年间曾有王士禛在此借居。此外还有海宁人陆嘉淑,宣城人施闰章、梅庚,武进人邵长蘅等人与他为邻。王士禛与他们交往甚密,相互经常登门拜访。邵长蘅曾记述道:"己未,客都门,寓保安寺街,与阮亭衡宇相对,愚山相距数十武,冰修仅隔一墙,其年寓稍远,隔日辄相见。常月夜偕诸君叩阮亭门,坐梧桐下,茗碗清谈达曙。"②

正是从清初开始,大批文人学者寓居到宣南地区,从而使这里开始形成文人聚居、名流荟萃的局面。名流文士们在宣南地区的生活,不仅追求典雅、清逸,更崇尚交友、会友的学者风范。来自全国各地的文人学者们因此更将宣南地区作为与他人切磋、交流、研讨的场所,进而又使这里充满着浓厚的学术文化氛围,成为北京地区一个重要的学术文化交流中心,也由此形成了独特的宣南文化。因此,文人聚居、名流荟萃的宣南地区便不断吸引着更多的异地他乡来京城的文士们来此寓居、会友与交流。这不仅持续推进着宣南文化的兴盛,更促进着北京地区学术文化的发展,提升着学术文化的水平。

三、文化市场的繁盛

随着北京地区学术文化的发展,特别是宣南地区逐渐成为文人学者的聚居之地,作为学术文化最重要的传播途径的书肆等文化经营业,也在以宣南为主的地区迅速兴起。加之自康熙年间开始,清廷大规模地搜集、整理和编纂古籍,更使宣南地区形成了以琉璃厂地区为中心的文化市场。

---

①戴璐《藤阴杂记》卷八《西城下》,北京古籍出版社,1982年版,第80页。
②陈宗蕃《燕都丛考》载邵长蘅《青门旅稿》,北京古籍出版社,1991年版,第626页。

康熙十一年(1672),一位张姓的浙江人利用其在京城做官的俸银,在琉璃厂西街开设了一家"南纸店"。店铺虽小,但经营的品种很有特色。除出售各种笔、墨及墨盒、砚、水盂、镇尺、笔架、印泥、书画用纸等文房用具外,还经销各种扇面、装裱好的喜寿屏联等,兼营书画篆刻家的笔单,即由名家推荐书画篆刻家的作品,并订出销售的价格标准,代客订购,以从中提成。张姓浙江人开设的这家小店,以"松竹斋"命名。其经营的商品及范围,显然是与其所处的社会环境紧密联系,也是日渐兴盛的宣南文化的产物。由于松竹斋经营的商品及业务范围,是以居住在宣南地区的文人学者为对象,且在经营中以礼待客,注重信誉,受到文人学者们普遍欢迎和信赖,故生意日渐兴隆。乾隆年间,在雍正年间中进士的东阁大学士兼吏部尚书梁诗正为该号题写"松竹斋"的大字匾额,也使该店的名声更大。此后,松竹斋还经办过"官卷"和"官折",前者为清朝高级官员之子应乡试时所答之卷,后者为官员呈上的奏折。可见松竹斋的经营范围还涉足官场,这也是清朝前期北京地区文化市场的特点之一。

不过,松竹斋店主的张家后代们缺乏经营之道,其业务日渐萧条。时值中英鸦片战争后,中国社会经济又日渐衰退,松竹斋的经营更是每况愈下。为了维持经营,改旧图新,当时的店主人又聘请在京城文人学者中颇有名望的庄虎臣为经理。光绪二十年(1894),庄虎臣取"以文会友,荣名为宝"之意,将店名改为"荣宝斋"。并请著名的书法家、同治状元、国子祭酒陆润庠题写"荣宝斋"大字匾额。

文人荟萃,不仅促进了文具和书画经营业的发展,更因文人学者们对书籍的渴求,带动了古籍经营业的兴盛。从清初开始,书肆便在宣南地区大量涌现,成为北京城书肆集中的一个地区。

益都(今四川成都)人李文藻,以"谒选"于乾隆三十四年(1769)五月来到北京,寓居百顺胡同。他酷爱读书,在京城居住的五个月中,除"借书钞之",闲暇之余,"则步入琉璃厂观书"。后他将自己在琉璃厂所接触到的各种书肆字号作了详尽的记载,写成一篇《琉璃厂书肆记》。其中记载道:琉璃厂,东西二里许。未入厂东门,路北一铺为声遥堂,"皆残破不完之书"。入门为嵩口堂唐氏、名盛堂李氏,皆路北。又西为带草堂郑氏、同升阁李氏,皆路南。又西而路北者,有宗圣堂曾氏、圣经堂李氏、聚秀堂曾氏。路南者,有二酉堂、文锦堂、文绘堂、宝田堂、京兆堂、荣锦堂、经腴堂,皆李氏;宏文堂郑氏,英华堂徐氏,文茂堂傅氏,聚星堂曾氏,瑞云堂周氏。又西而南,转沙土园,北口路西有文粹堂金氏。又北转至正街,为文华堂徐氏,在路南。以上为桥东之肆。桥西卖书者,才七家:先月楼李氏,在路南,多内板书。又西为宝名堂周氏,在路北。又西为瑞锦堂,亦周氏,在路南。其他即老韦之旧肆,本名鉴古堂。又西为焕文堂,亦周氏。又西为五柳居陶氏,在路北。又西为延庆堂刘氏,在路北。仅据李文藻所记,在乾隆年间,琉璃厂地区已聚集书肆多达二十九家,形成了一个专经营古旧书籍的文化市场。

在琉璃厂的书籍中,还不乏书商世家。他们经营的书肆,在当时已名闻京城,成为文人学者经常光顾的老字号。二酉堂,又名老二酉堂,始建于明朝末年。该店名源于秦始皇的焚书坑儒。传说当年秦始皇下令焚书时,不少儒生恐自己收藏的书籍遭焚毁,又担心藏匿家中会引来杀身之祸,遂设法转运到大酉山、小酉山中藏匿。直至秦朝灭亡之后,儒生们才从大、小二酉山中取回书籍,从而使这些古籍得以保存、流传。对此,宋人李昉在《太平御览》中亦有记载:"小酉山上石穴中有书千卷,相传秦人于此而学,因留之。"[1]这一传说后来成为典故,即称藏书多者为"二酉"。老二酉堂之名,即取自这一典故。其名既典雅,又蕴含藏书多之意。这家书肆,主要经营四书五经等古籍,还兼营法帖仿影,兼卖笔墨文具,在京城书肆中,是一家历史比较悠久的店铺,常有文人学者光顾其中。

书肆不仅经营古旧书籍,其主人也多是精通古籍的行家。据李文藻《琉璃厂书肆记》的记载,在琉璃厂鉴古堂的"老韦"、五柳居的陶氏、文粹堂的金氏等,皆是"书肆中之晓事者",即是行家。他们通晓各种古籍的版本和行情,还了解文人学者之所好。其中"老韦"就是这样一位精通古籍、精于经营的书商:"朝绅好书者,韦一见,谂其好何等书,或经济,或辞章,或掌故,能各投所好,得重值。"琉璃厂书肆的主人大多祖籍在中国传统文化特别是儒学积淀最为深厚的江南地区。如"老韦",即为湖州(今属浙江)人,五柳居的陶氏则为苏州(今

---

① (宋)李昉编《太平御览》卷四十九《地部十四·小酉山》引盛弘之《荆州记》,中华书局,1960年版,第239页。

属江苏)人等等。他们在自己的书肆中所经营的书籍,很大一部分是收购于江南的民间藏书,有的是家族世代收藏的典籍,早已绝版,故十分珍贵。正是由于琉璃厂书肆的书商们与江南人文之乡有着割舍不断的乡恋之情,使他们与江南地区的文人学者们保持着紧密的联系。这些书商们为满足京城文人学者们的需求,不辞辛苦,经常到江南去采购古旧书籍。他们在往返于北京和江南地区之时,也将两地的学术文化分别传入对方地区。所以,自清朝初年以后,书商已成为联系南北两地的学术界及文人学者的中间媒介,对促进南北两地之间的学术文化交流和古旧书籍的扩大传播,起着重要的作用。当时,琉璃厂书肆经营的书籍,内容比较广泛,涉及经、史、子、集四部。且种类也十分丰富,有宋椠本,也有当朝新刊书籍;既有坊本,也有抄本,可谓采天下图籍于一地①。

琉璃厂书肆虽兴起于清初,但其发展的兴盛时期,则在乾隆三十八年(1773)四库开馆之时。自康熙年间起,清内务府就组织学者搜集、整理和编纂古籍,形成了中国封建社会晚期的又一次修书高潮。而每当清廷设馆修书,都要从民间搜集各种版本的书籍,以供修书者校勘、参考。书肆以其古旧书籍多,而且多采购于民间私人收藏,故成为内务府访求遗书珍籍的主要去处。宣南地区又是文人学者的聚居之地,其中亦有不少参与内务府修书的翰林。他们在修书闲暇之余,于寓所仍要研读经史,以解决修书中的疑难问题,书肆为他们提供了查询文献资料的方便条件。这些都为琉璃厂书肆的繁荣和兴盛起了积极的推进作用,也使书商有利可图,更想方设法为文人学者们提供各种古旧书籍和服务。

乾隆三十七年(1772)正月,清廷开始筹备纂修一部大型丛书。为此,乾隆皇帝还颁布谕旨,下令在全国范围内访求遗书。第二年二月,正式设馆开修《四库全书》。清廷这次大规模的编修丛书,所需的图籍资料数量颇大,这对于琉璃厂的书肆的繁盛,也起了重要的推进作用。据翁方纲《复初斋诗集》注中的记载,每日清晨,参加编修丛书的诸臣入翰林院,校勘内务府秘籍、《永乐大典》和各省所进民间藏书,"设大厨,供茶饭,午后归寓,各以所校阅某书应考某

①参见孙殿起《琉璃厂小志》第三章《书肆变迁记》,北京古籍出版社,1982年版,第100—102页。

典,详列书目,至琉璃厂书肆访之。是时浙江书贾奔辏辇下"①。可见,琉璃厂书肆在清廷开修《四库全书》后,不仅经营图书典籍,也同时兼有查阅文献资料的功能。由此也进一步提升了书肆的地位和作用,书肆在促进北京地区学术文化的发展中,越来越多地发挥着积极的作用。

以书肆为代表的文化市场的兴起和繁盛,也从一个侧面反映了北京地区学术文化的发展。

第二节　北京的学术成就

一、"经世实学"思潮的勃兴

明末清初,随着封建社会的衰落,中国社会的政治和经济所固有的诸多弊端日益显现,且不断加剧。在这种背景下,宋明理学日趋衰落,而产生于明末的实学思潮则继续发展。一个倡导经世致用、反对空谈的实学思潮,自清朝初年始日渐勃兴。其间,还涌现出一批具有反对封建专制主义统治的早期启蒙思想家。他们主张"为学之道"应"有益天下国家",并在社会政治、哲学思想,以及治学等方面,向君主专制、宋明理学发起攻击,从而将早期启蒙思想推向一个新的高峰,也使经世实学的思潮进一步兴盛。

在清初的经世实学思潮中,最具代表的是黄宗羲、顾炎武、王夫之三大思想家。其中,顾炎武曾寓居北京。顾炎武,初名绛,字忠清,自署蒋山佣。明亡改名炎武,字宁人,号亭林,江苏昆山人。他出身于"江东望族"。青年时期曾参加"复社"活动,抨击明末时弊。清军南下时,曾随从明昆山令杨永言等举兵抵抗。抗清失败后,遂遍游诸省,考察山川形势,致力于边防和西北地理的研究。其间,清廷曾数次延聘,均被其拒绝。顺治十六年(1659),顾炎武于考察途中,来到北京,多次前往昌平天寿山,拜谒明帝陵。在北京期间,顾炎武用两匹骡驮书,走遍京城郊区,实地考察各地的史迹,寻访遗事。后将这些考察的所见所闻,撰写成《昌平山水记》、《京东考古录》两书。

①转引自孙殿起《琉璃厂小志》,北京古籍出版社,1982 年版,第 4 页。

顾炎武具有唯物主义的思想。他认为宇宙是由物质的"气"构成的,而"气"又是变化和运动的。"盈天地之间者,气也"①,"太虚不能无气,气不能不聚而为万物,万物不能不散而为太虚"②。他还认为规律存在于具体的事物中,没有事物,规律也就不存在了。即所谓"非器则道无所寓"③。他的政治思想则是反对君主专制,具有民主思想色彩。他反对"独治",主张天下"众治"。他认为,"人君之于天下,不能以独治也。独治之而刑繁矣,众治之而刑措矣"④。他设想的"众治"是,"有圣人起,寓封建之意于郡县之中,而天下治矣。……封建之失,其专在下;郡县之失,其专在上"⑤。为此,他主张通过加强地方官吏的职责和权力,抑制君主的专制。只有权归地方,"则守令必称其职,国可富,民可裕,而兵农各得其业矣"⑥。

在治学问题上,顾炎武提出要"经世致用"、"明道救世",反对明末士大夫空谈心性、昏庸无耻的学风。他认为宋明理学发展到明末,出现的弊端是"不习六艺之文,不考百王之典,不综当代之务,举夫子论学论政之大端一切不问,而曰'一贯',曰'无言'。以明心见性之空言,代修己治人之实学。股肱惰而万事荒,爪牙亡而四国乱,神州荡覆,宗社丘墟"⑦。所以他主张著书立说应该有益于世。"凡文之不关于六经之指、当世之务者,一切不为"⑧。所以,他鲜明地提出:"止为一人一家之事,而无关于经术政理之大,则不作也"⑨。在其"经世致用"思想的指导下,顾炎武曾以二十多年的时间,游历了山东、北京、河北、山西、陕西等省,进行实地考察,潜心研究地理、农林、水利、经济等实用之学。《天下郡国利病书》就是在此基础上撰写成的。

在治学方法上,顾炎武也注重"实学"、"实用"。他提出:读经自考文始,考文自知音始,务求不失原意。对所需研究的问题,须注重考证,列本证、旁证,

---

① 顾炎武《日知录集释》卷一《游魂为变》,上海古籍出版社,2006 年版,第 40 页。
② 顾炎武《日知录集释》卷一《游魂为变》,第 39 页。
③ 顾炎武《日知录集释》卷一《形而下者谓之器》,第 42 页。
④ 顾炎武《日知录集释》卷六《爱百姓故刑罚中》,第 366 页。
⑤《顾亭林诗文集·亭林文集》卷之一《郡县论一》,中华书局,1983 年版,第 12 页。
⑥ 顾炎武《日知录集释》卷九《守令》,第 543 页。
⑦ 顾炎武《日知录集释》卷七《夫子之言性与天道》,第 402 页。
⑧《顾亭林诗文集·亭林文集》卷之四《与人书三》,第 91 页。
⑨《顾亭林诗文集·亭林文集》卷之四《与人书十八》,第 96 页。

不以孤证为凭,还应重视实地调查。他花费三十年的时间,撰写成《音学五书》。该书与其另一部著作《日知录》,为清代考据学派的兴起奠定了基础。他对被士大夫们极力推崇的"圣经贤传"——"六经",提出"六经皆史"的观点。认为"《孟子》曰'其文则史',不独《春秋》也,虽六经皆然"①。他还认为,"理学,经学也"。为此,他极力倡导诸子百家之说,指出:"子书自孟、荀之外,如老、庄、管、商、申、韩,皆自成一家言。"②他将诸子之说与"六经"等同、并列,力图打破经学独尊的传统观念,这在清朝前期沉闷的政治和学术文化气氛下,无疑具有启迪人们思想、动摇"经学"作为封建统治者精神武器的作用。

从清廷入关以后,满族统治者为顺应对以汉族为主体的内地民族的统治需要,采取"尊孔尚儒"的统治政策。顺治皇帝就曾提出:"帝王敷治,文教是先;臣子致君,经术为本"③。康熙皇帝则不仅恢复了经筵制度,还颁布了《圣谕十六条》,确立了"教化为先"、儒学治国的方针。他更明确地将"尊孔尚儒"具体阐释为尊崇程朱理学,将朱熹的理学上升到独尊的地位,旨在利用封建伦理道德维护封建统治秩序。康熙五十一年(1712),康熙皇帝谕令,将朱熹从先贤之列升至十哲之次,直接从祀于孔子之侧。

在清朝统治者大力推崇理学、实施文化专制下,学术文化界也出现了从"经世"向"逃世"退化的倾向。其具体的表现是,考据学逐渐取代实学,成为学术研究的主流,由此而产生了乾嘉考据学派。此时的考据学与清初顾炎武等人的朴实考经证史,是有本质区别的。朴实考经证史是经世与科学、批判相结合的产物,但乾嘉考据学则是士大夫在文化专制的威压下,为逃避文字狱之祸的产物。不过,尽管"经世实学"的社会思潮在清中叶出现了暂时的沉寂,然而仍有几位文人学者从"经世实学"出发,对宋明理学进行深入的批判,且极富反封建的民主色彩。其中以皖派主要代表人物戴震最为著名。

戴震,字东原,安徽休宁人,出身于商贩家庭。他自幼"读书好深湛之思",④常使得教授他的塾师无言以对。塾师因此"恶其烦,乃取许氏《说文解

---

① 顾炎武《日知录集释》卷三《鲁颂商颂》,上海古籍出版社,2006年版,第175页。
② 顾炎武《日知录集释》卷十九《著书之难》,第1083页。
③ 《清世祖实录》卷九十,中华书局影印《清实录》第三册,1985年版,第712页。
④ 王钟翰点校《清史列传》卷六十八(第17册),中华书局,1987年版,第5513页。

字》,令检阅之。学之三年,通其义,于是十三经尽通矣"。后又拜著名学者江永为师。江永学识渊博,精于《礼经》及推步、钟律、音声、文字之学。戴震从师学习,"能得其全"。二十八岁时,其"家屡空而学日进"。戴震的学术成就也十分卓著,尤以哲学的造诣最高,且还精于天文、数学、历史、地理、音韵、训诂等,成为乾嘉时代的"皖派"考据大师。乾隆二十年(1755),他来到北京后,因"困于逆旅,人皆以狂生目之,几不能供 粥"①。后在与文人学者的交往中,逐渐结识了许多著名的学者,如纪昀、朱筠、钱大昕、王鸣盛、王昶等人。在相互的学习、交流中,这些学者们对戴震的学识"莫不击节叹赏"、"皆折节与交"。戴震因此在京城的名声大震。

戴震一生的主要著述有《原善》、《原象》、《孟子字义疏证》等。他对宋明理学持批判的态度。他在《孟子字义疏证》一书中,从训诂疏证入手,运用朴素唯物主义,揭露、批判程朱理学的唯心主义。他驳斥理学关于道器的唯心观点,认为物质是宇宙的本体。"阴阳五行,道之实体也"。主张以"气为体"、"气化即道"、"理在气中",反对理学家们的"别理气为二本"、"以理为气的主宰"的观点。他还认为"道"是物质变化的规律。"道,犹行也;气化流行,生生不息,是故谓之道"②。在认识论上,戴震反对程朱理学的理"得于天而具于心"③、"致知乃本心之知"④的唯心主义先验论。他认为理存在于客观事物中,人们对理的认识是客观事物作用于人的感觉器官的结果。"味也、声也、色也在物,而接于我之血气;理义在事,而接于我之心知"⑤。主张"就事求理","重学问,贵扩充","就事物言,非事物之外别有理义也;'有物必有则',以其则正其物,如是而已矣"⑥,从而坚持唯物主义的认识论。尤其是在天理、人欲的问题上,戴震更是对程朱理学进行了深刻的批判。针对程朱理学"存天理,灭人欲"观点,他指出欲望是人的自然"本性",是合理的。"人生而后有欲,有情,有知,三者,血

---

①江藩等著《汉学师承记(外二种)卷五《戴震》,三联书店,1998 年版,第 101-102 页。

②戴震《孟子字义疏证》卷中《天道》,中华书局,1982 年版,第 21 页。

③戴震《孟子字义疏证》卷上《理》,第 4 页。

④黎靖德《朱子语类》卷十五《大学二·经下》,中华书局,1988 年版,第 283 页。

⑤戴震《孟子字义疏证》卷上《理》,第 5 页。

⑥戴震《孟子字义疏证》卷上《理》,第 7 页。

气心知之自然也"①。"生养之道,存乎欲者也;感通之道,存乎情者也;二者,自然之符,天下之事举矣"②。据此,他批驳了理学家们关于天理、人欲不能并存的荒谬论调,明确指出:有欲才有理,理存于人欲之中,理和欲是不可分的,"理者存乎欲者也"。所谓的"理",是用来"通天下之情,遂天下之欲"③。人是"有欲而后有为,有为而归于至当不可易之谓理;无欲无为又焉有理!"④根据这一观点,戴震痛斥程朱理学鼓吹的"存天理,去人欲",是"适成忍而残杀之具","小之一人受其祸,大之天下国家受其祸"⑤。他还尖锐地指出:这种以"理"杀人要比以"法"杀人,更狠毒凶残。"其所谓理者,同于酷吏之所谓之法。酷吏以法杀人,后儒以理杀人。浸浸乎舍法而论理死矣,更无可救矣"⑥。并且还愤怒地控诉了宋明理学家们以理杀人的卑鄙伎俩:"尊者以理责卑,长者以理责幼,贵者以理责贱,虽失,谓之顺;卑者、幼者、贱者以理争之,虽得,谓之逆。"他更对社会普遍存在的对"理"的错误认识,进行批判。"人死于法,犹有怜之者;死于理,其谁怜之!"⑦戴震对宋明理学的批判,虽是借给《孟子》注疏而展开的,而且还打着孔孟的旗号,但他绝非是照搬孟学的观点,更多的是他自己思想的坦露。当然,受历史和时代的局限性,戴震对宋明理学的批判,不可能超越封建的道德规范,仍是在仁、义、礼的道德规范内,去揭露宋明理学的虚伪和欺骗性。但这在中国封建社会晚期,仍具有积极的意义。

戴震对宋明理学的批判,是通过对《孟子》一书的字义疏证,从训诂疏证入手展开的。这也是他学术成就的又一个重要方面。他在音韵训诂学方面的学术成就,是将汉字古韵分为九类二十五部,并将入声独立成一韵。戴震认为,"有入无入之韵,当两两相配,以入声为之枢纽。"这一做法,可使"自汉以来古音浸微,学者于六书谐声之故,靡所从入"的疑难问题得以解决。他还提出"故训音声相表里"的规律。认为,"字书主于故训,韵书主于音声,然二者恒相

①戴震《孟子字义疏证》卷下《才》,中华书局,1982年版,第40页。
②戴震《孟子字义疏证》卷上《原善》,中华书局,1982年版,第64页。
③戴震《孟子字义疏证》卷下《权》,第54页。
④戴震《孟子字义疏证》卷下《权》,第58页。
⑤戴震《孟子字义疏证》卷下《权》,第53页。
⑥《戴震集·与某书》,上海古籍出版社,1980年版,第187—188页。
⑦戴震《孟子字义疏证》卷上《理》,第10页。

因"。还说:"指事、象形、谐声、会意四者,为书之体;假借、转注二者,为书之用。一字具数用者为假借,数字共一用者为转注"。可见,戴震对文字、音韵和训诂均有较深的研究,其研究的范围已涉及后世的语言学、方言学等内容。而且在音韵学上,又首创独立的入声韵,科学地解决了古音韵学的难题。在治经释义的方法上,戴震也有自己的独到见解。"由声音文字以求训诂,由训诂以寻义理",即将考证与"闻道"相结合。"义理不可空凭胸臆,必求之于古经,求之古经而遗文垂绝,今古悬隔,必求之古训,古训明则古经明,古经明则贤人圣人之义理明,而我心之所同然者,乃因之而明。义理非他,存乎典章制度者也。彼歧训诂义理而二之,是训诂非以明义理,而义理不寓乎典章制度,势必流入于异学曲说而不自知也"①。戴震的这一主张,是将治经从单纯考证的小范围,拓展为深入发掘经中所载的"道",重在对"义理"的阐释。

正是由于戴震的学识渊博,当乾隆三十八年(1773)清廷为编纂《四库全书》而设置四库馆时,戴震被荐为纂修。乾隆四十年(1775),乾隆皇帝特命他与当年的会试及第者同赴殿试,赐同进士出身,授翰林院庶吉士。在编修《四库全书》期间,戴震"晨夕披检,无间寒暑。经进图籍,论次精审。所校《大戴礼记》、《水经注》尤精核。又于《永乐大典》内得《九章》、《五曹算经》七种,皆王锡阐、梅文鼎所未见"。他辑出这几部已散佚的前人著述,经其正伪补脱后,"得旨刊行"②,这也是戴震在学术上取得的又一项成果。

清嘉庆后期,清王朝的统治已由盛转衰,其文化专制也逐渐削弱。一些以天下为己任的文人学者们开始厌倦"皓首穷一经"的考据,由古文经学转向今文经学,从"纯汉学"转向"经世实学"。其中,道光年间的进士龚自珍率先改变学风,使经世实学的思潮于清朝后期再度兴起。

龚自珍,一名巩祚,字璱人,号定庵。仁和(今浙江杭州)人。早年从其外祖父段玉裁学习文字学,又研讨经、史学。中进士后,曾任内阁中书、礼部主事。后辞官南下,客死丹阳云阳书院。其著述主要是《龚自珍全集》。龚自珍积极倡导"经世致用",主张学术研究要联系现实。认为"一代之治,即一代之

---

① 王钟翰点校《清史列传》卷六十八《戴震》,中华书局,1987 年版,第 5514 页。
② 赵尔巽《清史稿》卷四百八十一《儒林二·戴震传》,中华书局,1977 年版,第 13198 页。

学"。他的这种思想集中体现对封建专制制度的批判上。他尖锐地指出,专制君主"去人之廉,以快号令,去人之耻,以嵩高其身;一人为刚,万夫为柔,以大便其有力强武;而……其臣乃辱"①。因此社会患了"痹痪之疾",不可救药。他目睹了清朝统治的腐朽,痛斥封建官僚是一群庸碌无能的无耻之徒,只知车马、服饰,向皇帝献媚取宠,看皇帝的眼色行事。龚自珍认为经济上的贫富不均,是导致政治和社会不稳定的主要根源,力主平均土地。

龚自珍致力于研究西北舆地和东南海防,撰写出《蒙古图志》、《西域置行省议》等著述。晚年还曾支持林则徐禁烟,力主加强战备,抵御西方殖民势力的入侵。

龚自珍在"人性"问题上,坚持"无善无不善"的观点,反对"性善"或"性恶"之论,他尤其推崇《周易》"穷则变,变则通,通则久"的观点。在《上大学士书》中,他鲜明地提出:"自古及今,法无不改,势无不积,事例无不变迁,风气无不移易。"②为此,他积极倡导变法,成为近代改革思想的先驱。不过他的改革主张,大多只是对封建统治制度做一些修补,并未从根本上动摇封建统治。但他敢于对旧事物进行辛辣的讽刺和抨击,也反映了社会的进步思想。作为经今文学派的重要代表人物,龚自珍的诗文作品多富于战斗力,多抒发其政治观点。因此在清代的思想和学术领域中,占有重要的地位。

二、考据学的兴盛

考据学是清朝前期兴起的以考据为治学内容的一个学派。它尊崇汉代对经学的解释,采用汉朝儒生训诂考订的治学方法,所以又称作"汉学";且又因这一学派贵朴实、重证据,故也称"朴学"。考据学派源于清朝初期顾炎武所倡导的"经世致用"的实学,形成于乾隆、嘉庆年间,所以又称"乾嘉学派",后衰落于道光年间。

考据学派的奠基人是阎若璩、胡渭,但考据学强调实用、注重证据的治学方法却始于顾炎武、黄宗羲。顾炎武、黄宗羲不独尊汉学,主张"经世致用"、

---

①《龚自珍全集》第一辑《古史钩沉论一》,上海人民出版社,1975年版,第20页。
②《龚自珍全集》第五辑《上大学士书》,第319页。

"取近代理明义精之学,用汉儒博物考古之功"①。到了阎若璩、胡渭之时,虽于治学上敢于怀疑、长于考证,治学态度十分严谨,方法十分慎密,然"经世致用"的精神远不及顾炎武、黄宗羲,他们开始一头扎进故纸堆里,却缺乏对现实问题的关注。

阎若璩,字百诗,山西太原人。因祖上业盐,后寓居淮安。十五岁即学成出名,一时名士,皆折辈行与交。他治经史,寒暑弗辍。二十岁时,读古文《尚书》,即疑其伪。于是,他致力于考证、辨伪,历二十余年,"尽得其症结所在"。遂撰写成《古文尚书疏证》,"引经据古,一一陈其矛盾之故,古文之伪乃大明"。他借助有力的证据,指出古文《尚书》中有 25 篇和孔安国《传》,都是东晋人所伪作的。他对经学的辨伪,也因此得到学术界的高度评价:"反复厘剔,以祛千古之大疑,考证之学,则固未之或先矣"②。

阎若璩于康熙元年(1662)初到北京,康熙十八年(1679),曾应博学鸿词科试不第,遂留居北京。此后,他与著名学者汪琬经常博引经史,反复论辩,在京城颇有名气,得到不少著名学者的赏识。康熙四十三年(1704),受皇四子胤禛手书之邀,阎若璩再次来到北京,胤禛与他"相待甚厚,逾于宾友","索观所著书,每进一篇,未尝不称善"。但不久,阎若璩即病逝,时年六十九岁。胤禛以文祭之,称其"读书等身,一字无假"③。

另一位考据学派的奠基人胡渭,字朏明,浙江德清人。他十二岁时丧父,便随其母避乱于山谷间。在飘泊不定的生活中,胡渭"犹手一编不彻"。十五岁时,到北京入太学,客居在文华殿大学士冯溥和宅第。清廷开博学鸿词科,他坚辞不就。他一生致力于研究儒家经典,专攻经义,尤精舆地考证之学。他曾经认真考证,揭露《河图》、《洛书》作伪的事实,并反对儒学中的阴阳谶纬之说。又从著名学者徐乾学,编修《大清一统志》。所撰《禹贡锥指》一书,绘图四十七篇,纠正了汉唐以来诸注家的讹错,是《禹贡》的最佳注释本。他所著《易图明辨》十卷,"使学者知图书之说,乃修炼、术数二家旁分《易》学之支流,非作

①黄宗羲《南雷集·南雷文案》卷八《陆文虎先生墓志铭》,四部丛刊初编集部。
②《四库全书总目》卷十二"经 书类二",中华书局影印本,1965 年版,第 101—102 页。
③江藩等撰《汉学师承记(外二种)》卷一,三联书店,1998 年版,第 13 页。

《易》之根柢"①。以此说明，宋儒所讲玄学，依据的是后人的矫诬之说，绝非儒家经典。康熙三十八年（1699），因其侄入京为官，他又到北京。此时，胡渭已是一位学识卓著的学者，就连"礼部尚书李振裕、侍讲学士查昇，皆以为当代儒宗"。后因老病归乡。康熙四十二年（1703），康熙皇帝南巡，胡渭又撰《平成颂》，将《禹贡锥指》一书一并献诸行在，深得康熙皇帝赏识。遂下诏嘉奖，召至宫中南书房值庐。胡渭到京，康熙皇帝亲笔御书"耆年笃学"四个大字赐之，又赐馔及书扇。一时间，"禁直诸臣咸谓一时之旷典"。

考据学的兴盛时期，是在乾隆、嘉庆年间。这一时期的考据学派，分为吴、皖两派。吴派从研究古文字入手，重视音韵训诂，以求经书中的意义，但比较崇信汉儒的说经。其代表学者为惠栋。惠栋，字定宇，号松崖，吴县（今江苏苏州）人。出身于经学世家，祖、父两代均为当时的知名学者，著述颇丰。其祖惠周惕为康熙三十年（1691）进士，出任密云知县，后卒于官。其父惠士奇为康熙四十八年（1709）进士，授翰林编修。惠栋承袭父祖之学，"自幼笃志向学"。家有藏书，日夜讲诵，自经史诸子、百家杂说及释道二藏，靡不穿穴。后家境日衰，他依然刻苦研读，"得一善本，倾囊弗惜"。经日积月累，惠栋"于古书之真伪，了然若辨黑白"②。他专精《周易》，著有《易汉学》等多部有关《周易》的著作。其中尤以历时三十余年所撰《周易述》，为其毕生治经的代表作。该书彻底抛弃魏晋以后诸家的注释，而专采汉儒诸家的观点。但他在采用这些观点时，"大都不论是非"，"株守汉学而不求是"③。这一治经的做法，在他的《易汉学》、《易例》以及《九经古义》、《古文尚书考》等诸多著作中，也都是如此。他在《九经古义》一书中，强调了这一治经做法的原因："汉人通经有家法。……是故古训不可改也，经师不可废也。"

吴派的另一位著名学者是钱大昕。钱大昕，字晓征，一字及之，号辛楣、竹汀，嘉定（今属上海）人。乾隆十六年（1751），他以举人经"召试"授进士。历任翰林院编修、侍讲学士，山东、浙江等地乡试主考官，广东学政。因参与编修《大清一统志》、《续文献通考》、《续通志》，为乾隆皇帝所赏识。乾隆四十年

---

①王钟翰点校《清史列传》卷六十八《胡渭》，中华书局，1987年版，第5459页。
②江藩等撰《汉学师承记（外二种）》卷二，三联书店，1998年版，第30页。
③王引之《王文简公文集》卷四《与焦理堂先生书》，民国十四年铅印高邮王氏遗书本，第1页。

(1775)返乡,主讲于江南诸书院。钱大昕少时聪敏,善读书,辞章为"吴中七子"之冠。长成后,学识广博。江藩在《汉学师承记》中,称其"不专治一经,而无经不通;不专攻一艺,而无艺不精。经史之外,如唐、宋、元、明诗文集、小说、笔记,自秦、汉及宋、元金石文字,皇朝典章制度,满洲、蒙古氏族,皆研精究理,不习尽工"。在治经上,钱大昕认为,"有文字而后有诂训,有诂训而后有义理"①。他对西北地理、元史、历代谱牒、金石铭文等均有研究,并发现古音韵的规律。他在经过认真的校勘和考证后,在其所撰的《二十二史考异》中,指出了存在于"正史"中的诸多错误和缺漏,并订正了许多在传抄和刊刻中出现的讹误。钱大昕不仅是经学大师,他对传入中国的西方文化也有研究,尤精于算学。他在京城任职时,常与同僚吴烺、褚寅亮等人研究《九章算术》和欧罗巴测量弧三角诸法。就连长期领钦天监事尚书何国宗,也常与钱大昕讨论梅文鼎及西人利玛窦、汤若望、南怀仁诸家之术。而钱大昕于中西两法剖析无遗,常令何国宗自叹不如。所以文人学者们以其"学究天人,博综群籍",赞誉他是"自开国以来,蔚然一代儒宗"②。

在考据学吴派的学者中,还有一位"从惠栋问经义,遂通汉学"的王鸣盛。王鸣盛,字凤喈,一名礼堂,别字西庄,晚号西沚,嘉定(今属上海)人。乾隆十九年(1754),以一甲第二名中进士,授翰林院编修。历任侍讲学士,充日讲起居注,后官至内阁学士,兼礼部侍郎。他以"汉人说经,必守家法"的汉儒治经之法为准则,只尊奉郑康成一家,贬斥唐宋诸家。其主要著作为《十七史商榷》一百卷,对宋以前正史中舆地、职官、典章制度等,进行了精辟、详尽的考证。且"于一史中纪志表传互相稽考","又取稗史丛说,以证其舛误"③,因此极富史料价值。该书与钱大昕《二十二史考异》、赵翼《二十二史札记》,并称清代三大考史名著。

考据学皖派的主要代表是戴震。因这一学派的学者大多为安徽人,故称。皖派注重文字音韵和校勘训诂。戴震在考据方面的主要著述有《声韵考》、《元类表》、《考功图记》等。在皖派弟子中,尤以段玉裁和王念孙的成就最大。其

①钱大昕《潜研堂文集》卷二十四《经籍纂诂序》,江苏古籍出版社,1997年版,第377页。
②江藩等撰《汉学师承记(外二种)》卷三《钱大昕》,三联书店,1998年版,第62页。
③王钟翰点校《清史列传》卷六十八《王鸣盛》,中华书局,1987年版,第5498页。

中,王念孙曾在北京居住过。王念孙,字怀祖,号石曜,江苏高邮人。乾隆年间中进士。历任陕西道御史、吏部给事中。嘉庆四年(1799),曾上疏参劾和珅擅权贪赃、祸国殃民,受到嘉庆帝的信任。王念孙早年曾从戴震学,后从事学术研究,尤长于校勘训诂。一生的主要著述有《广雅疏证》《读书杂志》等。《读书杂志》一书,考证了许多古书中的音训、句读和文字等方面的讹误,具有较高的学术地位。

阮元也是一位曾在北京生活过的皖派考据学者。阮元,字伯元,号芸台。江苏仪征人。乾隆五十四年(1789)进士。历任翰林院庶吉士、编修,历官兵、礼、户部侍郎,山东、浙江学政,湖广、两广、云贵总督,体仁阁大学士。他长于考证。且以音训考据与义理之学并重。他曾说:"圣人之道,譬若宫墙,文字训诂,其门径也。门径苟误,跬步皆歧,安能升堂入室乎?……或者但求名物,不论圣道,又若终年寝馈于门庑之间,无复知有堂室矣。"[1]

皖派是考据学派的主流。它与吴派的不同点在于,"惠君之治经求其古,戴君求其是"[2]。自戴震首倡"不以人蔽己,不以己自蔽"的治经原则,其考据方法多具创造性。著名学者纪昀曾称赞他"深明古人小学,故其考证制度字义,为汉已降儒者所不能及,以是求之圣人遗经,发明独多"[3]。戴震将考据学推向高峰后,他的弟子又分为两派:一派以段玉裁、王念孙为代表,继承戴震的音训考据学,而不谈抽象的"义理";另一派以汪中、阮元为代表,以音训考据与义理之学并重。这两派弟子的代表之一王念孙与阮元,都曾在北京为官,并在京城生活过较长的一段时间。他们在与北京地区的文人学者交往中,也将考据学的原则和方法传播到北京的学术界,进而推进了北京地区学术文化的发展。

在清朝统治者的文化专制政策下产生的考据学,虽然存在着严重的弊端,如厚古薄今,脱离实际,为考据而考据;只重证据,繁琐细碎;严重束缚人们的思想,制约着清代学术思想活跃等,但在学术上仍取得重要的成就。一是对古籍的整理、考订、校勘、辨伪和辑佚等工作,取得了巨大的成就。仅北京地区的考据学派代表作就有:徐乾学的《通志堂经解》1781卷,阮元的《皇清经解》

---

①阮元《揅经室一集》卷二《拟国史儒林传序》,中华书局,1993年版,第37—38页。
②洪榜《戴先生行状》,(清)王昶辑《湖海文传》卷六十,上海古籍出版社,2013年影印版,第546页。
③纪昀《纪文达公遗集》卷八《考工记图序》。

1412卷,王先谦(同治进士,历任翰林院编修,国子监祭酒等职)的《续皇清经解》1315卷,俞樾(道光进士,授翰林院编修)的《诸子平议》50卷、《群经平议》50卷以及武英殿本《二十二史考证》515卷,等等。这些成果将中国几千年来的文化典籍作了全面整理,也为后人提供了大量的参考资料。二是对古文字学和古音韵学的研究,成果显著。如戴震弟子段玉裁长于文字学,著有《说文解字注》。他自音韵考订文字,并对汉字的构字原则"六书",即象形、指事、形声、会意、转注、假借的意义作了深入的阐释。王引之(王念孙之子,嘉庆进士,历任翰林院编修、侍讲,工部尚书)的《经传释词》,考证了古书中的160个虚词,分别考订了这些虚词的渊源、演变,解释其意义和用途。朱骏声(曾师从"吴派"考据大师钱大昕。咸丰帝授其国子监博士)的《说文通训定声》,与段玉裁的《说文解字注》同为文字学的重要著作。此外,戴震的《声类表》、《声韵考》,段玉裁的《六书音均表》,均对音韵学作了深入的探讨和研究。其中,戴震在对古韵的研究中,正确地认识了人的发音与口腔、牙齿、喉、舌的关系。钱大昕还发现了古人舌音多变齿音等规律。三是考据学派所具有的严谨的治学态度,重视客观文献资料的收集、归纳、考证、研究,不以主观臆断轻下结论的治学方法,也成为学术研究的基本宗旨,对后世学术研究的发展,有一定的积极作用。

考据学作为清朝前期北京地区学术界的一个重要学派,对北京的学术发展做出了重要的贡献。但在鸦片战争前夕,考据学由兴盛逐渐走向衰落,其后代之而起的是今文经学。

三、史学研究的成果

清朝前期,学术界中的史学研究是比较活跃的。其中从事史学研究的文人学者较多,研究的范围也较广,并且取得了诸多的成果。在这些成果中,有不少是由北京地区的文人学者做出的贡献。

清廷入关后,逐渐建立起满洲贵族统治下的统一的封建王朝。于是,一些具有强烈的民族意识和抱有怀念故国的意识的汉族文人学者,纷纷纂修明史。而清朝统治者为沿袭内地政权后代编修前代历史的文化传统,亦组织文人学者纂修明史。所以,清朝前期在史学研究方面取得了诸多的成果。

官修明史,始于顺治二年(1645)五月。是年,清廷设置明史馆,开修明史。但因诸事草创,迁延未就。康熙四年(1665),曾重开明史馆,但又因修《清世祖实录》而停止。康熙十八年(1679),再次开馆纂修明史,以徐元文为监修,万斯同以"布衣"身份参与编修,其贡献颇大。康熙五十三年(1714),又以王鸿绪任总裁,并在万斯同审定的史稿基础上,进行一些删改。进呈康熙皇帝后,定名为《明史稿》。雍正元年(1723),再以张廷玉为总裁,以《明史稿》为底本,加以增删,于雍正十二年(1734)十二月定稿。乾隆四年(1739),由大学士、总裁张廷玉向乾隆皇帝正式进书。

《明史》的纂修,自第一次开馆至最后定稿,共历时九十余年。是官修正史中历经时间最长的一部,也是历代设馆编修正史中规模最大的一次。《明史》主要取材于明朝所修历代皇帝实录,同时参考了大量的明宫廷档案以及奏议、图籍等文献资料,并进行了细致、认真的整理考订。因而《明史》材料丰富,史料翔实,叙事清晰,体例得当,编纂严谨,文字简练,具有极高的史料和学术价值。全书共计336卷,包括本纪24卷,志75卷,表13卷,列传220卷,目录4卷。

清修《明史》根据明朝统治的特点,又在前二十三史的编纂体例上,作了一些变更和调整。如以前正史有表而无图,《明史》则于《历志》中增绘《割圆弧矢图》、《月道距差图》、《二至出入差图》等图,以更形象地展示和说明当时天文观测和历法编修的成就及依据。还在"志"中附表,在"表"中增加了《七卿表》。此外,在"传"中专列阉党、流贼、土司等传,以便比较系统地专述一个问题。其《土司传》、《外国传》、《西域传》等,还收录了大量的边疆少数民族和外国的资料,很具史料价值。这些都是《明史》编修的独到之处。

当然,受时代和社会的制约,《明史》的纂修也不可避免地存在着一些问题。如对明末满洲人的一些史实,尤其是不利于清统治者的史料,皆避而不书;此外,对社会经济方面的史实,记述过于简略;《艺文志》中不记明代以前的著述等。

清朝统治者也承袭前代编修实录的传统,置馆编修本朝历代皇帝的实录。《清实录》,原称《大清历朝实录》,为官修的编年体史料长编,包括自太祖至德宗十一朝,总计4355卷。另有总目、序、修纂凡例、目录、进实录表、修纂官等

51 卷。此外,还有用满、汉、蒙古三种文字并书的《满洲实录》,即《清太祖实录》的最初文本《清太宗实录战迹图》8 卷;清朝最后一位皇帝溥仪的《大清宣统政绩》70 卷。全书总计 4484 卷。

《大清历朝实录》内有《清太祖实录》10 卷,《清太宗实录》65 卷,《清世祖实录》144 卷,《清圣祖实录》300 卷,《清世宗实录》159 卷,《清高宗实录》1500 卷,《清仁宗实录》374 卷,《清宣宗实录》476 卷,《清文宗实录》356 卷,《清穆宗实录》374 卷,《清德宗实录》597 卷。每位皇帝的《实录》中还有卷数不等的序例、目录、进表等内容。清朝纂修的实录,举凡政治活动、军事行动、经济措施、社会状况、自然现象以及帝王生活等,均有较详细的记载。历代皇帝实录的编修,均以宫廷和政府各部门的档案为依据,实际是官方史料的总汇,内容十分繁复。而且史实的记载一般都有具体、准确的时间及地点的记录,所以史料价值极高,为后人研究清朝的历史提供了极其重要的文献资料。

清朝官修史书的成果,还有"续三通"和"清三通"。"续三通"是指《续通典》、《续通志》、《续文献通考》,是乾隆年间三通馆臣奉敕为《通典》、《通志》、《文献通考》三部前代典志编修的续编。杜佑的《通典》止于唐代天宝之末。北宋真宗时宋白曾撰《续通典》200 卷,但因未刊刻,后亡佚。乾隆十二年(1747),敕命馆臣续修唐肃宗至德元年(756)至明崇祯十七年(1644)的典制之源流、政治之得失,条分件系,汇为《续通典》150 卷,另有凡例总目。该书体例与《通典》相同,只是将《兵》、《刑》分列,共为九门。至于各门下的子目,则多有改并。由于距唐久远,旧典多亡,五代及辽的文献资料难寻,史书记载又多简略,故旁搜图籍以补缺憾。宋、金及元代的著作版本多,遗编亦夥,编修时则严格考校异同以求真实、可信。至于明代时隔不久,杂记又繁,故全书以明代史料最为丰富。

《续通志》也是乾隆三十二年(1767)续修的。因郑樵所撰《通志》止于唐代,所以乾隆皇帝敕命续修。《续通志》640 卷,另有凡例、总目。其体例与《通志》基本相同,分本纪、列传、二十略等几大部类,但缺世家、年谱。书中内容与《通志》相衔接,其中本纪、列传自唐初续修至元末。明代的纪、传则因另修《明史》,故未补修。二十略则从五代起,续修至明末止。

《续文献通考》是因马端临所撰《文献通考》止于南宋宁宗嘉定以前,虽明代王圻又撰《续文献通考》,然其"体例糅杂,舛错丛生",且止于明万历初年,故乾隆十二年(1747),敕命馆臣续辑宋、辽、金、元、明五朝事迹议论,编修成《续文献通考》250卷,另有凡例、总目。续修之初,拟定在马端临《文献通考》所分二十四门外,另增朔闰、河渠、氏族、六书四门,后因《通典》、《通志》也开始续修,而拟增四门均在《通志》二十略范围内,遂改以《文献通考》原目为准,仅从《郊社考》、《宗庙考》中分为《群祀考》、《群庙考》,共二十六门。记载了自南宋宁宗嘉定年间至明末四百余年间政治、经济制度的沿革。续修时,多取材于王圻的《续文献通考》,但又征引各代正史、说部、杂编以及文集、史评、语录等资料,重新考订、改编。其中还对《文献通考》中记载不详者,加以补正。

"清三通",是指《清通典》、《清通志》和《清文献通考》,是乾隆年间三通馆臣奉敕编修的记载自清朝开国至乾隆中期一百七十余年间典章制度沿革的史书。《清通典》,原名《皇朝通典》,100卷,另有凡例、总目。其体例与《续通典》大致相同,共分为九门。但子目则依据清朝所颁行的典制而作调整,如《续通典·食货典》中的《榷酤》、《算缗》、《礼典》中的《封禅》等,则因清代典制所无而不置。又因《州郡典》是以九州统叙历代沿革,与清朝地方行政机构的设置及全国一统的形势难以相应,遂改以《大清一统志》为标准。《清通典》主要取材于《大清通礼》、《大清会典》等,并对乾隆朝以前的清代典章制度进行分门别类记述,检索十分便利。

《清通志》,原名《皇朝通志》,126卷,另有凡例、总目。其体例与《通志》、《续通志》有诸多不同之处。因本朝已修实录、国史列传以及宗室、王公功绩表、传等书,故编修《清通志》时,不设本纪、列传、年谱诸门类,而仅存与《通典》、《文献通考》性质略同的"二十略",以充"三通"之数。其内容除氏族、六书、七音、校雠、图谱、金石、昆虫草木等"略"外,其余则与《清通典》多有重复。

《清文献通考》,300卷,是一部记述清乾隆五十年(1785)以前的社会政治、经济制度的资料汇编。初修时,与《续文献通考》合为一编,以续补马端临的《文献通考》。后将清朝初年至乾隆年间的制度沿革,依类编纂,另成一书。该书依照《文献通考》分类之法,初分二十四门,后又增群庙考、群祀考,合为二十六门。子目设置,则按清朝典章制度进行调整。凡前代设置而清朝不设者,如均输、和买、和籴、童子科、车战等子目,皆删之。另增补清代所有的八旗田制、八旗壮丁、八旗官学、蒙古王公等子目。该书在编修时,主要取材于实录、国史、钦定诸书,同时也博采宫廷档案资料和私人著述;再依门别类,每事记年,详其原委。所以《清文献通考》以其记载乾隆以前的清代文献翔实,且检阅方便,而成为后人研究清代典章制度的重要参考资料。

清代私家修史风气盛行,其中尤以纂修明史及南明史者为多。在北京地区的文人学者中也有不少私家修史者,其中最具代表的是谈迁的《国榷》、谷应泰的《明史纪事本末》等。

谈迁,原名以训,字仲木,号射父。后改名迁,字孺木,号观若,明亡后自署"江左遗民",海宁(今属浙江)人。明末诸生,然终身未仕。他性喜博综,致力于子史百家之言,有志于研究明史。明天启元年(1621),他收搜明代历朝实录,并参阅诸家史书,开始撰写一部编年体明史著作——《国榷》,以匡正明《实录》中的失实之处。天启六年(1626),谈迁完成《国榷》初稿,后又陆续增补修订。清顺治二年(1645),他又续补崇祯及南明弘光两朝事迹。但两年后,该书稿遭窃,他遂发愤重写,又重新尽力搜集资料。顺治十年(1653)十月,谈迁借做弘文院编修朱之锡的记室之机,携重修后的《国榷》书稿,来到北京,寓居在宣南的骡马市宅第。在此后的两年半时间里,他在京城走访原明朝故臣、皇亲、宦官和公侯门客,广泛搜访史料及明朝遗闻,以作补充、订正,终于完成《国榷》一书。《国榷》全书104卷,另有卷首4卷,为编年体明史。谈迁撰写此书时,遍考群籍,广征博采,但不盲目轻信。凡实录及诸史所记失实之处,他均予指明。由于他在明亡后,大量收集明代邸报、官府公文,并寻访前朝官吏、遗民的口述,故书中所载万历以后明朝与后金的史实,远非其他明史书籍所能相比,尤其是其中崇祯朝十七年的史事共15卷,可补《明实录》之缺。

此外,他对《明实录》中回避不谈的一些重要史实,敢于直言、直书。如明太祖朱元璋晚年戮功臣事迹,建文帝一朝史事,万历后明朝与满洲先世建州女真等事,均作了较详尽的考订,因此具有极高的史料价值。此外,他还对一些重要的史事,敢于发表自己的评论和见解。而且往往是先引各家之说,再列自家见解,具有重要的参考价值。如对建文三年(1401)惠帝朱允炆贬谪大臣齐泰、黄子澄,命大理司卿薛岩往赦燕庶人罪一事,"谈迁曰:斩晁错以谢七国,摈齐、黄以款北平,今昔之谬,如出一辙。天方授燕,即函齐、黄首致之,曷益哉?

李得成甫归,薛岩继往,一而再,再斯袤矣!兴师百万,而犹思假邮商陆贾之口,畴为信之,固不俟其逆命也"①。这些都是谈迁所撰《国榷》一书的学术价值所在。

谈迁除《国榷》一书外,还著有《枣林杂俎》、《枣林外索》、《枣林集》、《北游录》、《西游录》、《海昌外志》、《史论》等涉及史学方面的著述。

谷应泰,字赓虞,号霖苍。直隶丰润(今属河北)人。顺治四年(1647)进士。历任户部主事、员外郎等职。顺治十三年(1656),调任提督浙江学政佥事。其间,他延揽学者,搜集史料,于顺治十五年(1658)撰写出《明史纪事本末》一书。

《明史纪事本末》,80卷,记述了自元顺帝至正十二年(1352)朱元璋起兵,至明崇祯十七年(1644)李自成攻占北京,明帝朱由检自缢的近三百年间重要史事。谷应泰将这些史事列为80个专题,每个专题独立成卷,记述其自发生至结束的具体过程。每卷后,还附有"谷应泰曰"的评论,表明自己的观点和见解。该书在记述明代重要史事时,能比较客观地反映当时的历史。如"修治运河"、"防御倭寇"、"宦官弄权"、"矿税为害"等。而且在记述李自成等明末农民起义的事件时,有15卷,即15个专题都涉及到此事。因此,该书具有较高的史料价值。《四库全书总目提要》称颂道:"排比纂次,详略得中,首尾秩然,于一代事实,极为淹贯。"

除上述这些代表人物及其撰写的史学著作外,北京地区还有一些文人学者私人撰述史书。如徐秉义(康熙进士,授翰林院编修)的《明末忠烈纪实》;汪楫(康熙初应博学鸿儒科试,授翰林院检讨,入史馆)参以明代史料编撰成的《中山沿革志》;万斯同的《历代史表》;吴任臣(康熙十八年应博学鸿儒科,授翰林院检讨)的《十国春秋》114卷;邵远平(康熙进士,历任郎中、少詹事等职)的《元史类编》42卷;戴名世(康熙进士,任翰林院编修)的《南山集》(后因该书引述南明抗清事迹,而引发文字狱);黄叔璥(顺天大兴人,康熙进士)的《南台旧闻》、《中州金石考》;杭世骏(乾隆元年应博学鸿词科试,授翰林院编修)的《三

<hr/>

①谈迁《国榷》卷十一《太祖洪武三十一年戊寅闰五月至惠宗建文三年辛巳》,中华书局,1958年版,第825页。

国志补注》、《两汉蒙拾》、《石经考异》;陈黄中(乾隆元年举博学鸿词)的《宋史稿》219卷、《国朝谥法考》;全祖望(乾隆进士,授翰林院庶吉士)继黄宗羲遗稿而纂修完的《宋元学案》,广收明末清初诸名士碑传而著成的《鲒埼亭集》;蒋良骐(乾隆进士,任翰林院编修,充国史馆纂修官)所著的清代编年体史料长编《六朝东华录》;赵翼(乾隆十九年由举人入选内阁中书,又值军机,二十八年进士)考论历代重大史事而著的《二十二史札记》;彭元瑞(乾隆进士,历任工部、户部、兵部、吏部尚书及《续三通》馆、《四库全书》馆、《会典》馆总裁)的《五代史补注》;翁方纲(乾隆进士,曾任内阁学士、鸿胪寺卿等职)的《两汉金石记》;陈鳣(嘉庆举人。后入京师,从钱大昕、翁方纲、段玉裁等)的《续唐书》70卷(多存五代十国间南唐史料);陈鹤(嘉庆进士,任工部主事)以编年体编撰的《明纪》60卷;刘凤诰(乾隆进士,入翰林,官至吏部侍郎)续学者彭元瑞修完的《五代史补注》,等等。

在这些私人撰述的史书中,既有一个朝代的专史,也有对正史或专史的续补,还有对历代史书的注释和考异。这些史学研究的成果,极大地丰富了北京地区的学术文化。

在清代北京地区的史学研究中,史学理论的研究也有了进一步的发展,并取得突出的成就。章学诚所撰《文史通义》,就是这一学术成就的杰出代表。

章学诚,原名文敩。字实斋,号少岩。浙江会稽(今绍兴)人。少年时,随其父章镳居住在湖北应城县署,二十五岁即肄业北京国子监。乾隆四十三年(1778),四十一岁的章学诚中进士,曾任国子监典籍。他继承黄宗羲的学术思想,抨击当时盛行的考据学。主张针砭现实,揭露弊政。其所著《文史通义》,继承了历代进步的史观和史学理论。他认为"六经皆先王之政典也",所以"六经皆史也"[①]。在唐代史学理论家刘知几提出的"史才、史学、史识"的基础上,章学诚又提出了"史德"的问题。他认为一部史书的优劣,是由作史者的"心术"决定的,所以修史者一定要具备"史德","史所贵者,义也;而所具者,事也;所凭者,文也",即只有具备了"义、事、文",方可称为"史家"。他强调治史要抱尊重史实的态度,不能以主观偏见代替客观史实,提出应"尽其天而不益以

---

①章学诚《文史通义》第一册卷一《内篇一·易教上》,上海书店影印,1988年版,第1页。

人"①的观点。章学诚在书中还提倡地方志的编撰,并总结了前人编撰方志的得失,提出修志的义例和理论,标志着方志编修体例和方志学的建立。

《文史通义》分为内篇、外篇。内篇6卷,外篇3卷,共收入章学诚的文史论著一百三十余篇;集中了他的史学研究成果。这部涉及经、史、诗、文诸学的论文总集,在中国史学史上具有极高的学术地位。他的"三代学术,知有史而不知有经,切人事也。后人贵经术,以其即三代之史耳。近儒谈经,似于人事之外,别有所谓义理矣"②的观点,尤其是"愚之所见,以为盈天地间,凡涉著作之林,皆是史学。六经特圣人取此六种之史以垂训者耳。子集诸家,其源皆出于史"③的论断,打破了传统重经轻史的学风,扩大了古史研究的范围,对先秦史学史的史料学研究,做出了积极的贡献。在修史的方法上,他继承和发展了刘知几的史学理论,强调治史要尊重史实,修撰史书应"通古今之变而成一家之言"。他还将治史分为"撰述"和"记注"两大类,前者为史学著作,后者为史料纂辑。这些都是章学诚在学术上的创见。此外,他在编修地方志的问题上,提出了修志的原则和方法,从而创建了18世纪中国地方志的体例,使之成为一门专门的学问。这些都是章学诚《文史通义》的学术价值所在。

四、文献典籍的整理与编纂

清朝前期,为了加强文化思想的统治,清廷在康熙、乾隆年间,组织了众多学者进行大规模的图书整理工作,编纂了一些卷帙浩繁的类书和丛书。其中尤以《古今图书集成》和《四库全书》最为重要。

《古今图书集成》是我国现存最大的一部类书。是翰林院编修陈梦雷奉康熙三子诚隐郡王胤祉之命,主持编纂的。陈梦雷,字则震,一字省斋,号松鹤老人,别号天一道人。福建侯官(今福建闽侯)人。康熙进士,选庶吉士,任翰林院编修。康熙十三年(1674),曾因他人诬陷而遭贬。康熙三十七年(1698)复被召回,侍奉皇三子就读。他利用王府的藏书,又广为搜集各种图籍,于康熙三十九年(1700)开始编纂。康熙四十五年(1706)编纂成初稿,并定名《古今图

---

①章学诚《文史通义》第一册卷三《内篇三·史德》,上海书店影印,1988年版,第63页。
②章学诚《文史通义》第二册卷五《内篇五·浙东学术》上海书店影印,1988年版,第66页。
③章学诚《章学诚遗书》卷九《报孙渊如书》,文物出版社,1985年版,第86页。

书汇编》。雍正初年,陈梦雷又因卷入嗣位之争被罢官,流放东北,后死于戍所。雍正帝又命户部尚书蒋廷锡重新编校,于雍正三年(1725)最终完成编纂。并更定名称《钦定古书今图书集成》。

《古今图书集成》全书共计1万卷,另有目录40卷,附考记24卷,一亿六千余万字。分为历象、方舆、明伦、博物、理学、经济6编。每编又分门别类,共分32典,即乾象、岁功、历法、庶征,坤舆、职方、山川、边裔,皇极、宫闱、官常、家范、交谊、氏族、人事、闺媛、艺术、神异、禽虫、草木,经籍、学行、文学、字学、选举、铨衡、食货、礼仪、乐律、戎政、祥刑、考工。每典下又分部,共计6109部。各部均有汇考、总论、图、表、列传、艺文、世事、杂录、外编诸项。担任该书编纂工作的多为博学之士,其遴选材料之丰富,分类之详细,编排之得体,在中国古代类书编纂史上实属首屈一指。因此,《古今图书集成》也成为中国历史上博集群书、贯通古今、内容丰富、卷帙浩繁的一部大型类书。

编修《四库全书》是我国18世纪后半期一项规模宏大的文化工程,也是一项极其重要的学术成就。明末清初,许多学者及藏书家鉴于历代典籍数量极巨,且忽聚忽散,认为《佛藏》、《道藏》这种汇聚图书的编纂方法很值得借鉴,因此提出了"儒藏"说,对《四库全书》的编纂有一定的指导作用。

自康熙年间开始,清廷内务府修书、刊书日渐兴盛。"康熙十九年(1680),始以武英殿内左右廊房共六十三楹为修书处,掌刊印装潢书籍之事"[1];"康熙间,特开书局于武英殿,实为词臣纂辑之地"[2]。许多重要书籍的编纂,就是在武英殿完成的。其中除大型类书《古今图书集成》外,还有类书汇编《渊鉴类函》,有关历代书画艺术的类书《佩文斋书画谱》,历代文章总集《古文渊鉴》,分韵编排的辞书《佩文韵府》,分类排比编纂的辞章工具书《子史精华》以及《康熙字典》、《骈字类编》,有关乐律和历算方面的《律历渊源》、《律吕正义》等。雍正年间,内务府编纂、刊印书籍继续兴盛。不仅用铜活字印刷了64部《古今图书集成》,每部520函,还编纂了《大清一统志》等一批图籍以及诸多的佛经。

乾隆年间,内务府在武英殿又开始系统地整理、校勘古籍。乾隆三十七年

---

① 于敏中等编纂《日下旧闻考》卷七十一《官署》,北京古籍出版社,1985年版,第1190页。
② 吴振棫《养吉斋丛录》卷二,北京古籍出版社,1983年版,第19页。

(1772)正月,乾隆皇帝颁布谕旨,令在全国范围内搜访遗书。他认为,经过大量的刊刻,经典图籍已很普及,"凡艺林承学之士,所当户诵家弦者","荟萃略备"。但读书"固在得其要领,而多识前言往行,以蓄其德,惟搜罗益广,则研讨愈精"。对康熙年间所修的《古今图书集成》,乾隆皇帝还特别指出其不足之处。由于《古今图书集成》在编纂时是"因类取裁",没有悉载原书全文,所以不能"使阅者沿流溯源,一一征其来处"。而且作为宫廷的"内府藏书,插架不为不富。然古今来著作之手,无虑数千百家,或逸在名山,未登柱史。正宜及时采集,汇送京师,以彰千古同文之盛"①。为此,他谕令各直省督抚会同学政等官员,通饬所属,加意购访,以期从民间私人手中搜访更多的藏书,供编纂所需。由此揭开了大规模的编修丛书的序幕。

乾隆三十八年(1773)二月,乾隆皇帝下令正式为该丛书钦定《四库全书》之名,并开设四库全书馆,将武英殿东北的恒寿斋,作为《四库全书》诸臣的值房。委任总纂官为纪昀、陆锡熊,总校官为陆费墀。参加纂修的著名学者有戴震、邵晋涵、姚鼐、朱筠、王念孙、任大椿、翁方纲等三百六十余人,还有誊录缮写人员多达 3826 人。

自四库全书馆开设后,应朱筠"将《永乐大典》择取缮写,各自为书"的奏请,乾隆皇帝针对《永乐大典》因采取"别部区函,编韵分字"的编纂方法,导致"割裂全文,首尾难期贯串"的弊端,决定"就各门汇订",然后再"凑合成部"②,以求恢复原著述的全貌。于是,四库全书馆的文人学者们便着手整理、核校《永乐大典》。此项工作取得了重要的成果,不少已在社会上失传的古代名著得以从《永乐大典》中辑佚成书。如"二十四史"中的《旧五代史》,就是采用乾隆皇帝提出的方法,从《永乐大典》中辑成的。据后人统计,清代文人学者从《永乐大典》中辑出的佚书多达七百余种,后来刊印的有 385 种,共 4926 卷。

与此同时,自乾隆皇帝下令各地搜访遗书后,到第二年的五月,大批从民间及各地官府搜集到的古籍图册纷纷运抵京城。仅据浙江、江南督抚及两淮盐政等官员的奏报,已购求并呈送之书,多达四五千种。其中,浙江的鲍士恭、

---

① 《四库全书总目·卷首·圣谕》,中华书局影印本,1965 年版,第 1 页。
② 《四库全书总目·卷首·圣谕》,第 1 页。

范懋柱、汪启淑,两淮的马裕等人,呈送的书籍达五百种以上。乾隆皇帝闻讯后,还奖赏他们每人一部《古今图书集成》①。

这些各地搜访到的书籍,送交到四库全书馆,由总裁等人审阅后,根据其内容区别对待,决定该书是否印、抄或存目。"择其中罕见之书,有益于世道人心者,寿之梨枣,以广流传"。即对存世数量极少、且有利于清朝统治者利益的书籍,则重新给予刊印,使之广为流传。但若是"俚浅讹谬者,止存书名,汇为总目",即对于学术价值不高,甚至毫无保留价值,或其内容有悖于清朝统治者意志,于满洲贵族统治不利的书籍,则只收录其书目,其内容则不予抄录。对于其余的介于两者之间的书籍,则选派誊抄人员进行全书誊录,汇缮成编,陈之册府。待这些书籍经总裁官审阅,区别情况,作出相应的处理意见及决定后,交有关人员具体执行。为了褒扬和鼓励民间私人藏书家,能"将珍藏善本应诏汇交",清廷还特别规定:"所有各家进到之书,俟校办完竣日,仍行给还原献之家。"此举旨在使"耽书明理之人",能够"保其世守"②。这一政策,也使得《四库全书》的修纂,得以从民间私人手中搜寻到一批数量可观且十分珍贵的善本,甚至是孤本的藏书,从而提高了《四库全书》的学术价值。

《四库全书》这部大型丛书所收录的书籍多达 3503 种,共计 79337 卷。这些书籍的来源,一是宫廷藏书,其中包括敕撰本、内务府本及《永乐大典》所辑;二是民间藏书,其中包括通过各省征集的遗书、私人进献的藏书以及社会上刊行的书籍等。全书一律用宣纸录抄,上画朱栏,墨笔手抄。经过历时近十年之久,数百位文人学者的辛勤工作,于乾隆四十六年(1781)最终完成了《四库全书》的修纂。共装订成 36300 册。因该书是按经、史、子、集分为四大部,故称"四库"。各部之下又分为若干子目,所收录的著述均按四部分别编入相应的子目中,所以检阅各种书籍比较方便。《四库全书》共誊抄了 7 部。分别收藏在北京故宫的文渊阁、圆明园的文源阁、沈阳故宫的文溯阁、热河避暑山庄的文津阁、杭州西湖畔的文澜阁、扬州大观堂的文汇阁、镇江金山寺的文宗阁。

《四库全书》的修纂,是中国封建社会晚期又一次大规模的古籍整理工程。

---

① 参见《四库全书总目·卷首·圣谕》,第 2 页。
② 《四库全书总目·卷首·圣谕》,第 2 页。

其中收录了许多珍本秘籍,也保存了大量的珍贵文献资料,对保存古代典籍,传播学术及传统文化,做出了很大的贡献。但在修纂中,清朝统治者从自身的利益和统治的需要出发,对那些所谓"违碍之书"进行了删削处理。更有3929部书籍,被认为有反清思想而遭禁毁。这也是对我国古代文化遗产的摧残,造成了无法弥补的损失。

在《四库全书》修纂的同时,四库全书馆还编纂了《四库全书总目提要》。其编纂的目的,是为了对每一部著述分类编排和取舍的需要。自乾隆三十八年(1773),各省陆续收集到的书籍呈送四库全书馆后,即由每位纂修官分别校阅书籍,并为其经手的每一部书籍撰写一篇提要。撰写提要的纂修官都是著名的学者,如戴震、周永年、邵晋涵、翁方纲、程晋方、姚鼐等。提要撰写完后,再由总纂官纪昀、陆锡熊等人进行审定,决定各书的取舍。凡选中的编入《四库全书》,不取的则将提要收入总目的"存目"之中。

经纪昀等人修订后的《四库全书总目提要》,共计200卷,其以"辨章学术,考镜源流"为宗旨,在四部的各部之首均冠以总序,其下的分类也有小序。这些总序和小序主要概述本部、类的源流演变,说明类目分合的理由。其编撰的体例是,"每书先列作者之爵里,以论世知人;次考本书之得失,权众说之异同,以及文字增删、篇帙分合"①。所以,《四库全书总目提要》既简要、清晰地介绍和详述了《四库全书》著录、存目的各种书籍,也全面、系统地概括和总结了中国各类学术的渊源流变,为后人治学提供了重要的参考。

《四库全书》虽于乾隆四十六年(1781)编纂完毕,但后又有增补或抽换,其中最重要的一次是在乾隆五十二年(1787),从《四库全书》中撤毁了李清、周亮功、潘柽章、吴其贞的11种著述。故《四库全书总目提要》也一再修改,直至乾隆六十年(1795)才由武英殿刊刻成书。该书共收录图书10254种,172860卷,其中包括被《四库全书》正式著录的3461种书籍,79309卷,以及存目书籍6793种,93551卷。

除《四库全书总目提要》外,清廷还组织编修了另外两部与《四库全书》有关的重要著作。一部为《四库全书荟要》,是在修纂《四库全书》的同时编成的。

---

① 《四库全书总目·卷首·凡例》,第17页。

乾隆三十八年(1773)五月,《四库全书》设馆开修后不久,乾隆皇帝为了尽快阅览到其中著录的重要典籍,又考虑到阅览的方便,遂下令命四库馆臣们从准备编入《四库全书》的书籍中,选择一部分重要的典籍,编成一部《四库全书荟要》。并指定四库馆总裁于敏中、王际华专司此事。该书于乾隆四十四年(1779)编成。因是专供皇帝阅览,故只抄录成两部,分别庋藏于皇宫中的摛藻堂和圆明园的味腴书屋。

《四库全书荟要》共收录书籍463种,其编纂的体例和编排的格式与《四库全书》完全相同,但选择书籍的标准则更为严格。因为是专供皇帝阅读,所以在选择书籍时就有了更多的忌讳。于是就采用大量收录清历朝皇帝钦定、御纂各种书籍的办法,故中国古代诸多的重要典籍均被编入其中。《四库全书荟要》在版本选择、校勘、抄录等各个环节上,都比《四库全书》更加精细。据统计,《四库全书荟要》所选录书籍的版本与《四库全书》不同者,多达188种,且前书所选的版本多优于后者。因此,被称为《四库全书》姊妹编的《四库全书荟要》,虽然是缩编《四库全书》而成的一部部头较小的丛书,但却有着其独特的文献价值和学术水平。

《四库全书荟要》编成后,也编纂了《四库全书荟要总目》。它不仅在分类上与《四库全书》不同,在解题时更具特点。该《总目》对收录的每一部书籍的解题,均十分简要,且详细说明版本来源和校本情况,这也是它优于《四库全书总目提要》(亦称《四库全书总目》)之所在。

另一部为《四库全书简明目录》。它是《四库全书总目提要》的缩编本。乾隆三十九年(1774)七月,乾隆皇帝考虑到《四库全书总目提要》汇辑各书提要多达万余种,卷帙浩繁,成书后检阅不易,故下令另编一部简明目录。由纪昀、陆锡熊等四库馆总裁亲自主持编纂,于乾隆四十七年(1782)《四库全书》编成,并抄录完毕后,即编纂出《四库全书简明目录》,全书共20卷。书成后,以乾隆皇帝第六子永瑢领衔纂修奏进。同年,于四库馆任分校的学者赵怀玉又抄录了一部《四库全书简明目录》的副本。两年后,于杭州刊刻该书。此后,《四库全书简明目录》便在全国广为流传。

《四库全书简明目录》只著录收入《四库全书》中的书籍,而不载《四库全书总目提要》中所列的存目书籍,且对每一部著述的题解,仅注明卷数、作者姓名,然后采用高度精练、概括的方法,仅用一两句话说明该书的内容大要。所以这部书不失为一部指点读书门径的工具书,也是其学术特点之所在。此外,由于《四库全书简明目录》的刊行比《四库全书总目提要》成书要早许多年,而在其刊行后,清廷又曾对《四库全书》多次进行增补,并撤换了一些书籍,因此这部《简明目录》基本反映了《四库全书》早期的修纂情况,并为后人了解和研究《四库全书》修成后历次撤换书籍的情况,提供了重要的参考价值。

自《四库全书》修纂后,又有不少学者对这部丛书所收录的各种书籍进行考证和辑佚。除由清廷组织编纂的《四库全书考证》100卷外,比较重要的还有阮元等编修的《四库未收书目提要》。嘉庆年间,阮元于浙江巡抚任上共征集到《四库全书》未收遗书174种。后他仿照《四库全书总目提要》的编纂体例,对每部书都撰写出提要。道光二年(1822),阮元子阮福将这一百七十余篇提要汇总,编为5卷。但因未分门别类,检阅很不方便。光绪八年(1882),学者傅以礼又按《四库全书总目提要》的分类方法,将这些遗书提要分为经、史、子、集4卷,重新编辑。还将自己所见的其中一些遗书的新旧版本,附注于书名之下,以供参考。

《四库全书》的编纂,不仅是对中国古代图书进行的一次大规模的整理和编纂,同时也在传播学术文化方面,起了积极的作用。收藏在文渊、文源、文津三阁中的《四库全书》,因为是"禁御重地","不便任人出入翻阅"。不过,存放在翰林院的收录书籍的底本,则可以供仕宦学子查阅。这些集中承载着中国传统文化和学术思想及成就的文献典籍,向文人学者开放,对于北京乃至全国学术文化的发展,其作用是显而易见的。

第三节　北京的学校和教育

一、北京国子监

清廷入关,定都于北京后,采取"尊孔尚儒"的统治政策,用中国封建社会所谓正统思想的儒家学说,作为其统治的精神支柱。为此,在京城设置了中央一级的官学,用儒家思想为自己培养所需的人才。

国子监,亦称太学。是清代全国的最高学府,始置于顺治元年(1644)。也就是说,清廷入关后,就在京城设置了国子监:"世祖定鼎燕京,修明北监为太学。顺治元年,置祭酒、司业及监丞、博士、助教、学正、学录、典籍、典簿等官。设六堂为讲肄之所,曰率性、修道、诚心、正义、崇志、广业,一仍明旧。"[①]清初在北京设置的国子监,实际是沿用明朝的国子监,就连明朝国子监内斋堂的名称也未作更改,以此体现清廷"尊孔尚儒"的统治政策。

清国子监生员的名额,最初规定内班150人,六堂每堂各25名;外班120名,每堂各20名。内外班总计270名。其后随着国子监的发展,国子监生的数额也有所增加。到乾隆初年,增内班每堂各30名,内外班共300名。国子监生依来源和入监途径的不同,而有"监生"和"贡生"之分。"监生"又有恩监、荫监、优监、例监四种。"恩监,由八旗汉文官学生、算学满、汉肄业生考取。又临雍观礼圣贤后裔,由武生、奉祀生、俊秀入监者,皆为恩监"。荫监,"凡满、汉子弟奉敕送监读书,恩诏分别内外文武品级,荫子入监"。顺治二年(1645)曾规定,"文官京四品、外三品以上,武官二品以上,俱送一子入监。"后屡有变动。优监,则为由附生选入国子监读书者。例贡与例监相仿,"由廪、增、附生或俊秀监生援例报捐贡生者,曰例贡;由俊秀报捐监生者,曰例监。凡捐纳入官必由之。"[②],即监生主要是勋臣子弟依前代功勋,或得皇帝诏旨准予入监者,也有输银捐纳而入监学习者。贡生则有岁贡、恩贡、拔贡、优贡、副贡、例贡六种,均由地方直省、府、州、县学选拔荐举的。此外,国子监生中还有二种生员,一是"民生除贡生外,廪、增、附生员文义优长者,并许提学考选送监";二是"前朝公、侯、伯、驸马初袭授者,皆入国学(即国子监)读书"[③]。

由于国子监生员数量增多,国子监的房舍数量不足,难以满足监生住宿的需求,所以有在监内住舍和监外借居者,故又有内班、外班之分。"先是太学生名为坐监肄业,率假馆散处。遇释奠、堂期、季考、月课,暂一齐集。监内旧有房号五百余间,修圮不时,且资斧不给,无以宿诸生"[④]。所以,清廷采取了一

---

①《清史稿》卷一百六《选举志一》,中华书局,1977年版,第3100页。

②《清史稿》卷一百六《选举志一》,第3107页。

③《清史稿》卷一百六《选举志一》,第3100页。

④《清史稿》卷一百六《选举志一》,第3102页。

些措施,"嘉庆初,以八旗及大(兴)、宛(平)两县肄业生距家近,不住舍,不许补内班。……内班生愿依亲处馆,满、蒙、汉军恩监生习翻译或骑射,不能竟月在学者,改外班"①。

清代的国子监还辖有算学和八旗官学。算学始置于乾隆四年(1739),是培养算学方面人才的学校。初定生员名额为满、汉各12人,蒙古、汉军各6人。后增设汉肄业生24人。

八旗官学是专为八旗子弟设置的学校,始置于顺治元年(1644)。"八旗分为四处,各立官学一所,用伴读十人勤加教习"②。八旗官学生员,是由"每佐领下取官学生一名,以十名习汉书,余习满书"。顺治二年(1645),又对八旗官学进行了调整,"合两旗为一学。每学教习十人,教习酌取京省生员。其后学额屡有增减,教习于国学肄业生考选,止用恩、拔、副、岁贡生"。雍正五年(1727),八旗官学又一次调整,"定每旗额设百名。满洲六十,习清、汉书各半。蒙古、汉军各二十,通一旗选择,不拘佐领。年幼者习清书,稍长者习汉文"。此后,为适应统治全国的形势需要,加强对八旗子弟的教育,又不断对这所学校进行调整。乾隆初年,"定官学生肄业以十年为率,三年内讲诵经书,监臣考验,择材资聪颖有志力学者,归汉文班;年长愿学翻译者,归满文班"。乾隆三十三年(1768),改定"下五旗包衣每旗增设学生十名。满洲六,蒙古、汉军各二"。乾隆五十四年(1789),又"于每旗百名内裁十名,选取经书熟、文理优者二十人,加给膏火资鼓励"③。

国子监领、辖国学、算学、八旗官学,不仅有满、汉、蒙古等族的生员,还有来自外国的生员。他们进入国子监学习,还受到特别的待遇。如康熙二十七年(1688),受琉球国王派遣,随贡使入京城的陪臣子弟梁成楫等人,就入监肄业。雍正六年(1728),俄罗斯还曾派官生鲁喀等留学京师,后又派遣过多批。这些外国子弟入监学习时,国子监还要委派教员负责教授他们,"以满、汉助教等教之,……学成遣归,先后络绎"④。

---

①《清史稿》卷一百六《选举志》,第3100页。

②《清朝文献通考》卷六十四《学校二》,商务印书馆,1936年版,第5441页下栏。

③《清史稿》卷一百六《选举志一》,中华书局,1977年版,第3110、3111页。

④《清史稿》卷一百六《选举志一》,第3108页。

二、北京地区的其他中央官学

清廷在北京城设置的中央一级官学中,还有宗学、觉罗学和景山官学、咸安官学等,这些学校属于满洲贵族子弟学校,都不隶属于国子监,是独立设置的学校。

宗学是专为皇族宗室子弟设置的学校。早在清廷尚未入关时,皇太极就曾于天聪五年(1631)敕令诸贝勒大臣,凡诸子弟八岁以上十五以下者,俱令读书。入关以后,清廷于顺治九年(1652),又在北京城开始设置宗学、宗人府等衙门,"每旗各设宗学,每学用学行兼优满、汉官各一员为之师。凡未封宗室之子年十岁以上者,俱入宗学"。清朝的宗学,隶属于宗人府,所以宗学生"有不循礼法者,学师具报宗人府,小则训责,大则奏闻"①。宗学因是教诲、训导宗室子弟之所,所以在入关后始设宗学时,主要是学习"清书",即满文。"顺治十年(1653),八旗各设宗学,选满洲生员为师。凡未封宗室子弟,十岁以上,俱入学习清书"②。之后,宗学又随各王府设置。康熙十二年(1678)规定:"宗室子弟各就本府读书。"为了不使这些宗室子弟们荒废学业,怠于武事,康熙皇帝还"遣内大臣等考验宗室子弟文艺、骑射"③。

随着满洲贵族在全国的统治地位不断得到巩固,宗学的规模也不断扩大。到雍正年间,宗学便发展为左、右两翼。雍正二年(1724),"复定宗室官学之制。左、右两翼官房,每翼各立一满学,一汉学。王、贝勒、贝子、公、将军及闲散宗室子弟,十八岁以下,有愿在家读书者,听(便);其在官学子弟,或清书,或汉书,随其志愿分别教授。十九岁以上已曾读书者,亦听其入学,兼习骑射"④。即从雍正二年起,宗学的规模扩大,而且所学的内容也与顺治年间"俱入学习清书"的规定,有很大的不同。不仅增加了"汉书"的学习内容,而且还可以"随其志愿",由自己选择学习汉书或清书。这也是清朝统治者为适应统治形势的发展和变化,而对宗学进行的改革和调整。事实上,这次改革和调

---

① 《清朝文献通考》卷六十三《学校一》,商务印书馆,1936年版,第5436页上栏。
② 《清史稿》卷一百六《选举志一》,中华书局,1977年版,第3111。
③ 《清朝文献通考》卷六十三《学校一》,1936年版,第5436页中栏。
④ 《清朝文献通考》卷六十三《学校一》,第5436页下栏。

整,极有助于促进统治集团上层满汉文化的交流。同时也使宗学制度完善,管理更加规范。到雍正十一年(1733),又增设宗学的名额;左翼宗学70人,右翼宗学60人。嘉庆初年,又增右翼宗学10人。嘉庆十三年(1808),再增左、右翼宗学名额各30个,每翼各为百名。宗学规模由此定制。

觉罗学是专为觉罗子弟设置的学校,虽亦属宗学性质,但所收录的生员范围较宗学更为广泛。该学始设于雍正七年(1729)。是年,雍正皇帝颁布谕旨,称:"前者宗人府设立宗学,只令教习宗室(子弟),尚未及于觉罗。觉罗人众,今若一概归并宗学,教者势难遍及。应每旗各立一衙门管辖觉罗,或王或公派委一员统理,令其于各该旗觉罗内,拣选老成练达、品行端方者一二人分管。即于该旗衙门之旁,设立十学。除情愿在家学习者外,择其可教之人,令其读书学射,满汉兼习。……十八岁以上曾读书者,亦准入学。至十八岁以上未曾读书者,月之朔望传齐该旗公署,宣读《圣谕广训》。"觉罗学亦隶属宗人府,但分设于各旗。"八旗各择官房一所,立为衙署,旁设清、汉各一学。八旗觉罗内自八岁以上,十八岁以下子弟俱令入学。觉罗内有行为妄乱者,亦行拘训,不准外出。改后,告知宗人府汇奏请旨"[①]。

雍正十年(1732)八月,八旗觉罗学建成。正黄旗觉罗学位于西直门内北卫胡同,有房61间。正红旗觉罗学位于阜成门朝天宫内中廊下,有房51间。正蓝旗觉罗学位于王府井大街阮府胡同,有房53间。正白旗觉罗学位于朝阳门内南小街新香胡同,有房45间。镶黄旗觉罗学位于安定门大街香儿胡同,有房51间。镶红旗觉罗学位于宣武门内象房桥西承恩寿街,有房64间半。镶蓝旗觉罗学位于阜成门南玉带胡同,有房63间。镶白旗觉罗学位于东四牌楼大街十条胡同,有房32间。

景山官学亦属八旗学的一种。满洲统治者设置的八旗官学,其所招收的生员主要来自满洲、蒙古、汉军各旗中的"佐命功勋英贤俊杰"者之子弟。不过,因这些生员多为勋臣之后,常恃先人之功自傲,又加之生员数额较多,难以培养成材。故此清廷于康熙二十五年(1686)又特设景山官学,且隶属于内务府。在此前一年,康熙皇帝曾下谕旨,专门提到内务府人才匮乏及培养内务府

---

① 《清朝文献通考》卷六十三《学校一》,商务印书馆,1936年版,第5437页上栏。

人才的问题。"内府竟无能书射之人。应设学房,简选才堪书射者,令其学习。视其所学,简选好者录用,不及者即行革退"。由此可见,景山官学设立的原因和目的,是为职掌皇室事务,具体负责管理宫内之典礼、膳食、财务、仓储、工程、畜牧、警卫、刑狱等事务的内务府培养专门的人才,因此康熙皇帝要求在这所学校选址时,"其学房著在朕常见处设立"。将景山官学设置在康熙皇帝"常见处",足见他对这所学校的重视程度,也反映出康熙皇帝对这所为内务府培养人才学校的期望之高。所以最后在选定景山官学校址时,"决定建于北上门两旁,共给官房三十间。满官学三房,汉官学三房"。景山官学的生员,是选内府佐领、管领以下幼童就学,名额为 366 名。

咸安宫官学,亦称咸安宫学,也隶属于内务府。其性质同于景山官学,始建于雍正七年(1729)。至于这所学校的设置,也是秉承雍正皇帝的旨意。"'咸安宫内房屋现有空闲,看景山官学生功课未专,于内府佐领下幼童及官学生内选其俊秀者五六十名或百余名,委派翰林等即著住居咸安宫教习。彼处房屋亦多,且有射箭之处。其学房、住房,尔等酌量分隔修理,著令居住。再挑选乌拉人几名,于伊等读书之暇,令其教授清语、弓马。'"正是有雍正皇帝的旨意,"总管内务府议奏于景山官学生及佐领、管领下,自十三岁以上二十三岁以下俊秀幼童可以学习者,选得九十名。于咸安宫酌量修理读书房屋三所,每所各分给三十名,令其读书"①。

在北京城内,清廷设置的这些学校,尽管其中的宗学、八旗官学、觉罗学,以及景山官学、咸安宫学等,招收的生员都有特定的范围,均是满洲贵族及旗人子弟,但学校的设置,毕竟有助于提高满洲民族的整体文化水平,促进满汉文化的交流。尤其是对北京地区满、汉民族的交往,促使地区学术文化的发展,是具有积极意义的。

三、北京地区的地方学校

除中央官学外,北京地区还设有府、州、县学,以及社学、卫学等各种地方官学。府、州、县三级学校均属儒学,也是在清廷入关后逐步恢复明朝的原有

---

①《清朝文献通考》卷六十四《学校二》,1936 年版,第 5446 页下栏。

地方学校,才得以重新建立和发展起来。

　　清朝统治者重视地方学校的目的,在顺治皇帝于顺治七年(1650)改南京国子监为江南府学,而诫礼部之谕中,可以清楚地了解到:"帝王敷治,文教为先。臣子致君,经术为本。自明末扰乱,日寻干戈,学问之道,阙焉未讲。今天下渐定,朕将兴文教,崇经术,以开太平。尔部传谕直省学臣,训督士子,凡理学、道德、经济、典故诸书,务研求淹贯。明体则为真儒,达用则为良吏。果有实学,朕必不次简拔,重加任用。"①顺治十年(1653)四月,顺治皇帝又谕礼部转饬提拔学御史、提学道,要求他们严察府、州、县儒学生员出身和行为品德,不得徇情纵滥,以改变学风,培养更多的人才,促使"士风丕变,人材辈出"②。可见,在顺治年间,随着清朝在全国统治的逐渐建立,特别是满洲贵族入关后藉以"尊孔尚儒"的政策,以稳定国内的社会和统治秩序,各地的地方官学才较快地得以恢复和建立。而作为清朝统治中心的北京,其地方官署顺天府自然也不例外,在其所辖的府、州、县亦各建有官学,亦即儒学。

　　清顺天府的府学仍沿用明顺天府学的旧校舍,只是加以修缮后重新建立的,所以其位置还在内城的府学胡同内。府学生员也沿袭明朝府员生员的名称,有廪膳生、增广生、附学生之分。至于府学生员的数额,清初是按生员数量多寡,将地方学校分为大、中、小学。"大学四十名,中学三十名,小学二十名"。府学则"视大学",即顺天府学生员定额为 40 名。"后屡有增广。满洲、蒙古、汉军子弟,初归顺天考试取进,满洲、汉军各百二十名,蒙古六十名。康熙中减定满、蒙四十名,汉军二十名。旋复增为满、蒙六十,汉军三十"③。

　　顺天府所辖各州、县设置的学校,也基本沿用明朝州、县学的旧校舍,按其生员数额多少,而称为中学或小学。顺治年间,始定中学 30 名、小学 20 名。但不久,"改府视大学,大州、县视中学减半,小学四名或五名"。康熙九年(1670),又调整为"大府、州、县仍旧额,更定中学十二名,小学七名或八名。后屡有增广"④。从清廷的这些规定来看,州、县学校的生员数额不是很多,规模

①《清史稿》卷一百六《选举志一》,中华书局。1977 年版。第 3114 页。
②清世祖实录卷七十四,中华书局影印《清实录》第三册,1985 年版,第 585 页。
③《清史稿》卷一百六《选举志一》,第 3115 页。
④《清史稿》卷一百六《选举志一》,第 3115 页。

也有限。

由于地方学校招收的生员数额不多，因此清朝统治者又规定在县级以下的乡、镇，均设置社学，以启蒙童，兴教化。这在一定程度上，具有普及文化的作用。社学始置于顺治九年(1652)，"每乡置社学一区，择文义通晓、行谊谨厚者，考充社师。免其徭役，给廪饩优膳。学政按临日，造姓名册申报考察"①。为了使这种最基层的地方学校在教育和管理上更加严格和规范，雍正元年(1723)清廷又再次对社学做出具体的规定，"定各州、县设立社学、义学之例。旧例，各州、县于大乡巨镇各置社学，凡近乡子弟年十二以上、二十以下有志学文者，令入学肄业。至是复经申定，将学生姓名造册，申报学政。……如有能文入学者，社师优赏；若怠于教习、钻营充补者，褫革"②。

卫学，是专为驻守地方卫所军的童生而设置的学校，原设于明朝。清廷入关后，于顺治十六年(1659)沿袭、复建。卫学因为招收的是驻守于地方军队的军人子弟，亦入军籍，故称军童生，或称卫籍学生。不过，清廷规定，"武生附儒学，通称武生"，故卫学生又有"文武童生"之称。这也是卫学在设置和教育、管理上与其他学校的不同之处。如"顺治初，京卫武生童考试隶兵部。康熙三年(1664)，改隶学院，直省府、州、县、卫武生，儒学教官兼辖之。骑射外，教以《武经七书》、《百将传》及《孝经》、《四书》"③。

除这些学校外，清朝前期的北京地区还设有几所义学，其中一所义学的校址在广渠门内。"义学，初由京师五城各立一所，后各省府、州、县多设立，教孤寒生童，或苗、蛮、黎、瑶子弟秀异者"④。康熙五十二年(1713)后，又曾两次下令于地方建义学，令"各省府、州、县多立义学，延请名师，聚集孤寒生童，励志读书"。康熙五十四(1715)年又令"穷乡僻壤，皆立义学"⑤。可见，义学是地方官府专为家境贫寒、无依无靠的生童开设的学校。

---

①《钦定大清会典则例》卷七十《礼部·学校三》，台湾商务印书馆《景印文渊阁四库全书》第622册，1986年版，第338页。

②《清朝文献通考》卷七十《学校八》，1936年版，第5495页中栏。

③《清史稿》卷一百六《选举志一》，中华书局，1977年版，第3118页。

④《清史稿》卷一百六《选举志一》，第3119页。

⑤《钦定大清会典事例》卷三九六《礼部一百七·学校·各省义学》，《续修四库全书》第804册，上海古籍出版社，1999年版，第310页。

清朝前期,在北京地区不仅有中央和地方各级各类的官学,还有一些私学,如位于外城慈源寺东,就曾设有金台书院。又如段玉裁,"乾隆二十五年举人,至京师见休宁戴震,好其学,遂师事之"[1]。另据《清史稿·儒林传》记载,乾隆三十六年(1771)的进士孔广森,"尝受经戴震、姚鼐之门,经、史、小学,沉览妙解"[2]。当然,在北京城内私人招收生徒讲学,其规模都不大。但这种私学的存在,也是对北京地区学校教育的一种补充。而且由于是私人办学,其形式比较灵活,教授的内容虽也是以"经术"为主,但在学术思想上,较之官学更为活跃,更易培养出人才。如嘉庆四年(1799)的进士陈寿祺,其"会试出朱珪、阮元门,乃专为汉儒之学,又及见钱大昕、段玉裁、王念孙、程瑶田诸人,故学益精博"[3]。

也正是由于清朝前期,北京地区自中央到地方比较普遍地设置了各级各类学校,促进了满、汉及与其他民族文化的交流,也提高了北京地区的社会文化水平,促进了地区学术文化的活跃和繁荣。

四、北京地区学校的教育和管理

清朝前期北京地区设置的中央一级和地方官学,都是为统治者培养所需的人才,因此在其教育和管理等方面,都集中体现了统治者的意志。为了保证生员在学校期间能够认真学习,掌握所传授的知识,真正成为服务于统治者的人才,这些学校均在教育和管理上,制订了十分严格、具体的制度和措施,以规范和约束在校生员的行为。

清朝在顺治元年(1644)始置国子监时,就设置了国子监官,并且"详定规制"。其所设国子监官与明朝国子监大致相同,主要有祭酒、司业、监丞、博士、助教、学正、学录、典籍、典簿等官。这些学官的职掌,也与明朝国子监学官基本一致。"祭酒、司业职在总理监务,严立规矩,表率属员,模范后进。监丞职在绳愆,凡教官怠于师训,监生有戾规矩,并课业不精,悉从纠举惩治。博士、助教、学正、学录,职在教诲,务须严立课程,用心讲解,如或怠惰致监生有戾学

---

[1]《清史稿》卷四八一《戴震传》,中华书局,1977 年版,第 13201 页。
[2]《清史稿》卷四八一《孔广森传》,中华书局,1977 年版,第 13207 页。
[3]《清史稿》卷四八二《陈寿祺传》,第 13246 页。

规者,堂上官举觉罚治。典籍职在收掌一应经史书板"①。不过在这些学官的人选上,因是满洲贵族的政权,所以与明朝也有许多不同之处。

清朝国子监设管理监事大臣一人,由满及汉大学士及尚书侍郎内特选。祭酒,满、汉各一人;司业,满、蒙、汉各一人。其下属有绳愆厅监丞、博士厅博士、典簿厅典簿,也是满、汉各一人。典籍厅典籍,只设汉官一人。国子监生的肄业之所:率性、修道、诚心、正义、崇志、广业六堂,均设助教、学正、学录各一人。这些学官的具体职责是,"祭酒、司业掌成均之法。凡国子及俊选以时都授,课第优劣。岁仲春、秋上丁,释奠、释菜,综典礼仪。天子临雍,执经进讲,率诸生圜桥观听。新进士释褐,坐彝伦堂行拜谒簪花礼。监丞掌颁规制,稽勤惰,均廪饩,核支销,并书八旗教习功过。博士掌分经教授,考校程文,偕助教、学正、学录经理南学事宜。典簿掌章奏文移。典籍掌书籍碑版"②。

国子监生学习的内容,是以四书、五经、《性理大全》、《资治通鉴》诸书为基本教材,还要学习大清诏、诰、表及策论、判等。"兼通《十三经》、《二十一史》,博极群书者,随资学所诣"。此外,还须"日摹晋、唐名帖数百字"。每天还要按照学官所"立日课册",完成作业。"旬日呈助教等批晰,朔、望呈堂查验"③。

国子监的考试是很严格的。"祭酒、司业月望轮课《四书》文一、《诗》一,曰大课。祭酒季考,司业月课,皆用《四书》、《五经》文,并诏、诰、表、策论、判。月朔,博士厅课经文、经解及策论。月三日,助教课,十八日,学正、学录课,各试《四书》文一、《诗》一、经文或策一"④。

清初,对国子监生的管理曾沿用明朝国子监的"积分历事之法"。凡"监生坐监期满,拨历部院练习政体。三月考勤,一年期满送廷试。其免坐监,或免历一月二月者,恩诏有之,非常例也"。顺治三年(1646),国子祭酒薛所蕴对此法进行了修订,定"汉监生积分法"。凡汉人国子监生于"常课外,月试经义、策论各一,合式者拔置一等。岁考一等十二次为及格,免拨历,送廷试超选"⑤。

---

①《清朝文献通考》卷六十五《学校考三》,1936 年版。第 5453 页中栏。

②《清史稿》卷一百二十五《职官志二·国子监》,中华书局,1977 年版,第 3319 页。

③《清史稿》卷一百六《选举志一》,中华书局,1977 年版,第 3101 页。

④《清史稿》卷一百六《选举志一》,第 3101 页。

⑤《清史稿》卷一百六《选举志一》,第 3101 页。

顺治十五年(1658)，国子祭酒固尔嘉浑又建议，"令监生考到日，拔其尤者许积分；不与者，期满咨部历事。积分法一年为限。常课外，月试一等与一分，二等半分，二等以下无分。有《五经》兼通，全史精熟，或善摹钟、王诸帖，虽文不及格，亦与一分。积满八分为及格，岁不逾十余人。恩、拔、岁、副，咨部历满考职，照教习贡生例，上上卷用通判，上卷用知县。例监历满考职，与不积分贡生一体廷试。每百名取正印八名，余用州、县佐贰。积分不满数，愿分部者，咨部不得优选。愿再肄业满分者听"①。但到顺治十七年(1660)，固尔嘉浑又奏停积分法，遂废止。

康熙初年，又罢拔历，监生"惟考选通文理能楷书者，送修书各馆"②。

雍正年间，国子司业孙嘉淦曾奏言："学校之教，宜先经术，请敕天下学臣，选拔诸生贡太学，九卿举经明行修之士为助教，一以经术造士。三年考成，举以待用。"但未得到雍正皇帝应允。乾隆二年(1737)，孙嘉淦又以刑部尚书管国子监事，再向乾隆皇帝奏请，"仿宋儒胡瑗经义、治事分斋遗法。明经者，或治一经，或兼他经，务取《御纂折中》、《传说》诸书，探其原本，讲明人伦日用之理。治事者，如历代典礼、赋役、律令、边防、水利、天官、河渠、算法之类。或专治一事，或兼治数事，务穷究其源流利弊。考试时，必以经术湛深、通达事理、验稽古爱民之识。三年期满，分别等第，以示劝惩"③。乾隆皇帝同意其请，遂"令诸生有心得或疑义，逐条札记，呈助教批判，按期呈堂。季考月课，改《四书》题一，《五经》讲义题各一，治事策问一"。在此基础上，孙嘉淦还"严立课程，奖诱备至"，所选用的"六堂讲师，极一时之选"。在这些讲师中，有进士，有举人，"皆以潜心经学，先后被荐为本监属官。分长六堂，各占一经，时有'四贤五君子'之称"。在这些讲师的精心教学下，"师徒济济，皆奋自镞砺，研求实学"④。

清代国子监生在监学习还有期限的规定，称为"坐监"。"监生坐监期，恩贡六月、岁贡八月，副贡廪膳六月，增、附八月，拔贡廪膳十四月，增、附十六月，

①《清史稿》卷一百六《选举志一》，中华书局，1977 年版，第 3101—1302 页。
②《清史稿》卷一百六《选举志一》，第 3102 页。
③《清史稿》卷一百六《选举志一》，第 3102—3103 页。
④《清史稿》卷一百六《选举志一》，第 3103 页。

恩荫二十四月、难荫六月,例贡廪膳十四月,增、附十六月,俊秀二十四月。例监计捐监月分三十六月"。雍正五年(1727年)又规定,"除监期计算。各监生肄业,率以连闰扣满三年为期"。不过,由于国子监馆舍不足,所以"无以宿诸生",监生们虽"名为坐监肄业,率假馆散处。遇释奠、堂期、季考、月课,暂一齐集(监内)"[①]。

正因如此,国子监又制定有一套十分严格的监生管理制度,以督课监生们认真学习。其制度主要包括:

一,考勤。监生出入国子监时,必须登记,"出入必记于簿,监丞掌之"。如果有"旷大课一次,无故离学至三次以上,例罚改外"。还有"满、蒙、汉军恩监生习翻译或骑射,不能竟月在学者,改外班"[②],即对违犯此类监规者,要从内班罚至外班。

二,日常管理。国子监丞在监内的日常管理中,负有直接的责任,是主要的监督和管理者。"监丞职在绳愆。凡教官怠于师训,监生有戾规矩,并课业不精,悉从纠举惩治"[③]。不仅如此,国子监还置有专用于记录监生日常违犯监规、监纪行为的籍簿——集愆册:"置集愆册,治诸不帅教者。"[④]此举显然是为了惩治那些违规、违纪者,以维护国子监正常有序的教学秩序。康熙二十四年(1685),还曾对国子监监生进行过一次大审查。凡监生有行为不端、违悖监规或滥竽充数、懒惰废学者,一律给予严厉的处置。这些都是对监生加强监督的具体措施。

三,教学管理。清代国子监有一套教学管理的制度和规定,不仅严格,而且还很繁复。如对"补班"的规定,"补班之始,赴监应试,曰考到。列一、二等者再试,曰考验。贡生一、二等,监生一等,乃许肄业。假满回监曰复班"[⑤]。对监生学习的规定则更为具体。"月朔、望释奠毕,博士厅集诸生,讲解经书。上旬助教讲义。既望,学正、学录讲书各一次。会讲、覆讲、上书、复背,月三

①《清史稿》卷一百六《选举志一》,中华书局,1977年版,第3102页。
②《清史稿》卷一百六《选举志一》,第3100—3101页。
③《清朝文献通考》卷六十五《学校考三》,商务印书馆,1936年版,第5453页中栏。
④《清史稿》卷一百六《选举志一》,中华书局,1977年版,第3101页。
⑤《清史稿》卷一百六《选举志一》,第3100页。

回,周而复始"。可见,清代国子监生的学习活动,主要是听讲、背诵、复述等形式。除此之外,还需要生员学习其他的知识和技能。"所习《四书》、《五经》、《性理》、《通鉴》诸书,其兼通《十三经》、《二十一史》,博极群书者,随资学所诣。日摩晋、唐名帖数百字"①。

国子监对生员日常学习的督促检查也十分严格。如对生员每日临摹书法名帖,要求"立日课册,旬日呈助教等批晰,朔、望呈堂查验"。

国子监生员的考试,有大课、季考、月课等名目,且由不同的学官分别负责主持考试。"祭酒、司业月望轮课《四书》文一、诗一,曰大课。祭酒季考,司业月课,皆用《四书》、《五经》文,并诏、诰、表、策论、判。月朔,博士听课经文、经解及策论。月三日,助教课,十八日,学正、学录课,各试《四书》文一、诗一、经文或策一"②。

四,请假制度。国子监规定:"省亲、完姻、丁忧、告病及同居伯、叔、兄长丧而无子者,予假归里。"即监生只有遇有这些情况时,国子监才准予其请假返乡,而私自离监返乡,则要受到"黜革"的处罚。此外,准假亦有期限,必须到期返监。"限期回监。迟误惩罚,私归黜革,冒替除名"③。对于未经准假而私自返家的行为,其处罚之重,足见国子监对监生行为约束之严苛。由此也清楚地说明,国子监对借宿于监外的监生,也十分重视日常的管理。

五,国子监生的待遇。作为全国最高学府的国子监,其生员常有一些特殊的待遇。清初,国子监生肄业"分内、外班","户部岁发帑银,给膏火,奖励有差,余备赒恤"④。乾隆初年,又"裁外班百二十名,加内班膏火"。乾隆二年(1737),刑部尚书管监事孙嘉淦"乞给监南官房,令助教等官及肄业生居住。岁给银六千两为讲课、桌饭、衣服、赈助之费"⑤,得到乾隆皇帝应允后执行。

在国子监学习的外国留学生,也能得到清廷的资助。如雍正六年(1728),"鄂罗斯遣官生鲁喀等留学中国,以满、汉助教等教之,月给银米器物"⑥。

---

①《清史稿》卷一百六《选举志一》,第 3101 页。

②《清史稿》卷一百六《选举志一》,中华书局,1977 年版,第 3101 页。

③《清史稿》卷一百六《选举志一》,第 3101 页。

④《清史稿》卷一百六《选举志一》,第 3100 页。

⑤《清史稿》卷一百六《选举志一》,第 3103 页。

⑥《清史稿》卷一百六《选举志一》,第 3108 页。

此外,国子监生如学业成绩优异,还能受到一些奖励。如顺治三年(1646)规定,汉监生"岁考一等十二次为及格,免拨历,送廷试超选"。同治九年(1870),又"选文行优者四十人住南学,厚给廪饩"①。由此可见,清廷给予国子监生优厚待遇的目的,旨在鼓励监生们认真学习,遵守各项规定。

国子监隶属的算学,又称国子监算学。这所学校"遵《御制数理精蕴》,分线、面、体三部"。其学制规定,"部限一年通晓。七政限二年。"即在三年内要学完线、面、体三部的课程,二年学完"七政"(日、月,金、木、水、火、土五星)的学习,总学制为五年。算学生在监学习期间,有季考、岁考。"五年期满考取者,满、蒙、汉军学生咨部,以本旗天文生序补。汉学生举人用博士,贡监生童用天文生"②。

国子监隶属的八旗官学,是因国子监"僻在城东北隅,满员子弟就学不便"而设置的。最初负责官学教育管理者,是国子监二厅(绳愆厅、博士厅)、六堂的教官。生员"每十日赴国子监考课一次;春秋演射,五日一次"。为了督促生员认真学习,每所八旗官学还"用伴读十人,勤加教习"③。因为学校生员均为八旗子弟,为保证教学水平,以使他们受到较好的教育,清朝统治者十分重视教官的选派。顺治二年(1645),改两旗合置一所官学后,于每所官学设置教习10人,"教习酌取京省生员"。其后,因学校规模扩大,又改"教习于国学肄业生考选,止用恩、拔、副、岁贡生。如无其人,准例监生亦得考取。举人愿就,一例考选"④。顺治十二年(1655),为保证八旗官学的教习称职,又严格选拔选用的条件。"令礼部会同国子监,于监生中严加考试,选补教习"⑤。但八旗子弟毕竟是以满、蒙人为主,所以雍正元年(1723)又规定:"于八旗蒙古护军、领催、骁骑内,选熟练国语、蒙古语者十六人,充蒙古教习。"雍正五年(1727),定每旗官学生额百人后,又规定"汉教习每旗五人"⑥。清廷不仅严格八旗官学教习的考选,而且对其执教后的业绩,还要分阶段进行考核且依其业绩升迁。

---

① 《清史稿》卷一百六《选举志一》,第3101、3104页。
② 《清史稿》卷一百六《选举志一》,中华书局,1977年版,第3110页。
③ 《清朝文献通考》卷六十四《学校考二》,商务印书馆1936年版,第5441页下栏。
④ 《清史稿》卷一百六《选举志一》,第3110页。
⑤ 《清朝文献通考》卷六十四《学校考二》,第5441页下栏。
⑥ 《清史稿》卷一百六《选举志一》,第3110页。

乾隆八年(1743),"定汉教习三年期满,分等引见。一等用知县,二等用知县或教职铨选。一等再教习三年,果实心训课者,知县即用。蒙古教习五年期满实心训课者,用护军校、骁骑校。满助教每旗二人,以八旗文进士、举人,翻译进士、举人,恩、拔、副、岁贡生,文生员,翻译生员,废员,笔帖式考取"①。

八旗官学生主要学习满文、汉文和儒家经典著作。乾隆初,规定官学的学制为十年,分为两个阶段。"定官学生肄业以十年为率,三年内讲诵经书,监臣考验"。三年后,则分别升入汉文班和满文班,继续学习。进入汉文班学习的,是"材资聪颖有志力学者";入满文班学习的,则为"年长愿学翻译者"②。不过,八旗是满洲贵族所依靠的极其重要的军事力量,是其维护统治的有力保证,因此清朝统治者绝不允许八旗子弟懈怠武事。所以,八旗官学生除学文外,还要习步射、骑射等武艺。"其有偏尚文学、怠于习武者,必奉旨严饬焉"。以使他们具备"弯弓跃马之能,而有成德达材之用"③。

对于八旗官学生的管理,清廷也有具体的规定,尽管生员均为八旗子弟,但对其学业的要求,仍十分严格。乾隆三年(1738),乾隆皇帝"钦派大臣考取汉文明通者,拔为监生,升太学。与汉贡监究心明经治事,期满,择尤保荐,考选录用"④。对于学业优异者,则也有奖励。乾隆五十四年(1789),"于每旗百名内裁十名,选取经书熟、文理优者二十人,加给膏火资鼓励"⑤。

不过,此后随着八旗的衰落,嘉庆、道光年间,八旗官学逐渐废弛。

清代的宗学自顺治十年(1653)始置后,最初的管理并不十分规范。"其亲王、世子、郡王,选用满、汉官各一员,讲论经史。贝勒以下,亦勤加讲阅。得旨:每旗设满洲官教习满书,其汉书听从其便。"康熙年间,清廷对宗学的管理逐渐规范、严格。首先是于康熙十二年(1673),"令宗室子弟各就本府读书"。为了督课宗室子弟精心学习,康熙三十九年(1700),又"遣内大臣等考验宗室子弟文艺、骑射"。宗学制度的正式制订,是在雍正二年(1724),"复定宗室官

①《清史稿》卷一百六《选举志一》,第 3111 页。
②《清史稿》卷一百六《选举志一》,中华书局,1977 年版,第 3110 页。
③《清朝文献通考》卷六十四《学校考二》,商务印书馆,1936 年版,第 5441 页上栏。
④《清史稿》卷一百六《选举志一》,第 3110—3111 页。
⑤《清史稿》卷一百六《选举志一》,第 3111 页。

学之制。左右两翼官房,每翼各立一满学、一汉学","每学以王公一人总其事。设正教长二人,副教长八人,宗室中行尊年长者充之。清书教习二人,选罢闲满官及进士、举贡生员善翻译者充补;骑射教习二人,选罢闲官及护军校护军善射者充补。汉书,每学十人,设教习一人,令礼部考取举贡充补"①。雍正十一年(1733),又改"两学各以翰林官二人董率课程"。乾隆初年,再"以满、汉京堂各一人总稽学课"②。从宗学的管理人员设置上,足见清朝统治者对于宗学的重视程度。而且随着清朝统治的巩固和统治秩序的稳定,宗学的地位也在不断地提高。

宗学生主要学习的课程,成立之初只有满文一门。"八旗各设宗学,选满洲生员为师。凡未封宗室子弟,十岁以上,俱入学习清书"。到康熙年间,内大臣"考验"宗室子弟时,又有文艺和骑射两项。这显然是出于要宗室子弟习武的考虑,而增加的学习内容。到雍正二年宗学定制时,又有"或清书,或汉书","兼骑射"的具体规定,并选派骑射教习。乾隆二十一年(1756),还特别"增骑射教习,翼各一人"③。宗学生学习课程的变化,从单一的学习"清书",到满、汉书皆可学习,也反映了满洲贵族希望宗室子弟们能更好地适应统治形势的变化和需要。

对宗学的管理,自学校始建后也是逐渐的规范和严格。雍正二年定制后,先是"王、公、将军及闲散宗室子弟十八岁以下,入学分习清、汉书,兼骑射"④。"每月考试,分别等第,申报注册。春秋二季,宗人府亲加考试,优者奏闻引见。……读书子弟,月给纸、墨、笔及冬夏冰、炭等物。定宗学五年考试一次之例"⑤。经"礼部考取举贡充之,三年期满,分别等第录用"。雍正十一年(1733),宗学左、右翼两学均采取"分日讲授经义、文法"的教学方法。与此相适应,到乾隆初,考试制度亦作了调整。"月试经义、翻译及射艺"。乾隆九年(1744),清廷又对宗学的学制、考试及待遇,进一步做出明确的规定:"定每届

①《清朝文献通考》卷六十三《学校考一》,1936 年版,第 5436 页下栏。
②《清史稿》卷一百六《选举志一》,中华书局,1977 年版,第 3112 页。
③《清史稿》卷一百六《选举志一》,第 3111—3112 页。
④《清史稿》卷一百六《选举志一》,第 3112 页。
⑤《清朝文献通考》卷六十三《学校考一》,商务印书馆,1936 年版,第 5436 页下栏。

五年。简（择）大臣合试两翼学生，钦定名次，以会试中式注册。俟会试年，习翻译者，与八旗翻译贡生同引见，赐进士，用府属额外主事。习汉文者，与天下贡士同殿试，赐进士甲第，用翰林部属等官"。但凡宗学生的考试，由皇帝亲自确定名次，可见满洲贵族对宗室子弟也是十分器重的。因此，当第二年宗学生所试汉文、翻译无佳作时，乾隆皇帝特颁诏谕，称"我朝崇尚本务，宗室子弟俱讲究清文，精通骑射。诚恐学习汉文，流于汉人浮靡之习。世祖谕停习汉书，所以敦本实、黜浮华也。嗣后宗室子弟不能习汉文者，其各娴习武艺，储为国家有用之器"①。

乾隆皇帝的这份谕旨，实际也是对宗学管理制度作出的调整。即为使每一位宗室子弟都能学有所成，成为于统治有用的人才，规定了凡不能习汉文者，一律改习武艺。这样宗学便又成为一所专文或专武的皇家贵族学校。

此外，对宗学生还有处罚的规定。"有不循礼法者，学师具报宗人府，小则训责，大则奏闻"②。这条规定也是为了规范宗学生品德行为的需要，以使他们遵守礼法、认真学习。

觉罗学虽然是由各旗专设的衙门管辖，且派一员统理，但实际仍隶属宗人府。因此觉罗学的主要学官，均由宗人府拟定。"其总管之王公一人，由宗人府奏请钦点。每学副管二人于觉罗内拟定正、陪，引见补用。清书教习一人，以满洲进士、举贡生员充补；射骑教习一人，以本旗善射者充补；汉书教习每生徒十人设一人，以举贡充补"③。

觉罗学生所学课程与宗学大致相同。八旗均设满、汉学各一所，学生主要是"读书、习射"。学习的内容除满文与骑射外，还兼习汉文字书。其考试制度为一年中分春、秋两次考试。雍正三年（1725），为了严格对觉罗学的管理，雍正皇帝又"钦派大臣会同宗人府考试，分别奖惩"④。觉罗学生的待遇也与宗学相同。"至读书之觉罗及督教人等，给与公费银、米、纸、笔、墨、冰、炭等物，

---

①《清史稿》卷一百六《选举志一》，中华书局，1977年版，第3112页。

②《清朝文献通考》卷六十三《学校考一》，商务印书馆，1936年版，第5436页上栏。

③《清朝文献通考》卷六十三《学校考一》，1936年版，第5437页中栏。

④《清史稿》卷一百六《选举志一》，第3112页。

俱照宗学之例"①。只是在学成后的待遇上,较宗学生要低。"学成,与旗人同应岁、科试及乡、会试,并考用中书、笔帖式"②。

觉罗学在管理上是比较严格的。其所设的"副管共十六人,每日在学行走,稽察勤惰。甚劣者报知宗人府,拘于本旗署内教训"。如果"觉罗内有行为妄乱者,亦行拘训,不准外出。俟悛改后,告知宗人府,汇奏请旨"③。以此约束觉罗子弟必须遵守礼法、认真学习。

景山官学因分设满官学、汉官学,所设教习的人数不等。"清书(即满官学)三房,各设教习三人。汉书(即汉官学)三房,各设教习四人"。满、汉官学的教习人选,"初,满教习用内府官老成者,汉教习礼部考取生员文理优通者"。后随着景山官学地位的提升,又改选"内阁善书、射之中书充满教习,新进士老成者充汉教习。雍正后,汉教习以举人、贡生考取,三年期满,咨部叙用"④。

景山官学生员的学制为三年。考试成绩分为两等,按等第高下录用为官。"学生肄业三年,考列一等用笔帖式,二等用库使、库守"⑤。

咸安宫官学成立之初,曾"以翰林官居住咸安宫教之"。学校置汉书十二房,清书三房,每房各设教习一人;教骑步射、教国语各三人。"汉教习三年、清语骑射教习五年,分别议叙"。乾隆初年,又"定汉教习选取新进士,不足,于明通榜举人考充。期满,进士用主事、知县,举人用知县、教职"。对咸安宫官学生的考选,"如景山官学考取例"。乾隆五年(1740),改为"钦派大臣考试,一、二等用七、八品笔帖式"。乾隆二十三年(1758)以后,"不论年分,许学生考翻译中书、笔帖式、库使"⑥。对于咸安宫官学生的管理,也与景山官学相同。凡学生懒惰不肖者,则革退。

清初陆续设置的宗学、觉罗学、八旗官学、景山官学、咸安宫学等学校,后因"诸学总管、教习等,类乏通才,经费徒糜。甚者黉舍空虚,期满时,例报成就学生若干名而已",所以在光绪二十八年(1902),翰林院侍读宝熙奏请:"援同

---

①《清朝文献通考》卷六十三《学校考一》,第 5437 页中栏。

②《清史稿》卷一百六《选举志一》,第 3113 页。

③《清朝文献通考》卷六十三《学校考一》,商务印书馆,1936 年版,第 5437 页中栏。

④《清史稿》卷一百六《选举志一》,中华书局,1977 年版,第 3113 页。

⑤《清史稿》卷一百六《选举志一》,第 3113 页。

⑥《清史稿》卷一百六《选举志一》,第 3113 页。

文馆归并大学堂例,将宗室、觉罗、八旗等官学改并中、小学堂,均归管学大臣办理"①。此后,这几所学校便不再独立设置。

清朝前期,地方设置的府、州、县儒学,也有一套严格的教育管理制度。

首先是生员的入学资格。凡不通文义者或优伶子弟,均不允许充儒学生员。其次,童生入学均要经过考试。"儒童入学考试,初用《四书》文、《孝经》论各一,《孝经》题少,又以《性理》、《太极图说》、《通书》、《西铭》、《正蒙》命题。嗣定正试《四书》文二,覆试《四书》文、《小学》论各一"。雍正初年,又加试经文,因冬季日短,只考"书一、经一"。不久,又定"科试《四书》、经文外,增策论题,仍用《孝经》"。乾隆初,改定"覆试兼用《小学》论。中叶以后,试书艺、经艺各一。增五言六韵诗"。康熙皇帝"先后颁《圣谕广训》及《训饬士子文》于直省儒学"。后于雍正年间,又要求"儒童县、府覆试,背录《圣谕广训》一条,著为令"②。可见,府、州、县学对新生的入学资格要求是很高的。

地方学校初入学者称附学生员。入学后,"以岁、科两试等第高者"③,补充为廪膳生,即可领取由官府供给的膳食。不过每次新增补的廪膳者,是有定额限制的。其余考试成绩列为次等者,则为增广生员。

顺天府于顺治初年置府丞一人,兼提督学政衔。这与其他各省所设督学道的不同之处,在于担任此职的人选比较特殊,"初,各省设督学道,以各部郎中进士出身者充之。惟顺天、江南、浙江为提督学政,用翰林官"④。后提督学政曾一度改称学院。提督学政的职责是,"掌学校政令,岁、科两试。巡历所至,察师儒优劣,生员勤惰,升其贤者能者,斥其不帅教者。凡有兴革,会督、抚行之"⑤。提督学政所辖的府、州、县学均设有学官,府学设教授、训导各一人,州学设学正、训导各一人,县学设教谕、训导各一人。其中,儒学教授"掌京畿黉序,文武生月课其艺射,不帅教者戒饬之,三岁报优劣于学政"⑥。此外,儒学教授还与学正、教谕共同"掌训迪学校生徒,课艺业勤惰,评品行优劣,以听

---

①《清史稿》卷一百六《选举志一》,第 3114 页。
②《清史稿》卷一百六《选举志一》,中华书局,1977 年版,第 3115 页。
③《清史稿》卷一百六《选举志一》,第 3115 页。
④《清史稿》卷一百六《选举志一》,第 3114 页。
⑤《清史稿》卷一百十六《职官志三》,第 3345 页。
⑥《清史稿》卷一百十六《职官志三》,第 3334 页。

于学政"①。训导则负责协助教授、学正、教谕管理和教育本校生员。对这些
学官的管理职责,清朝统治者还要求必须严格约束生员,不得诵习民间流传的
对清朝统治不利的著作。其实质是通过各级学校的学官们,束缚和钳制生员
们的思想和言行。

儒学建立之初,沿袭明制,出现了"教官多阘茸不称职,有师生之名,无训
诲之实"。后为提高教官的水平,使之严格训导生员,顺治皇帝遂令严格教官
的选用和管理。"学政考核教官,按其文行及训士勤惰,随时荐黜"。康熙年
间,又令抚臣考试地方儒学教官。其后再规定,"教职部选后,赴抚院试。四等
以上,给凭赴任;五等学习三年再试,六等褫职"②。康熙十五年(1676),因地
方儒学教官缺额,始"开俊秀监生捐纳教职例"。康熙三十年(1691),应江南学
政许汝霖所请,遂定:"凡捐学正、教谕者改为县丞,训导改为主薄,緣是唯生员
始得入赀,教授必由科目。"③雍正初年,又重申对学官的考核,且更为严格。
"定四、五等俱解任学习。六年考成俸满,尽心训导,士无过犯者,督、抚、学政
保题,擢用知县"④。

府、州、县儒学的教学内容,是于顺治九年(1652)制订的。"题准,今后直
省学政将《四子书》、《五经》、《性理大全》、《资治通鉴纲目》、《大学衍义》、《历代
名臣奏议》、《文章正宗》等书,责成提调教官课令生儒诵习讲解"⑤。此后,经
雍正皇帝对康熙皇帝的《圣谕十六条》进行"寻绎其义,推衍其文"后,亦作为儒
学生员的学习内容。其中,康熙皇帝的《圣谕十六条》对学校的管理和教育,提
出了十分明确和具体的要求:"颁圣谕十六条于直省学宫:一、敦孝弟以重人
伦;一、笃宗族以昭雍睦;一、和乡党以息争讼;一、重农桑以足衣食;一、尚节俭
以惜财用;一、隆学校以端士习;一、黜异端以崇正学;一、讲法律以儆愚顽;一、
明礼让以厚风俗;一、务本业以定民志;一、训子弟以禁非为;一、息诬告以全良
善;一、戒窝逃以免株连;一、完钱粮以省催科;一、联保甲以弭盗贼;一、解雠忿

①《清史稿》卷一百十六《职官志三》,第3358页。
②《清史稿》卷一百六《选举志一》,中华书局,1977年版,第3116页。
③《清史稿》卷一百十六《职官志三》,第3358页。
④《清史稿》卷一百六《选举志一》,第3116页。
⑤《钦定大清会典则例》卷六十九《礼部·学校二》,台湾商务印书馆《景印文渊阁四库全书》第622
册,1986年版,第302页。

以重身命"。①

康熙皇帝专为儒学颁布的《圣谕十六条》,实际也是出于对儒学生员道德行为进行规范和约束的需要,旨在使他们成为符合统治者利益的人才。因此,他规定:"每月朔、望,令儒学教官传集该学生员宣读,务令遵守。违者责令教官并地方官详革治罪"②。

府、州、县儒学对生员的考试,建学之初,即制订有岁试、科试和月课、季考的制度。对考试的内容,考试的程序,免、缺考的处理,成绩的评定等均作出严格的规定。"岁、科试俱《四书》文二,经文一。自有给烛之禁,例不出经题"。自雍正元年(1723)起,凡科试则增加经文的考试内容。"冬月一书、一经"。雍正六年(1728),又对岁试、科试的内容进行了调整,"更定岁试两书、一经,冬月一书、一经。科试书一、经一、策一,冬月减经文"。乾隆二十三年(1758),又"改岁试书一、经一,科试书一、策一、诗一,冬月亦如之"。除岁试、科试外,儒学生员还有每月、每季的考试。"教官考校之法,有月课、季考,《四书》文外,兼试策论"③。同时学官还要对生员训饬。"翌日讲《大清律》刑名、钱谷要者若干条。月集诸生明伦堂,诵《训饬士子文》及卧碑④诸条,诸生环听"⑤。月课、季考的试卷,须申送学政复查。后自嘉庆年间起,月课逐渐停试。

凡生员因丁忧、患病、游学、有事故等原因,可以不参加月课考试。但"除丁忧、患病、游学、有事故外,不应月课三次者戒饬,无故终年不应者黜革"。乾隆二十三年(1758)又规定,"欠考,勒限补行。三次,黜革。后宽其例,五次以上乃黜"⑥。由此可见,地方学校对生员的缺考、补考,以及缺考的处罚,是有具体、严格规定的。

清朝前期,北京地区除有中央到地方各级学校的教育及管理制度外,还有一些与教育有关的制度。其中比较重要的是"驻防考试",即对驻守于各省地

---

① 《清朝文献通考》卷六十九《学校考七》,商务印书馆,1936 年版,第 5491 页下栏。
② 《清朝文献通考》卷六十九《学校考七》,商务印书馆,1936 年版,第 5491 页下栏。
③ 《清史稿》卷一百六《选举志一》,中华书局,1977 年版,第 3116 页。
④ 卧牌,为清顺治九年(1652)颁布的关于设置地方儒学的勒文石碑,于直隶省儒学明伦堂,旨在约束和规范生员的言行。参见《清朝文献通考·学校考七》。
⑤ 《清史稿》卷一百六《选举志一》,中华书局,1977 年版,第 3116 页。
⑥ 《清史稿》卷一百六《选举志一》,第 3116 页。

方军队子弟进行的入府学考试。"清初定制,各省驻防弁兵子弟能读书者,诣京应试"。乾隆年间,应参领金玢所请,又允许驻防子弟参加岁、科试。由"将军先试骑射,就近送府院取进"。嘉庆四年(1799),定"应试童生,五六名取进一名,佐领约束之。训习清语、骑射,府学课文艺"①。后嘉庆皇帝认为:"我满洲根本,骑射为先。若八旗子弟专以读书应试为能,轻视弓马,怠荒武备,殊失国家设立驻防之意。嗣后各省驻防官弁子弟,不得因有就近考试之例,遂荒本业。"②即重申驻防将士的子弟仍应以习骑射为主。

驻防子弟经考试入府学,亦有廪膳生、增广生之分,且有名额限制。顺治九年(1652),先于驻防地方的汉军子弟中设廪膳、增广生。康熙十年(1671),又于满、汉军子弟中设廪膳生、增广生。"初制各二十名,嗣减汉军十名"。到雍正年间,又对驻防子弟入府学的廪膳生、增广生名额定制。"定额,满、蒙六十,汉军三十。直省廪、增额,府四十,州三十,县二十,卫十。其新设者,府学视州学,州学视县学。其一学分两学,则均分其额,或差分之"。对于这些入学后的驻防子弟在管理上,也有一套制度。"六等黜陟法,视明为繁密。考列一等,增、附、青、社俱补廪。无廪缺,附、青、社补增。无增缺,青、社复附,各候廪。原廪、增停降者收复。二等,增补廪,附、青、社补增。无增缺,青、社复附。停廪降增者复廪。增降附者复增,不许补廪。三等,停廪者收复候廪,丁忧起复,病愈考复,缘事辨复,增降附者许收复。青衣发社者复附,廪降增者不许复。四等,廪免责停饩,不作缺,限读书六月送考。停降者不许限考。增、附、青、社俱扑责。五等,廪停作缺。原停廪者降增,增降附,附降青衣,青衣发社,原发社者黜为民。六等,廪膳十年以上发社,六年以上与增十年以上者,发本处充吏,余黜为民。入学未及六年者发社"③。由此可见,清朝统治者对驻防子弟在校的学习,也有十分严格的要求,且按其学业成绩及品行分为六等,以督促他们认真学习。

不仅如此,在待遇上,这些驻防子弟生员也因成绩高下而有很大的差别。"科试一、二等送乡试,帮补廪、增,如岁试大率只列三等"。来自八旗的生员,

---

① 《清史稿》卷一百六《选举志一》,第 3116—3117 页。
② 《清史稿》卷一百六《选举志一》,中华书局,1977 年版,第 3117 页。
③ 《清史稿》卷一百六《选举志一》,第 3117 页。

由官府给钱粮。但"考列四等以下停给"。不过,下次考试如"列一、二、三等给还。优等补廪、增,劣等降青、社,如汉生员"①。清初,八旗驻防子弟因"重骑射,往往不苟求文艺,但置后等"。为此,清廷又采取一些奖惩的措施,如"凡优恤诸生,例免差徭。廪生贫生给学租养赡。违犯禁令,小者府、州、县行教官责惩,大者申学政,黜革后治罪,地方官不得擅责。学政校文外,赏黜优劣,以为劝惩"。同时,清廷还要求学官必须认真履职,严格管理,不得包庇生员和渎职。"如教官徇庇劣生不揭报,或经揭报,学政不严加惩处,分别罚俸、镌级、褫职"②。

清朝前期北京地区的各级各类学校,无论是在学校的规模,还是学校的教育教学内容、制度和规定,以及具体的管理措施等方面,都是前代无法比拟的。当然清朝的国子监还基本沿袭了前代的规制,以儒学作为学校教育的核心。不过,作为一个以满族为主体的政权,将儒学称为国学,鲜明地体现了清朝统治者"尊孔尚儒"的政策。监生学习的内容是以儒家的经典和正史为主,还有诏、诰、表、策论、判,以及诗文,临摹晋、唐名帖等,学习这些内容,既有助于培养统治者所需的人才,也有助于监生掌握更多的历史和文化知识,有利于他们日后的从政。

清朝的国子监也并非是单一的国学教育,它下辖的算学、八旗官学等学校,学习内容各有所侧重,从而使这所全国最高学府开始从单一的以儒学教育为主的程式逐渐拓展。这也反映出进入清朝以后,社会发生的变化,对人才的培养提出新的要求。如国子监下辖的三所学校,在教学内容上就鲜明地反映出学校的特点和培养的目标。将算学隶属于国子监,实际是提升了算学的地位,这在中国历史上,也是一个独创。算学生员学习的"数理精蕴,分线、面、体三部"内容,既涉及中国传统的数学计算、运算等知识,又有西方传入的几何知识。作为培养天文、历法和计运算人才的学校,其教学内容是很有针对性的,既有基本理论,又有实际操作。

至于八旗官学,其定位是在培养八旗子弟上,因此生员主要学习满文、汉

---

①《清史稿》卷一百六《选举志一》,第3117—3118页。
②《清史稿》卷一百六《选举志一》,中华书局,1977年版,第3118页。

文和儒家经典著作。安排这些学习内容,其目的是使八旗子弟既不要忘记自己的先祖,又要适应统治内地的需要,旨在培养更多的精通"汉法"的人才。

由此可见,清朝的国子监已具有培养目标明确,教育教学内容针对性强,教育手段、方式和措施具体等特点。正因如此,清朝国子监的教育,在吸收和借鉴中国传统学校教育诸多特点的基础上,又有所发展和创新,并开始朝一校多学科的方向发展。

设置在北京地区的宗学、觉罗学、景山官学、咸安宫官学等学校,分别招收满族贵族及旗人子弟,属于面向统治阶层的贵族学校。这些学校的设置,具有将贵族子弟的教育纳入常规学校教育范畴的意义。通过这些学校的设置,实际也起到规范贵族子弟教育,以使满族贵族和八旗子弟获得比较系统教育的作用。而这些学校设置的课程,虽有满、汉学之分,但又规定满学生员也要学汉学,此外还将骑射作为必习的学习内容。这些学习的内容,实际是在强调作为统治集团的成员应具备的基本素质。通过学校教育,使生员学习和掌握这些知识和技能,不失为一种很好的培养途径。

当然,作为培养统治人才的贵族学校,使生员能继承满族的传统还是首要的教育目标和任务。乾隆皇帝就曾提到设置宗学的目的:"我朝崇尚本务,宗室子弟俱讲究清文,精通骑射。诚恐学习汉文,流于汉人浮靡之习。世祖谕停习汉书,所以敦本实、黜浮华也。嗣后宗室子弟不能习汉文者,其各娴习武艺,储为国家有用之器"[1]。为了实现这一目标,在北京地区的各级各类学校中,宗学的管理是相对比较严格的。这一做法不仅起到约束生员日常行为的作用,还有助于他们养成良好的习惯。清朝前期,北京地区设置有较多数量的满族和八旗子弟学校,是与当时的社会现实和统治集团的利益相适应的。这充分说明,清朝前期的统治者已经十分清楚地认识到学校教育与统治集团利益之间的关系,并将统治人才的培养作为政权建设的一项重要内容。

这一时期,北京地区各级各类学校的教育教学内容,也反映出实用性强的特点。各类学校都有自己的学习重点,或侧重于某项技能,或侧重于某方面能力,这对于培养某一类的专门人才,是很有必要的。由此表明,这一时期清朝

①《清史稿》卷一百六《选举志一》,中华书局,1977年版,第3112页。

统治者已经认识到学校教育应该有明确的培养目标,只有这样才能培养出专门的人才。只是这一时期各级各类学校的培养目标最终都是为统治者服务的,有很大的局限性。

在学校的管理方面,不仅国子监和满族八旗贵族学校制订有严格的制度、规定以及具体的措施,北京地区的其他学校也是如此。特别是对生员的日常管理和考试要求方面,更为具体、细致,以使生员有章可循,照章执行。一旦违反,也便于对照查处。这些都反映出清朝前期北京地区的各级各类学校在管理上,不仅具有规范化、常态化的特点,还反映出重视教育的传统得到了发扬和光大。这对于北京地区学校教育的发展,无疑起着积极的促进作用。

总之,清朝前期北京地区的各级各类学校,不仅数量较多,遍及城内及所辖州、县,还有乡镇一级的学校,并且有一套严谨、细密的学校教育和管理制度,反映出清朝统治者对学校教育的重视,其目的正在于通过学校教育,更加严密地束缚和禁锢人们的思想,为高度强化封建专制主义中央集权的统治,奠定牢固的思想基础,以培养更多的符合统治者利益的人才。

第八章　清朝后期北京的学术与教育

第一节　社会的巨变与学术文化的发展

清朝在康、雍、乾时期,虽然出现了盛世的景象,但在封建专制主义中央集权统治达到鼎盛的同时,社会各种矛盾也随之不断激化。此后,清朝的统治日趋腐败,社会危机日益加剧。高压态势的集权统治,沉闷的政治生活,加之大兴文字狱,更禁锢着人们的思想,严重压抑着学术文化的发展。因此,清朝中期的学术领域,基本延续着前期的成就,发展缓慢,极少创新。

正当嘉庆、道光年间,清朝统治因官吏贪赃枉法、聚敛行贿而日渐衰败之际,在殖民掠夺中迅速强盛起来的西方资本主义列强为了能在东方获得更大的利益,将侵略的矛头指向中国。自清朝建立后,一直推行"闭关锁国"政策,中外交往受到严重的束缚。为了打开中国封闭的大门,以抢占中国市场,1840年,英国殖民者悍然发动鸦片战争,由此揭开了外国殖民列强以武力强行打开中国门户的序幕。中国历史因此进入半殖民地半封建社会时期。

一、清朝后期的社会危机与学术思想的变化

第一次鸦片战争的结局,充分暴露了清朝统治的腐败和国势的衰败。此后,西方殖民列强为了更多地攫取在华的利益,又对中国发动了第二次鸦片战争、中法战争、中日甲午战争等一系列的侵略战争。为胁迫清政府投降,西方

列强甚至将军舰驶至天津塘沽,以武力相要挟。1900 年,八国联军攻入北京,疯狂洗劫。一味屈膝投降的清朝统治者迫于压力,和侵略者签订了一系列的条约,致使主权、领土被侵夺,清政府的统治也因此逐渐陷入日益加剧的危机之中,中国社会也由此逐步沦为半封建半殖民地。清朝统治者的妥协、投降政策,导致社会矛盾、民族矛盾空前激化。太平天国、义和团等以"反清灭洋"为宗旨的起义,亦使清朝的统治更加陷于内外交困之中,社会动荡剧烈。统治集团内部又因西方殖民列强的侵略,在战与和的问题上激烈分化。为了争夺权力,相互倾轧,引发宫廷政变,政局动荡不安。

面对殖民列强的侵略和剧烈的社会动荡,清政府朝野内外的有识之士,积极寻求摆脱丧权辱国困境的途径。与此同时,西方的思想和文化也随着殖民列强的入侵,特别是西方传教士的涌入,逐渐在中国传播。其中,西方的哲学、史学、地理学,特别是天演哲学以及各种形式的文学艺术的传入,对中国传统学术思想产生了重大的影响。受西方思想、文化的影响,许多文人开始放眼看世界。他们针砭时弊,抨击封建王朝的腐朽,从思想和制度上,谋求挽救危机的途径和方法。因此,在这一时期的思想领域中,一反沉闷的气氛。与现实紧密结合的经世致用主张,再度成为主流,并逐渐向学习西学演变。在此基础上,又出现了一些重新审视社会及制度的新思潮,洋务思潮、改良思潮、教育救国思潮、实业救国思潮、民主革命思潮、无政府主义思潮、立宪思潮、国粹主义思潮等纷至沓来。尽管这些思潮的内容及学说观点不尽相同,但向西方学习、图生存、求富强、要求改革、发展资本主义等,却是他们的共性特点。不过,与此同时,反对社会改革的守旧思潮、尊孔复古思潮等,依然在社会上存在,且有很大的市场。

清朝后期的经世派,在经历了鸦片战争的失败,看到西方的"船坚炮利"后,从抨击时政,揭露黑暗,改革社会,注重民生等方面,逐渐转向了解国外,学习西方先进的科学技术和武器装备,以求有效地抵抗外来的侵略。因此,在鸦片战争后,经世派学者开始潜心钻研世界舆地,撰写或翻译世界舆地著述,以了解当时的世界形势。有些学者的著述还介绍了西方的民主政治和近代制造技术等方面的内容,流露出仰慕和追求的意愿。这些先进的思潮,对于受封建专制统治压抑的学术界无疑有引导和启蒙的作用。不过,因鸦片战争给大清帝国带来的屈辱,而促使文人学者放眼世界,强烈要求学习西方,其主要目的仍是"师夷长计以治夷"。于是在此基础上,又逐渐形成了改良思潮。这些文人学者运用西方的思想和学术观点,抨击时政,倡言改革的主张;反对保守,强调正视现实,改革弊政,学习西方。

清朝后期经世学说的转变,也促使一批爱国人士开始步入实业救国的道路。他们从西方购买和引进先进的机器设备及技术,开设近代工厂,以此改变落后的生产局面和落后的军事装备。"洋务运动"的兴起,不仅将西方先进的科技知识引入中国,也使文人学者更多地了解了世界,逐渐认识了西方的哲学和人文思想。对比中国的现状和社会现实,他们不仅看到清朝统治集团内部的腐败,更开始对封建制度的顽疾有了比较深刻的认识。从而进一步推动经世学说更紧密地联系现实社会,极大地拓展经世学说的领域和范畴。

19世纪70年代,随着洋务运动的不断展开,产生了中国近代工业,由此而诞生了资产阶级改良派知识分子。这些由封建文人学者转化而成的知识分子,早年或出国留学,或办理外交,或参与洋务运动,或任职于洋人的报馆和洋行,都比较广泛地阅读过西方的报刊书籍,接触了不少西方的政治学说和社会制度。他们痛恨外国资本主义的侵略和清朝政治的腐败,仰慕西方国家的富强,希望清朝政府能通过进行一些改革,消除外患,发展本国的资本主义,以使国家走上富强的道路。这种新的思潮已不同于经世学说,它在思想上更加激进,集中反映了正在兴起的民族资产阶级的利益。

出现在清朝后期社会上的各种思潮,既有切中时弊、代表社会进步者,也有逆潮流而动,复古守旧者。而清朝统治者在西方殖民者咄咄逼人的攻势面前,也想摆脱困境。其中在八国联军进京时,与慈禧太后一道仓皇出逃的光绪帝,在饱受颠沛流离后,也曾寻求新法,以挽救统治危机。20世纪初,清朝统治者相继打出新政和预备立宪的旗号,推行了一些社会改革,取得了一些成效。虽然这些改革未能挽救清朝统治的危机,但客观上却有助于学术思想界的活跃,也有益于社会的进步。

正是因为自清朝后期在剧烈动荡的社会背景下,产生了这些纷杂的思潮,使长期处于封闭状态下的学术思想界开始出现转机。文人学者们不再埋头于故纸堆,他们将目光转向国外,潜心研究西方社会,力求从中找到挽救民族危亡的"良方"。从改良主义到变法维新运动的兴起,不仅是学术思想的转变,还进一步引发人们正视社会与现实,客观审视封建社会的弊端,同时也由此引发学术思想的活跃,促进了清朝后期学术的发展。所以,这些思潮对清朝后期的社会产生了或积极或消极的影响,也对北京地区学术文化的发展起到了重要的推进作用,从而使北京的学术和教育在这一时期继续呈现活跃和繁盛的景象。

二、北京地区学术思想的发展

北京作为清朝统治的中心,在清朝后期依旧云集着来自全国各地的文人学者,他们不仅活跃在政治舞台上,也在思想和学术领域内积极探索,向世人阐述自己的观点和立场。在这些文人学者中,既有封建地主阶级改良派,也有民族资产阶级改良派。他们从不同的立场出发,阐述自己的观点和见解,使京城成为当时社会各种思潮的集中交汇地。因而这一时期的北京,学术气氛又呈现出异常活跃的景象,成为全国新思潮的中心。这一时期,在北京城生活的文人学者中,最初是地主阶级改良派的代表人物,其后又是早期改良思潮的代表人物。到19世纪70年代至80年代,又涌现出资产阶级改良主义思潮的代表人物。这些生活在北京城的改良派代表人物,不仅带动和促进了京城学术文化的活跃和发展,也对清朝的统治者产生重要的影响。

光绪二十一年(1895)四月,因中日甲午战争清军战败后,清政府与日本签订了丧权辱国的《马关条约》,激起举国上下的无比愤慨。正在北京参加会试的举人康有为、梁启超联合来自全国各地的举人一千三百余名,集合于宣武门外达智桥松筠庵,决定联名上书光绪皇帝。康有为受众人之推,起草上书。书中痛陈割地弃民的恶果,提出拒和、迁都、变法、练兵等主张。此次上书,冲破了清朝政府不准"士人干政"的禁令,"公车上书"也因此成为清朝士人一次大规模的爱国大请愿。尽管这次文人学者的"公车上书"呈递给都察院后遭到拒绝,但其内容已在社会上广为流传,也引起社会的广泛重视和同情,变法维新的思潮逐渐高涨,标志着改良主义运动的兴起。

为了宣传改良,扩大影响,推动变法,改良派在京城及其他重要城市和地区相继成立学会,创办学堂和报刊。光绪二十一年六月二十七日(1895年8

月 17 日),康有为在北京创办《中外纪闻》,由梁启超、麦孟华等人负责编辑、撰稿。每日木刻一册,印千余份,随《邸报》分送给京城官员,其内容为宣传西学,鼓吹变法。七月,在康有为、梁启超帮助下,由帝党官僚、翰林院侍读学士文廷式出面,组织成立了强学会。并推户部主事陈炽为会长,梁启超为书记官。这个具有政党性质的研究时政的组织,每十九天集会一次,每次均有人演说。主要讲述"中国自强之学"和挽救民族危亡的道理。强学会成立后,又吸引了许多爱国知识分子和官吏参加。其中既有帝党官僚翁同龢等,也有一些地方督抚和将军,如署两江总督张之洞、直隶总督王文韶、道员袁世凯等人,都捐银入会。甚至连英、美传教士对强学会也产生浓厚的兴趣,英国传教士李提摩太、美国传教士李佳白等纷纷加入学会中。他们在学会的集会上,发表议论和建议,阐释自己的观点和见解,希望影响强学会及其成员。

强学会的成立和报刊的发行,推动了维新运动的发展。不过,也引起保守势力的忌恨,康有为因此以"谋反"罪名遭弹劾,被迫离京赴上海避难。后康有为又在上海成立上海强学会,并出版《强学报》,继续宣传变法。一些在上海地区生活的名士也纷纷加入强学会,上海遂发展成为东南地区维新运动的中心。虽后来在慈禧太后的严责下,光绪帝下诏查封了强学会和《中外纪闻》,上海强学会及报刊也于其后遭查封,文廷式亦被革职,但改良派并未退缩,维新运动依然在全国范围内继续发展。

光绪二十二年(1896),翁同龢又在北京强学会旧址设立官书局,翻译外国书籍和文章。黄遵宪、汪康年等人也利用上海强学会的余款创办《时务报》,并邀请梁启超担任主编。梁启超陆续发表了《变法通议》等一系列文章,揭露和批判封建君主专制的危害,介绍西方的政治经济制度,阐释自己的伸民权、设议院等观点,比较系统地宣传了变法维新的主张,在社会上,尤其是文人学者中,产生重要的影响。

此后,在北京、上海强学会的带动下,各地也纷纷成立学会。各地的学会规模大小不一,主要有两种类型:一是政治性的,二是学术性的。此外,还有革除旧习、倡导新俗性的。尽管这些学会没有明确的政治纲领,组织也很不完备,但他们广泛联络同仁,制造舆论,启迪民智,在很大程度上,推进了维新运动的发展。

正是在变法维新思潮的推动下,天津、湖南等地还相继掀起维新运动。这一时期各地的维新运动,主要通过出版、发行著述和报刊,大力宣传西方的政治、经济学说和社会制度,反对君主专制,倡导变法维新。更重要的是,开始建立新式学堂、操练新军、开设新式工商业等。以此为标志,维新运动形成普遍高涨的发展趋势。

维新运动的高涨,更引起封建保守势力的忌恨和反对,他们极力攻击和诋毁改良派及其变法维新的主张。改良派随即给予反驳,同保守派展开激烈的论战。论战主要集中在要不要变法,要不要兴民权、设议院、实行君主立宪,要不要废除科举制度、提倡西学等问题上。改良派与保守派之间的思想大论战,实质是民族资产阶级发动的一场政治运动。正是这场思想大论战,改良派以"新学"为武器,与保守派展开了大规模、面对面的交锋,初步批判了封建君主专制政体,传播了资产阶级的民主、平等思想,开阔了文人学者的眼界,在一定程度上解放了人们的思想,为以后民主主义思想的传播提供了一些条件。

在西方列强步步进逼,朝野上下要求革新、抵御外侮的呼声日益高涨的背景下,受朝臣中改良派官员的影响,光绪皇帝也开始学习英文,接触西学。昔日"慑于积威,见太后辄战慄,虽亲政不敢自主"[1]的光绪皇帝,面对惨败的战争结局,亦痛感国事艰难,国家危亡迫在眉睫。"若不变法图强,社稷难资保守"[2]。

光绪二十四年四月十日(1898 年 5 月 29 日),极力反对维新变法的恭亲王奕䜣病逝,减少了变法的阻力。康有为趁机催促翁同龢提请光绪皇帝当机立断,实行变法。二十三日(6 月 11 日),在康有为提出的变法建议基础上,光绪皇帝颁布"明定国是"诏书,宣布变法,称:"数年以来,中外臣工讲求时务,多主变法自强。迩者诏书数下,如开特科,裁冗兵,改武科制度,立大小学堂,皆经再三审定,筹之至熟,甫议施行。惟是风气尚未大开,论说莫衷一是","用特明白宣示,嗣后中外大小诸臣,自王公以及士庶,各宜努力向上,发愤为雄,以圣贤义理之学,植其根本,又须博采西学之切于时务者,实力讲求,以救空疏迂

---

① 金梁《四朝佚闻·德宗》,中国史学会主编《戊戌变法》(四),上海人民出版社,1957 年版,第 221 页。

② 苏继祖《戊戌朝变纪闻》,《戊戌变法一》,第 330 页。

谬之弊"①。诏书虽未明确提出对政治制度革新的具体措施,但对朝廷内外文武百官提出的要求,实际上也起着动员变法维新、挽救民族危亡的积极作用,由此开始了"百日维新"的变法活动。自此至八月十日(9月21日)的一百零三天内,光绪皇帝先后发布数十道有关变法的诏书。内容主要有:京师设立农工商总局和铁路、矿产总局,提倡开办实业,保护农工商业的发展,奖励发明,修铁路,开矿山;设立全国邮政局,裁撤驿站;改革财政,编制国家预算、决算;改革科举制,废八股,改试策论;开办京师大学堂,各地设置中小学堂,兼习中西学科,开设经济特科;设译书局;允许民间创办报馆、学会;派员出国留学、游历;训练海陆军,裁减旧军,力行保甲制;删改则例,淘汰冗员;允许百姓上书言事等。

但戊戌变法遭到代表顽固保守势力的慈禧太后的反对。为了阻止变法维新,慈禧太后于八月十日发动宫廷政变,将光绪皇帝软禁于南海瀛台,自己宣布"临朝听政"。参与变法维新的官员除康有为、梁启超出逃外,谭嗣同、杨锐、刘光第、林旭、杨深秀、康广仁被杀,"戊戌变法"宣告失败。

尽管"戊戌变法"被封建顽固保守势力扼杀,但变法维新运动积极倡导新学,努力追求西方先进的政治制度,传播西方的社会政治学说和科学文化,在很大程度上,唤醒了民族意识,开拓了民众特别是文人学者的眼界,使之从封闭的状态中走向开放。而在变法维新思潮影响下,出现的一些新事物,诸如新式学堂的开办,报馆的开设等,也对西方文化的传播,促进国内学术文化的活跃和学术水平的提高,都起有积极的作用。

第二节　北京地区的学术成就

一、改良维新学术思潮的产生

清朝后期,随着社会危机和民族危机的不断加剧,在求生存、图富强的强烈愿望下,各种思潮纷纷涌现。由于人们对求生存和图富强的出发点不同,所

---

①中国史学会主编《戊戌变法》(二),上海人民出版社,1957年版,第17页。

以在认识、主张和方法上,出现很大的差异。因此也导致学术文化领域出现各种思潮和学说,形成激烈纷争的局面。在各种学术思潮涌现的背景下,汇集来自全国各地文人学者的北京学术界,更出现了极其活跃的景象。代表着不同阶级和社会阶层的文人学者们,面对来自资本主义殖民大国的威胁,都在重新审视如何摆脱国家和民族的困境。

清初兴起的"经世之学",在清朝统治者的高压政策下,已失去昔日的生气,形成一种只重词章、考据、训诂的学风,逐渐陷入复古、烦琐,与现实相脱离的歧途。而当国势衰落、政治腐败、社会矛盾不断激化之时,一些持有儒家传统"治国平天下"等政治抱负的文人学者与开明官绅,又极力倡导重振"经世致用"学风,希望能以此探求解决国计民生难题的良策。从而在清朝后期,"经世之学"又很快得到复苏,成为学术领域的主流。

倡导"经世之学"的主要代表有北京地区的文人学者龚自珍、魏源等人。他们从当时的时局出发,开始重新审视社会的变化和发展,在哲学的一些观点上出现了唯物主义的倾向。其中,变易的进化观,是他们进一步提出社会改革的主张的理论基础。

龚自珍认为,人类历史是不断进化和演变的。"古人之世,倏而为今之世;今人之世,倏而为后之世;旋转颠荡而不已"[1]。对于社会的变化和发展,龚自珍从《公羊春秋》的"三世说",即治世、乱世、衰世中得到启发,进而形成其"世变"的思想。他还继承了《周易》"穷则变,变则通"的思想,提出:"自古及今,法无不改,势无不积,事例无不变迁,风气无不移易"[2]。因此,他坚决反对"拘一祖之法",主张变更法度,改革旧制。

首开清朝后期"经世之学"新风的是嘉庆、道光年间居住在北京的魏源。魏源的学术思想也具有历史变易的进化观。他认为,"三代以上,天皆不同今日之天,地皆不同今日之地,人皆不同今日之人,物皆不同今日之物",所以,"势则日变而不可复者也"[3]。他明确指出,"天下无数百年不敝之法,亦无穷

---

① 《龚自珍全集》第一辑《释风》,上海人民出版社,1975年版,第128页。
② 《龚自珍全集》第五辑《上大学士书》,上海人民出版社,1975年版,第319页。
③ 《默觚下·治篇五》,《魏源集》,中华书局,1976年版,第47—48页。

极不变之法"①。他还通过列举史实论证后世的刑法制度要比前代的进步,指出三代以后的刑法制度、选官制度、郡县制度等出现的变革,都是历史进步的表现。他强调历史是不断变化的,变化的趋势是越来越进步,而且是任何力量都无法阻止的。

魏源的"变易"观点,也促使其将史学研究与现实社会相联系,运用历史的治世经验,为现实社会的变革提供参考和借鉴。自嘉庆二十年(1815),魏源因科场屡试不中,遂绝意科场后,曾就馆于侍郎李宗翰家,广交京城各学派名士,潜心攻读各种书籍,积累了丰富的有关典章制度的文献资料。道光六年(1826),魏源帮助贺长龄辑录成《皇朝经世文编》一书。全书 120 卷,共收录清代议论、条陈、章奏二千余篇。分为学术、治体、吏政、户政、礼政、兵政、刑政、工政等八纲,纲下分立子目。该书集清初至道光之前经世致用文章之大成,对清朝后期的经世思潮的发展,有重要的推进作用。"(《皇朝经世文编》)数十年来,风行海内,凡讲求经济者,无不奉此书为矩矱,几于家有其书"②。

自魏源首开"经世之学"新风后,经世派学者层出不穷。其中居住在北京的文人学者和开明官绅主要有:林则徐、龚自珍、黄爵滋等。道光十年(1830),魏源与林则徐、龚自珍、黄爵滋、张维屏等人聚会于宣武坊南龙树院。其间,龚自珍等提倡"经世致用"的今文经学,得到众人的赞许。此后,"经世之学"又开始在京城兴起。他们最初以抨击时政、揭露社会黑暗、改革社会、注重民生等作为"经世之学"的主要内容。而当鸦片疯狂走私、危及国家民众之时,他们又要求禁绝鸦片,反对外国侵略等内容。然而在经历了鸦片战争,目睹无人知晓的西方小国竟然拥有"船坚炮利",甚至打败不可一世的大清帝国,这些事实,使得他们惊愕,也深感痛心、耻辱。于是,他们将目光转向国外。开始着手了解国外的情况,要求学习西方先进的科学技术和武器装备,以便有效地抵御西方的侵略。从而又向"经世之学"注入新的内涵,使之成为与现实紧密联系的学术研究活动。

在这种"经世致用"的新思潮影响下,经世学派的学者将更多的精力投入到对西方舆地的研究中。编写或翻译世界舆地方面的著作,以此了解当时的

---

①《淮南盐法轻本敌私议自序》,《魏源集》,中华书局,1976 年版,第 443 页。
②俞樾《皇朝经世文续编·序》,沈云龙主编"近代中国史料丛刊"第 741 册,台北文海出版社影印,1972 年。

世界形势。也有在著述中介绍西方近代制造技术和民主政治等方面的内容。魏源将这种"经世致用"的新思潮,高度概括为"师夷长技以制夷"。因清朝政权被西方小国所战败,进而引发的"经世致用"新思潮,开始注重介绍西方政治制度和科技成就,并试图将其引进中国,从而也为清朝前期传统的经世之学向后期的洋务思潮和改良思潮转变,奠定了重要的基础。

在清朝后期,北京地区的经世之学,具有鲜明的时代特点。其具体表现是:抨击时政,力主改革。龚自珍、魏源等人都揭露了时政的黑暗,提出了改革的主张。如针对道光年间的漕运之弊,"京仓一石之储,常糜数石之费",魏源、包世臣、林则徐等人提出改河运为海运,并具体策划,促成清廷在道光六年(1826)最终采纳他们的建议。

当然,这一时期的改革主张主要是调整政策、改良以政治为中心的治国安民之术,而非指向封建政治体制。但在"经世致用"思潮影响下的改良派,也提出许多针对时弊和有助于社会稳定的主张和措施。如整饬吏治、盐政、漕运与河工、减轻赋役等项内容。

由于经世之学的兴起,京师文坛又呈现活跃的景象。以评议时政、揭露黑暗、指责当道、倡言主张为主题的文章,层出不穷。"一时文章议论,掉鞅京洛,宰执亦畏其锋"[1]。魏源也因此在京城名声大振,"中朝公卿争纳交焉"[2]。就连军机大臣穆彰阿也曾慕名走访过他。

倡导"学术经世",立言明道,匡正学术风气,主张匡扶名教与人心风俗的"学术经世"思想,最早是由乾嘉学者章学诚提出的,其后又进一步得到发展。在鸦片战争前,龚自珍、魏源等人倡导的"经世致用",就曾对有政治抱负的官绅产生过很大的影响。曾在翰林院任职长达九年的林则徐,深感京城官场颓废之风盛行,厌恶官员终日沉溺于酒诗征逐的无聊生活。他认为,"京官中实在好学者,百不得其一,亦风会使然也。……京中之引人入邪,较之外间尤甚"[3]。为此,他与翰林院同仁陶澍,以匡救时弊为己任,利用闲暇之余,认真研读典籍,凡六曹事例沿革、用人行政得失,综合无遗。林则徐尤其重视农田

---

①欧阳兆熊、金安清《水窗春呓》卷下《禁烟疏》,中华书局,1984年版,第80页。
②魏耆《邵阳魏府君事略》,见《魏源集》附录,中华书局,1976年版,第848页。
③林则徐《致郭远堂》,《清史研究集》第一辑,中国人民大学出版社,1980年版,第232页。

水利研究,从内阁档案中抄录了大量有关水利的奏议,并加按语,辑成《畿辅水利议》一书。他对此书特意标明:"匪资考古,专尚宜今。"以此表明自己的"经世致用",是为了解决现实的社会问题。

在1838年的禁烟运动中,龚自珍、魏源、黄爵滋等人力主严禁鸦片,他们与林则徐相互声援。黄爵滋首先奏请道光皇帝,主张严禁吸食鸦片,林则徐则提出具体措施,加以补充,最终促成道光皇帝决定在全国范围内展开禁烟运动。当林则徐奉旨于道光十八年十一月(1838年12月)离京前往广东查禁鸦片时,龚自珍作《送钦差大臣侯官林公序》,进一步提出:"其食者宜缳首诛!贩者、造者,宜刿脰诛!兵丁食宜刿脰诛!"①希望能严加查禁,并表示愿意随同林则徐南下,共同完成禁烟运动。

"师夷长技以制夷",主张向西方学习,这在清朝后期的"经世致用"学术思潮中,是最具时代特征的。以龚自珍、魏源为代表的经世派学者,强调正视现实,改革弊政,学习西方,充分显示出他们反对守旧、力求革新和推崇变易的进步思想。龚自珍曾尖锐地指出,当时的社会已是"日之将夕,悲风骤至"②。如若任其发展,不行变易,必将"人畜悲痛,鬼神思变置"③,最终导致政局的动荡。他针对皇权过于集中,各级官员遇事不能做主、及时处理的弊政,主张加强大臣和地方官员的权力,改变总督、巡抚"实不能以行一谋、专一事"④的被动局面。

尽管龚自珍推崇的"变易"思想,在封建专制主义中央集权统治的背景下很难实现,但他运用"经世致用"的思想,敏锐地觉察并揭露了当时社会的矛盾,敢于提出极具挑战性的观点和主张,对于受沉闷的政治气氛压抑的学术思想,无疑具有启迪的作用。正是龚自珍的这些观点和主张,开启了维新的新思潮,对后世学术思想的发展,起了积极的作用。梁启超在《清代学术概论》一书中对此评价道:"晚清思想之解放,自珍确与有功焉。光绪间所谓新学家者,大率人人皆经过崇拜龚氏之一时期。初读《定庵文集》,若受电然。"可见其学术思想在当时的影响之深。

---

①《龚自珍全集》第二辑《送钦差大臣侯官林公序》,上海人民出版社,1975年版,第169页。
②《龚自珍全集》第二辑《尊隐》,第87页。
③《龚自珍全集》第一辑《平均篇》,第78页。
④《龚自珍全集》第一辑《明良论四》,第35页。

在"经世致用"的新思潮影响下,北京地区涌现出的早期维新思想家代表人物还有陈炽。道光十九年(1839),陈炽在为郑观应《盛世危言》撰写的序言中写道:"我恶西人,我思古道,礼失求野,择善而从,以渐复我虞、夏、商、周之盛轨,揆情审势,旦暮之间耳。"表达了自己追求变法维新的意愿。在对古今中外局势研究的基础上,他撰写了《庸书》内外百篇,集中阐述了自己变法维新的主张。在书中,他首先提出当今变法的紧迫性。"今日海禁大开,时移势易",因此必须及时更法。而当权者却"偷安旦夕,任外人之凌侮朘削而付之,不见不闻"。他认为,"法之当变者力变之,实责以变法之功,毋俟后时而悔也"①。陈炽还提出变法的首要任务是,"即立议院,即可以民情不顺,力拒坚持,合亿万人为一心,莫善于此"②。尽管他所主张建立的议院制,目的是实现"君民共主",具有民主的含义,但其提出下议院的议员只有绅商才有资格担任,在一定程度上是将这种"民主"权利,界定在封建地主、官僚、富商等权贵手中,并非真正的民众之权。这正是陈炽站在维护封建王朝的立场上,为了挽救封建统治的危亡,所表现出的局限性。

针对清朝政府国势衰败的情况,陈炽还提出重商是强兵富国的关键之一。"商务盛衰之枢,即邦国兴亡之券也"③。为此,他建议:"宜仿泰西各国,增设商部,筦以大臣。"④在如何重商、繁荣商业的问题上,陈炽主张大力发展工矿业。"商之本在农,商之源在矿,商之体用在工"⑤。陈炽提出的重视和发展商业,尤其是发展工矿业的主张,是在借鉴西方资本主义国家经济发展的成功经验基础上,出于国家积累财富的需要,从大力发展与国家政权建设和百姓生活密切相关的手工业入手,进而促进社会经济的发展,使国家实现强兵富国的目标。这一主张,也是对清朝政权自入关以来,采取的"闭关锁国"和限制工商业政策的一种否定,表现出强烈的忧国忧民意识。

此外,在他的变法主张中,还有自立税司和开办报馆。对于税司的作用,

①陈炽《庸书·内篇》卷上《名实》,中国史学会主编《戊戌变法》(一),上海人民出版社,1957年版,第231页。

②陈炽《庸书·外篇》卷下《议院》,《戊戌变法》(一),第247页。

③陈炽《庸书·外篇》卷上《公司》,赵树贵、曾丽雅编《陈炽集》,中华书局,1997年版,第98页。

④陈炽《庸书·外篇》卷上《商部》,《陈炽集》,第80页。

⑤参见胡绳武主编《戊戌维新运动史论集》,湖南人民出版社,1983年版,第35页。

他认为"税则者,国家自主之权也,非他国所得把持而搀越者也"①。"天下事,利之所在,即权之所在,不可轻以假人者也。"②他的这些主张具有鲜明的维护主权和民族权益的含义,是针对西方资本主义国家侵夺清朝政府关税权而提出的。至于开办报馆,他认为可以"以广见闻",更能"达君臣之隔阂"。这也是陈炽颇有见识的一项变法主张,更是对封建专制统治所推行的禁锢人们思想和"愚民"政策提出的挑战。他明确指出:"所谓不出户庭,而周知天下之事者,非报馆无由也。"③

虽然,陈炽的变法维新主张仍有很大的局限性,他的这些主张在当时也不可能实现,但他的维新思想却是符合时代的潮流,他所提出的变法维新的主张,既紧密联系时局,又有针对性强、措施具体等特点,因此在当时的北京城内,他所著《庸书》曾广为流传,深受文人学者的青睐。他的变法维新思想对于推进北京地区变法维新思潮的高涨,无疑具有积极的作用。

在经历西方资本主义国家的屡次侵略战争,清朝政府被迫与之签订一系列的不平等条约之后,北京地区的文人学者和爱国官绅,更多地关注时局,探索强兵富国之路。特别是中日甲午战争的爆发,维新思潮逐渐发展成变法维新的政治运动,维新派的"变易"进化观,又有了新的发展。其中尤以康有为最具代表性。

康有为将今文经学的"公羊三世说"与西方资产阶级的进化论相结合,从而形成自己的进化论观点。他认为,宇宙没有永恒不变的事物,"变"才是一切事物的普遍规律:"夫物新则壮,旧则老;新则鲜,旧则腐;新则活,旧则板;新则通,旧则滞:物之理也"④。根据这一观点,康有为将人类社会的发展分为三个阶段:据乱世,升平世,太平世。孔子生活的时代正处于礼崩乐坏、天下大乱的历史时期,为"据乱世";之后的封建社会为"升平世";而在经过变法维新,实行君主立宪制度后,就能实现"太平世"。他以这种新的"三世说",论证人类社会是不断进步的,是朝着更好的方向发展的。

---

①陈炽《庸书·税则》,中国史学会主编《戊戌变法》(一),上海人民出版社,1957年版,第238页。
②陈炽《庸书·税司》,《戊戌变法》(一),第242页。
③陈炽《庸书·报馆》,《戊戌变法》(一),第244、245页。
④康有为《上清帝第六书》,汤志钧编《康有为政论集》,中华书局,1981年版,第212页。

在康有为的学术观点中,也含有辩证法的思想。他采用中国传统的"阴阳"学说,揭示客观事物发展变化的原因和规律。"若就一物而言,一必有两。……知物必有两,故以阴阳括天下之物理,未有能出其外者"①。他还认为,"盖太极两仪之理,物不可不定于一,有统一而后能成物;不可不对为二,有对争而后能进"②。这些观点表明,康有为已认识到任何事物都存在着对立和统一两个方面,只有相互之间的矛盾和斗争,才能促使事物不断向前发展。正是这种含有辩证法的进化思想,为维新派主张变革旧学、中学,提倡新学,学习西学,提供了有力的理论基础。

在资产阶级维新派中,谭嗣同也是一位主张历史进化论的文人学者。他继承和发挥了王夫之"道不离器"的唯物主义观点,提出:"圣人之道,果非空言而已,必有所丽而后见。……故道,用也;器,体也。体立而用行,器存而道不亡。……夫苟辨道之不离乎器,则天下之为器亦大矣。器既变,道安得独不变?"③他还接受和借鉴了当时已经传入中国的一些西方自然科学知识,进一步发展为客观事物是在不断发展变化的"日新"说。"天不新,何以生? 地不新,何以运行? 日月不新,何以光明? 四时不新,何以寒暑发敛之迭更? 草木不新,丰缛者歇矣;血气不新,经络者绝矣;以太不新,三界万法皆灭矣。"④他将这个观点还引申到对社会发展的认识上,"昨日之新,至今日而已旧;今日之新,至明日而又已旧"⑤,即认为社会只有在不断的变革中,才能实现发展和进步。

随着经世之学的勃兴,改良维新的学术思潮越来越注重现实和实际,又逐渐形成教育救国和实业救国两种主流学术思潮。

教育救国学术思潮的产生,源于中日甲午战争前的洋务运动。在"御侮自强"的社会思潮推动下,以近代军工企业和采用西法训练军队为代表的洋务运动于咸丰年间兴起。在这场运动中,洋务派和改良派深感中国传统的教育体制、教学内容和方法陈旧,难以适应近代工业的形势需要,而且科举制度更是

①康有为《春秋董氏学》卷六上,上海大同译书局,1917年版,第8页。
②康有为《论语注》卷三,中华书局,1984年版,第4页。
③《谭嗣同全集》卷三《报贝元征书》,三联书店,1954年版,第390页。
④《谭嗣同全集》卷一《仁学·卷上》,第34—35页。
⑤《谭嗣同全集》卷一《湘报后叙上》,第137页。

束缚、制约人才的发展,成为强兵富国和改良社会的巨大障碍。为此从咸丰初年起,包括李鸿章、左宗棠、郭嵩焘等在内的洋务派一些要员,以及北京地区的文人学者,便开始批判旧式教育,要求学习西法、改良教育。其中尤以李鸿章最具代表。同治十二年(1873),李鸿章在《筹议海防折》中提出:"裁并天下之书院,悉改为学堂,分门分年以课其功,学成即授以官,而暂停他途之入仕者。庶二十年间,风气变而人才出。"①

郑观应在其所撰《易言》、《盛世危言》等书中,更批判了科举制度,还介绍西方学校,主张引进西学,改革旧式教育。他指出:"泰西各国学校规制大略相同"②,"泰西之强强于学,非强于人也。然则欲与之争强,非徒在枪炮战舰也,强在学中国之学,而又学其所学也"③。他认为,学习西学应该"仿照泰西程式,稍为变通"④。为此建议将各州、县、省会及京师各学府、书院扩充、改建为大、中、小三级学校,参照西方学校教育,建立自己新型的学校教育。只要认真学习西学,广兴学校,"何难驾出西人之上哉!"⑤。

以教育救国为主旨的学术思潮,在甲午战争后更迅速高涨。朝野有识之士,从大清帝国竟然被东瀛小国击败的事实中,更深感国势日衰,国难严重。进一步认识到,振兴中国从培养人才入手,而变革传统的学校教育则首当其冲。这一时期北京的文人学者也将改良思潮的主流引向改革教育、广兴学校的主题上。

梁启超在其所撰《变法通议》一书中,对科举制和各类学校进行了详尽的论述。他认为,"欲兴学校、养人才,以强中国,惟变科举为弟(按,即"第")一议"⑥。他鲜明地指出,学校教育和人才培养,直接关系着国家的振兴和富强,是强兵富国的根本,"亡而存之,废而举之,愚而智之,弱而强之,条理万端,皆归本于学校"⑦。

---

①李鸿章《李文忠公尺牍》第 29 册《复院幕陈雨樵》。
②《易言·西学》,《郑观应集》上册,上海人民出版社,1988 年版,第 201 页。
③《盛世危言·西学》,《郑观应集》上册,上海人民出版社,1988 年版,第 276 页。
④《盛世危言·考试下》,《郑观应集》上册,上海人民出版社,1988 年版,第 299 页。
⑤《易言·西学》,《郑观应集》上册,上海人民出版社,1988 年版,第 202 页。
⑥梁启超《变法通义·论科举》,《饮冰室合集》第一册,中华书局 1989 年版,第 27 页。
⑦梁启超《变法通义·学校总论》,《饮冰室合集》,中华书局 1989 年版,第 19 页。

二、清朝后期北京地区的学术成果

在"经世之学"和变法维新思潮的推动和影响下,北京地区的学术研究也呈现出繁盛的景象,且具有鲜明的时代特点。其中尤以史学的成就最具代表性。

19 世纪后半叶,北京地区的文人学者继续通过研究西方舆地和政治制度,思考和总结清朝政府在殖民列强发动的侵略战争中失败的原因。这一时期的代表性著作,主要有康有为编撰的《日本明治变政考》、《俄罗斯大彼得变政考》、《突厥削弱记》、《波兰分灭记》、《法国革命记》等,魏源的《道光洋艘征抚记》等。这些著作或介绍西方国家的历史和现状,意在宣传民主思想,让清朝统治者吸收和借鉴外国的经验,变法维新;或通过检讨清朝政府在鸦片战争中的失败,总结经验教训,以求"制夷"之道。

随着对外国史地学研究的深入,外国史学著作的传入,北京地区的文人学者们也开始反思中国的传统史学。他们深感外国史学的先进和中国传统史学的落后,从而提出改革中国旧史学,创立新史学的主张。

光绪二十七年(1901),梁启超发表《中国史叙论》一文,介绍了西方史学的史观、方法,以及分期法和成就等内容。他盛赞西方近代史学是记述全体国民及相互关系的历史,"必说明其事实之关系,与其原因结果"。同时又批评中国的史学著作是帝王"一人一家之谱牒"[1],"只见有君主,不见有国民也"[2]。他认为西方史学著作以公元纪年简便清晰,"最廓然大公",不失为"利便之法也"[3]。而"中国向以帝王称号为纪,一帝王死,辄易其符号,此为最野蛮之法"[4]。文章还介绍了西方在 1847 年兴起的考古学派,以及石器时代、铜器时代、铁器时代等史前三期说。他仿照西方和日本史学家将世界历史划分为上古史、中世史、近世史的体例,也将中国通史分为三个时代:上世史,自黄帝至秦统一,称为"中国之中国"的时代,即为中国各民族发展、竞争和团结的时期;中世史,自秦统一至乾隆末年,称为"亚洲之中国",即为中国与亚洲各国交往

---

[1]梁启超《中国史叙论》第一节《史之界说》,《饮冰室合集》第一册,中华书局 1989 年版,第 1 页。
[2]梁启超《中国史叙论》第八节《时代之区分》,《饮冰室合集》第一册,中华书局 1989 年版,第 11 页。
[3]梁启超《中国史叙论》第六节《纪年》,《饮冰室合集》第一册,中华书局 1989 年版,第 8 页。
[4]梁启超《中国史叙论》第六节《纪年》,《饮冰室合集》第一册,中华书局 1989 年版,第 7—8 页。

竞争的时期,也是君主专制的全盛时期;近世史,自乾隆末至今(1901),称为"世界之中国"的时期,即为中国和亚洲各国与西方交往、竞争的时期,也是封建专制走向衰亡,立宪政治兴起的时期。尽管梁启超对中国历史的分期存在着很大的局限性,也不十分科学,但他首创用宏观、综合的方法分析中国历史的发展,并采用分期的方法将中国历史划分阶段,对中国历史学的发展和革新,具有开创性的积极作用。

光绪二十八年(1902),梁启超还发表了《新史学》一文,进一步发挥了《中国史叙论》中的观点和内容,尤其侧重于破旧立新,对中国旧史学进行了全面的批判,并鲜明地提出"史界革命"的口号。他指出,旧史学有四大弊端:"一曰知有朝廷而不知有国家","二十四史"只是"二十四姓之家谱";"二曰知有个人而不知有群体","二十四史"记载的只是无数君臣,而没有百姓大众;"三曰知有陈迹而不知有今务","知古而不知今",严重脱离现实;"四曰知有事实而不知有理想"[1],"二十四史"只是罗列史实,而没有分析史实的前因后果及其影响。他认为,历史学的社会功能应是推动国家和民族的进步,应对后人进行爱国教育。"今日欧洲民族主义所以发达、列国所以日进文明,史学之功居其半焉。"[2]中国的史书,"虽尽读全史,而曾无有足以激厉其爱国之心,团结其合群之力,以应今日之时势而立于万国者"[3]。为此,梁启超特别强调史学家的责任:"吾中国国家思想,至今不能兴起者,数千年之史家岂能辞其咎耶!"[4]他疾呼道:"呜呼!史界革命不起,则吾国遂不可救,悠悠万事,惟此为大!"[5]

梁启超还认为"史界革命",应以进化论为指导思想。他明确提出,"历史者,叙述人群进化之现象,而求得其公理、公例者也","而使后人循其理、率其例,以增幸福于无疆也"[6]。他还揭示了人类社会发展的规律,指出历史是不断进化的,但不是直线发展,而是曲折演进的,而且是今胜于古。他用这种进化论的观点,否定了旧史学"一治一乱"的循环倒退唯心史观。对于史学著作

---

① 梁启超《新史学·中国之旧史》,《饮冰室合集》第一册,中华书局,1989 年版,第 3—4 页。

② 梁启超《新史学·中国之旧史》,《饮水室合集》第一册,第 1 页。

③ 梁启超《新史学·中国之旧史》,《饮冰室合集》第一册,第 6 页。

④ 梁启超《新史学·中国之旧史》,《饮冰室合集》第一册,第 3 页。

⑤ 梁启超《新史学·中国之旧史》,《饮冰室合集》第一册,第 7 页。

⑥ 梁启超《新史学·史学之界说》,《饮冰室合集》第一册,中华书局,1989 年版,第 10—11 页。

的编撰体例,梁启超力主采用西方的章节体。他用这些观点确立了"新史学"的理论体系,也为旧史学向新史学的转变提供了理论基础。

在治史的方法上,梁启超还提出要兼顾客观史实和主观评述。"凡学问必有客观、主观二界。客观者,谓所研究之事物也;主观者,谓能研究此事物之心灵也。和合二观,然后学问出焉。史学之客体,则过去、现在之事实是也;其主体,则作史、读史者心识中所怀之哲理是也。有客观而无主观,则其史有魄无魂,谓之非史焉可也"①。梁启超提出的治史二观,强调主观与客观相结合,主体尊重客体的原则,实际是对中国传统史学的一种挑战,是将史学研究从以帝王为主的狭小范围,拓展为全社会,真正使史学研究服务于社会。

更重要的是,梁启超的《新史学》比较科学地论证了历史学社会功能,强调它的爱国教育功能和史学家的社会责任感,对传统史学陈腐的指导思想、陈陈相因的内容、落后的形式和体系,进行了比较全面的批判。他倡言史学是促进国家与民族进步和团结的武器,也引发了史学界的一场影响深远的革命。尽管梁启超的批判存在着偏颇和偏激之处,如对传统史学的否定过多、言辞过激等,但其精辟的见解,深刻的分析,特别是广泛的影响,在中国史学史上都是空前的,标志着中国资产阶级新史学理论已初步建立。

梁启超不仅创立了新史学,还用这些理论和方法撰写了政治史、经济史、学术文化史等方面的著述。其中包括《论中国学术思想变迁之大势》、《近世之学术》、《中国专制政治进化史论》等。他还曾撰写《中国通史》,可惜未能完成。光绪三十年(1904)梁启超用"扪蝨谈虎客"的笔名,撰写、出版了一部中国近代史,名为《近世中国秘史》,这也是中国人自己编写的第一部近代史著作。他的这些著述,虽然在观点和方法上很不成熟,如《近世中国秘史》将明清之际作为近代史的开端,而没有采用他在此前主张的乾隆末年,而且这部书只是一些史料的编纂,缺乏充足的论述,不过其对于开创近代历史学研究的新局面,仍具有积极的作用。

在"经世之学"的影响下,北京地区的传统史学研究也出现了新的景象。其表现是越来越贴近现实,注重实用性,由此而出现当代人研究当代史的热

---

① 梁启超《新史学·史学之界说》,《饮冰室合集》第一册,中华书局,1989 年版,第 10 页。

潮。极享盛誉的魏源所撰《圣武记》,就是其中的代表作。《圣武记》成书于鸦片战争后《南京条约》签订之际,是魏源的愤慨之作。全书共 14 卷,体例沿用传统的纪事本末体。前十卷记述清朝前期的盛世武功,诸如清初建国、平定三藩、开疆拓土、外交活动、镇压苗民起义和白莲教起义、处理蒙藏问题等;还对历次用兵的成败之道和相关的军事制度等,多有记述和分析。其用意是为了推求盛衰之理和筹划海防之策。后四卷《武事余记》则侧重于大发议论,品评时政,着重探讨了练兵、筹饷和攻守之策等现实问题。该书因此也成为以史为鉴,服务于现实的一部代表作。光绪四年(1878),该书重订后增加的《道光洋艘征抚记》,则专记鸦片战争始末,并揭露了清廷之昏聩和疆臣之庸劣。书中痛斥穆彰阿、琦善之流妥协误国的卑鄙伎俩,盛赞林则徐、邓廷桢等爱国大臣和将领以及人民群众的抗英斗争。魏源撰写的《圣武记》,用较大的篇幅记述了清朝前期的盛世,实际是与清朝后期的战场失利、国势衰落形成鲜明的对比和反差。他通过敏锐的观察,客观审视当朝的历史,表现强烈的爱国之情和是非分明的历史观,展示了当朝史研究的一种新风尚。该书因此也受到社会的重视和好评。梁启超评价《圣武记》时,称颂道:"其书记载虽间有失实处,固不失为一杰作。"①

清朝后期,北京地区文人学者编撰的当代史著述中,有不少是私人纂辑的编年史性质的档案史料汇编,其中尤以王先谦的成就最为重要。王先谦所辑《东华录》624 卷,记载了天命、天聪、崇德、顺治、康熙、雍正六朝一百二十年内发生的大事。其后,他又以高宗、仁宗、宣宗三朝实录为依据,编成《东华续录》,记载乾隆、嘉庆、道光年间的大事,总称为《九朝东华录》。后来王先谦继续编辑出咸丰、同治两朝的《东华续录》,又有《十朝东华录》之称。

王彦威、王亮父子编辑的《清季外交史料》,是于清朝末期开始筹编的一部重要的外交资料汇编。王彦威先从清廷军机处所藏档案中抄录光绪元年至三十年四月间,有关中外交涉的上谕、奏折、函电、照会、条约等文件,编辑成光绪朝《筹办洋务始末记》。但未及付梓,不幸病逝。后其子王亮于民国年间又补辑了

---

① 梁启超《中国近三百年学术史》十五《清代学者整理旧学之总成绩(三)》,东方出版社,2004 年版,第 302 页。

光绪三十年五月至三十四年间的重要事件,续成全书,名为《清季外交史料》。

清朝后期,史学研究最能体现变法维新思潮的标志,是敢于冲破"禁区",涉足被清朝统治者长期禁锢的南明史。自满洲贵族入主中原以来,对南明弘光、隆武、永历诸朝史事讳莫如深。凡记叙南明史事的野史、笔记曾屡加查禁、损毁,致使南明史的研究一直成为清朝政治的一个"敏感区"。鸦片战争后,随着外国资本主义势力的侵入,封建文化专制被削弱,对南明史的研究遂逐渐兴起。北京地区的史学家也将精力投入到南明史的研究中。徐鼒编撰的《小腆纪年附考》和《小腆纪传》,是南明史研究的代表作。

徐鼒的这两部著作是姊妹篇。咸丰十一年(1861)成书的《小腆纪年附考》,共20卷。记叙了自南明福王朱由崧在南京(今属江苏)称帝,重建明政权(史称南明政权),至康熙二十二年(1683)台湾郑氏政权覆灭的四十年历史。书中对传闻互异、记载出入的历史均附以考证。《小腆纪传》65卷,主要为这一历史时期重要人物的传记。两书在记叙史事、人物等方面,各有所侧重,互为补充。该书以"小腆"为名,以此表示南明政权是为偏安一隅。在纪年方法上,采用先大书清朝年号,再附注南明政权年号,仍有维护清王朝"正统"地位的含义。不过,对南明史的研究,毕竟开创了史学研究的新境界。

清朝后期,北京地区史学研究中,还有地方史研究的成果。其中,尤以光绪《畿辅通志》最负盛名。该书由黄彭年主持,于同治十年(1871)开始编修,光绪十年(1884)成书,共300卷。最初刊行于莲池书院,后因毁版,宣统二年(1910)北洋官报局又依据光绪十年本,石印发行。光绪《畿辅通志》选材极为丰富,体例严谨。畿辅,即今河北省。北京所在顺天府亦属河北省,故此书亦涉及北京及邻近地区的一些情况。其书中卷十二、十三,为单独设立的"京师卷",其中比较详细地汇集了北京及其邻近地区的资料。这些资料除采集前代文献资料中的相关材料外,还从官府档案中广泛选取,而且是实录原文,不加任何润饰。在每一条材料之下,都注明了出处,从而为后世保存了大量的可供参考的资料。故后人称颂此书:"刊行以后,颇负时望,为畿辅有志以来之所仅见,即在各省通志中亦且推为巨擘也。"①

---

① 《畿辅通志·前言》,河北人民出版社,1985年版,第5页。

光绪年间编修的《顺天府志》，也是一部重要的地方史志。光绪五年（1879），由直隶总督李鸿章监修，以吏部尚书监管顺天府尹万青黎、顺天府尹周家楣为总裁，翰林院编修缪荃孙任总纂，设置志局，纂修《顺天府志》。历时八年，其间曾三次筹措资金，于光绪十二年（1886）成书，随后付梓。该志书共130卷，集元、明、清三朝京师府志之大成。全书共分京师、地理、河渠、食货、经政、故事、官师、人物、艺文、金石等十志，记述了清代以北京为中心的五州十九县的各方面的情况。《顺天府志》广征博收清朝咸丰、同治、光绪三朝的文献资料，引用各种书籍891种。此外，为使志书的资料更加翔实，缪荃孙经常"暇即日涉海王村书肆，搜访异本，典衣购取"。他收集到的"记述顺天府之书"，书目多达二百二十余种。他还组织编修人员对照文献资料的记载，进行实地考察，以核实各家的不同记载，辨别史料的真伪。由于该书注重史料的收集和辨伪，所引用的资料真实可信，也为后人研究北京地方史提供了许多极具参考价值的资料。

清末，由于八国联军入侵北京，肆虐的战火，动荡的局势，造成许多地方文献资料遭毁灭、散佚。为了弥补和减少损失，真实记叙地方历史的沿革、重要的人物和事迹，一些地方官府便组织官绅和文人学者，修撰地方史志。因此这一时期，北京所属各州县纷纷修志，使北京又进入一个修史的高潮时期。

在清朝末期编修的地方史志，主要有：道光十八年（1838）编修的《通州志》，咸丰七年（1857）编修的《房山志料》1卷，光绪五年（1879）编修的《昌平州志》18卷，光绪七年（1881）编修的《密云县志》6卷，光绪十五年（1889）编修的《良乡县志》8卷，光绪十六年（1890）编修的《延庆州志》12卷。此外，还有《续修平谷志》1册、《昌平外志》8卷、《昌平志稿》、《延庆州乡土志》、《续修房山志略》等。

在编修地方史志的同时，北京地区的文人学者还修撰了一些专志。如吴邦庆所撰《畿辅河道水利丛书》，共13卷，汇总畿辅所辖河道水利的流经、水患等详情。朱其诏所撰《永定河续志》，共16卷，详细记载了永定河在每年汛期、每次洪水形成的路径，且"以色笔按号填画"①，对防汛具有很重要的参考价值。

---

① (清)周家楣、缪荃孙编纂《光绪顺天府志》第15册，北京古籍出版社，1987年版，第6395页。

除史学研究的成果外,清朝后期生活在北京地区的文人学者和官绅还对地方风土人情和习俗进行整理和研究,编纂了许多涉及京师风物、民情的著述。如杨静亭编撰的《都门纪胜》,成书于道光二十五年(1845)。书中有图、有志、有传、有掌故,详细记载了京城的市井、风物、古迹、梨园、人情世故的沿革等内容。他还著有《都门杂咏》、《都门汇纂杂咏》等记叙清朝晚期北京地区风土民情的书籍。

崇彝的《道咸以来朝野杂记》,则记叙了近百年来北京地区的风俗民情。

朱一新的《京师坊巷志稿》,是根据自己实地踏勘、寻访所得编写的一部较全面记录明清两代京城坊巷胡同和掌故、传说的著作,具有很高的学术价值。

富察敦崇的《燕京岁时记》,按时序编排时令,详细记录每个岁时节候北京地区的风俗、礼仪、游览、物产、技艺等诸多方面的情况,是一部记述北京岁时风物的专著。

文廷式的《闻尘偶记》,主要记载当朝的朝野掌故,并对甲午战争前后的交战及交涉等事实有较详细的记述。他还著有《纯常子枝词》、《云起轩词钞》等。

此外,还有震钧所著的《天咫偶闻》、《庚子西行记事》、《八旗人著述》等十种具有浓厚北京特色的著述。李岳瑞的《春冰室野乘》,记述了明清宫廷轶事和道、咸、同、光四朝京城史事。

清朝后期,北京地区的文人学者在学术领域取得的成果,不仅数量巨大、涉足领域更宽,而且还在学术研究的水平上,继续居于全国的领先地位。尤为突出的是,北京地区的学术研究多具有鲜明的"经世致用"特点,注重学术研究的实用性和实效性。这表明北京地区的文人学者在继承中国传统学术研究的基础上,已摒弃狭隘的传统研究方法和宗旨,将精力投入到与社会的联系和为社会服务的方向。文人学者们已不再沉溺于闭门研究,而是逐渐投身于社会的变革与创新。更为重要的是,这一时期北京地区学术研究的范围,已从国内转向国际,积极探索国家和民族的出路。北京地区的文人学者们用自己的学识,为挽救国家和民族的危难做出了重要的贡献,这也是对中国传统学术研究做出的有益探索和积极贡献,体现了中国传统文人学者忧国忧民,将自己的前途与国家、民族的命运和利益紧密联系的优良传统。

清朝后期,北京地区在学术领域中出现的繁盛景象和取得的卓著成就,再一次向世人展示了京城学术文化深厚的底蕴和京城文人学者勇于探索、不断创新的精神风貌。

第三节　清朝后期北京的学校与教育

一、科举制度的终结

自隋朝始建的科举制度,在中国封建社会后期一直作为历朝历代统治者选拔人才的重要途径和方法,也是士子进入仕途的必由之路。经过后代的沿革,到清朝时科举制度不仅更为完善,而且也更加严密,进一步成为封建统治者禁锢人们思想的手段之一。清朝后期,随着封建统治的衰败,以死记硬背儒家经典"四书""五经"作为科考取士的主要手段和方式,更直接影响着人才的培养。因此通过科举取士选拔的人才,除能精通儒家经典和书本知识外,很少具有治国之术,进而造成士风颓废、官场腐败的现状。而当列强加紧发动侵略中国的战争时,因科举取士制度的落后和腐朽,导致人才匮乏的窘境日趋明显。

道光年间以后,科举考试更加流于形式。这一时期,科举考试转而重视答卷者的书写字体和书法,尤重"黑大圆光"的馆阁体楷书。阅卷官只知苛求卷面书写的笔画长短、肥瘦,而对于八股文这种陈腐的文体,则不再感兴趣,也不甚讲求。名次高下,皆以书法优劣而定。考试内容严重脱离现实社会,考试形式也更追求表面文章,中第者也因此更加愚昧无知。梁启超在《公车上书请变通科举折》中,就一针见血地指出当时的科举取士制度的弊端:"自考官及多士,多有不识汉唐为何朝,贞观为何号者。至于中国之舆地不知,外国之名形不识,更不足责也。"[1]如此腐朽的科举制度,已经严重制约着人才的培养,与社会的发展和形势的变化极不适应。

不仅如此,由于科举取士是士子入仕的唯一的重要途径,为了能科考及第,常有投机取巧、营私舞弊等现象的发生,导致科场舞弊成风。进入清朝后

---

①《饮冰室合集》第一册《公车上书请变通科举折》,中华书局,1989 年版,第 22 页。

期,科举考试的舞弊愈演愈烈。咸丰初年,科场考试"条子"之风盛行。"条子者,截纸为条,订明诗文某处所用文字,以为记验"。凡是与科考有关人员,应举者都设法呈递条子,或托人转递,以至于出现"凡意所欲取者,凭条索之,百不失一"①。人们争相效尤,并不以为讳,糊名、誊录之法形同虚设。咸丰八年(1858),适逢顺天乡试。协办大学士、户部尚书柏葰为主考官,兵部尚书朱凤标、署户部右侍郎程庭桂为副考官。考试期间,主考官柏葰任从家人作弊。发榜时,又有满洲生员平龄中式第七名。平龄素娴曲调,曾登台演出。按清科场条例,优伶不得参加科考。被揭发后,遭御史弹劾。案发后,又"复勘试卷,应讯办查议者,竟有五十本之多"②。以至于连咸丰皇帝都认为这次科场案,是"荒谬已极"。最后,主考官柏葰被处以极刑,副考官程庭桂被流放,朱凤标被革职。涉及此次科场案的数十人,也都受到不同处罚。科场舞弊,更引得朝野震惊。虽然咸丰皇帝对涉案官员及当事人给予严厉制裁,想以此整饬科考,但事实上,科举制度本身固有的顽疾,则是封建制度本身无法解决的。

此后,科场舞弊更呈上升趋势。慈禧垂帘听政后,顺天府乡试依旧舞弊成风,"递条子"之风愈演愈烈,考官、书吏相互勾结,串通消息。考场内也是混乱无序。"文场比戏场尤杂乱,丝竹金革,即大锣大鼓亦有携带入场者"③,搜检官只是虚应故事,"士子之怀挟,直可设一绝大书肆矣"④。作为封建政权选拔人才的科举制度,已完全失去其积极的功能和作用,反而成为滋生腐败,加速社会政治腐朽的"沃土"。

鸦片战争的爆发,及随后一个个强加在中国人民头上的不平等条约,使国人看到外国先进的科技和军事装备,由此而引发了以购买外国武器、军械,开矿山、办工厂、修铁路、派遣出国留学生为主要内容的"洋务运动"。但随后清工朝在中日甲午战争中的失利,李鸿章经营近二十年的,拥有当时世界先进武器装备的北洋水师竟也在与日军的交战中全军覆灭,这一事实,又使许多文人学者重新审视大清帝国衰败的原因。他们开始认识到,只有"船坚炮利"还不

---

① 薛福成《庸盦笔记》卷三《戊午科场之案》,江苏古籍出版社,2000 年版,第 69 页。
② 《清实录》第 43 册,第 1151 页。
③ (清)高照煦《闲谈笔记》卷二,转引自徐一世《近代笔记过眼录》,中华书局,2008 年版,第 48 页。
④ 《清朝野史大观》(二)《清朝史料》卷四《科场舞弊》,上海书店,1981 年版,第 29 页。

能实现强兵富国的梦想,还必须改革政治制度。首要的就是变革科举取士的制度,废除禁锢思想的八股文。19世纪下半叶,在洋务派的积极倡导下,各地开始创建新型学校。北京也创建京师同文馆。

极力想改变被动挨打局面的光绪皇帝,在洋务派的影响下,也开始对科举制度进行一些改革。光绪元年(1875),清廷增设"艺学科","凡精工制作、通知算学、熟悉舆图者,均准与考"①。光绪二十一年(1895)后,洋务派进一步明确提出废科举、兴学校的主张。光绪二十四年(1898),维新派代表人物康有为向光绪皇帝力陈科举之害:"今日之患,在吾民智不开,故虽多而不可用,而民智不开之故,皆以八股试士为之。学八股者,不读秦汉以后之书,更不考地球各国之事,然可以通籍累致大官,今群臣济济,然无以任事变者,皆由八股致大位之故。故台、辽之割,不割于朝廷,而割于八股;二万万之款,不赔于朝廷,而赔于八股;胶州、旅大、威海、广州湾之割,不割于朝廷,而割于八股"。对此,光绪皇帝也表示同感:"西人皆为有用之学,而吾中国皆为无用之学,故致此。"②这次君臣之间的谈话,最终促成光绪皇帝下决心废除科举,兴办学校,开始了维新变法。

是年春,清廷又增设经济专科。六月,光绪皇帝下诏:"自下科为始,乡、会试及生童岁科各试向用《四书》文者,改试策论。"③维新变法被慈禧太后扼杀后,尽管守旧派极力鼓吹恢复八股取士制度,但陈腐的科举制度误国害民的危害性,已为更多的士人所熟知。"不独聪明英锐之士,不屑再腐心焦脑,以问津于此亡国之物,即于高头讲章,舌耕口稿数十年,号为时艺正宗者,亦谓诵之无味,不如多阅报之为愈矣",以至于应试士子"其数大减于常年,大抵一县常年四千人应试者,今则减至二千余,常年三千人应试者,今则减至一千余"④。在这种形势和背景下,握有实权的慈禧太后也不得不恢复戊戌变法中实施的一些改革维新措施。光绪二十七年(1901)下诏,再次明令改革科举制度,废除八

①潘衍桐《奏请开艺学科折》,舒新城编《中国近代教育史资料》上册,人民教育出版社,1981年版,第30页。
②康有为《康南海自编年谱》四,光绪二十四年四月二十八日,中华书局,1992年版,第43页。
③徐珂《清稗类钞》第二册《考试类·考试改策论》,中华书局,1984年版,第595页。
④欧榘甲《论政变为中国不亡之关系》,中国史学会主编《戊戌变法》(三),上海人民出版社,1957年版,第156页。

股。乡、会二试,头场试中国政治史事论五篇,二场试各国政治艺学策五道,三场试四书义两篇、五经义一篇。"凡四书、五经义,均不准用八股文程式"①。

与此同时,又削减科举取士的名额。光绪二十七年,张之洞、刘坤一就曾提出递减取士名额,以学堂生员补充的请求。二十九年(1903),张百熙、荣庆、张之洞等人再次提出建议。获准后,自下届(丙午科)起,每届递减中第额三分之一。

虽然此时的清朝统治者迫于形势的压力,对科举制度进行了一些调整和改革,但这种修修补补的方法,不能从根本上解决人才匮乏,特别是科举制度本身难以满足改良维新派和洋务派对培养人才的需求。为此,张之洞、袁世凯等人多次奏请废除科举制。他们指出,如能停止科举,兴建学校,则"内定国势,外服强邻,转危为安"②。因此能否彻底废除科举制度,已成为当时朝野关注的焦点。

为形势所迫的清政府,在国内兴学校、废科举的舆论压力下,最终决定废除科举制度。光绪三十一年(1905),慈禧太后正式宣布,"自丙午科为始,所有乡、会试一律停止"③。至此,在中国历史上延续长达一千三百余年的科举制度被彻底废除。这一事件也标志着封建教育制度行将寿终正寝,北京地区的学校教育从此步入近代教育的新时期。

二、新式学堂的创建

清朝后期,北京地区在变法维新思潮和洋务运动的影响下,较早地接触到西方的思想和文化,特别是变法维新倡导的"兴学育才"的主旨思想,使北京较早建立了近代学校。

随着外国势力的不断入侵,国内洋务运动日趋发展,外交事务迅速增多。为了解决对外交往中极缺的外语人才,培养自己的翻译,更多地了解外国的情

---

①叶志等主编,中国第一历史档案馆编《光绪朝上谕档》第27册,光绪二十七年七月十六日,广西师范大学出版社,1996年版,第152页上栏。

②《清帝谕立停科举以广学校》[光绪三十一年(1905)八月],舒新城编《中国近代教育史资料》上册,人民教育出版社,1981年版,第63页。

③《光绪朝上谕档》第31册,光绪三十一年八月初四,广西师范大学出版社,1996年版,第115页上栏。

况，当时负责总理各国事务衙门、主持外交事务的奕䜣等人在咸丰十年十二月（1861 年 1 月）正式奏请培养翻译人才。"欲悉各国情形，必先谙其言语文字，方不受人欺蒙。各国均以重赏聘请中国人讲解文义，而中国迄无熟悉外国语言文字之人，恐无以悉其底蕴"①。他建议，请饬广东、上海各派两名通晓英、法、美三国文字语言之人，携带各国书籍到京教习。"并于八旗中挑选天资聪慧，年在十三四以下者各四五人，俾资学习"②。但由于粤、沪两地未有合适的师资人选，后在英人威妥玛的帮助下，延请英籍教士包尔腾充任教习。获清廷准许后，于咸丰十一年二月一日（1861 年 3 月 11 日），北京同文馆正式成立，隶属于总理各国事务衙门，并开始启用关防。校址即附设于东堂子胡同的总理衙门内，校舍为旧铁局址。同治元年六月（1862 年 8 月），京师同文馆开学。至此，北京建立了第一所近代外语学校。

京师同文馆系洋务派创建的第一所新式学校，以培养翻译和外交人才为主要宗旨。"本衙门设立同文馆，令诸生学习西语、西文，备翻译差委之用"③。同文馆建立之初，即选拔出十名八旗子弟入馆学习，以兼通汉文的包尔腾教习英语。但事先约定："只学语言文字，不准传教。"此外，还"另请汉人徐树琳教习汉文"④。同治二年（1863）三月，又在同文馆内相继设立法文馆和俄文馆，"分馆教习，各馆学生系由八旗咨取年在十四岁内外"者充任⑤；十一年（1872），再增设德文馆。光绪二十三年（1897），又增设东文馆。生员在校学习三年。

建立之初，同文馆仍沿袭封建书院的体制和管理。奕䜣依照俄罗斯文馆旧例，拟定了六条同文馆章程。只是学习的内容，以外国语言文字为主，汉文为辅。生员在同文馆学习期间，有月考、季考、岁考、大考四种考试规定。每月

---

① 《同治元年七月二十五日总理各国事务奕䜣等折》，《洋务运动》（二），上海人民出版社，1961 年版，第 7 页。

② 《咸丰十年十二月初三日恭亲王奕䜣等奏》，《洋务运动》（一），上海人民出版社，1961 年版，第 8 页。

③ 《堂谕》，《洋务运动》（二），上海人民出版社，1961 年版，第 81 页。

④ 《同治元年七月二十五日总理各国事务奕䜣等折》，《洋务运动》（二），上海人民出版社，1961 年版，第 7 页。

⑤ 《同治五年十一月初五日总理各国事务奕䜣等折》，《洋务运动》（二），上海人民出版社，1961 年版，第 22 页。

初一举行月考,逢二月、五月、八月、十一月的初一日举行季考,每年十月举行岁考,三年学习期满,举行大考。凡考试,均由总理衙门主持。经大考成绩优等者,即授以七、八、九品官职;劣者分别给予降、革、留馆等处置。若七品者再经复考取入一等,则授主事。

同文馆建立后,其规模不断扩大,课程也有所增加。同治四年(1865),同文馆设立医学科,开始学习近代西方医学。同治五年(1866)十一月,奕䜣提议在同文馆增设天文算学馆,讲习天文、算学知识,以培养科学技术人才,但遭到顽固派的反对。后经过反复辩论,终于在次年设立算学馆。其后,又开设化学课程,并于同文馆内设化学实验室和博物馆。此后,同文馆陆续开设的课程还有:生物、天文、物理、国际法以及外国史地等。这些从西方引进的课程,构成同文馆教育的基本框架,也为中国近代教育奠定了基本的体系,更为西方近代科学技术传入中国提供了重要的基地。

自同治六年起,同文馆由"老成望重,品学兼优"的徐继畬充任总管大臣。八年,又聘美国人丁韪良任总教习,总管校务,他也是同文馆的第一任校长。丁韪良在同文馆任职先后长达三十一年。在此期间,在馆内教习的绝大部分是外国人,主要是来华的使馆人员、传教士和教会医师等。其中,中国学者李善兰曾是算学馆的第一位教习。他结合中国实际,将算学分为数学启蒙、代数学、几何、平三角、弧三角、微积分等几门课程。并按照内容的难易程度,分年、分期讲授。这也是中国教育史上第一次将数学作为基础课程,并有计划、系统地组织和实施教学。这种教学制度和方法与传统的书院式教育,是完全不同的。此外,同文馆内还设有提调、教习、助教若干人。提调负责管理校内一切事务;助教则常驻馆内,协助提调管理校务。

随着同文馆规模的扩大,各种学馆相继设置,课程不断扩充,师生数量日渐增多,包括招生、学制、教学设置、学校管理等各项制度亦渐趋健全。

如天文算学馆招收的生员,系"招取满汉举人及恩、拔、岁、副、优贡,汉文业已通顺,年在二十以外者",或"并准令前项正途出身五品以下满汉京外各官,年少聪慧,愿入馆学习者"①。凡入学者,均需经考试录取。其学制分为八年制和五年制两种。"由洋文而及诸学共须八年";"其年齿稍长,无暇肆及洋文,仅藉译本而求诸学者,共须五年"②。八年制的前三年,主要学习外国语言文字,包括认字写字、练习句法、翻译等课程;后两年,主要学习翻译技法,练习译书。此外,还讲习各国地图、各国史略、数理启蒙、代数学、几何原本、微分积分、航海测算、天文测算、万国公法以及富国策、汉文经学等等。五年制的课程设置,除不学与外文有关的课程外,其余课程与八年制大体相同。

作为同文馆生员一项重要的学习内容,就是翻译书籍。特别是八年制的最后两年,生员必须译书。因此自开办后,培养了大批通晓外语的人才,翻译了大量西方科技、法律和文史等方面的书籍。同文馆内还设印刷局,有自己的印刷设备。备有罗马体和汉文铅字,有 7 台手摇印刷机,采用西方印刷技术,负责印刷同文馆翻译及使用的书籍,还负责印刷总理衙门的书籍。由于这些印制的书籍,均免费遍送国内官员,因此其在社会上流传颇广,为中国士人了解西方科学文化与技术知识,提供了极大的便利。

光绪二十四年(1898),同文馆又重新修订课程计划,定学制为八年。这一时期,在馆学习的生员基本保持在一百二十人左右。光绪二十六年(1900),八国联军侵占北京,同文馆被迫停办。

同文馆开办的近四十年间,除培养出大量的翻译人才外,在结业的生员中,有许多人出任驻外使馆的官员,也有一些人成为中国早期的外语翻译家,更有人成为中国近代科技方面的人才。尽管同文馆仍处于封建政权的控制之下,在人事、经费和教学计划等方面,又受总税务司赫德和总教习丁韪良的操纵,具有浓厚的封建买办性质,但京师同文馆的设立,使中国的传统教育开始向近代学校教育转化,在中国的知识分子中培养了第一批走向世界的人才。从这个意义上讲,同文馆的设立,是中国走出封闭、走向世界的第一步。

―――――――――――

①《同治五年十一月初五日总理各国事务奕䜣等折》,《洋务运动》(二),上海人民出版社,1961 年版,第 22-23 页。

②《同文馆题名录》,《洋务运动》(二),上海人民出版社,1961 年版,第 84、85 页。

三、北京地区近代学校教育的兴起

清朝后期,北京地区原有隶属中央的国子监、宗学、旗学,以及地方的顺天府学、金台书院和州县学校,基本名存实亡。直至中日《马关条约》签订后,主张变法维新的人士逐步认识到,要救亡图存,必须"兴学校","开民智","国势之强弱,系乎人才;人才之消长,存乎学校"①。正是在这种变法维新思潮的影响下,朝野上下开始重视对新型人才的培养,进而又转向建立新式学校。在这种背景下,作为清朝国都的北京也开启了近代的学校教育。

光绪二十一年(1895),顺天府尹胡燏棻奏请将各省大小书院一律裁撤,开设各类学堂。他还主张应由多方办学,不必尽由官办,也可交由民间绅富共同集资举办。这一上奏获准后,北京地区随即出现兴办学校的热潮。

次年,刑部主事张元济等开始筹设西学堂。他们向各省督抚募捐,筹得几千元,在宣武门内象坊桥建校。光绪二十三年(1897)春,正式开学。学校置教习二人,有学生四五十人,多为京官和官绅子弟。是年底,改称"通艺学堂"。"通艺"为严复所起,"通"意指讲求精通,"艺"指泰西诸实学。实际点明办学宗旨是"造就人才,留心时务"。"凡泰西历经验用,著有成效者,……一切格致之要,俱当分门研究,精益求精"②。张元济还制定了《通艺学堂章程》,规定学堂学制为三年。课程设置注重实用性,故称"实学"。主要课程分为"文学"和"艺术"两大类。学生入学,均需先学英国语言、文法,然后依"各择所宜"的原则,由学生自己从两类"实学"中分别选择所需课程。文学类开设的课程有:舆地志、泰西近史、名学(辨学)、计学(理财学)、公法学、理学(哲学)、政学、教化学、人种论等九门,艺术类开设的课程有:算学、几何、代数、三角术、化学、格物学、天学、地学(地质学)、人身学、制造学等十门。这些课程的教学内容,基本都采用了西方近代的学科知识,有些教材也是使用从国外引进和翻译的读本。此外,张元济在光绪二十三年(1897)还于学堂内设置了图书馆,并为图书馆的管理、使用制定了12条章程。在当时传统书院式教育盛行的背景下,通艺学堂

---

① 陈宝箴《时务学堂招考示》,《戊戌变法》(四),上海人民出版社,1957年版,第493页。
② 〔德〕安保罗《崇实学》,李楚材编辑《帝国主义侵华教育史资料·教会教育》,教育科学出版社,1987年版,第409页。

无论是课程设置、教学内容，还是学校管理等方面，都开始走出封闭，无疑具有新颖、实用的特点，实际也为人才的培养和发展，提供了一定的空间和余地。张元济还聘请严复来学校宣讲《西学源流旨趣》，以使学生更好地理解"通艺"的内涵。

光绪二十四年（1898）秋，张元济因维新变法被革职，通艺学堂遂关闭。张元济随即将学堂校产造册，交给京师大学堂。尽管通艺学堂存在的时间不足一年，但它开创的新式学校教育，对于北京地区，乃至全国近代学校教育的形成，都具有"开启"的作用。它的办学方法、学校管理、教学内容、教学方法等，一改中国传统学校教育的模式，以一种全新的面貌展示在世人面前。这也为北京地区近代高等教育的变革，做了大胆的实践，极具参考价值。更重要的是，通艺学堂的开设，标志着北京地区的学校教育制度变革最先从高等教育开始，因此也成为北京地区近代高等教育的雏形。

北京地区近代高等教育的正式形成，是以京师大学堂和高等优级师范学堂的成立为标志的。

京师大学堂是北京地区第一所高等学堂。光绪二十四年（1898）六月，在康有为、梁启超等维新派的反复奏请下，光绪皇帝下《明定国是诏》，正式宣布开办京师大学堂，并任命光绪帝师孙家鼐为管学大臣，总理学堂事务。另以徐景澄为中学总教习，丁韪良为西学总教习，且将原有的官书局和新设的译书局一同并入京师大学堂。学堂校址选在景山东街和嘉公主府邸，后又增添北河沿、汉花园（今东城沙滩）两处校舍。

京师大学堂获准成立后，由梁启超"略取日本学规，参以本国情形"[1]，草拟出京师大学堂章程，共 8 章 52 节。其办学宗旨为"中西学并重"，"培植非常之才，以备他日特达之用"[2]。章程对课程和教学内容、学生的管理和考核等，都做出较为系统、具体的规定，是为中国近代高等教育最早的一份学校规章制度。

京师大学堂设管学大臣，主持学堂日常事务，下设总教习、分教习、提调、

---

①梁启超《戊戌政变记》，中华书局，1954 年版，第 27 页。
②《总理衙门奏拟京师大学堂章程》第二章《学堂功课例》，北京大学校史研究室编《北京大学史料》第 1 卷（1898－1911），北京大学出版社，1993 年版，第 82 页。

供事等官员,分掌教学、学生、管理等各项具体事务。学堂成立之初,议设道学、政学、农学、工学、商学等十科。学生数额拟定为五百名,分为两班。但是年底,学堂开学时,前来报到者尚不足百人。学堂内设有仪器院和藏书楼。藏书楼的藏书,主要来自江、浙、鄂、赣、粤、湘等地官书局刊刻的书籍,还有接收的"强学会"所藏图书。

京师大学堂刚成立不久,光绪二十六年(1900),八国联军侵占北京,强占京师大学堂作为兵营,大学堂被迫停办。在八国联军的疯狂劫掠下,京师大学堂藏书损失殆尽,设施、设备亦遭损毁。

光绪二十八年(1902),八国联军撤离北京后,慈禧、光绪从西安返回京城。不久,即下令恢复京师大学堂,且以礼部尚书张百熙出任管学大臣,命其切实整顿,预期造就通才,明体达用,并将同文馆并入大学堂。张百熙热心于教育,上任后即以振兴京师大学堂为己任,对大学堂内部的体制和教学管理等进行改革。他拟定的《学堂章程》,后由光绪皇帝于七月十二日(8月15日)钦定颁行,即为《钦定学堂章程》。他辞退了丁韪良,聘任国内学者吴汝纶为总教习,于式枚为总办。另将大学堂定为三级:大学院、大学专门分科、预备科。在大学专门分科下又分有目,最初设 7 科 35 目。另外还附设速成科,分为师范、仕学两馆。10 月 14 日,经过短暂的恢复,京师大学堂第一次招生,入学考试采用百分制。由于录取学生数量不多,后又于 11 月 26 日进行了第二次招考。12 月 17 日,正式开学。京师大学堂从此步入平稳发展的时期。

光绪二十九年(1903),京师大学堂又在北河沿原同文馆的基础上,开办译学馆,设英、法、德、俄、日五科。还在外城后孙公园胡同建立医学实业馆,教授西方医学,作为培养西医、西药专门人才的高等学校。后该馆与施医局合并,成为医学专门学校,但与大学堂脱离。以后,仕学馆又与进士馆合并,改为政法学堂。光绪三十三年(1907),大学堂增设博物实习科简易班,学制二年。内分标本、模型、图画三类。在大学堂规模不断扩大的基础上,其专业、课程、学制等也得到逐步的完善。宣统三年(1910),京师大学堂将正科调整为 7 科 13 门,称为分科大学。学制为商科三年,其余诸科均为四年。课程设置,除文学科开设经学、理学、诸子外,其余学科均为从西方引进的近代新学科。有政治、法律、外语、天文、地质、高等算学、化学、物理、动植物、土木、机器、电气、建筑等。经过这次调整,京师大学堂基本建立起以专业作为课程、教学组织单元的体制,开始具备近代综合大学的规模。

优级师范学堂是北京地区采用西式教育建立的第一所高等师范学校,原为京师大学堂附设的师范馆。光绪二十九年十一月二十六日(1904 年 1 月 13日),清朝政府正式颁布由张之洞、荣清、张百熙在《钦定学堂章程》基础上,删繁就简和增补而成的《奏定学堂章程》(亦称《重订学堂章程》),并饬令全国推行这一新型的学校教育制度。《章程》分为《蒙养院章程》及《家庭教育》一册,高等小学堂、中等学堂、高等学堂、大学堂(附通儒院章程)、初级师范学堂、优级师范学堂章程各一册,另有初、中、高等《农工商实业学堂章程》各一册。据此规定,师范教育被正式列为独立的教育体系。优级师范则属于高等师范教育,是以培养和造就"初级师范学堂及中学堂之教员、管理员"为宗旨。根据《重订学堂章程》的规定,京师大学堂于光绪三十年将师范馆改称优级师范科。光绪三十四年(1908),另在外城厂甸五城学堂旧址建校舍,成为独立设置的一所高等师范学堂。

优级师范学堂的学制分为三节,即三个阶段:第一节为公共科(1912 年改为预科),为入学之初必学课程,时限一年;第二节为分类科(1912 年改为本科),学科分为四类,分别以中国文学、外国语为主,以历史、地理为主,以算学、物理、化学为主,以植物、动物、矿物、生理为主,时限均为三年。第三节为加习科(1912 年改为研究科),共分十科,时限一年。其中,公共科和分类科的课程均为必修。学生在学堂学习期间的食宿费用,一律由官费支给,毕业后则必须到学校任教。

在《奏定学堂章程》颁行后,北京地区还兴建了两所师范学校,一所是光绪三十三年由王宽创办的回文师范学堂;一所是光绪三十四年由学部创办的女子师范学堂(1912 年后改称北京女子师范学校),这也是我国最早建立的一所女子师范学校,从而开始了早期的女子师范教育。师范学校的兴建,为各级学校输送了所需的师资,也为更多学校的兴建提供了必要的师资条件,更进而促进了北京地区学校教育的发展。

光绪二十七年(1901),清朝政府颁布"兴学诏书",谕令各省所有书院皆改为学堂，"于省城均改设大学堂，各府及直隶州均改设中学堂，各州县均改设小学堂，并多设蒙养学堂。其教法当以四书、五经、纲常大义为主，以历代史鉴及中外政治艺学为辅"①。是年底，又颁布《学堂选举奖励章程》，规定凡为学堂毕业考试合格者，给予贡生、举人、进士出身。这些章程和规定，都极大地促进了近代教育的发展。也就是从这一时期开始，北京地区兴办了一批不同类型和级别的学堂，开始形成具有一定规模的京城近代教育。

清朝晚期，北京地区兴起的各级各类学校，其中包括蒙养学堂、简易识字学塾、中小学堂、改良私塾、专科、实业学堂等。

北京的近代新式中小学始建于19世纪末。光绪二十四年(1898)，王照与徐世昌开办八旗奉直第一号小学堂，是为北京最早的一所民办新式小学堂。光绪二十七年(1901)，琉璃厂北后铁厂附近的义塾旧址改建为五城中学堂。这所中学堂的章程规定，招收年龄十四岁以上、二十岁以下的满、汉子弟入学，食宿、书籍费用均免。开设的课程，主要有汉文、英文、算学、物理、化学、历史、地理等。次年，京师大学堂附设中、小学，将原清室宗学、觉罗学、八旗官学改并为八处小学堂和两处中学堂，统归管学大臣督率办理。

在此期间，有些私塾也改为新式学校。如京西门头沟玉皇庙私塾就改为西式学堂。但戊戌变法失败后，即废止。

清廷废除科举制度后，又有一批新式中小学堂问世。其中有光绪三十二年(1906)顺天府于西什库后库建立的顺天中学堂，宣统三年(1911)改名为京师公立第四中学堂。宣统元年(1909)，北京女子师范学校于校内设两等小学堂，并正式招生、开学，始招女生四班。至清朝灭亡前，北京城内共有中学堂22所，小学堂239所，学生约八千余人。

简易识字学塾设立于宣统二年(1910)，共有三十余所。主要招收年长失学或因家境贫寒无力就学者，一律不收费。学习年限为一至三年不等，每天学习二至三个小时。学塾教员由略通普通知识和文理通顺者担任，主要教授《简易识字课本》、《国民必读课本》，以及简易算术等。

作为学龄前儿童教育的蒙养院，始建于宣统年间。其间，北京开办私立第

---

①朱寿朋《光绪朝东华录》(四)，中华书局，1958年版，第4719页。

一蒙养院保姆班,并附设蒙养院。

受改良维新思潮和新式中小学堂的影响,光绪三十三年(1907),清朝政府拟定《初等小学简易课程》,对北京地区原有众多私塾进行改革。《课程》规定,凡学生不足三十名的,称为"家塾";学生三十名以上的,称为"初等私立小学"。改革的具体做法是劝办。最初只改了为数不多的几所,后通过设奖励金、讲习所、观摩会等方法,对私塾的教学内容实施改革,收到明显的效果。到宣统元年(1910)时,已有 172 所私塾经改良后,分别被列为最优秀、优等、中等,在读学生四千三百余人。

具有很强的专业性的专科、实业学堂,也出现在清朝晚期。光绪二十四年(1898),户部郎中王宗基等自筹资金在北城开办"会文学堂"。该学堂"讲求中西实学"①。此后,这类学堂又陆续建立。光绪二十一年,外文学堂建立,内分东文和西文两种外语。光绪三十年,商部和学部开办高等实业学堂。光绪三十一年一月,成立贵胄学堂。四月,建立法律学堂。光绪三十四年,又成立政法贵胄学堂。

除这些学堂外,这一时期,北京地区还成立了专供回民学习的学堂,开始了回民教育。如光绪三十二年,安铭创办宛平民立初级小学,招收回民子弟。光绪三十三年成立回文师范学堂。光绪三十四年开办京师公立清真第一两等小学堂等。

各级各类学校的兴建,也使北京地区拥有的教育资源在全国占据着极大的优势,从而成为全国教育中心。

在国内及北京地区兴办新式学堂的同时,向海外派遣留学生,也是近代教育的一个重要组成部分。宣统元年(1909),为了缓和中国人民的反帝情绪,培养"亲美"人才,美国政府以向清朝政府退还部分"庚子赔款"为名,提出将此款用于开办学校,培养中国留学生。后英、日、法等国也纷纷仿效。清朝政府为适应派遣留学生的需要,于同年成立留美学务处,专责考选学生出国留学。地址位于北京内城后海文化寺街胡同,后迁史家胡同。留美学务处成立后,即招

---

① 孙家鼐《代奏王宗基等自集资款创立学堂片》,陈学恂主编《中国近代教育史教学参考资料》上册,人民教育出版社,1986 年 7 月版,第 471 页。

考了第一批学生。不久，又筹设游美肄业馆，选址在西郊海淀清华园，随即招考第二批留学生。宣统二年，因游美肄业馆分设高等和初等两学堂，学额推广至五百名，规模迅速扩大，且"学生不仅限于游美一途"[①]，遂将该馆更名为"清华学堂"。

宣统三年(1911)，清华学堂正式开学。由周自齐任总办，范源濂任会办，胡敦俊任教务长。学堂设高等、中等两科。所需经费均由退还的部分庚子赔款支付。教学全部采用美国学校教材，并采用其教学方法。清华学堂的开设，也是北京近代高等教育的一件大事。

四、近代教育体系和制度的形成

随着清朝晚期仿照西方教育创办新式学校的热潮的兴起，为使兴办的各级各类学校在教育体制、课程设置和教学内容、学校管理等诸多方面逐步统一和规范，还迫切需要建立一套比较完整、系统的教育制度。在一些社会有识之士的积极推动下，清朝政府从光绪二十七年至三十一年(1901—1905)间，先后颁布了一系列改革科举和兴办学堂的谕令和章程，逐步建立起近代学校的教育体系和相关制度。

光绪二十八年七月十二日(1902年8月15日)，清朝政府正式颁布由管学大臣张百熙拟定，又经光绪皇帝认可的《钦定学堂章程》。该《章程》包括京师大学堂章程及考选入学章程，高等学堂、中等学堂、小学堂、蒙养学堂章程各一份。《钦定学堂章程》将学校分为七级，并制订有学习年限：蒙养学堂四年，普通小学堂三年，高等小学堂三年，中学堂四年，高等学堂或大学预科三年，大学堂三年，大学院无学习时限。另有各级实业学堂、师范学堂并行，其中还规定"蒙学为各学本根"[②]，以"蒙养家教合一之宗旨，在于以蒙养院辅助家庭教育，以家庭教育包括女学。""蒙养院专为保育教导三岁以上至七岁之儿童"[③]。

---

①《外务部学部呈明游美肄业馆改名为清华学堂缘由》，清华大学档案 1-1-3，清华大学校史研究室编《清华大学史料选编》第一卷，清华大学出版社，1991年3月版，第141页。

②《钦定蒙学堂章程》(光绪二十八年)，舒新城编《中国近代教育史资料》中册，人民教育出版社，1981年版，第395页。

③《奏定蒙养院章程及家庭教育法章程》(光绪二十九年)，《中国近代教育史资料》中册，第381页。

《钦定学堂章程》对学校教育的体系、学堂的分级、学习时限等，都做出明确的规定。由于《钦定学堂章程》将学龄前儿童的教育置于基础的地位上，从而初步形成了一个自低向高、循序渐进的教育体系。这与中国传统学校书院式的教育体系相比，显然更符合教育的规律，更有助于人才的培养。

《钦定学堂章程》颁布之年为旧历壬寅年，故称"壬寅学制"。由于该章程本身还不够完备，如对教育管理体制、学生学习的内容和年龄、学习时限等，未作明确规定，所以颁布后并未实行。

光绪二十九年十一月二十六日（1904年1月13日），清政府又颁布了重新厘定的《奏定学堂章程》，即《重订学堂章程》。重新修订的章程将学制分为三段七级。第一阶段为初等教育，内分蒙养学、初等小学、高等小学三级。儿童自六岁起，进入蒙养学堂学习四年；十岁入初等小学，修业三年；十三岁入高等小学堂，三年卒业。第二阶段为中等教育，只一级。十六岁高等小学堂毕业即入中学堂，四年结业。第三阶段为高等教育，内分高等学院或大学预科、分科大学、通儒院三级。二十岁入高等学院或预科，修业三年；再入分科大学学习三至四年；最后入通儒院学习五年。此外，还有译学馆和方言学堂亦属高等教育，修业年限为五年。《奏定学堂章程》还详细规定了学校教育的管理体制，以及各级学校的招生、分配、课程设置等内容。特别强调初等教育属于义务教育，师范教育与兴学、兴教的关系。《钦定学堂章程》的颁布，统一了各级各类学校的办学宗旨、课程、课时、设置地区等，从而使各级各类学校逐渐走向规范。

《奏定学堂章程》颁布之年为旧历癸卯年，故称"癸卯学制"。这项仿效西方国家和日本教育制度修订的学制的颁行，彻底改变了中国传统学校、书院教育的旧体系和办学宗旨，标志着中国近代教育体制和教育宗旨的确立，更为其后中国近代学校制度的进一步完善，奠定了重要的基础。"癸卯学制"自颁行后，一直沿用到宣统三年（1911）清朝灭亡，也对后世的教育产生很大的影响。

《奏定学堂章程》颁布后，在全国各地引发了兴办新式学堂的热潮。北京地区在这一时期兴办的新式学堂数量和在校学生人数，均迅速增长。在这种背景下，成立一系列从中央到地方的新的主管教育的专门机构，是"癸卯学制"顺利实施的重要保证。而此前清朝政府没有设置专门的中央机构管理学堂，维新派、洋务派设立的各种学堂,多由主持人管理或总督监管。光绪二十四年(1898),京师大学堂创立之初,曾兼有管理全国学校教育的职责,官学大臣也负责管理全国新学堂的相关事务,即行使中央教育行政机构的职能。但也只是兼管,不可能担负专职的功能,统管全国各级各类学堂。因此必须另设专职机构。

而自兴办新式学堂热潮兴起后,各地为了更好地管理兴办的学堂,也陆续开始建立地方的教育主管机构。如光绪二十七年(1901),张之洞首设湖北学务处,管理湖广兴学事宜。光绪二十八年,袁世凯也在保定设立直隶学校司,以贵州学政严修为北洋学务总办,推行新式教育。在各地兴办新式学堂热潮的推动下,清朝政府也认识到由中央统一管理的重要性。光绪二十九年(1903),清廷将全国教育行政事务与大学堂事务分离,另设学务大臣专责其事。光绪三十一年(1905),废科举制,撤销国子监后,便设立学部,是为专管全国学堂事务的机构,也是全国最高的教育行政主管机构。学部设在今北京教育街,原敬谨亲王府邸。学部置学务大臣为长官,下设五司十二科,以及一些局、所等办事机构。

在中央设立学部的同时,地方也设置相应的教育行政机构,各省设学务处,置提学使;各州县设劝学所。在职责分配上,凡属高等教育所涉及的事务,归学部管辖;中等以下学堂所涉及的事务,归各省学务处及州县劝学所管理。从中央到地方教育管理机构的建立和逐步完善,更促进了新式学堂的兴建,也推动了近代教育的发展。北京地区在这一时期,也设置了管理地方学堂及教育的两级行政机构。各州、县设立劝学所后,使北京地区新式学校教育的发展得到保障,逐步进入统一、规范的发展轨道。

光绪三十二年(1906),学部奏准以"忠君、尊孔、尚公、尚武、尚实"为各级各类学堂教育的宗旨。尽管这个教育宗旨还蕴含着比较浓厚的封建色彩,但注重务实、注意实用性的教育以及"尚武"所蕴含的抵御外侮之意,无不鲜明地体现出变法维新的特点。

近代教育制度的建立和逐步完善,教育机构的设置,使兴起的新式教育更有了法律和制度上的保证,兴建新式学堂的热潮持续高涨。此后在北京地区,各级各类新式学堂纷纷建立,并具有一定的规模,从而使北京又成为中国近代教育的中心。

　　清朝后期,北京地区的学校教育发生了翻天覆地的变化。在"经世致用"思想的指导下,北京地区的学校在专业设置、培养目标、课程体系和学校管理等方面,逐渐突破传统的学校教育模式,尤其是突破了传统儒学教育的束缚,开始接受近代西方学校教育的内容和制度、方法。特别是随着科举制度的废除,新式学堂的兴起,最终取代中国传统的学校教育,是最具代表性的。这标志着北京地区的学校教育已从传统的儒学教育,转变为以学习近代科学知识为主、注重实用性的新式教育。以此为标志,北京地区的学校教育,从此开始步入近代教育的范畴。

后 记

作为北京市"十五"社会科学基础重点项目"北京的历史与文化"子课题之一的"北京的学术与教育",旨在通过阐述、展示和研究今天北京地区在不同的历史时期,学术文化和教育的发展,所取得的学术文化成就,地区内的学校及其他教育形式和具体内容,探讨其学术文化和教育发展的社会基础及其原因,旨在揭示其学术和教育所具有的地方特征,所蕴含的人文素养,阐释学术和教育的发展与北京地区历史和社会、文化之间的相互关系。

北京历史上的学术与教育兴衰、发展,既受当时社会的影响,又与北京在历史上地位的变化有直接的关系。北京地区在中国的历史和地理上,均具有极特殊的地位。它既是人类的诞生地之一,在国家形成后,相对中原而言,又地处边远之地;同时又以其独特的地理位置,而成为中国北部地区的一个要塞之地。自辽朝开始,原生活在北方的游牧民族进入中原,建立统治政权后,又将北京地区作为统治中原内地,乃至全国的一个重要据点和基地,使得北京地区在封建王朝统治格局中的地位逐渐上升。自金朝开始,北京最终成为国家政权的统治中心,全国的政治、文化中心。北京在中国历史上不同时期的地位变化,使它更具有荟萃全国人才的优势,从而极大地推动地区学术文化的发展,也促进了地区教育的不断完善和发展。

本课题在研究中,首先着眼于不同历史时期北京地区在当时中国所处的地位。从本土文化的形成、与本土以外文化的相互交流、文人学者的流入等角度和方面入手,揭示北京地区学术的形成和发展历程,学校的设置及教育管理制度等的建设、完善、普及等进程。为了能比较全面地反映北京地区在不同历史时期所取得的学术文化成就,在对"学术"范围的界定上,择取广义的概念,即除人文、社会学科外,还包括一些自然科学和文化艺术等方面的成就,以此来诠释北京地区综合性的学术文化成就及其发展。这也是从一个侧面反映北京地区社会进步和学术文化地位的提升,更好地说明北京地区能在中国历史上最终成为全国文化和学术研究中心的原因和条件。

鉴于篇幅、字数的考虑,本课题的研究时限止于清朝覆灭前,即以中国古代史及近代史的前段为研究的主要范畴。此外,对于"教育"的界定,则主要依据传授文化知识和培养文化人才的原则,限定在官学、私学(含家学),以及官方设置的专科学校范围内,因科举制度与教育有一定联系,故亦作为本课题涉及的范畴。

正是基于此原则和构建课题研究框架、结构的考虑,本课题在研究中注意广泛收集资料并向有关专家多次咨询,以避免出现疏漏。由于在阐释学术文化成果时,需要涉及具体的人物、事迹和著述者,所以在阐释北京地区的学术研究成果时,对范围的界定主要依据两个基本要素:一是主体人,二是时限。即所涉及的学者或著述者是历史上的北京地区籍(含省、府、州、县及下辖地区),或在这个区域范围内曾留居过。其主要事迹也是在历史上的北京地区范围内做出的。至于其学术研究成果,则主要依据著述者与北京地区的关系而定。由于北京地区在不同历史时遗留下的文献资料,数量多寡不一,传世的历史文献资料涉及辽、宋以前北京地区学术和教育的内容十分有限,因此给本课题的研究带来很大的困难。加之自己对北京地区历史的研究涉足较晚,且功力有限,研究亦不深,因此难免出现一些纰漏,诚请读者予以批评、指正。

本课题在研究过程中,得到总课题负责人朱耀廷教授和其他子课题负责人的悉心指导、帮助,也得到国家图书馆、首都图书馆、北京档案馆及北京教育学院图书资料中心的大力支持,为课题的研究提供了诸多的方便,在此一并表示感谢。

《北京的学术与教育》子课题,由北京教育学院历史学教授朱筱新主持。参与本课题研究及资料收集、整理工作的,主要有(按姓氏笔划为序):王小京、王红、王耘、石蕾、付伟如、孙楠、李军、朱凌、宋厚生、张学岩、常乃媛、彭建英等。全书由朱筱新撰写,程张参与撰写了第二、三、四章,赵建建参与撰写了第五、六、七章,并为本书的付梓做了大量的工作。所以本课题最终的成果,也是凝聚着多位同仁、友好智慧和辛勤付出的结晶。